Volkswirtschaftliche Gesamtrechnung

Von

Dr. Dr. Franz Haslinger
Professor der Volkswirtschaftslehre

7., durchgesehene Auflage

R. Oldenbourg Verlag München Wien

Die Deutsche Bibliothek - CIP-Einheitsaufnahme

Haslinger, Franz:
Volkswirtschaftliche Gesamtrechnung / von Franz Haslinger
7., durchges. Aufl. – München ; Wien : Oldenbourg, 1998
ISBN 3-486-23519-2

Rosenheimer Straße 145, D-81671 München
Telefon: (089) 45051-0, Internet: http://www.oldenbourg.de

Gedruckt auf säure- und chlorfreiem Papier
Druck: Tutte, Passau
Bindung: R. Oldenbourg Graphische Betriebe GmbH, München

ISBN 3-486-23519-2

Vorwort (zur 6. und 7. Auflage)

Gegenüber der 5. Auflage wurden die Tabellen und Zahlen aktualisiert. Textliche Änderungen wurden nur in geringem Umfange vorgenommen.

Vorwort (zur 5. Auflage)

Nachdem die 4. Auflage erfreulicherweise mehrmals nachgedruckt werden mußte, wird nunmehr eine überarbeitete Neuauflage vorgelegt, die an einigen Stellen ergänzt wurde. Die Ergänzungen betreffen vor allem die Kapitel 1, 3 und 4. Das Zahlenmaterial wurde weitgehend auf den neuesten Stand gebracht.
Für ihre Hilfe und Hinweise möchte ich mich bei meinen Kollegen den Herren Ahrns, Dietrich, Fuchs, Rensmeyer und Stüper recht herzlich bedanken.

Vorwort (zur 4. Auflage)

Um den Einstieg in die Materie für Studierende in den Anfangssemestern und andere Interessenten zu erleichtern, wurde gegenüber der 3. Auflage dieses Buches vor allem das 1. Kapitel erheblich erweitert. Darüberhinaus wurden die Tabellen, Abbildungen und Literaturangaben auf den neuesten Stand gebracht.
Für wertvolle Anregungen möchte ich mich zunächst pauschal bei Lesern und Studenten dieses Buches bedanken. Statistisches Material verdanke ich den Herrn Dr. Franz und Dr. Rainer vom Statistischen Zentralamt in Wien sowie Dr. Stahmer und Dipl.-Volkswirt Schäfer vom Statistischen Bundesamt in Wiesbaden. Wichtige Hinweise erhielt ich insbesondere von den Kollegen Dieter Berkholz, Horst Brezinski, Jürgen Deviter, Werner Grünewald, Helmut Rothfelder, Uli Wittmann und Thomas Ziesemer. Beim Lesen der Druckfahnen und der Überarbeitung des Sachregisters hat mich Bernd Hannemann unterstützt. Ihnen gilt mein tiefempfundener Dank. Alle verbleibenden Mängel sind natürlich auf meinem Konto zu verbuchen.

Vorwort (zur 3. Auflage)

In der, nach kaum mehr als einem Jahr, notwendig gewordenen Neuauflage dieses Lehrbuches wurden vor allem folgende Änderungen gegenüber der 2. Auflage vorgenommen:
- Die Tabellen und Abbildungen wurden nahezu zur Gänze erneuert und auf den letztverfügbaren Stand gebracht; so u. a. die durch die Revision 1982 veränderten Bruttoinlandsproduktsdaten, die neue Input-Output-Tabelle des Statischen Bundesamtes für 1978.
- Die Revision 1982, die konzeptionell eine Umstellung der Verbuchungspraxis der Umsatzsteuer vom Bruttosystem zum Nettosystem nach sich zog, wurde in den Text eingearbeitet.
- Schließlich wurden Druckfehler soweit wie möglich beseitigt.

Für Hinweise und Anregungen möchte ich mich vor allem bei Dr. Ute Geipel, Dieter Berkholz und Herrn Dr. Carsten Stahmer bedanken.

Vorwort (zur 2. Auflage)

Das erfreuliche Echo, daß das vorliegende Buch gefunden hat, machte binnen relativ kurzer Zeit eine Neuauflage notwendig. Gegenüber der ersten Auflage sind eine Reihe von Änderungen und Erweiterungen vorgenommen worden. Die Erweiterungen betreffen vor allem die Kapitel 2 bis 4. Das zweite Kapitel wurde um eine knappe Darstellung der Volkswirtschaftlichen Gesamtrechnung Österreichs sowie durch eine textliche Überarbeitung des Abschnittes über die Genauigkeit der Volkswirtschaftlichen Gesamtrechnung und ihrer Materialgrundlagen erweitert. Die in der ersten Auflage äußerst knappe Behandlung der Vermögens- und der Finanzierungsrechnung wurde nun ausführlicher gestaltet. Im vierten Kapitel werden wichtige Kennzahlen zur Beurteilung der Wirtschaftsentwicklung genauer behandelt. Datenübersichten wurden in allen Kapiteln hinzugefügt bzw. erneuert.
Die grundlegendste textliche Änderung betrifft die Umstellung auf die Terminologie des Statistischen Bundesamtes, um dadurch eine leichtere Handhabung des Datenmaterials für die Bundesrepublik Deutschland zu erreichen. Die Literaturangaben zu allen Kapiteln wurden aktualisiert und ergänzt, textliche Unklarheiten und Mängel soweit wie möglich ausgemerzt.
Es ist unmöglich allen Kollegen im In- und Ausland und den vielen Studenten für Ihre wertvollen Anregungen namentlich zu danken. Man möge mir verzeihen, wenn ich dies hiermit nur pauschal tun kann. Hervorheben möchte ich jedoch die hilfreiche und konstruktive Kritik der Herren Regierungsdirektor Lützel und Dr. Stahmer vom Statistischen Bundesamt, sowie die Unterstützung von Herrn Dr. Franz vom Österreichischen Statistischen Zentralamt. Klarerweise gehen alle verbleibenden Mängel und Unzulänglichkeiten des Textes ausschließlich zu meinen Lasten.

Vorwort (zur 1. Auflage)

Die Volkswirtschaftliche Gesamtrechnung ist ein auf der Kreislaufanalyse basierendes System statistischer Ergebnisse zur Darstellung wirtschaftlicher Vorgänge. Sie hat zum Ziel, ein möglichst umfassendes, übersichtliches, hinreichend gegliedertes, quantitatives Gesamtbild des wirtschaftlichen Geschehens zu vermitteln. Dieses Lehr- und Studienbuch soll – ohne vom Leser besondere Vorkenntnisse zu verlangen – erstens in die Logik, den Aufbau und die wesentlichsten Begriffe und Konzepte der Kreislaufanalyse einführen, auf deren Grundlage die volkswirtschaftlichen Daten erhoben werden. Es soll zweitens ein Gefühl für die Verläßlichkeit und Qualität des Datenmaterials vermitteln. Drittens soll es Probleme der Interpretation und Aussagekraft der Daten aufzeigen. Viertens soll die Frage erörtert werden, welche Veränderungen oder Neuerungen der Grundkonzeption erforderlich wären, um aussagekräftigere Information über Veränderungen des Wohlstands in der Bundesrepublik Deutschland zu erhalten. Schließlich wird versucht, die enge Verzahnung der Konzepte der Volkswirtschaftlichen Gesamtrechnung mit wirtschaftstheoretischen Überlegungen mindestens andeutungsweise aufzuzeigen.

Die ersten drei Kapitel sind der Darstellung der Konzepte der Volkswirtschaftlichen Gesamtrechnung der Bundesrepublik Deutschland – wie sie vom Statistischen Bundesamt angewendet wird – gewidmet. Im ersten Kapitel wird zunächst das Kreislaufschema und dessen Analyse dargestellt. Die Anwendung dieser Überlegungen zur Ermittlung wirtschaftlicher Daten für die Bundesrepublik Deutschland wird im zweiten Kapitel erörtert. Das dritte Kapitel ist den Ergänzungen und Erweiterungen dieses Konzepts gewidmet. Es enthält Darstellungen der Vermögens- und Finanzierungsrechnung, der Input-Output-Tabellen – mit einem Exkurs über die Input-Output-Analyse – sowie der Zahlungsbilanz.

Die folgenden vier Kapitel behandeln Fragen der Interpretation und des Wandels des Konzepts im Lichte geänderter Fragestellungen. An die Erörterungen der wichtigsten Fragestellungen an ein gesamtwirtschaftliches Rechnungssystem sowie einiger ergänzender Kennzahlen im vierten Kapitel schließt sich eine Behandlung der theoretischen und praktischen Grundlagen intertemporaler Vergleiche an. Im sechsten Kapitel werden Probleme internationaler Vergleiche erörtert. Das abschließende siebente Kapitel setzt sich mit der Frage auseinander, welche Ergänzungen und Veränderungen des den Datenerhebungen zugrundeliegenden konzeptionellen Rahmens erforderlich sind, um das vorhandene wirtschaftliche Informationssystem zu einem umfassenden gesellschaftlichen auszugestalten. Dabei wird insbesondere auch auf die Probleme der Erstellung eines umfassenden Systems von Sozialindikatoren eingegangen.

Ohne eine gewisse Willkür läßt sich die Auswahl und die Gewichtung des Stoffes nicht vornehmen. So wurde, um möglichst eng an den Problemen der Volkswirtschaftlichen Gesamtrechnung zu bleiben, auf eine Darstellung der Geldmengenrechnung verzichtet; diese läßt sich meines Erachtens besser im Rahmen der Geldtheorie entwickeln, wo die einzelnen Geldmengenkonzepte theoretisch motiviert werden können. Der Text ist soweit wie möglich verbal gehalten, um ein Eindringen in das Fach nicht durch unnötigen Ballast formaler und grafischer Analyse zu erschweren. Ich habe auch darauf verzichtet, zu einzelnen Fragen erschöpfend Literatur anzuführen, und mich vielmehr darauf beschränkt, relativ wichtige Literatur anzugeben. Zitate aus fremdsprachiger Literatur habe ich übersetzt, um einen einheitlichen deutschen Text zu erhalten.

Für Diskussionen und verschiedene Hinweise zu einzelnen Abschnitten möchte ich mich bei Dieter Berkholz, Christian Brockhaus, Dieter Feser, Wolfgang Fikentscher, Bernhard Fischer, Peter de Geijsel, Joachim Genosko, Johannes Heil, Walter Oberhofer, Ludwig Rödel, Helmuth Rothfelder, Winfried Vogt, Helmut Wagner, Gregor Wirth und Reinhard Zintl bedanken. Besonderen Dank schulde ich Thomas Achatz und Rudolf Steininger-Fetzer für wichtige Hinweise und Hilfe bei der Korrektur der Druckfahnen. Ich habe stets die Hinweise geprüft und nach eigenem Gutdünken davon Gebrauch gemacht, die Verantwortung für den ganzen Text trage ich also allein.

Herrn Martin Weigert vom Oldenbourg-Verlag möchte ich für wertvolle Anregungen, für seine Geduld sowie für seine unermüdlichen Hinweise danken, daß es ein Lehrbuch sei, das hier geschrieben werden sollte.

Inhaltsübersicht

Inhaltsverzeichnis

1. Kapitel

Der Wirtschaftskreislauf: Schema und Analyse

1.0. Einleitung und Überblick

Ziel der Volkswirtschaftlichen Gesamtrechnung ist es, das Wirtschaftsgeschehen einer Volkswirtschaft für eine festgelegte Periode der Vergangenheit zahlenmäßig zu erfassen. Ehe man jedoch daran geht, dieses zu tun, ist klarzustellen, an welchen Gesichtspunkten des Wirtschaftsgeschehens man überhaupt interessiert ist. Der Entwicklung eines widerspruchsfreien begrifflichen und theoretischen Rahmens zur Messung des Wirtschaftsgeschehens ist dieses Kapitel gewidmet.

Zunächst wird gezeigt, daß in einer arbeitsteiligen und dezentral organisierten Wirtschaft eine Fülle von Tauschvorgängen notwendig ist, um den Produktionsprozeß überhaupt zu ermöglichen. Um diese Tauschvorgänge zwischen einer Vielzahl von Entscheidungseinheiten durchsichtig zu machen, wird die Vorstellung des Wirtschaftsgeschehens als eines Kreislaufs entwickelt. Durch geeignete Zusammenfassung gelangt man schließlich zu überschaubaren Zusammenhängen, die eine ganze Reihe von Aussagen über das Wirtschaftsgeschehen ermöglichen.

1.1. Ökonomische Aktivitäten und Wirtschaftssubjekte

1.1.0. Gesamtübersicht

Sie haben gewiß schon einmal das Bild eines Wirtschaftskreislaufs in der in Abb. 1.0. dargestellten, oder in ähnlicher Form gesehen. Es veranschaulicht die wechselseitige wirtschaftliche Verflechtung von Unternehmen, privaten Haushalten, dem Staat und dem Ausland.

Den Unternehmen fließen Erlöse aus dem Verkauf von Gütern an die privaten Haushalte, den Staat und an das Ausland (Exporte) zu; sie führen Steuern an den Staat ab, zahlen Löhne und Gehälter, Gewinne etc. an Haushalte und importieren Rohstoffe und andere Güter aus dem Ausland. Der Staat zahlt Löhne und Gehälter für die Arbeiter, Angestellten und Beamten im öffentlichen Dienst, sowie Renten und Pensionen. Finanziert aus Steuermitteln kommt die Allgemeinheit in den Genuß einer Fülle von staatlichen Leistungen, zum Beispiel aus dem Bereich des Bildungs-, des Gesundheitswesens, der inneren Sicherheit oder von Straßen und Brücken, die im Auftrag des Staates von Unternehmen gebaut werden. Man möchte aber nicht nur wissen, daß Zahlungsströme zwischen den genannten Sektoren fließen, sondern auch wie groß sie sind.

Abb. 1.0. stellt ein vereinfachtes Bild der tatsächlich stattfindenden, wirtschaftlichen Vorgänge in einer Volkswirtschaft dar, die zwischen Millionen einzelner Haushalte, Unternehmen und staatlichen Stellen stattfinden. Diese Vorgänge sind erforderlich angesichts des vielschichtigen Phänomens der **Arbeitsteilung**, das in jeder Gesellschaft auftritt. Arbeitsteilung findet nicht nur **zwischen** Unternehmen statt, die sich auf die

Abb. 1.0 Modell des Wirtschaftskreislaufs

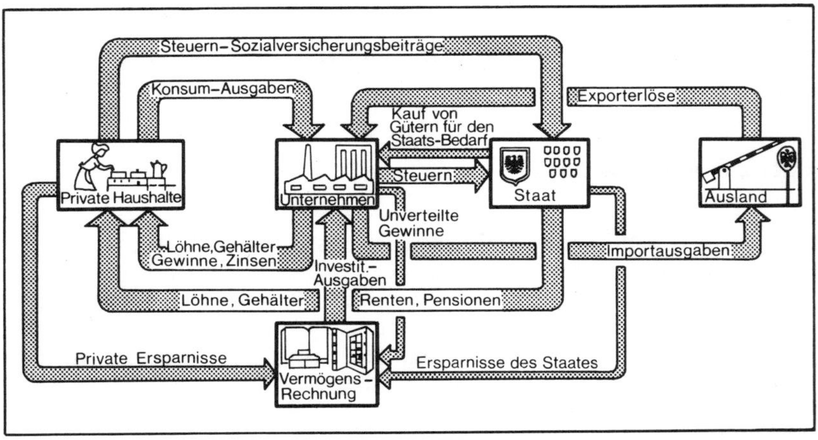

Quelle: Bundesministerium für Wirtschaft (Hrsg.), Ein Stück vom großen Kuchen, Bonn 1965, S. 2.

Fertigung einiger weniger Güter spezialisiert haben, sondern auch **innerhalb** von Unternehmen, privaten Haushalten (man denke nur an die Aufgabenverteilung innerhalb einer Familie) und dem Staat (etwa durch Gesetzgebung, Gerichtsbarkeit und die verschiedenen Verwaltungsressorts). Will man diese komplexen Vorgänge durchdringen und (zahlenmäßig) erfassen, dann bedarf es verschiedener **Entscheidungen** vor allem darüber, was als wirtschaftlicher Vorgang zu gelten hat, wie und wann die Vorgänge zu ermitteln sind oder wie etwa Haushalte und Unternehmen gegeneinander abzugrenzen sind. Derartige Entscheidungen sind Voraussetzungen für die Erstellung einer „volkswirtschaftlichen Erfolgsrechnung“ oder volkswirtschaftlichen Gesamtrechnung. Der Statistiker hat sie zu treffen, der Benutzer der Daten muß sie kennen, um die aufgezeigten Zusammenhänge und die Aussagefähigkeit der Daten für bestimmte Problemstellungen richtig beurteilen zu können.

In den folgenden Abschnitten dieses Kapitels sollen der Rahmen und die wesentlichsten Grundsätze der volkswirtschaftlichen Gesamtrechnung vorgestellt werden. Im zweiten Kapitel wird die Anwendung dieser Grundsätze für die Bundesrepublik Deutschland und die Republik Österreich aufgezeigt.

1.1.1. Ökonomische Aktivitäten

Das Schlaraffenland, in dem Milch und Honig fließen, wo kein Mensch arbeiten muß und einem die gebratenen Tauben direkt in den Mund fliegen, existiert leider nur im Märchen. In der Realität sind fast alle Güter **knapp**, d. h. sie sind, gemessen an den Bedürfnissen der Mitglieder einer Gesellschaft, in zu geringen Mengen vorhanden. Die meisten Güter findet man auch nicht in gebrauchs- oder konsumfertiger Form vor. Die Taube muß erst erlegt, gerupft, gebraten und auf den Tisch gebracht werden, ehe man sie genußvoll verspeisen kann. Die Mitglieder jeder Gesellschaft müssen daher in vielfältiger Weise tätig werden, um ihre jeweiligen Bedürfnisse so gut wie möglich befriedigen zu können. Tätigkeiten, die darauf abzielen, eine Befriedigung der Bedürfnisse durch Güter direkt oder indirekt zu ermöglichen, werden **ökonomische Aktivitäten** genannt.[1]

Grundsätzlich lassen sich vier Arten von ökonomischen Aktivitäten unterscheiden:

a) Einkommensschaffung durch Produktion von Gütern,
b) Einkommensverwendung durch Verbrauch von Gütern,
c) Einkommensverwendung durch Vermögensbildung,
d) Kreditgewährung bzw. Kreditaufnahme.

Wie noch ausführlich gezeigt wird, sind diese Aktivitäten miteinander in komplizierter Weise verbunden.

1.1.2. Wirtschaftssubjekte

Die ökonomischen Aktivitäten werden von Menschen ausgeübt. Diese Menschen üben ihre Aktivitäten innerhalb eines bestimmten abgegrenzten Gebietes, der **Volkswirtschaft** aus. Im folgenden entspricht eine Volkswirtschaft jeweils einem bestimmten Staatsgebiet. Hinter der Durchführung dieser Aktivitäten stehen Pläne und Entscheidungen, die eine Fülle von Einzeltätigkeiten aufeinander abstimmen sollen. Die organisatorischen Einheiten, die über die Durchführung bestimmter ökonomischer Aktivitäten entscheiden, werden **Wirtschaftssubjekte** genannt. Wirtschaftssubjekte können Einzelpersonen oder Personenmehrheiten sein (z.B. Einzelunternehmer, Haushalte, Landtage, Vorstände von Aktiengesellschaften usw.). Obwohl grundsätzlich jedes Wirtschaftssubjekt jede der obengenannten vier ökonomischen Aktivitäten ausübt oder ausüben kann, lassen sich doch Schwerpunkte in den Tätigkeiten feststellen, die zu der Aufteilung in **Unternehmen, private Haushalte** und **öffentliche Haushalte** führen.

1.1.2.1. Unternehmen

Unternehmen sind dadurch gekennzeichnet, daß sie in erster Linie Güter produzieren in der Absicht, Gewinne zu erzielen. Der Begriff des Gutes ist dabei in einem sehr weiten Sinne zu verstehen. Er umfaßt neben **Sachgütern** (= Waren) auch Dienstleistungen wie z.B. die Leistungen der Banken und Versicherungen, des Rechtsanwaltes, des Friseurs, des Architekten usw. **Dienstleistungen** sind Güter, deren Produktion und Verwendung **zeitlich zusammenfallen.** Aus diesem Grunde sind Dienstleistungen nicht aufbewahrungs- bzw. lagerfähig.

1.1.2.2. Öffentliche Haushalte

Öffentliche Haushalte nehmen hoheitliche Aufgaben wahr und produzieren **öffentliche Güter,** die in der Mehrzahl der Fälle **ohne unmittelbare Gegenleistung** abgegeben werden. Zu den öffentlichen Gütern zählt man insbesondere **Infrastrukturleistungen** wie z.B. die Nutzungsmöglichkeit von Straßen, Schulen, öffentlichen Parkanlagen, Krankenhäusern sowie das Rechts- und Sicherheitswesen. Finanziert werden diese Leistungen vor allem durch Zwangsabgaben in Form von Steuern, Gebühren und Sozialbeiträgen. Daneben spielen die öffentlichen Haushalte noch eine bedeutsame Rolle, indem sie die **wirtschaftliche Entwicklung** einer Volkswirtschaft durch den bewußten Einsatz von Einnahmen- und Ausgabenänderungen – man denke nur an **Maßnahmen zur Konjunkturbelebung**, z.B. durch Erhöhung der Staatsausgaben für Bauten, Umweltschutzmaßnahmen etc., sowie an **Maßnahmen zur Umverteilung** der Einkommen etwa durch Subventionen – beeinflussen.[2] Öffentliche Haushalte sind die **Gebietskörperschaften**; das sind Bund, Länder und Gemeinden sowie die **Sozialversicherungsträger** (insbesondere die gesetzlichen Kranken- und Pensionsversicherungen).

1.1.2.3. Private Haushalte

Private Haushalte treten in erster Linie als Einkommensverwender auf, indem sie Güter zu Konsumzwecken kaufen. Ihr Einkommen beziehen sie vor allem aus der Entlohnung für die Zurverfügungstellung von Arbeitskraft. Von den privaten Haushalten zu unterscheiden sind die **privaten Organisationen ohne Erwerbscharakter**. Darunter fallen Verbände, Vereine usw., die Dienstleistungen produzieren, jedoch nicht auf Gewinn ausgerichtet und keine öffentlichen Haushalte sind. Das Einkommen der privaten Organisationen ohne Erwerbscharakter stammt zumeist aus Beiträgen privater Haushalte und Schenkungen (z. B. Kirchen, wohltätige Organisationen, Arbeitnehmerverbände, Sportvereine).[3]

1.1.3. Produktion und Arbeitsteilung

In den frühgermanischen Stammesgesellschaften, so kann man sich historisch etwas vergröbernd vorstellen, besaß jede Familie (Sippe) ein Stück Land und stellte die Güter, die ihre Mitglieder zum Leben benötigten, selbst her.

Es gab so gut wie keine wirtschaftlichen Kontakte, insbesondere keinen Austausch von Gütern zwischen den einzelnen Familien. Im Gegensatz zu diesen **Subsistenzwirtschaften** ist in den entwickelten Volkswirtschaften der Gegenwart der Produktionsprozeß weitgehend **arbeitsteilig** organisiert. Der Grund dafür liegt in der Einsicht, daß Zusammenarbeit und Spezialisierung insgesamt ein größeres Produktionsvolumen und eine größere Vielfalt von Gütern ermöglichen, als es die Summe aller isolierten individuellen Anstrengungen vermag.

Um Güter produzieren zu können, setzen Unternehmen wiederum **Güter**, und zwar **nicht-dauerhafte Produktionsmittel** (z. B. Rohstoffe, Halbfabrikate, Energie usw.) und **Dienstleistungen** sowie **Faktorleistungen** ein. Unter **Faktorleistungen** versteht man Leistungen, die nicht produziert werden. Dazu gehören menschliche Arbeitsleistungen, die Nutzung von Grund und Boden sowie die Nutzung **dauerhafter Produktionsmittel** wie Gebäude, Maschinen usw.[4] Nichtdauerhafte Produktionsmittel und Dienstleistungen, die unter dem Begriff **Vorleistungen** zusammengefaßt werden, werden im allgemeinen von anderen Unternehmen erworben. Die menschlichen Arbeitsleistungen werden von privaten Haushalten gegen Löhne und Gehälter bezogen. Sofern Grund und Boden und dauerhafte Produktionsmittel nicht im Eigentum des Unternehmens stehen, werden diese von anderen Wirtschaftssubjekten gepachtet, d. h. die Nutzungsrechte an diesen Gütern (= Faktoren) gegen Entgelt erworben. Während die Grundstückspacht als Erwerb von Faktorleistung angesehen wird, wird die Miete als Kauf einer Dienstleistung den Vorleistungen zugerechnet.

Haushalte und Unternehmen beziehen Einkommen, die dazu verwendet werden, von Unternehmen Konsumgüter bzw. dauerhafte Produktionsmittel zu erwerben. Die Arbeitsteilung bewirkt somit eine wechselseitige Abhängigkeit der einzelnen Wirtschaftssubjekte, welche eine Reihe schwieriger Koordinationsprobleme aufwirft.

1.1.4. Koordination der ökonomischen Aktivitäten der einzelnen Wirtschaftssubjekte

In den westlichen Volkswirtschaften sind die **Entscheidungsbefugnisse** über die Durchführung bestimmter ökonomischer Aktivitäten im wesentlichen den einzelnen Wirtschaftssubjekten überlassen, also **dezentralisiert.** Jedes Wirtschaftssubjekt trifft danach seine Entscheidungen **relativ isoliert** von den Entscheidungen anderer Wirtschaftssubjekte. Diese Isolation kann in einer arbeitsteiligen Wirtschaft niemals vollständig sein, da die ökonomischen Aktivitäten der einzelnen Wirtschaftssubjekte aufeinander abgestimmt sein müssen. So setzt die Entscheidung eines Unternehmens, eine bestimmte Menge eines Gutes zu produzieren, beispielsweise voraus, daß das betreffende Unternehmen die zur Produktion notwendigen Vorleistungen und Faktorleistungen von anderen Wirtschaftssubjekten erhält. Gleichermaßen benötigen Haushalte Einkommen, um die von ihnen gewünschten Konsumgüter erwerben zu können usw. Die Entscheidungen der einzelnen Wirtschaftssubjekte sind daher **interdependent**, d. h. sie sind in vielfältiger Weise voneinander abhängig. Wie können diese dezentralisierten Entscheidungen aufeinander abgestimmt werden, um ein möglichst reibungsloses Funktionieren des Wirtschaftsprozesses zu ermöglichen?

Aus dem Vorhandensein von Arbeitsteilung und Spezialisierung folgt, daß kein Wirtschaftssubjekt alle Güter, die es zu Produktions- oder Konsumzwecken nutzen oder verbrauchen will, selbst produziert. Die Entscheidung, bestimmte Aktivitäten durchzuführen, muß somit in bestimmten Tauschhandlungen eines Wirtschaftssubjektes ihren Niederschlag finden. Es wird versuchen, Güter und Faktorleistungen im Tauschwege zu erwerben (= nachzufragen) oder zu veräußern (= anzubieten). Bestimmte institutionelle Gegebenheiten erleichtern die Möglichkeit, Güter zu tauschen, ganz erheblich:

a) Die Einrichtung des **Geldes** als allgemein akzeptiertes Tauschmittel.
b) Das Vorhandensein von **Märkten.**

Zu a): Es wäre sehr umständlich und mühsam, wenn in jedem Tauschakt Güter nur wieder gegen Güter getauscht würden. Das Gelingen jedes Tauschaktes würde das Vorliegen eines „doppelten Zufalls" erforderlich machen: Erstens, daß man einen Tauschpartner findet, der bereit ist, das angebotene Gut zu erwerben, und zweitens, daß dieser Tauschpartner auch ein Gut als Gegenleistung anzubieten vermag, das man tatsächlich erwerben will. In einer Geldwirtschaft kann normalerweise jedes Individuum darauf vertrauen, daß auch alle anderen Individuen Geld im Tausch anzunehmen bereit sind. Es wird damit nur noch notwendig, einen Tauschpartner für das gewünschte bzw. zu verkaufende Gut zu finden. Ein Tauschpartner wird immer bereit sein, Geld als Gegenleistung zu akzeptieren, da er im allgemeinen sichergehen kann, daß auch andere Individuen Geld als Gegenleistung beim Tausch akzeptieren werden.

Neben seiner Eigenschaft als Tauschmittel fungiert Geld auch als Wertmaßstab, als Zahlungsmittel und als ein Mittel zur Wertaufbewahrung. Die Funktion als Wertmaßstab besagt, daß der Wert eines jeden Gutes in Beziehung zu dem Maßstab „Geld" gesetzt wird. Der Wert oder (Geld-)Preis eines Gutes ist jener Geldbetrag, der hingegeben werden muß, um eine Einheit dieses Gutes zu erwerben. Die Funktion des Geldes als Zahlungsmittel besteht darin, daß Forderungen durch Zahlung des entsprechenden Geldwertes erlöschen.

Zu b): Das Auffinden eines Tauschpartners wird durch das Vorliegen institutionalisierter Märkte wesentlich erleichtert. Musterbeispiel eines solchen Marktes ist die Börse, auf der sich alle Anbieter und Nachfrager nach Wertpapieren und sonstigen Forderungen treffen. Der auf dem Markt für ein bestimmtes Wertpapier sich einspielende **Geldpreis** soll die von den Wirtschaftssubjekten geplante Gesamtangebots- und Gesamtnachfragemenge nach diesem Wertpapier in Übereinstimmung bringen. Solange die geplante Gesamtangebotsmenge für dieses Wertpapier bei einem bestimmten Geldpreis (bei Wertpapieren der „Kurswert") größer ist als die Gesamtnachfragemenge, muß der Geldpreis gesenkt werden. Dies hat im allgemeinen eine Verringerung der Angebotsmengen und eine Erhöhung der Nachfragemengen und damit eine Tendenz zur Angleichung von Angebot und Nachfrage zur Folge. Dieser Prozeß von Preisänderungen (= Preismechanismus) und der damit verbundenen Annäherung von Angebot und Nachfrage geht solange vor sich, bis bei einem bestimmten Preis das Gesamtangebot gleich der Gesamtnachfrage ist.

Obwohl für die meisten Güter „Märkte", deren **Funktionsfähigkeit** mit jener der Wertpapiermärkte vergleichbar wäre, nicht existieren und daher eine Erweiterung dieser Vorstellung auf Märkte anderer Güter äußerst problematisch ist, kann man sich die Funktionsweise eines **marktwirtschaftlichen Wirtschaftssystems** vereinfachend so veranschaulichen, als ob es für jedes Gut einen Markt gäbe, der in der beschriebenen Weise funktioniert.[5] Für jedes Gut existiere demnach ein Markt, auf dem der beschriebene **Preismechanismus** die Tauschwünsche bezüglich dieses Gutes und damit aber auch die dahinterliegenden Entscheidungen hinsichtlich der Durchführung bestimmter ökonomischer Aktivitäten aller Wirtschaftssubjekte aufeinander abstimmt.

1.2. Idee und Grundelemente des Kreislaufdenkens

1.2.1. Die Idee des Kreislaufs als Ordnungsvorstellung

Eine Marktwirtschaft ist dadurch gekennzeichnet, daß im Idealfall sämtliche Tauschakte, die zur Durchführung der ökonomischen Aktivitäten aller Wirtschaftssubjekte erforderlich sind, über Märkte aufeinander abgestimmt werden. In jeder realen Volkswirtschaft gibt es weite wirtschaftliche Bereiche, die nicht marktwirtschaftlich organisiert sind, weshalb man dann gelegentlich auch von **gemischtwirtschaftlichen Systemen** spricht. Da im Wirtschaftssystem der Bundesrepublik Deutschland jedoch die marktwirtschaftlichen Elemente überwiegen, erscheint die Anwendung der gebräuchlichen Bezeichnung „Marktwirtschaft" für das (an sich gemischtwirtschaftliche) Wirtschaftssystem der Bundesrepublik nicht ohne Berechtigung.

Die Fülle von Tauschakten, die innerhalb eines bestimmten Zeitraums in einer Marktwirtschaft durchgeführt werden, bieten zunächst ein ungeordnetes und verwirrendes Bild. Will man das Wirtschaftsgeschehen einer bestimmten Periode beschreiben und zahlenmäßig erfassen, so bedarf es einer Ordnungsvorstellung, um diese Vorgänge in einen überschaubaren und widerspruchsfreien Zusammenhang zu bringen. Eine derartige Ordnungsvorstellung wird durch die Auffassung begründet, daß die wirtschaftlichen Vorgänge, analog der Blutzirkulation im menschlichen Körper, einen Kreislauf bilden.[6]

1.2.2. Kreisläufe und ihre Bestandteile

1.2.2.1. Offene Kreisläufe, Ströme und Pole

Zunächst sollen, losgelöst von jeder konkreten Interpretation, Kreisläufe ganz allgemein beschrieben werden. Erst danach wird die Übertragung dieser Vorstellungen auf wirtschaftliche Kreisläufe zur Beschreibung der Vorgänge in einer Marktwirtschaft vorgenommen.

Unter einem (offenen) Kreislauf versteht man ein **Netzwerk von Strömen** zwischen einer gegebenen Anzahl von Polen mit folgenden Eigenschaften:

a) Von und zu jedem Pol fließt mindestens ein Strom.
b) Alle Pole sind direkt oder indirekt miteinander verbunden.

Ströme oder Stromgrößen werden durch drei Merkmale bestimmt:

(1) durch ihre **Richtung,** d.h. sie besitzen einen Ausgangs- und einen Endpunkt;
(2) durch ihre **Stromstärke,** d.h. jedem Strom wird ein bestimmter Zahlenwert zugeordnet, der entweder dem Wert einer Forderung (= monetärer Strom) oder einer bestimmten Gütermenge (= realer Strom) entspricht;
(3) durch ihre Bezogenheit auf einen bestimmten **Zeitraum.**

Die Ausgangs- und Endpunkte eines jeden Stromes werden **Pole** genannt.

1.2.2.2. Einige Beispiele und eine wichtige Folgerung

Die folgenden drei Beispiele sollen die Begriffsbestimmung veranschaulichen helfen. Es wird jeweils gefragt, ob die vier Pole 1, 2, 3 und 4 sowie die zwischen den Polen fließenden Ströme Kreisläufe darstellen.

Beispiel 1: Kreislauf

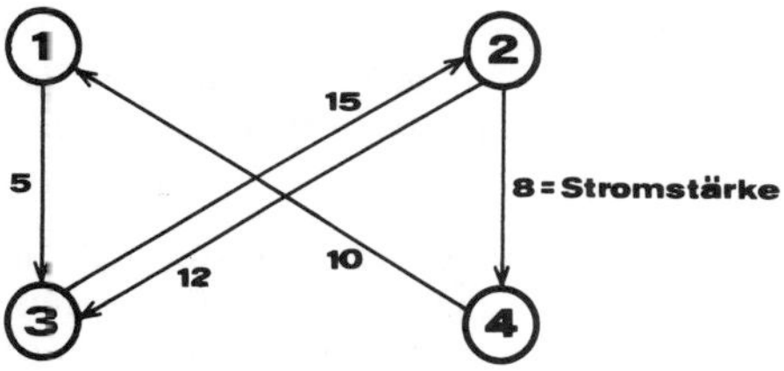

Abb. 1.1

Beispiel 2: Kein Kreislauf (der Übersichtlichkeit halber wurden die Werte der Stromstärken weggelassen)

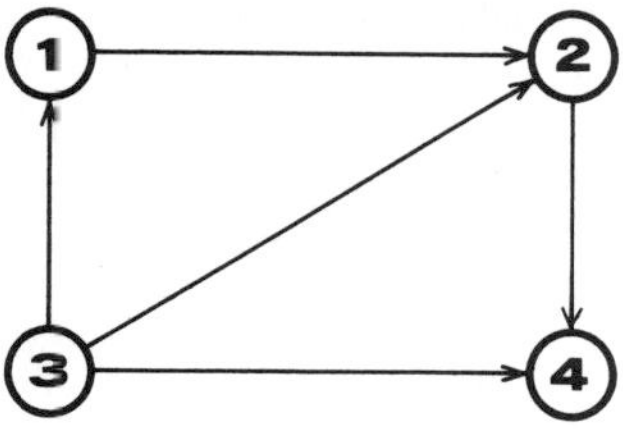

Abb. 1.2

Beispiel 3: Kein Kreislauf

Abb. 1.3

Beispiel 1 stellt einen Kreislauf dar: Voraussetzung a) ist erfüllt. Die Gültigkeit der Voraussetzung b) zeigt man, indem man ausgehend von jedem beliebigen Pol immer eine gerichtete Verbindung (= einen Weg) zu jedem anderen Pol findet. Beispielsweise sind die Pole 1 und 4 über die Pole 3 und 2 durch den Weg $1 \rightarrow 3 \rightarrow 2 \rightarrow 4$ verbunden.

Beispiel 2 stellt keinen Kreislauf dar. Da **zu** 3 kein Strom führt und **von** 4 kein Strom wegführt, ist Voraussetzung a) nicht erfüllt. Voraussetzung b) ist ebenfalls verletzt, da es z.B. von Pol 4 ausgehend keine Verbindung mit anderen Polen gibt.

Beispiel 3 stellt ebenfalls keinen Kreislauf dar. Voraussetzung a) ist erfüllt, nicht jedoch Voraussetzung b), da die Pole 2 und 4 nicht mit den Polen 1 und 3 verbunden sind. Dagegen bilden die Pole 1 und 3 sowie 2 und 4 zwei voneinander getrennte Kreisläufe.

Aus der Definition eines offenen Kreislaufs ergibt sich eine wichtige Folgerung:

Die Wertsumme aller Abströme ist stets gleich der Wertsumme aller Zuströme.

Da jeder Strom einen Ausgangspunkt und einen Endpunkt besitzt, folgt die Behauptung unmittelbar. In Beispiel 1 ist die Wertsumme der Zuströme gleich der Wertsumme der Abströme gleich 50.

1.2.2.3. Geschlossene Kreisläufe und Bestandsänderungen

Für die Analyse wirtschaftlicher Vorgänge ist es zweckmäßig, eine strengere Kreislaufdefinition zugrundezulegen. Man spricht von einem **geschlossenen Kreislauf**, wenn zu den Voraussetzungen für einen offenen Kreislauf noch die Bedingung hinzutritt, daß **für jeden Pol** die Wertsumme aller Zuströme gleich der Wertsumme aller Abströme ist (= **Kreislaufaxiom**).

Beispiel 1 stellt zwar einen offenen, nicht jedoch einen **geschlossenen** Kreislauf dar. Durch Einführung eines oder mehrerer zusätzlicher Pole, kann aber jeder offene Kreislauf in einen geschlossenen umgewandelt werden. In **Beispiel 1** verzeichnet z. B. Pol 1 Zuströme im Wert von 10 und Abströme im Wert von 5. Erst wenn man die Wertdifferenzen aller Pole zusätzlich in einem Pol erfaßt, wird der Kreislauf geschlossen. In Abb. 1.4 wird die Umwandlung des (offenen) Kreislaufs von Beispiel 1 (Abb. 1.1) durch Hinzufügung des Poles 5 in einen geschlossenen Kreislauf dargestellt.

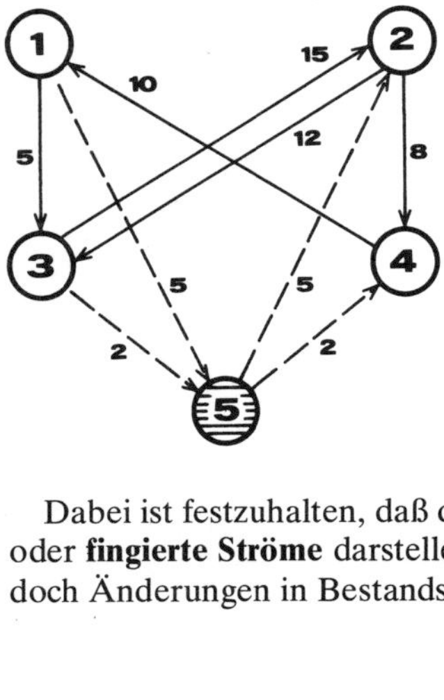

Abb. 1.4

Dabei ist festzuhalten, daß die Ströme von und zu dem zusätzlichen Pol **unterstellte** oder **fingierte Ströme** darstellen, die tatsächlich nicht vorhanden sind. Sie decken jedoch Änderungen in Bestandsgrößen auf. Unter **Bestandsgrößen** werden Maßgrößen verstanden, deren Wert zu einem bestimmten Zeit**punkt** ermittelt werden, die also **zeitpunktbezogen** sind.

Interpretiert man den in Abb. 1.4 dargestellten Kreislauf als Brunnen mit vier verbundenen Gefäßen und den zugehörigen Wasserströmen in Liter pro Stunde gemessen, so deckt die Ergänzung des offenen Kreislaufs um einen zusätzlichen Pol die Wasserbestandsveränderungen in den einzelnen Becken auf. Während der Inhalt der Becken 1 und 3 um 5 bzw. 2 Liter Wasser pro Stunde zunimmt, verlieren die Becken 2 und 4 pro Stunde 5 bzw. 2 Liter Wasser an die beiden anderen Becken. Würde dieser Kreislauf sich ohne Veränderung wiederholen, dann würde er mit Sicherheit enden, wenn eines der Becken 2 oder 4 versiegt und/oder eines der Becken 1 oder 3 überschwappt. Obgleich also von und zu dem gedachten Becken 5 auch nur gedachte Ströme fließen, werden dadurch ansonsten unbeachtet gebliebene Zusammenhänge deutlich.

Die zusätzliche Bedingung für geschlossene Kreisläufe hilft somit Zusammenhänge freizulegen, die bei der Analyse offener Kreisläufe verborgen geblieben wären.

Für Kreisläufe mit n Polen gilt die wichtige Aussage:

Ist das Kreislaufaxiom für n - 1 Pole erfüllt, so ist es automatisch auch für den n-ten Pol erfüllt.

Der Beweis dieser Aussage geht davon aus, daß für n - 1 Pole auf Grund des Kreislaufaxioms die Gleichheit von Zu- und Abströmen gilt. Da darüber hinaus die Wertsumme aller Zu- und Abströme für alle n Pole insgesamt gleich sein muß, müssen für den n-ten Pol die Zu- und Abströme ebenfalls wertgleich sein.

Schließt man einen offenen Kreislauf mit n-1 Polen durch Hinzufügung eines n-ten Poles, dann ist auf Grund dieser Aussage das Kreislaufaxiom für den n-ten Pol automatisch erfüllt.

Wegen der Bedeutung der geschlossenen Kreisläufe für die Analyse von Bestandsänderungen, werden in der Volkswirtschaftlichen Gesamtrechnung stets geschlossene Kreisläufe unterstellt.

1.2.2.4. Beziehung zwischen Bestands- und Stromgrößen

Zwischen Bestands- und Stromgrößen besteht ein wichtiger Zusammenhang:

Anfangsbestand + Zuströme − Abströme = Endbestand.

Mißt man den Bestand einer bestimmten Größe am Anfang einer Periode, z. B. den Wasserbestand im Becken 1 unseres Beispiels um 12 Uhr mittags am 1. 1. 1978, und addiert hierzu die Zuströme, in unserem Fall 10 Liter pro Stunde und substrahiert davon die Abströme, das sind 5 Liter pro Stunde, so erhält man den Bestand am Ende der Periode, in unserem Beispiel um 13 Uhr also. Die Differenz aus Zuströmen und Abströmen wird als **Bestandsänderung** bezeichnet; sie beträgt in unserem Beispiel 5 Liter pro Stunde. Diese Gleichung, man bezeichnet sie auch als „**Badewannentheorem**“, dient der Bestandfortschreibung. **Änderungen in der Bewertung von Beständen werden dabei außer Acht gelassen**, da sie keine realisierten Zu- oder Abströme darstellen.

1.3. Elemente des Wirtschaftskreislaufs

1.3.1. Die sieben Grundvoraussetzungen der Volkswirtschaftlichen Gesamtrechnung

Die folgenden **sieben Voraussetzungen** bilden die Grundlage für die Übertragung der Kreislaufvorstellung zur gedanklichen Durchdringung des Wirtschaftsgeschehens:

A 1: Ökonomische Aktivitäten

Ökonomische Aktivitäten sind alle Tätigkeiten, die direkt oder indirekt darauf abzielen, eine Befriedigung von Bedürfnissen durch Güter zu ermöglichen.

A 2: Wirtschaftssubjekte

Wirtschaftssubjekte sind die kleinsten organisatorischen Einheiten, die über die Durchführung ökonomischer Aktivitäten entscheiden.

A 3: Objekte

Objekte oder Gegenstände aller ökonomischen Aktivitäten sind Güter, Faktorleistungen und Forderungen.

A 4: Transaktionen

Diese Objekte gehen durch Transaktionen von einem Wirtschaftssubjekt auf ein anderes über. Wie noch deutlich werden wird, setzt die Volkswirtschaftliche Gesamtrechnung bei der Erfassung der Transaktionen an. Transaktionen lassen sich eindeutig bestimmten Aktivitäten zuordnen.

A 5: Bewertung

Jeder Transaktion kann in eindeutiger Weise ein bestimmter, in **Geldeinheiten** (z.B. Deutsche Mark) ausgedrückter Geldwert zugeordnet werden.

A 6: Datierung

Für jede Transaktion kann eindeutig bestimmt werden, ob sie in eine zuvor festgelegte Rechnungsperiode fällt oder nicht.

A 7: Lokalisierung

Für jede Transaktion kann eindeutig bestimmt werden, ob sie innerhalb einer bestimmten Volkswirtschaft stattfand und dieser somit zugerechnet werden kann oder nicht.

1.3.2. Die Grundvoraussetzungen im einzelnen

1.3.2.1. Ökonomische Aktivitäten

In Abschnitt 1.1.1. sind bereits die vier ökonomischen Aktivitäten (Produktion, Konsum, Vermögens- und Kreditbildung) erwähnt worden. Diese vier Aktivitäten bilden die Ursache für bestimmte Transaktionen und liefern somit die zentralen Gesichtspunkte für eine Gliederung sämtlicher Transaktionen, die in einer Volkswirtschaft innerhalb eines bestimmten Zeitraumes stattgefunden haben. Jede Transaktion steht in Zusammenhang mit wenigstens einer dieser vier Aktivitäten.

Die Transaktionen eines jeden Wirtschaftssubjektes lassen sich dadurch ordnen, daß jede Transaktion unter eine der vier Aktivitäten gegliedert wird.

1.3.2.2. Wirtschaftssubjekte

Nach den hauptsächlichen wirtschaftlichen Aktivitäten, die sie durchführen, lassen sich private und öffentliche Haushalte sowie Unternehmen unterscheiden. Ein einzelnes Individuum kann dieser Gliederung zufolge Unternehmen **und** privater Haushalt sein, da diese Zuordnung auf Grundlage der Art der Aktivitäten vorgenommen wird.

1.3.2.3. Objekte

Objekte der wirtschaftlichen Aktivitäten sind Güter, Faktorleistungen und Forderungen. Der wesentliche Unterschied zwischen Gütern und Forderungen besteht darin, daß Forderungen im Gegensatz zu Gütern nicht unter Einsatz von Produktionsleistungen hergestellt werden, also nicht produziert werden. Eine **Forderung** verleiht ihrem Eigentümer, dem Gläubiger, einen Anspruch gegen den Schuldner. Für diesen besteht die Verbindlichkeit (Schuld) zur Einlösung dieser Schuld. Die Forderung erlischt durch Erbringung der vereinbarten Leistung durch den Schuldner oder durch Verzicht des Gläubigers auf Leistung. Die Leistung besteht entweder in der Lieferung von Gütern oder aber in der Hingabe von Forderungen.

Im ökonomischen Bereich spielen **verbriefte** Forderungen eine besondere Rolle, weil diese zumeist selbst Gegenstand des Handelsverkehrs sind. Dazu gehören Aktien, festverzinsliche Wertpapiere, Wechsel und Schecks, aber auch Sparguthaben bei Kreditinstituten. **Geld** in Form von Münzen und Banknoten wird ebenfalls als Forderung des Inhabers gegen die Zentralnotenbank (in der Bundesrepublik gegen die Deutsche Bundesbank) angesehen. Vor dem ersten Weltkrieg bestand für die Zentralnotenbanken vieler Länder die Verpflichtung, Banknoten bei Vorlage (oder wie man auch sagt „bei Sicht“) in Gold umzutauschen. Obgleich diese Verpflichtung heutzutage aufgehoben ist, wird **Geld** weiterhin als **Forderung** behandelt.

1.3.2.4. Transaktionen

Unter Transaktionen versteht man jeden Übergang eines Wirtschaftsobjektes von einem Wirtschaftssubjekt auf ein anderes. Man unterscheidet insbesondere folgende **Transaktionsarten:**

a) Transaktionen werden **grundsätzlich** über Märkte vorgenommen, weshalb die überwiegende Zahl der zu erfassenden Transaktionen **Markttransaktionen** (= tatsächliche oder sichtbare Transaktionen) darstellen. Eine Anzahl wirtschaftlicher Vorgänge findet jedoch keinen Niederschlag in Markttransaktionen. Will man diese Vorgänge ebenfalls erfassen und ausweisen, so ist es notwendig, so zu tun, als hätte eine Transaktion stattgefunden. Man spricht in diesen Fällen von **unterstellten** (= fiktiven oder unsichtbaren) **Transaktionen.**

Transaktionen werden zumeist unterstellt, um mögliche zufällige Unzulänglichkeiten in der Erfassung wirtschaftlicher Vorgänge auszuschließen.

Kauft beispielsweise ein Unternehmen eine Maschine von einem anderen Unternehmen, so handelt es sich um eine (sichtbare) Markttransaktion. Würde man nur Markttransaktionen erfassen, so bliebe eine vom Unternehmen **selbsterstellte** Maschine unberücksichtigt, obgleich das Unternehmen in dem einen wie im anderen Fall eine Maschine mehr besitzt und obwohl in beiden Fällen Güter und Faktorleistungen zu ihrer Herstellung verwandt wurden. Um diese „Zufälligkeit" auszuschließen, wird das Vorliegen einer Transaktion fingiert.

b) Man unterscheidet ferner **einseitige** (unilaterale) und **zweiseitige** (bilaterale) **Transaktionen**. Im Falle zweiseitiger Transaktionen steht jeder Übertragung eines Gutes, einer Faktorleistung oder Forderung die Übertragung eines Gutes, einer Faktorleistung oder einer Forderung als Gegenleistung gegenüber (= **Realtausch** oder **Kauf bzw. Verkauf**). Einseitige Transaktionen (Übertragungen oder Transfers) sind dagegen Übertragungen von Gütern, Faktorleistungen oder Forderungen ohne (spezielle) Gegenleistungen. Man unterscheidet **laufende Übertragungen**, die regelmäßig erfolgen, und **Vermögensübertragungen** (z.B. Investitionszuschüsse öffentlicher Haushalte an Unternehmen, Erbschaften, Schenkungen), die üblicherweise einmalig sind und zumindest bei einem der beteiligten Wirtschaftssubjekte eine Vermögenszunahme oder -abnahme bewirken.

Laufende Übertragungen umfassen **Steuern** (direkte und indirekte), **Sozialbeiträge** (Pflichtbeiträge zur Sozialversicherung), **Soziale Leistungen** (insbesondere die Leistungen der Sozialversicherung), **Subventionen** und **sonstige laufende Übertragungen** (vor allem Prämien für und Leistungen der Schadensversicherungen, Strafen etc.). Aus der Entrichtung von Steuern erwächst dem Steuerzahler kein Anspruch auf Gegenleistung; Prämienzahlungen an Versicherungen haben keine (zeitlich und/oder dem Umfange nach) exakt spezifizierten Gegenleistungen zur Folge. Aus diesem Grunde werden diese Leistungen als einseitige und nicht als zweiseitige Transaktionen angesehen.

c) Schließlich unterscheidet man **Finanz- und Leistungstransaktionen.** Der Tausch einer Forderung gegen eine andere Forderung wird **Finanztransaktion** genannt (z.B. Kauf von Wertpapieren gegen Geld). Eine Finanztransaktion ändert nicht den Gesamtbestand an Forderungen und Verbindlichkeiten bei den tauschenden Wirtschaftssubjekten, sondern lediglich deren Zusammensetzung (z.B. anstelle der bisherigen Forderung „Wertpapier" tritt die Forderung „Geld" und umgekehrt).

Die Übertragung eines Gutes oder einer Faktorleistung gegen eine Forderung und die Schenkung eines Gutes, einer Faktorleistung oder einer Forderung bezeichnet man als **Leistungstransaktionen,** da sie den Bestand an Forderungen oder Verbindlichkeiten bei den beteiligten Wirtschaftssubjekten verändern.

1.3.2.5. Bewertung

Der Wert sämtlicher Transaktionen wird in einem einheitlichen Maßstab, nämlich in Geldeinheiten (in der Bundesrepublik in DM) ausgedrückt. Dies hat den enormen Vorzug, daß man beliebige Transaktionen auf einfache Weise miteinander verknüpfen kann, indem man ihre Geldwerte addiert. Es wird dadurch möglich, so verschiedenartige Transaktionen wie beispielsweise den Kauf eines Grundstückes und den Kauf von Brot einfach zu addieren.

Grundlage der Bewertung ist bei **Markttransaktionen** stets der **Marktpreis** (das ist in der Regel der Rechnungspreis **incl.** Mehrwertsteuer) des Gutes bzw. der Forderung. Bei **unterstellten Transaktionen** fehlt häufig eine derartige Bewertungsgrundlage.

In solchen Fällen muß eine Bewertung unterstellt werden. Diese Bewertungen werden in einzelnen Fällen nicht vollkommen frei von Willkür sein, sie können aber durch die Vorgabe bestimmter Bewertungskriterien sichtbar und nachvollziehbar gemacht werden. Als Bewertungskriterien kommen vor allem theoretische Erwägungen sowie die Einfachheit und Überprüfbarkeit der Wertbestimmung in Betracht.

1.3.2.6. Datierung

Die Zuordnung jeder Transaktion in eine bestimmte Rechnungsperiode (z.B. ein Jahr) ist relativ leicht lösbar bei Zug-um-Zug-Geschäften wie dem Barkauf. Der Zeitpunkt der wechselseitigen Eigentumsübertragung stellt dann den Transaktionszeitpunkt dar.

Probleme treten bei **Kreditgeschäften** auf, bei denen sowohl der Zeitpunkt des Vertragsabschlusses als auch der Zeitpunkt der Leistung oder Gegenleistung sowie der Zeitpunkt der Rechnungslegung auseinanderfallen können. In all diesen Fällen wird folgende **Konvention** getroffen: Maßgeblich ist der **Zeitpunkt der Entstehung der Forderung** (= Einnahme) bzw. der **Entstehung der Verbindlichkeit** (= Ausgabe). Bei **laufender Abgabe** von Leistungen, wie z.B. den Stromlieferungen der Elektrizitätswerke oder den Arbeitsleistungen der Haushalte, entstehen gemäß der erwähnten Konvention jeweils gleichzeitig mit der Leistungsabgabe laufende Einnahmen bzw. Ausgaben, unabhängig davon, zu welchem Zeitpunkt eine Einzahlung bzw. Auszahlung (z.B. wöchentlich oder monatlich) die aufgelaufenen Forderungen bzw. Verbindlichkeiten zum Erlöschen bringt.

Bei Steuerleistungen wird als Transaktionszeitpunkt, der Zeitpunkt der Fälligkeit gewählt.

Es ist darauf zu achten, das Begriffspaar **Einnahmen – Ausgaben** streng von dem Begriffspaar **Einzahlung – Auszahlung** auseinanderzuhalten. Während Einnahmen und Ausgaben etwas über die Veränderungen der Bestände an Forderungen und Verbindlichkeiten besagen, handelt es sich bei Ein- und Auszahlung lediglich um kassenmäßige Begriffe. Für die Volkswirtschaftliche Gesamtrechnung sind nur die Begriffe Einnahmen und Ausgaben von Bedeutung.

1.3.2.7. Lokalisierung

Schwierigkeiten bei der Zuordnung einer Transaktion zu einer Volkswirtschaft können immer dann auftreten, wenn ein inländisches Wirtschaftssubjekt eine Transaktion im Ausland durchführt oder wenn an einer Transaktion im Inland ein Ausländer beteiligt ist. Nach dem **Inlandskonzept** werden sämtliche Transaktionen, die im Inland vorgenommen werden, als zur betreffenden Volkswirtschaft gehörig erfaßt, hingegen werden nach dem **Inländerkonzept** die Transaktionen von Inländern im Ausland der Volkswirtschaft zugerechnet, der der betreffende Inländer angehört. Die Unterscheidung spielt z.B. bei der Erfassung der Transaktionen von Grenzgängern oder von inländischen diplomatischen Vertretungen im Ausland eine Rolle.

1.3.3. Der Wirtschaftskreislauf

Ein geschlossener Kreislauf wird zu einem **Wirtschaftskreislauf** dadurch, daß die Elemente des Kreislaufs, die Pole und Ströme, in einer besonderen Weise interpretiert werden. Als **Pole** werden im Wirtschaftskreislauf die **Wirtschaftssubjekte** angesehen. Die **Ströme** stellen die **Transaktionen** dar, die die Wirtschaftssubjekte in Ausübung ihrer ökonomischen Aktivitäten innerhalb einer Periode durchführen. Der **Stromstärke** entspricht der **Wert der Transaktionen** innerhalb einer Periode. Die **Richtung** wird dadurch festgelegt, daß jeweils die Übertragung eines Objektes **von** einem Wirtschaftssubjekt **auf** ein anderes vorgenommen wird.

Aus der Tatsache der Arbeitsteilung und Spezialisierung folgt, daß **von** und **zu** jedem Wirtschaftssubjekt Objekte übertragen werden müssen, um wirtschaftliche Aktivitäten durchführen zu können.

Bei der Erfassung der getätigten Transaktionen gelangen folgende Prinzipien zur Anwendung:

a) **Jede** Transaktion läßt sich durch zwei Ströme darstellen: Im Falle von **zweiseitigen Transaktionen** handelt es sich um die Erfassung von zwei gegenläufigen Strömen. Bei einseitigen Transaktionen, z.B. der Schenkung eines Geldbetrages, fließt **neben** dem **Leistungsstrom** (das ist in dem Beispiel ein **Forderungsstrom**) vom Schenker zum Beschenkten (der die Änderung in den Vermögensbeständen darstellt) **ein gedachter Transferstrom** der beim Beschenkten als Einkommenszuwachs, beim Schenkenden als Einkommensminderung aufscheint.

b) Bei Käufen von Gütern und Faktorleistungen (= Leistungstransaktionen), die den größten Anteil aller Transaktionen in einer Marktwirtschaft kennzeichnen, entsprechen den Güter- und Faktorleistungsströmen oder, wie man auch sagt, den **realen Strömen** wertmäßig gleiche Geldströme, sogenannte **monetäre Ströme,** in entgegengesetzter Richtung. Man beachte, daß sowohl die Geldströme wie auch die Leistungsströme entsprechend der Voraussetzung A5 in Geldeinheiten bewertet werden.

1.3.4. Die Vermögensrechnung als Ergänzung zum Wirtschaftskreislauf

In Abschnitt 1.2.2.3. wurde aufgezeigt, daß die Umwandlung eines offenen in einen geschlossenen Kreislauf Bestandsänderungen aufdeckt, die ansonsten verborgen geblieben waren. Um Klarheit darüber zu erlangen, welche Bestände sich innerhalb einer Periode durch Zu- und Abströme wertmäßig ändern können, wird der **Wirtschaftskreislauf als Stromrechnung** durch entsprechende **Erfassung der Bestände in Form der Vermögensrechnungen** ergänzt.

Zu jedem **Zeitpunkt** befinden sich im Eigentum eines Wirtschaftssubjektes bestimmte (dauerhafte) **Sachgüter,** z.B. Konsumgüter, Maschinen, Rohstoffe, Gebäude.

Ermittelt man den Geldwert jedes dieser Güter zu einem bestimmten Zeitpunkt und addiert deren Geldwerte, so erhält man den Wert des Sachvermögens dieses Wirtschaftssubjektes. Darüberhinaus besitzt dieses Wirtschaftssubjekt im allgemeinen Forderungen und Verbindlichkeiten gegen andere Wirtschaftssubjekte.

Die Forderungen und das Sachvermögen zusammen stellen die **Aktiva** oder das **Gesamtvermögen** des Wirtschaftssubjektes dar. Bringt man davon die Verbindlichkeiten in Abzug, so erhält man als Saldo das **Reinvermögen** des Wirtschaftssubjektes. Übersteigen die Verbindlichkeiten die Aktiva, so erhält man ein negatives Reinvermögen. In diesem Fall sagt man, das Wirtschaftssubjekt ist **überschuldet.**

Das **Vermögenskonto** eines jeden Wirtschaftssubjektes hat daher folgendes Aussehen:

Aktiva	**Vermögenskonto eines Wirtschaftssubjektes zum Zeitpunkt t**	Passiva
Gesamtvermögen	{ 1. Sachvermögen 2. Forderungen	3. Verbindlichkeiten 4. Reinvermögen (+) bzw. Überschuldung (–)

Die Differenz zwischen Forderungen und Verbindlichkeiten wird als **Nettoposition** oder **Geldvermögen** des betreffenden Wirtschaftssubjektes bezeichnet. Folglich ist das Reinvermögen auch gleich der Summe aus Sachvermögen und der Nettoposition.

Das Vermögen eines jeden Wirtschaftssubjektes läßt sich auf diese Weise darstellen. Im einzelnen unterscheiden sich die Vermögensrechnungen vielfach jedoch recht erheblich. Kreditinstitute weisen beispielsweise nur einen relativ geringen Bestand an Sachvermögen, aber hohe Bestände an Forderungen und Verbindlichkeiten auf. Im Vermögen von Produktionsunternehmen überwiegt das Sachvermögen (Gebäude, Maschinen usw.).

Eine ausführlichere Darstellung der Vermögensrechnung findet man in Abschnitt 3.1. dieses Buches.

1.3.5. Darstellungsformen des Wirtschaftskreislaufs

Ein und derselbe Kreislauf läßt sich auf vier verschiedene Arten darstellen, und zwar grafisch, in Kontenform, in Gleichungsform und in Form einer Matrix. Da sich – wie in Abschnitt 1.3.3. ausgeführt wurde – jede Transaktion durch zwei Ströme darstellen läßt, müßten im folgenden jeweils zwei wertmäßig gleiche, entgegengesetzte Ströme erfaßt werden. Der Einfachheit halber wird zur Erläuterung der Darstellung in diesem Abschnitt nur jeweils ein Forderungsstrom erfaßt, während die gegenläufigen Leistungs- oder Forderungsströme nicht berücksichtigt werden.

Grafische Darstellung

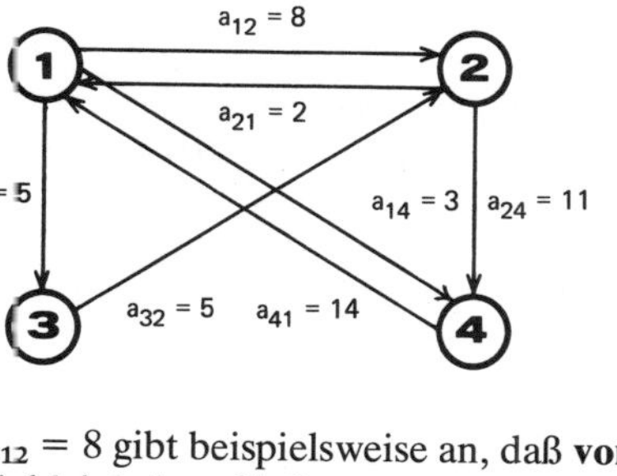

Abb. 1.5

$a_{12} = 8$ gibt beispielsweise an, daß **von** 1 **zu** 2 ein Forderungsstrom in der Höhe von 8 Geldeinheiten fließt.

Kontendarstellung

In Kontenform werden die Ströme von und zu jedem Pol erfaßt, indem auf der rechten Seite (= Habenseite) alle zufließenden Ströme (= Einnahmen), auf der linken (= Sollseite) alle abfließenden Ströme (= Ausgaben) verzeichnet werden. Durch Eintragung eines Saldos wird eine etwaige Wertdifferenz jedes Kontos ausgeglichen. Dem Saldo entspricht zumeist eine Bestandsänderung. In Ausnahmefällen kann auf dem Konto eine Einnahme auch auf der linken Seite verbucht werden, dann allerdings mit geändertem Vorzeichen. Eine negative Ausgabenbuchung ist daher gleichbedeutend einer positiven Einnahmenbuchung. Der Leser möge beachten, daß hier eine Vereinfachung vorliegt, da nur ein Forderungsstrom behandelt wird. Im allgemeinen wird **jede** Transaktion durch **zwei Ströme** erfaßt, wodurch stets **vier Buchungen** erforderlich sind. (Vgl. die Beispiele in den Abschnitten 1.4.1.2. und 3.2).

Soll 1	Haben
$a_{12} = 8$	$a_{21} = 2$
$a_{13} = 5$	$a_{41} = 14$
$a_{14} = 3$	
16	16

Soll 2	Haben
$a_{21} = 2$	$a_{12} = 8$
$a_{24} = 11$	$a_{32} = 5$
13	13

Soll 3	Haben
$a_{32} = 5$	$a_{13} = 5$

Soll 4	Haben
$a_{41} = 14$	$a_{14} = 3$
	$a_{24} = 11$
14	14

Gleichungsdarstellung

Da stets geschlossene Kreisläufe unterstellt werden, müssen die Ströme von und zu einem Pol wertmäßig stets ausgeglichen sein. Daher lassen sich die Werte sämtlicher Zuströme auf der einen Seite und die Werte der Abströme jeweils addieren und auf den beiden Seiten einer Gleichung darstellen. Bezeichnet man mit a_{ij} den Wert des Transaktionsstromes von Wirtschaftssubjekt i zu Wirtschaftssubjekt j, dann lassen sich die Transaktionen des Wirtschaftssubjektes i durch die folgende Gleichung darstellen:

$$\sum_{j=1}^{4} a_{ij} = a_{i1} + a_{i2} + a_{i3} + a_{i4} = a_{1i} + a_{2i} + a_{3i} + a_{4i} = \sum_{j=1}^{4} a_{ji},$$

wobei $i = 1,2,3,4$ und $a_{ii} = 0$. Dabei stehen auf der linken Seite die **Ausgaben**, rechts die **Einnahmen** des Wirtschaftssubjekts. Für $i = 1$ also:

$$a_{12} + a_{13} + a_{14} = 8 + 5 + 3 = 16 = 2 + 14 = a_{21} + a_{41}$$

Darstellung in Form einer Matrix

Hier werden die einzelnen Pole, in gleicher Reihenfolge, in der Randzeile und in der Randspalte aufgeschrieben. In den entsprechenden Zeilen werden dann die Abströme oder Ausgaben eines jeden Poles, in den Spalten die Einnahmen verbucht. Der Wert der Ausgabe des Wirtschaftssubjektes i an j wird an der Stelle der Matrix eingetragen, an der sich Zeile i und Spalte j schneiden. Diese Eintragung entspricht dem Wert der Einnahme des Wirtschaftssubjekts j von i.

Einnahmen des Poles → / Ausgaben des Poles	1	2	3	4	Summe der Ausgaben
1	–	$a_{12} = 8$	$a_{13} = 5$	$a_{14} = 3$	16
2	$a_{21} = 2$	–	$a_{23} = 0$	$a_{24} = 11$	13
3	$a_{31} = 0$	$a_{32} = 5$	–	$a_{34} = 0$	5
4	$a_{41} = 14$	$a_{42} = 0$	$a_{43} = 0$	–	14
Summe der Einnahmen	16	13	5	14	48

1.4. Darstellung der ökonomischen Aktivitäten und deren Zusammenhänge

1.4.1. Wirtschaftssubjekte und ökonomische Aktivitäten

1.4.1.1. Überblick

Vor der Analyse des Wirtschaftskreislaufs ist es zweckmäßig, die ökonomischen Aktivitäten der einzelnen Wirtschaftssubjekte und deren Zusammenhänge deutlich zu machen. Dabei werden wieder eine Anzahl von Begriffen eingeführt. Aus jeder Gruppe von Wirtschaftssubjekten wird jeweils ein **typischer** Vertreter ausgewählt und dessen Transaktionen, die in Ausübung seiner ökonomischen Aktivitäten mit den anderen Wirtschaftssubjekten erfolgen, beschrieben und übersichtlich dargestellt. **Dabei ist festzuhalten, daß es sich um die Beschreibung und Erfassung von Geschehnissen handelt, die bereits stattgefunden haben.** Man sagt auch, es handle sich um eine **ex post-Analyse des Wirtschaftsgeschehens**, im Gegensatz zur **ex ante-**Analyse, die die Analyse der Wirtschafts**pläne** der Wirtschaftssubjekte zum Gegenstand hat.
Während also die ex-post-Analyse des Wirtschaftsgeschehens den Gegenstand der Volkswirtschaftlichen Gesamtrechnung bildet, stellt die ex-ante-Analyse die Domäne der Wirtschaftstheorie (der Mikro- und Makroökonomik) dar. Als **Rechnungsperiode** sei grundsätzlich ein **Kalenderjahr** zugrunde gelegt.

Zur Darstellung werden wir uns in erster Linie der **Kontenform** bedienen. Das hat seine Gründe vor allem darin, daß zum einen alle anderen Darstellungsformen bei der Erfassung einer Vielzahl von Transaktionen rasch unübersichtlich zu werden beginnen und daß zum anderen die Kontendarstellung von den statistischen Ämtern vornehmlich herangezogen wird. Dem Leser wird vor allem aus dem zuletztgenannten Grund für seine eigene Arbeit mit volkswirtschaftlichen Daten die Übung in der Interpretation von Konten von Nutzen sein.

1.4.1.2. Die Verbuchung von Transaktionen auf Aktivitätskonten

Sämtliche Transaktionen, die ein Wirtschaftssubjekt innerhalb einer Rechnungsperiode ausgeführt hat, lassen sich den vier eingangs (Abschnitt 1.1.1.) erwähnten Aktivitäten zuordnen. Für jede dieser Aktivitäten wird folglich ein Konto erstellt, in dem die einzelnen Transaktionen verbucht werden. Im Prinzip weist somit jedes Wirtschaftssubjekt seine sämtlichen Transaktionen auf vier (Aktivitäts)Konten nach: dem Produktions-, dem Einkommens-, dem Vermögensänderungs- und dem Finanzierungskonto (= Kreditänderungskonto).

Dabei wird zunächst etwas vereinfacht – unter Außerachtlassung von Details und Ausnahmen (vgl. 1.4.2.–1.4.4.) die Zuordnung auf folgende Weise vorgenommen.

1. Sämtliche Transaktionen, die im Zusammenhang mit der Aktivität „Produktion" stehen werden im Produktionskonto erfaßt. Alle Verkäufe der von einem Wirtschaftssubjekt erzeugten Güter (Waren oder Dienstleistungen) finden auf der rechten Seite, der Habenseite, des Produktionskontos ihren Niederschlag, während auf der linken, der Sollseite, sämtliche Käufe von Rohstoffen, Dienst- und Faktorleistungen verbucht werden, die erforderlich waren um die Produktion der Güter in der betreffenden Periode zu ermöglichen. Auf dem Produktionskonto werden, mit anderen Worten, die Erlöse aus der Produktion den Kosten gegenübergestellt. Da die Erlöse normalerweise höher sind als die Kosten, ergibt sich, um das Konto auszugleichen, ein positiver Saldo auf der Sollseite des Produktionskontos: der Gewinn.

Soll	**Produktionskonto** Haben
Kosten Saldo: Gewinn	Erlöse aus Verkäufen

2. Auf dem Einkommenskonto werden auf der Habenseite die Einkommen verbucht, die dem Wirtschaftssubjekt während der Rechnungsperiode zugeflossen sind (z. B. Löhne und Gehälter als Gegenleistung für Tätigkeiten der unselbständig Beschäftigten). Auf der Sollseite werden insbesondere die Käufe von Konsumgütern als wichtigste Form der Einkommensverwendung erfaßt. Als Saldo wird die Ersparnis ausgewiesen.

Soll	**Einkommenskonto** Haben
Einkommensverwendung Saldo: Ersparnis	Einkommensbezüge

3. Der Erwerb von Sachvermögen (insbesondere von dauerhaften Produktionsmitteln) und dessen Finanzierung wird in Vermögensänderungskonto ausgewiesen.

Soll	**Vermögensänderungskonto** Haben
Erwerb von Sachvermögen Saldo: Finanzierungsüberschuß (+) bzw. -defizit (−)	Finanzierung von Sachvermögen

4. Schließlich werden die Zu- und Abnahmen in den Beständen an Forderungen und Verbindlichkeiten (z. B. Zunahmen in den Bargeldbeständen = Zunahme der Forderungen, oder Rückzahlung von Krediten = Abnahme der Verbindlichkeiten) im Finanzierungs- bzw. Kreditänderungskonto erfaßt. Der sich ergebende Finanzierungssaldo in Form eines Finanzierungsüberschusses (wenn positiv) oder -defizits (wenn negativ) ist wertmäßig gleich dem Finanzierungssaldo im Vermögensänderungskonto.

Soll	Finanzierungskonto Haben
Veränderungen der Forderungen	Veränderungen der Verbindlichkeiten Saldo: Finanzierungsüberschuß (+) oder -defizit (−)

Bei der Kontenführung bzw. der Verbuchung von Transaktionen gelangen bestimmte Grundsätze zur Anwendung:

1. Jedes Konto ist ggf. durch Angabe eines Saldos, auszugleichen, so daß Soll- und Habenseite eines jeden Kontos wertmäßig übereinstimmen. Diese Salden (siehe oben) lassen sich ökonomisch als Gewinne bzw. Verluste, als Ersparnisse und als Finanzierungsüberschüsse bzw. -defizite interpretieren.
2. **Jede Transaktion,** ob einseitige oder zweiseitige, läßt sich durch zwei Ströme darstellen und zieht daher insgesamt **vier**, d. h. bei jedem der beteiligten Wirtschaftssubjekte jeweils **zwei**, Buchungen nach sich. Dieser Grundsatz läßt sich am besten wohl an Hand von Beispielen verdeutlichen.

Beispiel 1: Barkauf

Ein privater Haushalt kauft ein Hemd im Werte von 100,– DM in bar. Diese zweiseitige Transaktion wird beim **Käufer** (a) als Einkommensverwendung im Einkommenskonto auf der Sollseite und (b) als Abnahme der Forderungsbestände (näherhin als Abnahme der Bargeldbestände) in Höhe von 100,– DM auf der Sollseite des Finanzierungskontos erfaßt.

Beim **Verkäufer**, einem Modehändler (= Unternehmen), findet diese Transaktion (a) auf der Habenseite des Produktionskontos und (b) auf der Sollseite des Finanzierungskontos als Zunahme der Forderungsbestände ihren Niederschlag.

Beispiel 2: Kreditkauf

Ein Unternehmer A erwirbt von einem anderen Unternehmen B (einer Maschinenfabrik) eine Maschine, die erst im übernächsten Jahr bezahlt werden muß. Für das Unternehmen A handelt es sich dabei um die Anschaffung eines Vermögensobjektes. Folglich wird die Transaktion durch A einmal im Vermögensänderungskonto auf der Sollseite als Erhöhung des Sachvermögens erfaßt und zweitens entsteht durch die Kreditaufnahme eine Zunahme der Verbindlichkeiten, die auf der Habenseite des Finanzierungskontos verbucht wird. Dagegen erscheint der Verkauf der Maschine durch Unternehmen B auf der Habenseite des Produktionskontos als Verkaufserlös und infolge der Kreditvergabe haben die Forderungsbestände auf der Sollseite des Finanzierungskontos zugenommen.

Beispiel 3: Forderungstransfer

Ein Unternehmen macht einem verdienten Arbeiter, aus Anlaß der fünfundzwanzigjährigen Betriebszugehörigkeit, zehn Aktien des Unternehmens im Werte von 5000,– DM zum Geschenk. Es liegt somit eine einseitige Transaktion vor, die, da sie einmalig erfolgt und den Vermögensbestand des Arbeiters erhöht, als Vermögensübertragung (vgl. Abschnitt 1.4.2.4. und Kapitel 2.) anzusehen ist. Obwohl nur ein Leistungsstrom vom Unternehmen zum Haushalt fließt, erfolgen dennoch wiederum vier Buchungen. Dies wird durch **Unterstellung** eines zweiten, gegenläufigen Stroms, eines sogenannten **Transferstroms** erreicht (vgl. Abschnitt 1.3.3.). Das schenkende Unternehmen verbucht den Vorgang einmal als geleistete Vermögensübertragung auf der Sollseite seines Vermögensänderungskontos und als Zunahme der Verbindlichkeiten auf der Habenseite des Finanzierungskontos. Der private Haushalt, dem der Arbeiter angehört, erfaßt die Schenkung zum einen auf dem Vermögensänderungskonto als empfangene Vermögensübertragung (auf der Habenseite) und zum anderen als Zunahme der Forderungsbestände auf der Sollseite seines Finanzierungskontos.

Beispiel 4: Finanztransaktionen

a) Ein privater Haushalt kauft von einer Bank (Unternehmen) Schuldverschreibungen (Wertpapiere) im Wert von 1000,– DM. Alle vier Buchungen erfolgen nur in den Finanzierungskonten der beiden Wirtschaftssubjekte. Der Käufer verzeichnet eine Erhöhung seiner Wertpapierbestände und gleichzeitig einen Rückgang der Bargeldbestände um 1000,– DM. Die Bank weist dagegen eine Zunahme der Bargeldbestände und eine Abnahme der Wertpapierbestände in Höhe von 1000,– DM aus. Für beide Wirtschaftssubjekte hat sich, in diesem Fall, der Forderungsbestand (bzw. die Nettoposition) nicht verändert. Die Bank ist durch den Verkauf, infolge der Erhöhung der Bargeldbestände, liquider, der Haushalt dagegen illiquider geworden.

b) Zahlt Unternehmen A den Kredit an B (vgl. Beispiel 2) zurück, erfolgen wiederum sämtliche Buchungen in den Finanzierungskonten. Bei A nehmen dadurch die Bestände der Verbindlichkeiten und die Forderungsbestände jeweils um die Kreditsumme ab, bei B dagegen findet lediglich ein Forderungsaustausch – Bargeld gegen Kredit statt. Bei beiden Wirtschaftssubjekten blieb die Nettoposition unverändert, nur die Zusammensetzung der Forderungen und Verbindlichkeiten hat sich verändert: ein Charakteristikum **jeder** Finanztransaktion.

Einige weitere Beispiele finden sich in Abschnitt 3.2.

Man kann also zusammenfassend festhalten:

1. Für jede Transaktion lassen sich zwei Ströme angeben, wodurch für jede Transaktion insgesamt vier Buchungen erforderlich sind.
2. Beim Realtausch, bei dem Güter oder Faktorleistungen wiederum gegen Güter oder Faktorleistungen getauscht werden, stehen einander zwei in entgegengesetzte Richtungen laufende **reale** (jedoch in Geldeinheiten bewertete) **Ströme** gegenüber. Sie führen weder zu einer Zunahme (= Einnahme) noch zu einer Abnahme (= Ausgabe) der Nettoposition (= des Geldvermögens) und berühren daher die Finanzierungskonten nicht.
3. Ein realer Strom und ein gegenläufiger Transferstrom charakterisieren den **Realtransfer**, bei dem ebenfalls weder Einnahmen noch Ausgaben bei den Beteiligten auftreten. Verbuchungen auf den Finanzierungskonten finden daher nicht statt.
4. Beim **Kauf** (bzw. Verkauf) von Gütern oder Faktorleistungen gegen Forderungen steht dem realen Strom jeweils ein gegenläufiger **monetärer Strom** (Forderungsstrom) gegenüber, der bei den beteiligten Wirtschaftssubjekten zu einer Einnahme bzw. Ausgabe führt durch die es zu einer Erhöhung bzw. Verringerung der Nettoposition kommt, die in den Finanzierungskonten verbucht werden.
5. Einem monetären Strom entspricht beim **Forderungstransfer** ein wertgleicher Transferstrom der in entgegengesetzter Richtung läuft. Die Ausgaben bzw. Einnahmen verändern wiederum die Geldvermögen der Beteiligten.

   Transaktionen, die die Höhe der Nettoposition bei den beteiligten Wirtschaftssubjekten verändern, werden **Leistungstransaktionen** genannt. Demnach stellen nur Käufe bzw. Verkäufe und Forderungstransfers Leistungstransaktionen dar.

6. Finanztransaktionen werden durch zwei gegenläufige monetäre Ströme erfaßt; durch sie wird zwar die **Zusammensetzung, nicht jedoch die Höhe** des Geldvermögens der beteiligten Wirtschaftssubjekte verändert.
Da Realtauschvorgänge und Realtransfers nur eine untergeordnete Rolle spielen, stellen Leistungs- und Finanzierungstransaktionen die praktisch bedeutendsten Transaktionen dar. Forderungstransfers treten vor allem in Form von Steuern, Pensionsleistungen, Arbeitslosengeld etc. auf.

1.4.2. Darstellung der mit den ökonomischen Aktivitäten eines Unternehmens verbundenen Transaktionen

1.4.2.1. Überblick

Im Verlaufe einer Rechnungsperiode tätigt ein Unternehmen eine Reihe von Transaktionen. Es erwirbt von anderen Unternehmen nichtdauerhafte Produktionsmittel und Dienstleistungen, die es in derselben Periode im Produktionsprozeß verbraucht, sowie nichtdauerhafte Produktionsmittel (= Rohstoffe und Halbfertigprodukte), die nicht in dieser Periode verbraucht werden und die vorhandenen Lagerbestände erhöhen. Ferner kauft es dauerhafte Produktionsmittel (Gebäude, Grund und Boden, Maschinen), welche den Wert des Sachvermögens erhöhen, verringert seine Lagerbestände an Rohstoffen und Halbfertiggütern, bezahlt Steuern an die öffentlichen Haushalte, Löhne und Gehälter für Arbeitsleistungen an private Haushalte sowie **Zinsen** für die Nutzungsmöglichkeit von anderen Faktorleistungen, die im Eigentum anderer Wirtschaftssubjekte stehen. Schließlich kann ein Unternehmen die Zusammensetzung seines Vermögens durch Kauf oder Verkauf von Wertpapieren, durch das Eingehen zusätzlicher Verbindlichkeiten oder die Tilgung von Schulden usw. verändern.

Auf der anderen Seite verkauft das Unternehmen seine Produkte aus der laufenden Produktion oder vorhandenen Lagerbeständen an andere Wirtschaftssubjekte oder vermehrt durch die laufende Produktion seine Bestände an Sachgütern.

Jede dieser Transaktionen läßt sich mit bestimmten ökonomischen Aktivitäten in Zusammenhang bringen.

1.4.2.2. Produktion

Die mit der Produktion eines Unternehmens verbundenen Transaktionen eines Unternehmens lassen sich in übersichtlicher Form durch ein Produktionskonto darstellen:

Soll **Produktionskonto eines Unternehmens** Haben

	Soll	Haben	
	1. Vorleistungen	5. Verkäufe an andere Wirtschaftssubjekte	Produktionswert
Bruttowertschöpfung	2. Produktionsbedingter Verschleiß an dauerhaften Produktionsmitteln = **Abschreibungen**	6. Lagerveränderungen an eigenen Erzeugnissen	Produktionswert
Bruttowertschöpfung	3. Indirekte Steuern – Subventionen	7. Eigenproduktion von dauerhaften Produktionsmitteln = **selbsterstellte Anlagen**	Produktionswert
Bruttowertschöpfung	4. **Nettowertschöpfung** a) Löhne und Gehälter b) Zinsen, Pachten c) Produktionsgewinn		

Die Summe der Posten auf der Habenseite (5. + 6. + 7.) ergibt den Produktionswert des Unternehmens.[7] Dieser entspricht dem Gesamtwert der durch das Unternehmen (in der betreffenden Rechnungsperiode) erstellten Waren und Dienstleistungen.

Neben dem Wert der verkauften Produkte (= Erlöse aus Verkäufen an andere Wirtschaftssubjekte) werden im Produktionswert auch jene Waren wertmäßig erfaßt, die innerhalb des betreffenden Jahres zwar produziert wurden aber die Unternehmung nicht verlassen haben, d. h. nicht an andere Wirtschaftssubjekte verkauft wurden. Das sind zum einen die **Lagerzugänge an eigenen Erzeugnissen**, die – gewollt oder ungewollt – nicht abgesetzt wurden und zum anderen die **selbsterstellten Anlagen**. Unter selbsterstellten Anlagen werden sämtliche dauerhaften Produktionsmittel (z. B. Bauten, Maschinen) verstanden, die durch das Unternehmen produziert wurden und zur eigenen Nutzung bestimmt sind.

Andererseits können sich unter den verkauften Produkten auch solche befinden, die bereits in früheren Perioden produziert wurden und auf Lager gelegen haben. Deshalb müssen die Lagerbestandsverminderungen an eigenen Erzeugnissen in Abzug gebracht werden um den tatsächlichen Wert der Produktion für die Rechnungsperiode zu bestimmen. Würde man diese Lagerbestandsverminderungen an eigenen Erzeugnissen nicht abziehen, so würde der Produktionswert zu hoch ausgewiesen werden, da diese Waren ja nicht in der laufenden Periode erzeugt wurden. **Die Lagerveränderungen (Posten 6. im obigen Produktionskonto) an eigenen Erzeugnissen sind somit gleich dem Wert der Lagerzugänge an eigenen Erzeugnissen vermindert um den Wert der Entnahmen aus dem eigenen Lager.** Die Lagerveränderungen an eigenen Erzeugnissen können demnach positiv, negativ oder gleich Null sein, je nachdem ob der Wert der Lagerzugänge an eigenen Erzeugnissen größer, kleiner oder gleich dem Wert der Lagerentnahmen in der betreffenden Periode war.

Produktion auf Lager und selbsterstellte Anlagen stellen zweifellos eine Erhöhung des Sachvermögens eines Unternehmes dar (daher erfolgt die entsprechende Gegenbuchung im Vermögensänderungskonto des Unternehmens auf der Sollseite), ohne daß es allerdings zu einer sichtbaren Transaktion gekommen wäre. Würde man nur Markttransaktionen mit anderen Wirtschaftssubjekten erfassen, so müßte man die Existenz dieser Güter bzw. der sie hervorbringenden Produktionsleistungen völlig ignorieren. Indem man in derartigen Fällen das Vorhandensein einer Transaktion **unterstellt**, läßt sich dieser Vorgang jedoch ebenfalls erfassen. Allerdings bereitet die Bewertung dieser unterstellten Transaktionen einige Schwierigkeiten. Man könnte zwar in einigen Fällen die selbsterstellten Anlagen und die auf Lager gehenden Teile der Produktion zu Marktpreisen bewerten. In anderen Fällen, insbesondere dann wenn vergleichbare Produkte nicht auf dem Markt gehandelt werden, ist das jedoch nicht möglich. Man bewertet daher diese Waren (selbsterstellte Anlagen und Lagerzugänge an eigenen Erzeugnissen) einheitlich zu **Herstellungskosten**, d. h. zu den Kosten die ihre Produktion erfordert hat.

Der Leser muß sich klarmachen, daß es sich bei 6. und 7. um die Eigenproduktion von Sachvermögen handelt, die im Produktionskonto des betreffenden Unternehmens erfaßt wird. Werden Anlagegüter von anderen Unternehmen erworben oder werden von anderen Unternehmen Güter gekauft die auf Lager gelegt werden, so handelt es sich dabei um Produktionsleistungen des **verkaufenden** (und nicht des kaufenden) Unternehmens und diese scheinen folglich in deren Produktionskonten als Erlöse aus Verkäufen auf. Die entsprechenden Gegenbuchungen finden sich im Vermögensänderungskonto des kaufenden Unternehmens, sowie in den Finanzierungskonten der beteiligten Unternehmen (siehe Abschnitt 1.4.2.4.).

Der Produktionswert von Versicherungsunternehmen und Kreditinstituten besteht aus den Entgelten, die diese Unternehmen für ihre Dienstleistungen beziehen. Diese umfassen bei Versicherungen vor allem die Entgelte, die beim Erstabschluß einer Versicherung zu leisten sind, sowie die in den Prämienzahlungen enthaltenen Dienstleistungsanteile. Der Produktionswert eines Kreditinstituts ergibt sich aus den empfangenen Bankgebühren zuzüglich der Differenz gebildet aus Ertragszinsen, Kreditprovisionen und Vermögenseinkommen einerseits und den Aufwandszinsen, die für die verschiedenen Einlagen an Einleger geleistet werden, andererseits.

Auf der Sollseite werden die gesamten **Kosten** der Produktion erfaßt. Dazu gehören der Wert des Vorleistungsverbrauchs sowie die **Abschreibungen**. Während die Vorleistungen (Rohstoffe, Energie, Halbfabrikate, Handelswaren; aber auch Dienst-, wie Transport-, Anwaltsleistungen oder Mieten) in der Produktion weiterverarbeitet werden und vollkommen in den hergestellten Gütern „aufgehen", bleiben die dauerhaften Produktionsmittel grundsätzlich erhalten. Die Abschreibungen erfassen daher, lediglich die Wertminderung, den die dauerhaften Produktionsmittel infolge des durch die laufende Produktion bedingten Verschleißes erfahren. Bei den Abschreibungen handelt es sich ebenfalls nicht um Markttransaktionen. Der Wert der dafür unterstellten Transaktionen, läßt sich nur sehr schwierig ermitteln, da gebrauchte Maschinen so gut wie nicht auf Märkten gehandelt werden. Ein objektivierbarer Wert läßt sich daher kaum feststellen. In der Praxis bedient man sich deshalb bestimmter Verfahren zu Ermittlung des Wertes der Abschreibungen, die in Abschnitt 1.9.5. noch ausführlich dargestellt werden.

Kosten stellen auch die **indirekten Steuern** dar. Das sind jene Abgaben von Unternehmen an die öffentlichen Haushalte, die **vor** Ermittlung des einkommensteuerpflichtigen Gewinnes von den Einnahmen in Abzug gebracht werden. Dazu gehören die **nichtabzugsfähige Umsatzsteuer** (Mehrwertsteuer, Einfuhrumsatzsteuer), die **Produktionssteuern,** wie die Verbrauchsteuern (Tabak-, Mineralölsteuer u.a.), oder die Gewerbesteuer sowie die **Einfuhrabgaben** (Zölle etc.). Von den indirekten Steuern zieht man gewöhnlich die **Subventionen** ab. Bei Subventionen handelt es sich um unentgeltliche Zuwendungen, die die öffentlichen Haushalte den Unternehmen zum Zwecke der Beeinflussung der Marktpreise oder zur Stützung der Produktion und des Einkommens gewähren. Sie stellen zwar eine Einnahme des Unternehmens dar, sind aber ihrem Zwecke entsprechend als negative indirekte Steuer anzusehen und erscheinen deshalb auf der linken Seite des Produktionskontos, wo sie die Kosten vermindern.

Als wichtigste Subventionsarten sind Treibstoff- und Zinsverbilligungen, Zahlungen zum Ausgleich von Preisverlusten für Land- und Energiewirtschaft, Bergbau, Gewerbe, Handel und Verkehr zu nennen. Nicht als Subventionen erfaßt werden der teilweise oder gänzliche Steuerverzicht öffentlicher Haushalte. Diese Praxis ist ökonomisch gesehen nicht ganz einleuchtend. Ob öffentliche Haushalte **aktiv** Forderungen (= Geld) an Unternehmen unentgeltlich übertragen oder **passiv** auf Ansprüche verzichten, macht ökonomisch gesehen keinen Unterschied; in beiden Fällen liegt die Schenkung einer Forderung zum Zwecke der Beeinflussung der Marktpreise oder zur Stützung der Produktion und des Einkommens vor.

Schließlich werden noch die Kosten für **Faktorleistungen** erfaßt, die andere Wirtschaftssubjekte erbringen oder die von diesen zur Verfügung gestellt werden. Dazu gehören die in der Periode anfallenden Löhne, Gehälter, Pachten und Zinsleistungen.

Der positive (bzw. negative) Differenzbetrag (oder Saldo) aus dem Produktionswert und den angeführten Kosten stellt den Gewinn (bzw. Verlust) des Unternehmens **aus der Produktion** dar.[8]

Bringt man vom Produktionswert die Vorleistungen in Abzug, so erhält man die Bruttowertschöpfung (zu Marktpreisen). Die Bedeutung dieser Größe wird weiter unten näher erläutert. Faßt man die indirekten Steuern, vermindert um die Subventionen, als Durchlaufposten für das Unternehmen auf, die lediglich preiserhöhend bzw. preissenkend wirken, und sieht man die Abschreibung als jenen Geldwert an, der die Verluste an Sachvermögen infolge produktionsbedingten Wertverzehrs gerade ausgleicht, dann läßt sich folgende Aussage treffen:

Bringt man vom Produktionswert eines Unternehmens den Wert der Vorleistungen, der Abschreibung sowie der indirekten Steuern, vermindert um die Subventionen, in Abzug, so erhält man die Nettowertschöpfung (zu Faktorpreisen). Sie stellt den Wert dar, den das Unternehmen tatsächlich neu in der Periode geschaffen hat, d.h. also den Wert, den es den erworbenen Rohstoffen und Halbfabrikaten unter Erhaltung seiner Vermögenssubstanz als „eigene" Produktionsleistung hinzugefügt hat. Sie entspricht dem durch das Unternehmen in der betreffenden Periode geschaffenen Einkommen.

1.4.2.3. Einkommensbezüge und deren Verwendung

Die Einkommen die eine Unternehmung im Verlaufe einer Rechnungsperiode bezieht sowie deren Verwendung innerhalb dieses Zeitraumes werden auf den Einkommenskonto erfaßt.

Einkommenskonto eines Unternehmens für das Jahr

Soll	Haben		
1. Verteilter Unternehmensgewinn	5. Gewinn aus laufender Produktion (= Erwerbseinkommen)	Unternehmensgewinn (5. + 6.)	Einkommen vor Steuerabzug (5. + 6. + 7.)
2. Direkte Steuern	6. Einkommen aus Vermögen		
3. Geleistete laufende Übertragungen an andere Wirtschaftssubjekte	7. Empfangene laufende Übertragungen von anderen Wirtschaftssubjekten		
4. Verfügbares Einkommen = Ersparnis			

Der Gewinn aus der laufenden Produktion (Posten 5 im Einkommenskonto) stellt die Gegenbuchung zu Position 4c) des Produktionskontos des Unternehmens dar. Neben seinem Gewinneinkommen aus der Produktionstätigkeit kann ein Unternehmen noch Einkommen aus Vermögen (in Form von Dividenden und anderen Gewinnbeteiligungen, Zinsen, Pachten sowie Patent- und Urheberrechtsgebühren) beziehen. Der Produktionsgewinn und das Vermögenseinkommen zusammengefaßt ergeben, den **Unternehmensgewinn**. Hinzu kommen häufig noch Einkommen aus Transfers von anderen Wirtschaftssubjekten (Position 7.), insbesondere in Form von tatsächlichen und unterstellten (siehe dazu Kapitel 2) Beiträgen zu Versicherungen.

Von diesen Einkommen des Unternehmens werden die Unternehmensgewinne ganz oder teilweise an andere Wirtschaftssubjekte (private und öffentliche Haushalte und an andere Unternehmungen) ausgeschüttet, direkte Steuern (Körperschafts-, Vermögenssteuern usw.) an öffentliche Haushalte abgeführt und andere laufende Übertragungen geleistet.[9] Zu letzteren zählen vor allem die Nettoprämien (d.h. abzüglich Dienstleistungsentgelte) an Schadensversicherungen und die Leistungen der Versicherungen. Bringt man von den insgesamt erzielten Einkommen (5. + 6. + 7.) die Ausgaben

(1. + 2. + 3.) in Abzug so erhält man das **verfügbare Einkommen des Unternehmens** als Saldo. Legt man ferner fest, daß nur Haushalte konsumieren können und daß der nichtkonsumierte Teil des verfügbaren Einkommens die **Ersparnis** darstellt, dann ist das verfügbare Einkommen des Unternehmens gleich seiner Ersparnis. Dabei ist als wichtig festzuhalten, daß die **Stromgröße Ersparnis** lediglich als die Differenz oder Restgröße aus verfügbaren Einkommen und Konsumausgaben definiert ist.[10]

Bildet man die Differenz aus dem Unternehmensgewinn und dem **verteilten** Unternehmensgewinn so erhält man den **unverteilten Gewinn** des Unternehmens.

1.4.2.4. Vermögensbildung

Veränderungen der einzelnen Vermögensbestandteile werden auf dem Vermögensänderungskonto erfaßt. Dazu gehören die Veränderungen im Sachvermögensbestand infolge Investitionstätigkeit, Veränderungen in den Beständen an Forderungen und Verbindlichkeiten und als Saldo die Veränderung der Nettoposition. Der Aufbau des Vermögensänderungskontos (= Erfassung der Bestandsänderungen) folgt somit der Gliederung des Vermögenskonto (= Erfassung der Bestände), wie sie in Abschnitt 1.3.4. kurz dargestellt wurde.

Soll — Vermögensänderungskonto des Unternehmens für das Jahr ... — Haben

Soll			Haben
Bruttoinvestition	Bruttoanlageinvestition	1.1. Käufe von dauerhaften Produktionsmitteln = = Anlagegüter	5. Abschreibungen
		1.2. Selbsterstellte Anlagen	6. Ersparnis
	Lagerinvestition	2. Lagerveränderungen (incl. Lagerzu- und abgänge aus Käufen und Verkäufen mit anderen Wirtschaftssubjekten)	7. Empfangene Vermögensübertragungen
		3. geleistete Vermögensübertragungen	
		4. Finanzierungssaldo (Finanzierungsüberschuß + ; – defizit –)	

Auf der linken Seite des Kontos werden zunächst die Aufwendungen für (Brutto-) **Sachvermögenszuwachs oder die Bruttoinvestition** erfaßt. Diese setzen sich zusammen aus den **Bruttoanlageinvestitionen** und den **Lagerinvestitionen**. Die Bruttoanlageinvestitionen (**Ausrüstungen** und **Bauten**) wie Maschinen, Fahrzeuge und Einrichtungen, umfassen die Käufe an dauerhaften Produktionsmittel sowie deren Eigenproduktion. Die **Lagerveränderungen** entsprechen, allerdings vermehrt um die Käufe auf Lager von anderen Wirtschaftssubjekten, ebenso wie die selbsterstellten Anlagen den Posten im Produktionskonto und stellen die Gegenbuchung dazu dar. Sie umfassen somit die **Lagerzugänge** aus Käufen von anderen Wirtschaftssubjekten sowie aus Eigenproduktion und die **Lagerabgänge** durch Verkauf bzw. Entnahme zur Weiterverarbeitung.

Es gilt also die Beziehung:

Lagerveränderung = Lagerzugänge – Lagerabgänge

Auf der Sollseite des Vermögensänderungskontos eines Unternehmens können auch noch die geleisteten Vermögensübertragungen aufscheinen. Als Vermögensübertragungen werden alle Transfers von Geld angesehen, die zumindest für eines der beteiligten Wirtschaftssubjekte eine unmittelbare Vermögenszu- oder -abnahme darstellen. Von den **laufenden** Übertragungen unterscheiden sie sich auch durch ihre grundsätzliche Einmaligkeit. Beispiele für Vermögensübertragungen sind Anliegerbeiträge an öffentliche Haushalte oder Rückstellungen bei Lebensversicherungen für private Haushalte. (Näheres siehe Kapitel 2).

Auf der rechten Seite des Vermögensänderungskontos erscheint die **Finanzierung** der Bruttoinvestition. Die Nutzung der Produktionsanlagen führt zu deren Wertminderung oder den Abschreibungen (= Gegenbuchung zu Produktionskonto). Ein Teil der Bruttoinvestition stellt somit lediglich eine **Ersatz-** oder **Reinvestition** für den produktionsbedingten Verschleiß an dauerhaften Produktionsmitteln dar. Erst wenn man die Abschreibungen von den Bruttoinvestitionen abzieht, verbleibt die tatsächliche Veränderung des Sachvermögens oder die **Nettoinvestition.**

Es gilt also die Beziehung:

Bruttoinvestition – Abschreibungen = Nettoinvestition

Die nichtverwendeten Einkommensteile des Unternehmens, seine Ersparnis, stellen einen Zuwachs an Forderungen dar und besitzen die entsprechende Gegenbuchung im Einkommenskonto. Hinzu kommen noch die empfangenen Vermögenstransfers (z. B. **Investitionszuschüsse**). Der verbleibende Saldo erfaßt die Veränderungen in den Verbindlichkeiten und den Forderungen. Übersteigen die im Rechnungsjahr eingegangenen Verbindlichkeiten die Veränderung in den Forderungen, so erhält man einen Ausgabenüberschuß (= Finanzierungsdefizit) oder eine Verminderung der Nettoposition. Übersteigen die Forderungsveränderungen die Veränderungen in den Verbindlichkeiten, so ergibt sich auf der linken Seite des Vermögensänderungskontos ein **positiver Finanzierungssaldo**, was gleichbedeutend einem **Finanzierungsüberschuß** ist und eine Erhöhung der Nettoposition des Unternehmens darstellt.

Beispiel: Tätigt ein Unternehmen Bruttoinvestitionen im Gesamtwerte von 150 und betragen die Abschreibungen im betreffenden Rechnungsjahr 180 (= negative Nettoinvestition) und die nichtausgeschütteten Gewinne (= Ersparnis) 10 dann muß, bei einem Saldo der Vermögensübertragungen von Null, der Finanzierungssaldo + 40 betragen, d. h. es ergibt sich in diesem Jahr ein Finanzierungsüberschuß von 40 Geldeinheiten. Dieser kam deshalb zustande, da von den finanziellen Rückstellungen für Abschreibungen nur 150 in der laufenden Periode in Anspruch genommen wurden. Die negative Nettoinvestition von 30 stellt daher einen Forderungszuwachs (z. B. einen Geldbetrag in Höhe von 30) dar. Vermehrt um die Ersparnis von 10 ergibt sich der Forderungszuwachs von 40, wie er im Finanzierungssaldo zum Ausdruck kommen muß, damit das Konto ausgeglichen ist.

1.4.2.5. Kreditbildung

Die Änderungen der Kreditbeziehungen werden auf dem Finanzierungskonto (= Kreditänderungskonto) ausgewiesen. Dabei gibt es prinzipiell keine Neuinformationen, da diese Beziehungen bereits im Vermögensänderungskonto erfaßt wurden, außer daß im Vermögensänderungskonto lediglich die Bestandsänderungsgröße, im Finanzierungskonto auch die zugrundeliegenden Änderungen in den Beständen an Forderungen und Verbindlichkeiten ausgewiesen werden (siehe Abschnitt 3.2).

Soll	Finanzierungskonto des Unternehmens im Jahr 19... Haben
1. Veränderungen in den Forderungsbeständen (Zunahme +, Abnahme –)	2. Veränderungen in den Verbindlichkeiten (Zunahme +, Abnahme –) 3. Finanzierungssaldo = Finanzierungsüberschuß (+) bzw. -defizit (–)

1.4.3. Darstellung der mit den ökonomischen Aktivitäten eines privaten Haushalts verbundenen Transaktionen

1.4.3.1. Produktion

Konvention ist, daß Haushalte grundsätzlich **nicht** produzieren. Produktion für andere Wirtschaftssubjekte wird als Aktivität von Unternehmen angesehen und diesen zugerechnet. Dementsprechend ist beispielsweise der Rechtsanwalt, der möglicherweise ein Zimmer seiner Privatwohnung als Büro einrichtet, Unternehmer. Haushalte besitzen daher auch keine Produktionsmittel. Lediglich die Dienste des Butlers oder der Reinemachefrau, die ohne Verwendung von Produktionsmittel Dienste produzieren, werden als (quantitativ unbedeutende) Produktion der Haushalte erfaßt. Diese Tätigkeiten der Haushalte sind weder umsatz- noch gewerbesteuerpflichtig, noch sind dafür direkte Steuern abzuführen. Für private Haushalte werden daher normalerweise keine Produktionskonten aufgestellt.

Mit den privaten Haushalten werden üblicherweise auch die privaten Organisationen ohne Erwerbscharakter, die Dienstleistungen für ihre Mitglieder produzieren, gemeinsam ausgewiesen. Da die Tätigkeiten dieser Organisationen jenen der öffentlichen Haushalte ähnlich sind und deren Konten einen ähnlichen Aufbau – mit Ausnahme des Einkommenskontos, da sie keine Steuereinnahmen beziehen – aufweisen, sei für den Aufbau dieser Konten auf den Abschnitt 1.4.4. verwiesen.

1.4.3.2. Einkommensverwendung

Einem Haushalt können aus vier Quellen Einkommen zufließen:

(1) Aus **unselbständiger Tätigkeit** für die anderen Wirtschaftssubjekten erbrachten Arbeitsleistungen in Form von Löhnen und Gehältern.
(2) Aus **selbständiger Tätigkeit** für die Betreibung von Unternehmen und Vermietung von Wohnungen und Gebäuden als entnommene Gewinne.
(3) Aus **Vermögen** in Form von Aktiendividenden, Unternehmensbeteiligungen, Zinsen aus Sparguthaben und Obligationen usw.
(4) Aus **laufenden Übertragungen** (= Transfereinkommen) in Form von Krankengeld, Alterspensionen, Arbeitslosengeld, Sozialhilfe oder Schadensversicherungsleistungen.

Die Einkommensarten (1) und (2) werden auch **Erwerbseinkommen** des Haushalts genannt, die Arten (1), (2) und (3) als **Faktoreinkommen** bezeichnet. Zu beachten ist, daß die Vermietung von Wohnungen oder Gebäuden eine Unternehmertätigkeit darstellt. Ein Haushalt bezieht gewöhnlich nur aus einer oder zwei der genannten Einkommensquellen sein Einkommen, es ist jedoch nicht ausgeschlossen, daß einzelne Haushalte aus allen Quellen gleichzeitig Einkommen beziehen.

	Soll	**Einkommenskonto eines privaten Haushalts für das Jahr 19..**	Haben
	1. Direkte Steuern und Sozialbeiträge	5. Erwerbs- und Vermögenseinkommen (= Faktoreinkommen)	Einkommen vor Steuerabzug
	2. Sonstige geleistete laufende Übertragungen	6. Empfangene laufende Übertragungen	
verfügbares Einkommen	3. Privater Verbrauch (= Konsumausgabe)		
	4. Ersparnis		

Die Gesamtheit der Einkommen aus den genannten vier Quellen ergeben das **Bruttoeinkommen** des Haushaltes bzw. sein **Einkommen vor Steuerabzug**. Es erscheint als Summe der Positionen 5. und 6. auf der Habenseite des Einkommenskontos.

Auf der Sollseite dieses Kontos werden die Ausgaben des Haushaltes erfaßt. Diese umfassen die an öffentliche Haushalte abzuführenden Zwangsabgaben in Form der direkten Steuern und der Pflichtbeiträge zur Sozialversicherung, sonstige geleistete laufende Übertragungen, die Konsumausgaben (= privater Verbrauch) und als **Saldogröße** die Ersparnis des Haushaltes.

Die direkten Steuern des privaten Haushaltes bestehen vor allem aus **Einkommenssteuern** (Lohn-, Gewinn- und Vermögeneinkommenssteuern) sowie bestimmten Steuern, die im Zusammenhang mit dem persönlichen Verbrauch zu leisten sind (Hundesteuer, Kraftfahrzeugsteuer und ähnliche). Den Sozialbeiträgen werden insbesondere die Beiträge zur gesetzlichen Renten-, Kranken- und Unfallversicherung sowie die Beiträge zur Arbeitslosenversicherung zugerechnet.

An sonstigen laufenden Übertragungen kann der Haushalt vor allem Prämien an Schadensversicherungen (private Unfall-, Haftpflichtversicherung u.ä.) leisten, Unterstützungen an andere Haushalte (z.B. an die getrennt lebenden Verwandten, wie Kinder oder Eltern) im Inland oder Ausland, sowie Verwaltungsgebühren oder Strafen an den Staat.

Bringt man vom Bruttoeinkommen des Haushaltes die direkten Steuern und Sozialbeiträge und die geleisteten sonstigen laufenden Übertragungen in Abzug (d.h. 5. + 6. − 1. − 2.), dann erhält man das **verfügbare oder disponible Einkommen** des Haushaltes.[11] Daraus ergibt sich nach Subtraktion des Privaten Verbrauchs die Ersparnis des Haushaltes als Restgröße. **Zum Privaten Verbrauch zählen sämtliche Güterkäufe des Haushaltes.** Der Kauf einer Bohrmaschine, oder eines Rasenmähers, die nicht dem Verbrauch sondern dem Gebrauch dienen, werden demzufolge ebenso den Konsumausgaben zugerechnet wie die Anschaffung eines PKW oder die Aufwendungen für die Fahrten von und zum Arbeitsplatz, für einen Babysitter oder einen Theaterbesuch und die Ausgaben für Mieten und Lebensmittel. Diese Praxis ist in den letzten Jahren auf Kritik gestoßen, vgl. dazu die Ausführungen in Kap. 7.

1.4.3.3. Vermögensbildung

Private Haushalte erwerben keine Produktionsmittel: **Sie investieren nicht**. Aber Haushalte besitzen Sachvermögen in Form von dauerhaften Konsumgütern (Gebrauchsgüter) wie z.B. Kühlschrank, Fernsehgeräte, PKW, Möbel etc.

Aus Gründen, die vor allem in den Schwierigkeiten der statistischen Erfassung liegen, werden für private Haushalte gegenwärtig noch keine Sachvermögensrechnungen (Bestandsrechnung) erstellt. Folglich werden keine Neuzugänge (Bruttoinvestitionen) bzw. Abgänge (Abschreibungen) zum Sachvermögen (Bestandsänderungen) ausgewiesen. Vor allem die Ermittlung von Abschreibungen für den nutzungsbedingten Verschleiß dürfte erhebliche Schwierigkeiten verursachen; das Statistische Bundesamt ist jedoch bemüht, diese Informationslücken zu schließen.[12]

Dadurch ist das Vermögensveränderungskonto gegenwärtig darauf reduziert, die Veränderungen der Nettoposition, die Ersparnis und die Vermögensübertragungen auszuweisen:

Soll	**Vermögensänderungskonto eines privaten Haushalts für das Jahr 19..** Haben
1. Geleistete Vermögensübertragungen 2. Finanzierungssaldo = Finanzierungsüberschuß (+) oder -defizit (−)	3. Ersparnis 4. Empfangene Vermögensübertragungen

Die Ersparnis stellt die Gegenbuchung zur Buchung 4. im Einkommenskonto dar. Zu den empfangenen Vermögensübertragungen, die für den Haushalt eine unmittelbare Vermögenszunahme darstellen, zählen vor allem die staatlichen Spar- und Wohnungsprämien, sowie Erbschaften, Vermächtnisse oder Schenkungen von anderen Haushalten. Geleistete Vermögensübertragungen gehen an öffentliche Haushalte in Form von Vermögenssteuern (insbesondere Erbschafts- und Schenkungssteuer) sowie an private Haushalte durch Erbschaft oder Schenkung. Der Finanzierungssaldo ergibt sich aus der Summe aus Ersparnis des Haushaltes und dem Saldo der Vermögensübertragungen (= Empfangene – geleistete Vermögensübertragungen). Wie der Haushalt durch **Änderung seiner Bestände** an Forderungen und Verbindlichkeiten einen etwaigen Finanzierungsüberschuß **anlegt**, wird auf dem **Kreditänderungskonto** detailliert erfaßt (vgl. genauer Abb. 3.5.). Dieses besitzt prinzipiell denselben Aufbau wie das Kreditänderungskonto eines Unternehmens und wird deshalb nicht mehr weiter behandelt.

1.4.4. Darstellung der mit den ökonomischen Aktivitäten eines öffentlichen Haushalts verbundenen Transaktionen

1.4.4.1. Produktion

Öffentliche Haushalte produzieren **öffentliche Güter**, deren Nutzung in aller Regel unentgeltlich zur Verfügung gestellt werden.[13]

Unternehmen, die ganz oder teilweise im Eigentum eines öffentlichen Haushaltes stehen, werden unabhängig von ihrer Rechtsform den Unternehmen und nicht den öffentlichen Haushalten zugerechnet. Die Zuordnung wird davon abhängig gemacht, ob die privatwirtschaftlichen Elemente, vor allem Gewinnabsichten, überwiegen. Demnach zählen die Deutsche Bundesbahn und Bundespost ebenso zu den Unternehmen wie Einfuhr- und Vorratsstellen und kommunale Versorgungs- und Verkehrsunternehmen. Die Grundlage für die in konkreten Fällen nicht immer leicht zu treffende Zuordnung bildet die deutsche Finanzstatistik.

Das Produktionskonto eines öffentlichen Haushalts hat daher folgendes Aussehen:

Soll	**Produktionskonto eines öffentlichen Haushalts für das Jahr 19..**		Haben
Brutto-wert-schöpfung	1. Vorleistungen 2. Abschreibungen 3. Nettowertschöpfung a) Löhne und Gehälter b) Pachten	4. Unentgeltliche Bereitstellung öffentlicher Güter (= Eigenverbrauch) 5. Verkäufe von öffentl. Leistungen	Produktions-wert

Auf der rechten Seite des Kontos erscheinen die durch Verkäufe und durch einseitige Transaktionen an private Haushalte und Unternehmen abgegebenen Leistungen des öffentlichen Haushalts. Die Auffassung, die zuletztgenannten Leistungen würden im Wege von Transaktionen übertragen, stößt indes auf Schwierigkeiten:

a) In einer großen Zahl von Fällen läßt sich der Empfänger der Leistung nicht bestimmen. Das ist beispielsweise bei Sicherheitsleistungen nach außen und im Inneren der Fall (Landesverteidigung bzw. Polizeidienste). Die Nutzung anderer öffentlicher Güter, wie z. B. von Straßen oder öffentlichen Parkanlagen, läßt sich wohl theoretisch, nicht jedoch auch praktisch als Transaktion erfassen. Die Kosten derartiger Erhebungen, die jeweils die tatsächliche Inanspruchnahme etwa einer Straße durch Unternehmen und private Haushalte ermitteln müßten, wären nachgeradezu enorm.

b) Die Bewertung dieser Transaktionen wirft womöglich noch größere Probleme auf. Welchen Wert (in Geld bemessen) besitzt die Landesverteidigung? Wie hoch soll die Nutzung der Straßen veranschlagt werden, die Herr Mayer täglich mit seinem PKW befährt? Da die Abgabe dieser Leistungen nicht über Märkte erfolgt, gibt es so gut wie keine Möglichkeit, dafür einen objektivierbaren Wert in Geld festzustellen.

Diese Schwierigkeiten haben zu folgender **Konvention** geführt:

a) Öffentliche Haushalte übertragen die von ihnen produzierten Leistungen grundsätzlich (Ausnahme z.B. Verkäufe gegen Benutzungsgebühren) unentgeltlich an die Gemeinschaft. Man spricht mitunter auch, nicht ganz zutreffend, vom Eigenverbrauch oder Konsum des öffentlichen Haushalts.

b) Wegen der Schwierigkeiten, den Wert der Leistungen direkt zu ermitteln, wird dieser indirekt bestimmt, indem man die Kosten der Herstellung als Bewertungsgrundlage wählt.

Die Kosten der Erstellung dieser Leistungen erscheinen auf der linken Seite des Produktionskontos. Diese umfassen den Verbrauch von Sachgütern und Dienstleistungen von Unternehmen (= Vorleistungen), die nutzungsbedingte Wertminderung des Sachvermögens des öffentlichen Haushalts (= Abschreibungen) sowie die Löhne und Gehälter für die Beamten, Arbeiter und Angestellten des öffentlichen Haushalts und schließlich die Pachten für die Inanspruchnahme nichtmenschlicher Faktorleistungen.

Zinsen auf öffentliche Schulden werden, anders als Zinsen auf Unternehmensschulden, nicht als im Zusammenhang mit der Produktion stehend angesehen und demnach nicht als Produktionskosten sondern als Einkommensverwendung erfaßt. Diese Konvention hat den Vorzug, daß der Eigenverbrauch unabhängig von der Höhe der öffentlichen Schulden (die ja auch die Höhe der Zinszahlungen mitbestimmt) ist.

Folglich errechnet sich die **Wertgröße „Eigenverbrauch“** des öffentlichen Haushalts aus der Summe von Vorleistungen und Bruttowertschöpfung abzüglich den Verkäufen von öffentlichen Leistungen an private Haushalte und Unternehmen.

Diese Vorgehensweise hat eine Reihe wichtiger Konsequenzen:

a) Da sich der Produktionswert der Leistungen nicht direkt ermitteln läßt, sondern nur über die Kosten ihrer Erstellung bestimmt werden, ist die Berechnung eines Gewinns, als Überschuß des Produktionswertes über die Kosten der Produktion, ausgeschlossen. **Öffentliche Haushalte erzielen somit definitionsgemäß keinen Produktionsgewinn.**

b) Jede Erhöhung (oder Senkung) der Kosten, insbesondere eine Erhöhung (oder Senkung) der Beamtengehälter, hat daher stets eine Erhöhung (oder Senkung) des Eigenverbrauchs zur Folge, ohne daß sich Umfang und Qualität der abgegebenen öffentlichen Leistungen selbst verändert haben müßten.

c) Da sich Eigenverbrauch und Kosten aufgrund des definitorischen Zusammenhangs gemeinsam entwickeln, stößt die Ermittlung der **Produktivität** des öffentlichen Haushalts, definiert als Verhältnis des Produktionswertes zu den Kosten, auf erhebliche Probleme.

Zum Produktionskonto eines Unternehmens bestehen vor allem folgende Unterschiede:

a) **Es gibt keinen Produktionsgewinn.**

b) Da Dienstleistungen ex definitione nicht lagerfähig sind und die Lagerung anderer Güter durch öffentliche Vorratsstellen und Lagerhäuser den Unternehmen zugerechnet wird, gibt es **keine Lagerbestände** öffentlicher Haushalte (Ausnahme: Die strategischen Rohöl- und Kernbrennstofflager des Bundes).

c) Öffentliche Haushalte führen grundsätzlich (bis auf wenige Ausnahmen) **keine Steuern** an andere öffentliche Haushalte ab.

1.4.4.2. Einkommensbildung und -verwendung

Der öffentliche Haushalt bezieht sein Einkommen in erster Linie aus direkten und indirekten Steuern, aber auch aus der Beteiligung und Leitung von Unternehmen in Form von Zinsen, Dividenden und Gewinnen (= Erwerbs- und Vermögenseinkommen).

Hinzu kommen noch die Leistungen der Unternehmen und privaten Haushalte zur Sozialversicherung (insbesondere zur Renten-, Kranken- und Arbeitslosenversicherung) sowie sonstige laufende Übertragungen wie Strafen, Schadensversicherungsleistungen oder Verwaltungsgebühren.

Soll	**Einkommenskonto eines öffentlichen Haushalts für das Jahr 19..** Haben
1. Geleistete laufende Übertragungen	4. Indirekte Steuern – Subventionen
2. Eigenverbrauch	5. Direkte Steuern
3. Ersparnis	6. Faktoreinkommen
	7. Empfangene laufende Übertragungen

Diese Einkommen werden zur Finanzierung des Eigenverbrauchs (Gegenbuchung im Produktionskonto) und der vom öffentlichen Haushalt geleisteten Übertragungen in Form von Subventionen an Unternehmen, sozialen Leistungen der Sozialversicherungen an private Haushalte sowie sonstigen laufenden Übertragungen (z.B. Zuschüsse an Religionsgemeinschaften, Sportvereine, Wohlfahrtseinrichtungen, oder auch an andere öffentliche Haushalte wie etwa Zuweisungen im Rahmen des Finanzausgleichs oder Zuschüsse des Bundes zur Rentenversicherung) verwendet. Der Saldo von Einnahmen und Ausgaben stellt die (positive oder negative) Ersparnis des öffentlichen Haushalts dar, deren Gegenbuchung sich auf dem Vermögensänderungskonto findet.

1.4.4.3. Vermögensbildung

Da öffentliche Haushalte normalerweise keine Lager halten, hat ihr Vermögensänderungskonto folgendes Aussehen:

Soll **Vermögensänderungskonto eines öffentlichen Haushalts für das Jahr 19..** Haben

Soll	Haben
1. Geleistete Vermögensübertragungen	4. Abschreibungen
2. Bruttoanlageinvestion	5. Ersparnis
3. Finanzierungssaldo = Finanzierungsüberschuß (+) oder -defizit (−)	6. Empfangene Vermögensübertragungen

Der Finanzierung von Sachvermögenszugängen und den zu leistenden Vermögensübertragungen dienen Abschreibungen, Ersparnis und die empfangenen Vermögensübertragungen.

Abschreibungen werden nur für Anlagen mit bestimmbarer Lebensdauer ermittelt. Darunter fallen vor allem Gebäude und Ausrüstungen (Maschinen, Kraftfahrzeuge, Büroeinrichtungen etc.), nicht aber Brücken, Straßen oder Wasserwege des öffentlichen Haushaltes.

An **Vermögensübertragungen** kann ein öffentlicher Haushalt Erbschaftssteuern von privaten Haushalten, von Unternehmen Anliegerbeiträge und von anderen öffentlichen Haushalten Investitionszuschüsse vor allem für den Bau von Straßen, Schulen oder Krankenhäusern erhalten.

Unter die geleisteten Vermögensübertragungen fallen vor allem Investitionszuschüsse an Unternehmen und an andere öffentliche Haushalte, Spar- und Wohnungsbauprämien an private Haushalte, aber auch Zuschüsse an Entwicklungsländer oder Zahlungen an den EG-Entwicklungsfonds.

Die Bruttoanlageinvestition erfaßt neben Neubauten und Neuanschaffungen von Ausrüstungen auch größere Instandsetzungen von Gebäuden, Straßen, Wasserwegen oder Brücken (kleinere Reparaturen werden den Vorleistungen zugerechnet). Die Differenz zwischen der Habensumme (4. + 5. + 6.) einerseits und der Summe aus Bruttoanlageinvestitionen und geleisteten Vermögensübertragungen andererseits, ergibt den Finanzierungssaldo des öffentlichen Haushaltes in Form eines Finanzierungsüberschusses (wenn positiv) oder -defizits (wenn negativ). Die Veränderung der Forderungen und Verbindlichkeiten wird auf dem Finanzierungskonto detailliert erfaßt (vgl. Abschnitt 3.2). Der Aufbau ist wiederum grundsätzlich der gleiche wie für Unternehmen, weshalb auf eine Wiederholung verzichtet wird.

1.5. Aggregation und Konsolidierung

1.5.1. Notwendigkeit der Aggregation

Wollte man das Wirtschaftsgeschehen einer Volkswirtschaft (z. B. der Bundesrepublik) für ein bestimmtes Jahr (ex post) dadurch beschreiben, indem man die Transaktionen jedes Haushalts (privat und öffentlich) und jedes Unternehmens auf Aktivitätskonten systematisch erfaßt, so müßte man angesichts der Datenfülle vor einem solchen Vorhaben kapitulieren. Abgesehen von der Tatsache, daß einer derart umfassenden Beschreibung aller ökonomischen Aktivitäten schon die enormen Kosten der Informationsbeschaffung als Hindernis entgegenstünden, würde die Fülle der Informationen auch jede allgemeine Aussage über die wirtschaftliche Entwicklung unmöglich machen. Man wüßte zwar, mit wem Unternehmen X in Tauschbeziehung stand, daß Unternehmen Y das Rechnungsjahr mit hohen Verlusten abschloß, wieviel Haushalt Z gespart hat usw., man könnte jedoch nur schwer entscheiden, ob sich die Wirtschaft „günstig" gegenüber dem Vorjahr entwickelt hat oder nicht. Es entsteht somit das Bedürfnis, die Vorgänge durch geeignete Zusammenfassung (= **Aggregation**) überschaubar zu machen und auf ein für wirtschaftspolitische Zwecke angemessenes Maß zu reduzieren. Bei jeder Aggregation geht, wie noch gezeigt wird, Detailinformation verloren. Dadurch entsteht das Problem des zweckmäßigsten Grades der Aggregation. Ist der Aggregationsgrad zu gering, bleibt unter Umständen zu viel unbewältigbare Detailinformation erhalten, ist er zu hoch, geht zu viel Detailinformation verloren. Welcher Aggregationsgrad als **zweckmäßig** zu erachten ist, wird weitgehend durch die jeweilige Problemstellung bestimmt, zu deren Lösung die Information benötigt wird. Unterschiedliche Fragestellungen erfordern zumeist verschieden aufbereitete und unterschiedliche Information. Es ist daher unmöglich, einen allgemein gültigen und von jeder konkreten Fragestellung losgelösten „besten" Aggregationsgrad festzulegen. Deshalb kann man bei der Aufbereitung von wichtigen und vielverwendeten wirtschaftsstatistischen Daten lediglich versuchen, einen für die Behandlung möglichst vieler Fragestellungen gleichermaßen zweckmäßigen Aggregationsgrad zu wählen.

1.5.2. Arten der Aggregation

Stets wird man versuchen, die Aggregatgrößen dadurch zu bilden, daß man **Wirtschaftssubjekte** oder **Transaktionen** zusammenfaßt, die möglichst **gleichartig** sind. Diese Gleichartigkeit wird kaum jemals vollkommen sein und bleibt zumeist auf einige Gesichtspunkte (Merkmale) beschränkt. Wirtschaftssubjekte können beispielsweise nach regionalen Gesichtspunkten gleichartig sein, wenn sie ihren Sitz in derselben Region haben, nach der Art ihrer hauptsächlichen Aktivität (z. B. Haushalt, Unternehmen) jedoch durchaus verschieden sein. Je nach Art der Fragestellung wird man Aggregatgrößen bilden, die nach jeweils unterschiedlichen Gesichtspunkten zusammengefaßt werden.

Stets wiederkehrende Gesichtspunkte für die Zusammenfassung von Wirtschaftssubjekten sind solche institutioneller sowie funktionaler Natur. Zu den **institutionellen** Gesichtspunkten gehören die Zusammenfassung von Wirtschaftssubjekten nach ihrer zentralen Aktivität (z. B. private Haushalte, Unternehmen), nach ihrer sozialen Schichtung (z. B. Arbeiter, Angestellte), nach ihrer Größe (z. B. Klein- und Großbetriebe), nach ihrer Rechtsform (z. B. Personengesellschaften, Kapitalgesellschaften), nach ihrer regionalen Zugehörigkeit (z. B. Stadt, Land), nach ihrer Zugehörigkeit zu Wirtschaftsbereichen (z. B. Handel und Verkehr, Land- und Forstwirtschaft).

Nach **funktionalen** Gesichtspunkten lassen sich Wirtschaftssubjekte in Konsumenten und Produzenten, in Lohnempfänger und Gewinnempfänger usw. zusammenfassen.

Die **Transaktionen** lassen sich in erster Linie nach ihrer Beziehung zu bestimmten ökonomischen Aktivitäten zusammenfassen.

In den folgenden Abschnitten werden Aggregatgrößen zumeist durch Kombination mehrerer Gesichtspunkte erstellt.

1.5.3. Folgen der Aggregation: Informationsverluste durch Konsolidierung

Bei jeder Aggregation geht Information verloren. Faßt man die Wirtschaftssubjekte einer Volkswirtschaft nach bestimmten Gesichtspunkten zu einigen wenigen **Sektoren** zusammen, dann wird so vorgegangen, daß

a) sämtliche Transaktionen, die die Wirtschaftssubjekte eines Sektors in Verfolgung einer bestimmten Aktivität mit Wirtschaftssubjekten anderer Sektoren vornehmen, **addiert** werden;
b) alle gleichartigen Transaktionen in Zusammenhang mit einer bestimmten Aktivität zwischen den Wirtschaftssubjekten innerhalb eines Sektors **gegeneinander aufgerechnet (= Konsolidierung)** werden.

Folglich bleiben nur noch die aggregierten **intersektoralen Ströme** bestehen, die **intrasektoralen Ströme** hingegen verschwinden. Die Informationen über die Beiträge der einzelnen Wirtschaftssubjekte zum Aggregat gehen ebenfalls verloren. Das folgende Beispiel soll die Vorgänge verdeutlichen helfen. Die Transaktionen zweier Produktionsunternehmen A und B im Jahr 19 . . führen zu folgenden (**vereinfachten**) Produktionskonten (siehe unten und auf der folgenden Seite).

Bestehen bleiben nur noch die Abschreibungen und die Transaktionen mit öffentlichen und privaten Haushalten. Durch Konsolidierung verloren gehen die Informationen über die intrasektoralen Ströme, die Käufe bzw. Verkäufe von Vorleistungen, die gegeneinander aufgerechnet werden. Da Unternehmen B Güter im Wert von 60 an Unternehmen A verkaufte, A jedoch nur Güter im Wert von 30 als Vorleistung in der Produktion des Jahres 19 . . einsetzte, muß es sich bei den restlichen Gütern um Sachvermögenszugänge in Form von Lagerinvestitionen und/oder um Bruttoanlageinvestitionen im Werte von insgesamt 30 handeln.

Soll **Produktionskonto des Unternehmens A für das Jahr 19 . .** Haben

	1. Verbrauch von Vorleistungen (von Unternehmen B)	30	5. Verkäufe an öffentliche und private Haushalte	60	Produktionswert
Bruttowertschöpfung	2. Abschreibungen	5	6. Verkäufe an Unternehmen B	40	
	3. Indirekte Steuern – Subventionen	15			
	4. Einkommen privater Haushalte (=Nettowertschöpfung)	50			
		100		**100**	

Soll			Produktionskonto des Unternehmens B für das Jahr 19 ..		Haben
	1. Verbrauch von Vorleistungen (von Unternehmen A)	40	5. Verkäufe an öffentliche und private Haushalte	90	Produktionswert
Bruttowertschöpfung	2. Abschreibungen	10	6. Verkäufe an Unternehmen A	60	
	3. Indirekte Steuern – Subventionen	20			
	4. Einkommen privater Haushalte (= Nettowertschöpfung)	80			
		150		**150**	

Faßt man die beiden Unternehmen A und B zu einem Sektor zusammen, so hat das aggregierte Produktionskonto folgendes Aussehen:

Soll	Produktionskonto des Unternehmenssektors (A + B) für das Jahr 19..		Haben
1. Abschreibungen	15	4. Verkäufe an private und öffentliche Haushalte	150
2. Indirekte Steuern – Subventionen	35	5. Bruttoinvestitionen	30
3. Einkommen privater Haushalte	130		
	180		**180**

1.6. Der Kreislauf einer entwickelten Wirtschaft

1.6.1. Sektorengliederung

Um das Wirtschaftsgeschehen einer entwickelten Volkswirtschaft übersichtlich darstellen zu können, werden die Wirtschaftssubjekte zu vier Sektoren zusammengefaßt:

a) Alle privaten Haushalte faßt man zu einem Sektor „Private Haushalte“ (oder kurz: **Haushaltssektor**) zusammen.
b) Alle Unternehmen bilden zusammen den **Sektor Unternehmen**.
c) Alle öffentlichen Haushalte faßt man zum **Sektor Staat** zusammen.
d) Alle ausländischen Wirtschaftssubjekte bilden den **Sektor Ausland**.

Diese Aggregation nach institutionellen Gesichtspunkten läßt nicht ohne weiteres den Schluß zu, die Wirtschaftssubjekte eines Sektors, z. B. alle privaten Haushalte, würden sich annähernd gleich verhalten. Die Gleichartigkeit der privaten Haushalte als Aggregationsgrundlage ergibt sich daraus, daß sie in erster Linie letzte Verbraucher von Gütern sind. Verbrauchsgewohnheiten, Ausgabenneigung usw. von Haushalten können im einzelnen gesehen jedoch große Unterschiede aufweisen. Gleichermaßen können sich Unternehmen unterschiedlich verhalten, je nachdem, ob sie alleinige Anbieter von Gütern (= Monopolisten) sind oder ob sie für ein bestimmtes Produkt ein Anbieter unter vielen sind. Die Verhaltensweisen etwa von Gemeinden können mit denen des Bundes in Widerspruch stehen. Um vor Fehlschlüssen sicher zu sein, muß man sich stets vor Augen führen, nach welchen Gesichtspunkten eine bestimmte Sektorenbildung vorgenommen wurde.

Im einzelnen werden die Transaktionen aller inländischen Wirtschaftssektoren nach den jeweiligen ökonomischen Aktivitäten gegliedert. Neu aufgenommen in die Gliederung wurde die ausdrückliche Berücksichtigung des **Sektors Ausland**, zu dem alle ausländischen Wirtschaftssubjekte bzw. deren Transaktionen mit Wirtschaftssubjekten aus dem Inland zusammengefaßt werden.

1.6.2. Aggregation der Transaktionen nach Sektoren und Aktivitäten

Aggregiert man die Transaktionen der zu Sektoren zusammengefaßten Wirtschaftssubjekte nach Aktivitäten, so erhält man die Produktions-, Einkommens-, Vermögensänderungs- und Finanzierungskonten der Sektoren Unternehmen, Private Haushalte, Staat und des Auslandssektors. Dabei ergibt sich das in Abb. 1.6 dargestellte Schema für die Kontenbildung.

Grundschema der Kontenbildung

Institutionelle Konten / Aktivitätskonten	Unternehmen	Private Haushalte	Staat
Produktion		Produktionskonten	
Einkommensverteilung und -verwendung		Einkommenskonten	
Vermögensänderung		Vermögensänderungskonten	
Finanzierung		Finanzierungskonten	
Auslandsbeziehungen		Auslandskonto	

Abb. 1.6

1.6.2.1. Die Produktionskonten der einzelnen Sektoren

a) Das Produktionskonto des Unternehmenssektors

Durch Aggregation der mit der Produktion verbundenen Transaktionen aller inländischen Unternehmen erhält man das Produktionskonto des Unternehmenssektors. Dieses hat folgenden Aufbau:

Soll	**Produktionskonto des Unternehmenssektors für das Jahr t**	Haben
	1. Ausgaben für Vorleistungen und Investitionsgüter aus dem Ausland (= **Importe**)	5. Einnahmen aus Verkäufen von Gütern an andere Sektoren: a) Verkäufe von Konsumgütern an Haushalte b) Verkäufe von Vorleistungen und Anlagegütern an den Staat c) Verkäufe von Gütern an das Ausland (= **Exporte**)
Bruttowert-Schöpfung	2. Abschreibungen 3. Indirekte Steuern – Subventionen 4. Nettowertschöpfung (zu Faktorkosten) a) Löhne und Gehälter an: aa) Haushalte bb) Ausland b) Zinsen und Pachten an: aa) Haushalte bb) Staat cc) Ausland c) Gewinne aus Produktion	6. Bruttoinvestitionen (incl. importierte) a) Bruttoanlageinvestitionen b) Lagerinvestitionen

Bei der Aggregation sind lediglich die inländischen Lieferungen von Vorleistungen von und zu Unternehmen durch Konsolidierung fortgefallen.[14] Alle übrigen Transaktionen – auch die Vorleistungskäufe aus dem Ausland – sind erhalten geblieben. Die Konsolidierung verhindert, daß ein überhöhter Wert für die Inlandsproduktion der Periode t ausgewiesen wird. Vorleistungen sind Güter, die in der betreffenden Periode von Unternehmen produziert wurden und von diesen als Endprodukte an andere Unternehmen verkauft wurden. Für die kaufenden Unternehmen stellen diese Güter jedoch keine Endprodukte dar, sondern Güter, die einer weiteren Verarbeitung zugeführt werden. **Die Vorleistungen gehen somit in der betrachteten Periode physisch und kostenmäßig als Bestandteil in die neuen Produkte ein.** Würde man nun die Produktionswerte sämtlicher Unternehmen einfach addieren, so würden die Vorleistungen doppelt oder mehrfach erfaßt: einmal als Verkauf von Vorleistungen und dann nochmals mit den Endprodukten, in denen die Vorleistungen wertmäßig als Kostenbestandteil ebenfalls enthalten sind. Um den innerhalb einer Periode tatsächlich geschaffenen Wert der Produktion des Unternehmenssektors zu ermitteln, müssen daher die Käufe von Vorleistungen vom Unternehmenssektor **für** den Unternehmenssektor von der Summe der Produktionswerte der Unternehmen in Abzug gebracht werden. Stellt beispielsweise ein Unternehmen Schrauben her, so sind dessen Produkte als Vorleistungen anzusehen, wenn sie in derselben Periode bei der Herstellung von Elektromotoren in einem anderen Unternehmen verwendet werden. Diese Elektromotoren können ihrerseits wiederum Vorleistungen bei der Herstellung von Waschautomaten darstellen usw. Während also die Produkte eines Unternehmens, vom **Standpunkt dieses Unternehmens** aus gesehen, Endprodukte darstellen, sind diese Produkte, unter **volkswirtschaftlichen Gesichtspunkten** gesehen, erst dann Endprodukte, wenn sie in der betrachteten Periode keiner weiteren Verarbeitung mehr zugeführt wurden. Aus diesem Grunde werden auch die Produktionsleistungen von Dienstleistungsunternehmen wie z. B. Banken, Rechtsanwälten u.a. für andere Unternehmen als Vorleistungen angesehen. Die Idee dabei ist, daß auch diese Leistungen Kosten des Produktionsprozesses darstellen.

Als **Bruttoinvestitionen** werden in der Praxis nicht nur die aus der Inlandsproduktion, sondern auch die aus Einfuhren (= Importen) stammenden Anlagen und Lagerbestandszuwächse erfaßt. Dadurch wird erreicht, daß die Bruttoinvestitionen in Vermögensänderungskonto und in Produktionskonto den gleichen Wert aufweisen. Den Gesamtwert der Bruttowertschöpfungen des Unternehmenssektors erhält man aus der Summe der Verkäufe an alle übrigen Sektoren und an das Ausland,vermehrt um die Bruttoinvestitionen (incl. die importierten), vermindert um die Importe.

Der Gesamtwert der vom Unternehmenssektor in der betrachteten Periode produzierten Bruttowertschöpfung – unter volkswirtschaftlichen Gesichtspunkten betrachtet – zerfällt in zwei Gütergruppen: in eine Gruppe von Gütern, die den Unternehmenssektor verließ, das sind alle Güter, die anderen Sektoren zuflossen, und in die Gruppe von Gütern, die im Unternehmenssektor verblieben sind. Bei den in der Periode im Unternehmenssektor produzierten Gütern, die im Unternehmenssektor verblieben sind, handelt es sich **definitionsgemäß** um die **Bruttoinvestition** des Unternehmenssektors. Diese wiederum setzt sich zusammen aus den **Bruttoanlageinvestitionen** (Maschinen, Bauten etc.) und aus den **Lagerinvestitionen**. Dabei ist festzuhalten, daß Anlage- und Lagergüter regelmäßig – sieht man von der Eigenproduktion ab – durch Markttransaktionen von Unternehmen an andere Unternehmen verkauft wurden. Die Aggregation führt jedoch zu dem Ergebnis, daß für den **Unternehmenssektor** insgesamt dessen Bruttoinvestitionen als im Sektor verbleibend angesehen werden, bzw. daß ein Transaktionsstrom unterstellt werden muß, der die Bestandsänderung an Sachgütern im Unternehmenssektor erfaßt.

Es gelten somit folgende Überlegungen zur Abgrenzung von Endprodukten, Vorleistungen und Bruttoinvestitionen **im Unternehmenssektor:**

aa) Alle nichtdauerhaften Güter, die in der betreffenden Periode produziert und wieder von Unternehmen verwendet wurden, stellen **Vorleistungen** dar. Da Dienstleistungen Güter sind, deren Produktion und Verwendung gleichzeitig erfolgen, werden diese ebenfalls als Vorleistungen behandelt, wenn sie an Unternehmen geleistet werden.

bb) **Endprodukte** sind demnach alle im Unternehmenssektor produzierten Güter, die in der betrachteten Periode im Unternehmenssektor nicht mehr weiter verarbeitet wurden. Das sind alle Güter, die an andere Sektoren verkauft werden sowie alle Güter, die im Unternehmenssektor verblieben sind und die keine Vorleistungen des Unternehmenssektors darstellen.

cc) Die im Unternehmenssektor verbleibenden Endprodukte stellen die **Bruttoinvestition** des Unternehmenssektors dar. Diese setzt sich zusammen aus den Anlage- und Lagerinvestitionen.

Auf Grund dieser Abgrenzungen können die gleichen Güter, wie z. B. Schrauben, entweder Endprodukte, Vorleistungen oder Bruttoinvestitionen darstellen, je nachdem ob sie von Unternehmen oder Haushalten (Endprodukte) gekauft wurden, und wenn sie von Unternehmen gekauft wurden, ob sie im laufenden Produktionsprozeß eingesetzt (Vorleistungen) oder gelagert wurden (Endprodukte in Form von Bruttoinvestitionen).

b) Das Produktionskonto des Staates

Dieses Konto besitzt einen ähnlichen Aufbau wie das Produktionskonto des Unternehmenssektors.

Soll	Produktionskonto des Staates	Haben
1. Vorleistungen 2. Abschreibungen 3. Nettowertschöpfung = Löhne und Gehälter Pachten		4. Unentgeltliche Bereitstellung öffentlicher Dienstleistungen (= Eigenverbrauch = staatlicher Konsum) 5. Verkäufe gegen Entgelt

Wie bereits erwähnt, ergibt sich der staatliche Konsum (= Staatsverbrauch) aus der gedanklichen Konstruktion, daß der Staat als Repräsentant seiner Bürger die unentgeltlich an die Allgemeinheit abgegebenen Leistungen gewissermaßen selbst konsumiert. Diese Konstruktion ist erforderlich, da sich die Nutzung vieler Leistungen des Staates, wie die der Gesetzgebung, der inneren und äußeren Sicherheit oder die Nutzung öffentlicher Anlagen einer individuellen Zurechnung entzieht. Die Inanspruchnahme anderer staatlicher Leistungen wie jene der öffentlichen Bildungseinrichtungen (Universitäten, Schulen etc.) oder des Gesundheitswesens (Krankenhausaufenthalte, ärztliche Untersuchungen) könnte man zwar grundsätzlich individuell zurechnen, allerdings stößt die Bewertung auf erhebliche Probleme, da für diese Leistungen kein oder bestenfalls nur ein nicht kostendeckendes Entgelt in Form von Verwaltungsgebühren erhoben wird. Folglich findet ein Verkauf von öffentlichen Leistungen und somit eine individuelle Zurechnung nur dort statt, wo der Käufer feststeht und das erhobene Entgelt die Kosten der Leistungserstellung weitgehend deckt (Müllabfuhr, Nutzung öffentlicher Badeanstalten etc.). In allen anderen Fällen unterbleibt eine individuelle Zurechnung und die Leistungen werden dem Staatsverbrauch zugerechnet.

Diese Praxis ist vielfach kritisiert worden. Indessen hätte ein Verzicht auf die – wenn auch unzureichende – Erfassung des Eigenverbrauches zur Konsequenz, daß im internationalen Vergleich Leistungen (etwa im Bereich des Gesundheitswesens), die in einer Volkswirtschaft von Unternehmen erstellt wurden, als Produktionsleistung erfaßt würde, jedoch in der anderen Volkswirtschaft, in der sie durch den Staat bereitgestellt werden, vollkommen unberücksichtigt blieben. Um das zu vermeiden, ist die Anwendung dieser Erfassungskonstruktion, trotz ihrer Unvollkommenheit, im Grunde geboten (weitere Kritikpunkte werden in Kapitel 7 ausführlicher erörtert).

c) Das Produktionskonto des Haushaltssektors

Das Produktionskonto des Haushaltssektors umfaßt neben der quantitativ unbedeutenden Produktion der Haushalte (häusliche Dienste) auch die Produktion der privaten Organisationen ohne Erwerbscharakter, die hauptsächlich aus Dienstleistungen an deren Mitglieder besteht (Eigenverbrauch) und zu einem geringen Teil aus Verkäufen an private Haushalte. Diese Organisationen erzielen, ebenso wie der Staat, keine Gewinne.

Der Aufbau des Kontos ist demnach folgender:

Produktionskonto des Sektors „Private Haushalte" einschließlich privater Organisationen ohne Erwerbscharakter

	Soll	Haben	
	1. Ausgaben für Vorleistungen der privaten Organisationen ohne Erwerbscharakter an Unternehmen und Ausländer	5. Häusliche Dienste (= Eigenverbrauch der Haushalte)	Produktionswert (5.–7.)
Bruttowertschöpfung (2.–4.)	2. Abschreibungen der privaten Organisationen ohne Erwerbscharakter	6. Verkäufe der privaten Organisationen ohne Erwerbscharakter	
	3. Indirekte Steuern–Subventionen privater Organisationen ohne Erwerbscharakter	7. Eigenverbrauch der priv. Org. o. E.	
	4. Nettowertschöpfung a) Löhne und Gehälter b) Zinsen, Pachten		

1.6.2.2. Die Einkommenskonten der einzelnen Sektoren

a) Das Einkommenskonto des Unternehmenssektors

Im Unternehmenssektor stellen die Gewinne aus Produktion sowie die Erwerbs- und Vermögenseinkommen aus Beteiligungen oder Kapitalanlagen im Ausland und die empfangenen laufenden Übertragungen vom Staat, den privaten Haushalten und dem Ausland das (Brutto)Einkommen der Unternehmen vor Steuerabzug dar. Subtrahiert man davon die geleisteten laufenden Übertragungen in Form der direkten Steuern (Körperschaftssteuer), der sozialen Leistungen und der sonstigen laufenden Übertragungen sowie die Gewinnausschüttungen an die privaten Haushalte, den Staat und das Ausland, so verbleibt als Saldo das verfügbare Einkommen des Unternehmenssektors. Dieses ist, da Unternehmen definitionsgemäß nicht konsumieren, gleich der Ersparnis des Unternehmenssektors. Von den laufenden Übertragungen scheinen nur noch die von den bzw. an die anderen Sektoren auf, die intrasektoralen Übertragungen fallen durch Konsolidierung weg.

Einkommenskonto des Unternehmenssektors für Periode t

Soll	Haben
1. Direkte Steuern	5. Gewinne vor Steuerabzug
2. geleistete laufende Übertragungen	6. Empfangene laufende Übertragungen
3. Verteilte Gewinne	
4. Ersparnis (= Verfügbares Einkommen)	

b) Das Einkommenskonto des Staates

Das Einkommen des Staates besteht aus den empfangenen laufenden Übertragungen, das sind insbesondere die direkten und indirekten Steuern, die Sozialbeiträge (Renten-, Kranken- und Arbeitslosengeld), Erwerbs- und Vermögenseinkommen aus Gewinnbeteiligungen an Unternehmen. Damit finanziert der Staat die Zinsen auf öffentliche Schulden, die von ihm geleisteten laufenden Übertragungen in Form von Sozialleistungen an private Haushalte, Subventionen und Zuschüsse an politische Parteien, Wohlfahrtseinrichtungen, Vereine etc. und Übertragungen an das Ausland (z.B. Beiträge an die EG) sowie den Staatsverbrauch. Während bei den Unternehmen die Kreditzinsen Teil der Nettowertschöpfung sind und daher als Produktionskosten erfaßt werden, stellen die Zinsen auf öffentliche Schulden, wie auch die Zinsen auf Konsumentenschulden Einkommensverwendungen dar. Quantitativ spielen die laufenden Übertragungen, die der Staat empfängt (hier vor allem in Form von Steuern) bzw. leistet, eine ganz erhebliche Rolle für den Wirtschaftsablauf. Häufig führen auch schon kleine Änderungen z.B. von Einkommenssteuersätzen zu erheblichen Einnahmeänderungen des Staates und zu ebensolchen Veränderungen des verfügbaren Einkommens aller Sektoren, was wiederum deren wirtschaftliche Aktivitäten wertmäßig beeinflussen kann. Der gezielte Einsatz von Einnahmen- und Ausgabenvariationen und die dadurch hervorgerufenen Einflüsse auf das Niveau und die Verteilung der Einkommen sind Domäne der Fiskalpolitik. Demzufolge beeinflußt die **staatliche Fiskalpolitik** im allgemeinen sowohl die Niveaus als auch die Verteilung der sektoralen Einkommen.

Einkommenskonto des Staates

Soll	Haben
1. Laufende Übertragungen an: a) Haushalte b) Unternehmen c) Ausland	4. Direkte Steuern 5. Indirekte Steuern 6. Faktoreinkommen aus Vermögen und Unternehmensbeteiligungen
2. Eigenverbrauch	7. Empfangene laufende Übertragungen
3. Ersparnis	

c) Das Einkommenskonto des Haushaltssektors

Der Haushaltssektor umfaßt neben den privaten Haushalten auch die privaten Organisationen ohne Erwerbscharakter. Da der Haushaltssektor grundsätzlich (bis auf die genannten Ausnahmen der häuslichen Dienste und die Leistungen der privaten Organisationen ohne Erwerbscharakter) nicht produziert, ist auch keine Wertschöpfung des Haushaltssektors vorhanden. Folglich bezieht dieser Sektor seine Bruttoeinkommen in Form von Einkommen aus unselbständiger Tätigkeit, Erwerbs- und Vermögenseinkommen und laufenden Übertragungen (Pensionen, Arbeitslosengeld etc.), (fast) zur Gänze von den anderen, den produzierenden Sektoren (Staat, Unternehmen und Ausland). Das nach Abzug der Zinsen auf Konsumentenschulden und der geleisteten laufenden Übertragungen (Steuern, Sozialbeiträge etc.) verbleibende verfügbare Einkommen dient dem privaten Verbrauch und (als Restgröße) der Ersparnis. Wiederum fallen durch Konsolidierung die intrasektoralen Übertragungsströme weg.

Einkommenskonto des Haushaltssektors

	Soll	Haben	
	1. Direkte Steuern	5. Faktoreinkommen	Bruttoeinkommen
	2. Sonstige geleistete Transfers	6. Transfereinkommen	
Verfügbares Einkommen	3. Konsum 4. Ersparnis		

1.6.2.3. Die Vermögensänderungskonten der einzelnen Sektoren

Bei der Aggregation zu sektoralen Vermögensänderungskonten bleiben von den Vermögensübertragungen wiederum nur die intersektoralen erhalten, während die intrasektoralen Übertragungen durch Konsolidierung wegfallen. Analoges gilt für die Finanzierungssalden (= Veränderung der Nettoposition) der einzelnen Sektoren. Sie stellen nur noch den Saldo der Veränderungen von Forderungen und Verbindlichkeiten gegenüber allen anderen Sektoren dar. Die Veränderungen der Forderung und Verbindlichkeiten innerhalb des Sektors fallen durch Konsolidierung weg. Zu beachten ist ferner, daß die **Bruttoinvestition** auch die Anlageinvestitionen und Lagerzugänge aus Einfuhren (= Käufe aus dem Ausland) mit einschließen.

a) Das Vermögensänderungskonto der Unternehmen

Soll	**Vermögensänderungskonto der Unternehmen**	Haben
Brutto-investition	1. Bruttoanlageinvestition 2. Lagerinvestition 3. Geleistete Vermögensübertragungen 4. Finanzierungssaldo	5. Abschreibung 6. Ersparnis 7. Empfangene Vermögensübertragungen

Der Aufbau ist analog dem Konto eines Einzelunternehmens. Die Nettoinvestition bzw. die tatsächliche Sachvermögensänderung des Unternehmenssektors wird finanziert aus der laufenden Ersparnis den Vermögensübertragungen und der Veränderung der Nettoposition (= Finanzierungssaldo). Dabei ist zu beachten, daß der Finanzierungssaldo nur noch die Veränderungen der Forderungen und Verbindlichkeiten gegenüber anderen Sektoren enthält. Die Veränderungen der Forderungen und Verbindlichkeiten innerhalb des Sektors fallen durch Konsolidierung weg. Analoges gilt für den Saldo der Vermögensübertragungen. Man beachte ferner, daß die **Bruttoinvestition** auch die Lagerzugänge und die Anlageinvestitionen aus Einfuhren erfaßt.

b) Das Vermögensänderungskonto des Staates

Der Staat tätigt grundsätzlich lediglich Anlageinvestitionen, keine Lagerinvestitionen. Letztere werden von Vorratsstellen wahrgenommen, die dem Unternehmenssektor zugerechnet werden (Ausnahmen: Rohöl- und Kern Kernbrennvorräte). Das Vermögensänderungskonto des Staates besitzt daher folgenden Aufbau:

Soll **Vermögensänderungskonto des Staates**	Haben
1. Bruttoanlageinvestitionen 2. Geleistete Vermögensübertragungen 3. Finanzierungssaldo	4. Abschreibungen 5. Ersparnis 6. Empfangene Vermögensübertragungen

c) Das Vermögensänderungskonto des Haushaltssektors

Soll	Vermögensänderungskonto des Haushaltssektors	Haben
1. Bruttoanlageinvestitionen der privaten Organisationen ohne Erwerbscharakter		4. Abschreibungen der privaten Organisationen ohne Erwerbscharakter
2. Geleistete Vermögensübertragungen		5. Ersparnis
3. Finanzierungssaldo		6. Empfangene Vermögensübertragungen

1.6.2.4. Die Finanzierungskonten der einzelnen Sektoren

Diese bringen keine neue Informationen und besitzen für alle Sektoren den gleichen Aufbau. Sie weisen nur den jeweils konsolidierten Saldo der Veränderungen der Forderungen bzw. Verbindlichkeiten eines Sektors gegenüber allen anderen Sektoren nach. Die intrasektoralen Finanzierungsströme sind bei der Konsolidierung gegeneinander aufgerechnet worden und daher weggefallen. Im Rahmen der Finanzierungsrechnung der Deutschen Bundesbank werden die Veränderungen der Forderungen und Verbindlichkeiten jedoch nach Art der Forderungen näher aufgegliedert. (Siehe Abschnitt 3.2.).

1.6.2.5. Das Auslandskonto

Im Auslandskonto werden **sämtliche** Transaktionen von Inländern mit Ausländern als Gegenbuchungen der entsprechenden Buchungen auf den Inlandskonten erfaßt. Links werden die zu Einnahmen der inländischen Wirtschaftssubjekte (= Ausgaben des Auslandes an Inländer), rechts jene die zu Ausgaben der Inländer (= Einnahmen von Ausländern) führenden Transaktionen verbucht. Im Auslandskonto wird weder eine institutionelle Gliederung vorgenommen, noch werden Aktivitäten unterschieden.

Soll	Auslandskonto	Haben
1. Exporte		4. Importe
2. Empfangene Faktoreinkommen		5. Geleistete Faktoreinkommen
3. Empfangene Übertragungen		6. Geleistete Übertragungen
		7. Änderung der Nettoposition

1.6.3. Sektorale Ströme im Wirtschaftskreislauf in verschiedenen Darstellungen

Um die Verflechtung der Aktivitäten und Transaktionsströme zwischen den einzelnen Sektoren einer Volkswirtschaft so deutlich wie möglich zu machen, sollen die einzelnen monetären Ströme durch Symbole gekennzeichnet werden. Dieser Schritt mag zunächst als unnötige Komplizierung angesehen werden, er wird sich jedoch in der weiteren Folge als fruchtbar erweisen. Darüberhinaus ist die symbolische Darstellung international gebräuchlich und bringt vor allem für weitere theoretische Analysen wesentliche Erleichterungen.

Für die Bezeichnung gelangen folgende Regeln zur Anwendung:

(1) Alle Ströme werden durch Buchstaben gekennzeichnet.

(2) Tiefgestellte Buchstaben geben zusätzlich an, von welchem Sektor ein bestimmter monetärer Strom herkommt (bzw. wohin der nicht ausdrücklich erfaßte reale Strom fließt).

(3) Hochgestellte Buchstaben dienen der näheren Bestimmung der jeweiligen Ströme oder zur Kennzeichnung des empfangenden Sektors.

(4) Gleiche Symbole stellen Buchung und Gegenbuchung desselben Stromes im Rahmen des Wirtschaftskreislaufs dar.

Um die Darstellung nicht zu überladen, sollen einige **vereinfachende Annahmen** getroffen werden:

(1) Haushalte produzieren und investieren nicht, sie bezahlen daher auch keine indirekten Steuern und schreiben in Ermangelung eines Produktionsmittelvermögens auch nichts ab.

(2) Von Einkommens- und Vermögensübertragungen wird, mit Ausnahme von Steuern sowie von Subventionen des Staates an Unternehmen, abgesehen.

(3) Die Kontakte mit dem Ausland bleiben auf die Ein- und Ausfuhr von Sachgütern und Dienstleistungen durch Unternehmen beschränkt (keine Transfers und keine Faktorleistungstransaktionen zwischen dem In- und dem Ausland).

(4) Der Staat gibt alle Leistungen unentgeltlich ab. Alle seine Vorleistungen und Investitionsgüter werden von Unternehmen erworben.

(5) Nur die Unternehmen importieren Güter. Gewinnausschüttungen laufen (zur Vereinfachung der Notation) nicht über das Einkommenskonto (wie es zutreffend wäre).

a) Unter diesen Voraussetzungen ergibt sich folgende **Darstellung in Kontenform**:

Unternehmen

S Produktion	H	S Einkommen	H	S Vermögensänderung	H	S Finanzierung	H
Im	C_H	T_U^{dir}	Y_U^U	I_U^{brutto}	D_U	ΔN_U^{St}	F_U
$T^{ind} - Z$	Ex	S_U		F_U	S_U	ΔN_U^A	
D_U	V_{St}					ΔN_U^H	
Y_U^H	I_{St}^{brutto}						
Y_U^{St}	I_U^{brutto}						
Y_U^U							

Staat

S Produktion	H	S Einkommen	H	S Vermögensänderung	H	S Finanzierung	H
V_{St}	C_{St}	Z	T_U^{dir}	I_{St}^{brutto}	D_{St}	ΔN_{St}^U	F_{St}
D_{St}		C_{St}	T_H^{dir}	F_{St}	S_{St}	ΔN_{St}^H	
Y_{St}^H		S_{St}	T^{ind}				
			Y_U^{St}				

Haushalte

S Produktion	H	S Einkommen	H	S Vermögensänderung	H	S Finanzierung	H
–	–	T_H^{dir}	Y_U^H	F_H	S_H	ΔN_H^{St}	F_H
–	–	C_H	Y_{St}^H			ΔN_H^U	
		S_H					

S Ausland	H
Ex	Im
	ΔN_U^A

Dabei stehen die einzelnen Symbole für folgende Ströme:

C_H, C_{St}	= Konsum der Haushalte bzw. des Staates (Eigenverbrauch)
D_U, D_{St}	= Abschreibungen (engl.: depreciation) der Unternehmen bzw. des Staates
F_U, F_H, F_{St}	= Finanzierungssalden der Unternehmen, der Haushalte, des Staates
Ex	= Exporte
Im	= Importe
I_U^{brutto}, I_{St}^{brutto}	= Bruttoinvestitionen der Unternehmen bzw. des Staates (incl. importierte)
I^{netto}	= Nettoinvestitionen
ΔN_U^A	= Veränderung der Nettoposition der Unternehmen gegenüber dem Ausland (analog für die übrigen Sektoren)
S	= Ersparnis
Y_U^H	= Faktoreinkommen der Haushalte von Unternehmen (Y_U^U stellt die unverteilten Gewinne vor Steuerabzug dar)
T_H^{dir}, T_U^{dir}	= Direkte Steuern (engl.: taxes) der Haushalte bzw. der Unternehmen
T^{ind}	= Indirekte Steuern
V_{St}	= Vorleistungen des Staates
Z	= Subventionen

Die Veränderung der Nettoposition eines Sektors gegenüber einem anderen, z. B. ΔN der Haushalte gegenüber den Unternehmen, ergibt sich aus den Veränderungen der Forderungen ΔFo abzüglich den Veränderungen der Verbindlichkeiten Δ Verb dieses Sektors gegenüber dem anderen, z. B. also $\Delta N_H^U = \Delta Fo_H^U - \Delta Verb_H^U$.

Es gilt ferner: $\Delta Fo_H^U \equiv \Delta Verb_U^H$. Die Veränderungen der Verbindlichkeiten der Unternehmen gegenüber dem Haushaltssektor ist identisch mit der Veränderung der Forderungsbestände der Haushalte gegenüber den Unternehmen. Daher gilt auch z. B. $\Delta N_U^H = -\Delta N_H^U$.

b) **Darstellung in Matrixform** (ohne Finanzierungssalden):

Einnahmen des Sektors / Ausgaben des Sektors	U	St	H	A	Vermögens-änderung
U	Y_U^U	$Y_U^{St} + T_U^{dir} + T^{ind} - Z$	Y_U^H	Im	S_U
St	$V_{St} + I_{St}^{netto}$	C_{St}	Y_{St}^H	–	S_{St}
H	C_H	T_H^{dir}	–	–	S_H
A	Ex	–	–	–	Ex – Im
Vermögens-änderung	I_U^{netto}	I_{St}^{netto}	–	–	–

Definitionsgemäß gelten: $I_U^{netto} = I_U^{brutto} - D_U$ und $I_{St}^{netto} = I_{St}^{brutto} - D_{St}$.

Sichtbar wird, daß es sich bei Y_U^U und C_{St} um unterstellte Transaktionen handelt.

c) Die **grafische Darstellung** ergibt folgendes Bild (ohne Finanzierungssalden)

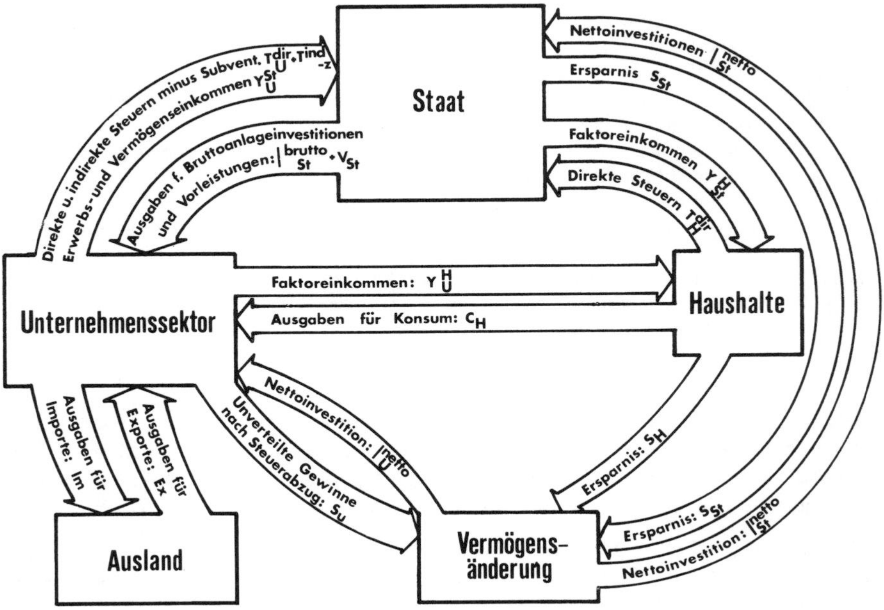

Abb. 1.7

1.7. Gesamtwirtschaftliche Aktivitäten einer Volkswirtschaft

Für eine ganze Reihe von Aussagen werden die mit den vier ökonomischen Aktivitäten verbundenen Transaktionen der einzelnen Sektoren (Unternehmen, Haushalte und Staat) noch weiter aggregiert und zu **gesamtwirtschaftlichen Aktivitäten** zusammengefaßt. Dabei wird zunächst von der etwas vereinfachten Darstellung in 1.6.3. ausgegangen.

1.7.1. Die gesamtwirtschaftlichen Produktionsaktivitäten: Einkommensentstehung

1.7.1.1. Produktionsbegriffe nach dem Inlandskonzept

Aggregiert man die Produktionsaktivitäten des Staates und der Unternehmen (jene der Haushalte einschließlich der privaten Organisationen ohne Erwerbscharakter werden vernachlässigt), so werden zunächst die Posten der linken (= Soll-) und der rechten (= Haben-) Seite beider Konten addiert. Es gilt also nach Wegfall der Vorleistungen des Staates (V_{St}) infolge Konsolidierung:

$$Y_U^H + Y_{St}^H + Y_U^U + Y_U^{St} + T^{ind} - Z + D_U + D_{St} =$$
$$= C_H + C_{St} + I_{St}^{brutto} + I_U^{brutto} + Ex - Im$$

Faßt man nun die Faktoreinkommen der privaten Haushalte ($= Y_U^H + Y_{St}^H$), des Staates ($= Y_U^{St}$) und die nicht ausgeschütteten Gewinne der Unternehmen ($= Y_U^U$) zu dem gesamtwirtschaftlichen Faktoreinkommen Y_F zusammen, die gesamtwirtschaftlichen Abschreibungen zu $D = D_U + D_{St}$, die gesamtwirtschaftlichen Ausgaben für Konsum und Investitionen zu $C = C_H + C_{St}$ bzw. zu $I^{brutto} = I_{St}^{brutto} + I_U^{brutto}$, so ergibt sich:

$$Y_M^{brutto} = Y_F + T^{ind} - Z + D = C + I^{brutto} + Ex - Im$$

Die Wertsumme der Posten auf der linken Seite wird als **Bruttoinlandsprodukt** bezeichnet. Das **Bruttoinlandsprodukt** entspricht genau der Summe der Produktionswerte aller inländischen Produzenten einer Volkswirtschaft (das sind alle Unternehmen und öffentlichen Haushalte), vermindert um den Gesamtwert der im Inland produzierten Vorleistungen und der Importe, oder, was gleichbedeutend ist, der Summe der Bruttowertschöpfungen vermehrt um die Einfuhrabgaben und nichtabzugfähige Umsatzsteuer. Da das Statistische Bundesamt seit der Revision 1982 (vgl. dazu die Abschnitte 2.1.2. und 2.3.3.) zum sogenannten **Nettosystem** übergegangen ist, sind im Wert der Einfuhren von Waren und Dienstleistungen die **Einfuhrabgaben** (= Einfuhrumsatzsteuer, Zölle, Verbrauchssteuern auf Einfuhren etc.) und in den Produktionswerten die **Umsatzsteuern** nicht mehr enthalten. Folglich würde in der Einkommensentstehungsrechnung – vgl. Abschnitt 2.1.2. – die Summe der Bruttowertschöpfungen um die insgesamt zu leistenden Einfuhrabgaben und die nichtabzugfähigen Umsatzsteuern zu niedrig ausgewiesen. Da jedoch im Wert der Endprodukte ($= C + I^{brutto} + Ex - Im$) **zu Marktpreisen** unter anderem sämtliche indirekten Steuern (abzüglich Subventionen) enthalten sind, würde die obige Identität nicht mehr gelten. Um die Gleichheit wiederherzustellen, müssen folglich zu der Summe der Bruttowertschöpfungen die Einfuhrabgaben und die nichtabzugfähigen Umsatzsteuern addiert werden. Auf diese Weise werden dann im Bruttoinlandsprodukt sämtliche indirekte Steuern erfaßt (wodurch die Identität: $Y_F + T^{ind} - Z + D = C + I^{brutto} + Ex - Im$, nunmehr wieder gegeben ist. Vgl. auch Abb. 1.8.). Das Bruttoinlandsprodukt ist mithin gleich dem Wert des Konsums der Haushalte und des Staates, den Bruttoinvestitionen des Staates und der Unternehmen sowie den ins Ausland verkauften Gütern, vermindert um die Importe (Exporte minus Importe = **Außenbeitrag**). Da die Güter grundsätzlich zu Marktpreisen (wichtigste Ausnahmen: der staatliche Konsum, die **eigenproduzierten Anlagen** und Lagerzugänge der Unternehmen) bewertet werden, spricht man auch vom **Bruttoinlandsprodukt zu Marktpreisen.**

Bringt man vom Bruttoinlandsprodukt die Abschreibungen D in Abzug, so erhält man das **Nettoinlandsprodukt zu Marktpreisen** ($= Y_M^{netto}$). Es gilt also:

$$Y_F + T^{ind} - Z = C + I^{netto} + Ex - Im = Y_M^{netto} = Y_M^{brutto} - D$$

Das **Nettoinlandsprodukt zu Marktpreisen** entspricht daher dem Gesamtwert des Konsums, der **Netto**investitionen und dem Außenbeitrag einer Volkswirtschaft.

Zieht man vom Nettoinlandsprodukt zu Marktpreisen die (prinzipiell nur die Marktpreise korrigierenden) indirekten Steuern minus den Subventionen ab, so erhält man das **Nettoinlandsprodukt zu Faktorkosten**.

$$Y_F = C + I^{netto} + Ex - Im - (T^{ind} - Z) = Y_M^{netto} - (T^{ind} - Z)$$

Das **Nettoinlandsprodukt zu Faktorkosten** entspricht wertmäßig genau **den im In-**

land entstandenen Faktoreinkommen, nämlich den Einkommen aus unselbständiger Tätigkeit sowie den Einkommen aus selbständiger Tätigkeit und Vermögen. Es ist gleichbedeutend mit der **Summe der Nettowertschöpfungen** (= **Faktorkosten**) aller Produktionsbereiche einer Volkswirtschaft.

1.7.1.2. Produktionsbegriffe nach dem Inländerkonzept

Alle bisher erläuterten Begriffe gehen von der Entstehung der Einkommen im Inland (Inlandskonzept) aus. Aus den in Abschnitt 1.6.2. entwickelten sektoralen Aktivitätskonten ist jedoch ersichtlich, daß Faktoreinkommen aus der inländischen Produktion nicht nur an Inländer, sondern auch an Ausländer ausbezahlt werden. Dies ist z.B. der Fall bei Grenzgängern oder bei der Nutzung ausländischer Patente. Gleichermaßen können auch Inländer aus dem Ausland Faktoreinkommen beziehen.

Um nun von den jeweiligen Begriffen nach dem Inlandskonzept zu den entsprechenden Begriffen des **Inländerkonzeptes** zu gelangen, sind die Faktoreinkommen von Inländern aus dem Ausland zu addieren und die von Ausländern im Inland erworbenen Faktoreinkommen zu subtrahieren. Korrigiert man also die jeweiligen Aggregate des Inlandskonzepts um den Saldo der Faktoreinkommen zwischen Inländern und Ausländern, so erhält man zunächst das **Bruttosozialprodukt zu Marktpreisen**.[15] Nach Abzug der Abschreibungen erhält man das **Nettosozialprodukt zu Marktpreisen**, und bringt man davon schließlich die indirekten Steuern, vermindert um die Subventionen, in Abzug, so erhält man das **Nettosozialprodukt zu Faktorkosten oder Volkseinkommen.** **Man kann also festhalten: Das Nettoinlandsprodukt zu Faktorkosten ist gleich der Summe aller Faktoreinkommen, die in einer Periode aus der Produktion der inländischen Wirtschaftseinheiten entstanden sind, unabhängig davon, ob sie Inländern oder Ausländern zufließen. Das Volkseinkommen ist gleich der Summe aller Faktoreinkommen, die den inländischen Wirtschaftseinheiten zufließen, unabhängig davon, ob diese Einkommen im Inland oder im Ausland geschaffen wurden (bzw. entstanden sind). Abb. 1.8 gibt einen Überblick über die wesentlichen Begriffe.**

1.7.2. Die gesamtwirtschaftliche Einkommensverwendung

Durch Aggregation der sektoralen Einkommensverwendungsaktivitäten gelangt man zur **gesamtwirtschaftlichen Verwendung** der im Produktionsprozeß entstandenen Einkommen. Es gilt zunächst folgende Gleichung:

$$C_H + C_{St} + S_H + S_{St} + S_U + Z + T_H^{dir} + T_U^{dir} =$$
$$= T_H^{dir} + T_U^{dir} + T^{ind} + Y_U^{St} + Y_U^H + Y_{St}^H + Y_U^U$$

Nach Konsolidierung der direkten Steuern der Haushalte und Unternehmen und einigen Umstellungen gelangt man zu:

$$C + S = Y_F + T^{ind} - Z,$$

wobei $S = S_H + S_U + S_{St}$ ist.

Die Aggregation und Konsolidierung der sektoralen Einkommenskonten läßt sich folgendermaßen interpretieren: Da die rechte Seite der Gleichung das **Nettoinlandsprodukt zu Marktpreisen** darstellt, teilt sich dessen Verwendung in Konsum und Ersparnis auf. Man kann auch sagen, daß der nicht zu Konsumzwecken aufgewendete Teil des Nettoinlandsproduktes zu Marktpreisen definitionsgemäß gleich der volkswirtschaftlichen Ersparnis ist.

Abb. 1.8.:

Schematischer Überblick über die wichtigsten Konzepte des Inlands- und Sozialprodukts

Inlandskonzept		Inländerkonzept
Summe der Produktionswerte − Summe der Vorleistungen = Bruttowertschöpfung der Wirtschaftsbereiche + Nichtabzugsfähige Umsatzsteuer + Einfuhrabgaben		
= Bruttoinlandsprodukt	+ Saldo der Erwerbs- und Vermögenseinkommen zwischen Inländern und der übrigen Welt	= Bruttosozialprodukt
− Abschreibungen		− Abschreibungen
= Nettoinlandsprodukt zu Marktpreisen	+ Saldo der Erwerbs- und Vermögenseinkommen zwischen Inländern und der übrigen Welt	= Nettosozialprodukt zu Marktpreisen
− Indirekte Steuern + Subventionen		− Indirekte Steuern + Subventionen
= Nettoinlandsprodukt zu Faktorkosten (Nettowertschöpfung)	+ Saldo der Erwerbs- und Vermögenseinkommen zwischen Inländern und der übrigen Welt	= Nettosozialprodukt zu Faktorkosten (Volkseinkommen)
= Summe der im Inland entstandenen Erwerbs- und Vermögenseinkommen,		= Summe der den Inländern letztlich zugeflossenen Erwerbs- und Vermögenseinkommen,
und zwar Einkommen aus unselbständiger Arbeit (Inlandskonzept) Einkommen aus Unternehmertätigkeit und Vermögen (Inlandskonzept)		und zwar Einkommen aus unselbständiger Arbeit (Inländerkonzept) Einkommen aus Unternehmertätigkeit und Vermögen (Inländerkonzept)

Die Aggregation bzw. Konsolidierung macht auch die Rolle der direkten Steuern klar: Sie stellen lediglich eine Umverteilung von privaten Faktoreinkommen (der Unternehmen und Haushalte) zugunsten des Staates dar, der allerdings seinerseits der Allgemeinheit öffentliche Leistungen unentgeltlich zur Verfügung stellt. Addiert man zum Nettosozialprodukt zu Marktpreisen die Differenz, gebildet aus den laufenden Übertragungen von Ausländern an Inländer vermindert um die laufenden Übertragungen von Inländern an Ausländer, dann erhält man das **verfügbare Einkommen der Volkswirtschaft.**

Der Unterschied zwischen dem verfügbaren Einkommen der Volkswirtschaft und dem Volkseinkommen läßt sich durch die folgenden Zusammenhänge verdeutlichen:

Verfügbares Einkommen
– (Indirekte Steuern – Subventionen)
– Saldo der laufenden Übertragungen zw. Inland und Ausland

= Volkseinkommen

1.7.3. Die gesamtwirtschaftliche Vermögensbildung

Die Bildung von Sachvermögen und dessen Finanzierung findet in den sektoralen Vermögensänderungskonten ihren Niederschlag. Aggregiert man die sektoralen Transaktionen, so erhält man:

$$I_U^{brutto} + I_{St}^{brutto} + F_{St} + F_H + F_U, = D_U + D_{St} + S_H + S_U + S_{St}$$

oder in vereinfachter Form:

$$I^{netto} + F = S$$

wobei F ($= F_H + F_U + F_{St}$) einen noch näher zu bestimmenden volkswirtschaftlichen Finanzierungssaldo darstellt.

Der Nettozuwachs an Sachvermögen in einer Volkswirtschaft plus dem Finanzierungssaldo ist demnach gleich der volkswirtschaftlichen Ersparnis.

Die Bestimmung des Finanzierungssaldos F gelingt durch die Aggregation der Finanzierungsaktivitäten.

1.7.4. Die gesamtwirtschaftliche Kreditbildung und -verwendung

Aggregiert man die sektoralen Finanzierungskonten, so erhält man zunächst:

$$F_U + F_H + F_{St} = \Delta N_U^{St} + \Delta N_U^A + \Delta N_U^H + \Delta N_H^U + \Delta N_H^{St} + \Delta N_{St}^H + \Delta N_{St}^U$$

Da jedoch definitionsgemäß $\Delta N_U^{St} = -\Delta N_{St}^U$, $\Delta N_U^H = -\Delta N_H^U$ und $\Delta N_{St}^H = -\Delta N_H^{St}$ sind, erhält man nach Konsolidierung:

$$F = \Delta N_U^A$$

Der gesamtwirtschaftliche Finanzierungssaldo F entspricht also (natürlich unter Berücksichtigung der im Text getroffenen vereinfachenden Annahmen) der Veränderung der Nettoposition des Unternehmenssektors gegenüber dem Ausland. Dieses Ergebnis ist nicht überraschend, wenn man sich vor Augen hält, daß bei jeder Kreditbeziehung zwischen Inländern einem inländischen Gläubiger stets ein inländischer Schuldner gegenübersteht. Bei der Aggregation gehen durch Konsolidierung sämtliche Informationen über inländische Kreditbeziehungen verloren, da der Gesamtwert der Forderungen von Inländern gegen Inländer gleich dem Gesamtwert der Verbindlichkeiten von Inländern gegenüber Inländern ist. Übrig bleibt lediglich die Veränderung der Nettoposition des Inlands gegenüber dem Ausland.

Das Ergebnis der gesamtwirtschaftlichen Vermögensbildung

$$I^{netto} + F = I^{netto} + \Delta N_U^A = S$$

läßt sich nun so interpretieren, daß der Wert der gesamtwirtschaftlichen Nettoinvestition vermehrt um die Veränderung der Nettoposition gegenüber dem Ausland gleich der Ersparnis ist.

1.7.5. Eine weitere Schlußfolgerung

Die **gesamtwirtschaftlichen Aktivitäten** lassen sich in Kontenform noch einmal wie folgt darstellen:

S Produktion	H
$T^{ind} - Z$	C
	I^{netto}
Y_F	$Ex - Im$

S Einkommen	H
C	$T^{ind} - Z$
S	Y_F

S Vermögensänderung	H
I^{netto}	S
F	

S Finanzierung	H
ΔN_U^A	F

Setzt man für das Nettosozialprodukt zu Marktpreisen das Symbol Y_M^{netto} $(= Y_F + T^{ind} - Z)$, dann gelten also die bereits bekannten Zusammenhänge:

(1) $$Y_M^{netto} = C + I^{netto} + Ex - Im$$

(2) $$Y_M^{netto} = C + S$$

(3) $$I^{netto} + F = S$$ und

(4) $$F = \Delta N_U^A$$

Aus (3) und (4) erhält man wiederum:

$$S = I^{netto} + \Delta N_U^A$$

Eingesetzt in (2) und unter Berücksichtigung der Gleichheit der linken Seiten von (1) und (2) erhält man:

$$C + I^{netto} + Ex - Im = C + I^{netto} + \Delta N_U^A$$

und schließlich

$$Ex - Im = \Delta N_U^A$$

Der Finanzierungssaldo F des Inlands gegenüber dem Ausland entspricht (unter Außerachtlassung von grenzüberschreitenden Transfer- und Faktoreinkommen) dem

Außenbeitrag. War also beispielsweise der Außenbeitrag positiv (d.h. die Exporte waren größer als Importe) dann hat sich die Nettoposition des Inlandes gegenüber dem Auslande erhöht (d.h. die Veränderungen der Forderungen überstiegen die Veränderungen der Verbindlichkeiten).

Die voranstehend erläuterten Begriffe und Zusammenhänge der Volkswirtschaftlichen Gesamtrechnungen sind in der nebenstehenden Abbildung nochmals veranschaulicht.

1.8. Zwei wichtige Spezialfälle

In der theoretischen Literatur beschränkt man sich vor allem aus didaktischen Gründen vielfach auf die Behandlung von **geschlossenen** und von **stationären Volkswirtschaften**. Auf diese beiden Spezialfälle soll nun kurz eingegangen werden.

1.8.1. Die geschlossene Volkswirtschaft und die Ex post-Gleichheit von Sparen und Investieren

Während bisher stets von einer **offenen** Volkswirtschaft, das heißt einer Volkswirtschaft mit Transaktionsbeziehungen zu anderen Volkswirtschaften ausgegangen wurde, soll nun der Aufbau der volkswirtschaftlichen Gesamrechnung für eine **geschlossene** Volkswirtschaft, also eine Volkswirtschaft ohne Beziehungen zum Ausland, kurz erörtert werden.

Die gesamtwirtschaftlichen Aktivitätskonten vereinfachen sich wie folgt:

S Produktion	H	S Einkommen	H	S Vermögensänderung	H	S Finanzierung	H
$T^{ind}-Z$	C	C	$T^{ind}-Z$	I^{netto}	S	–	–
Y_F	I^{netto}	S	Y_F				

Es gilt ferner, da Inlands- und Inländerkonzept wegen des angenommenen Fehlens von außenwirtschaftlichen Beziehungen zusammenfallen, daß auch das Inlandsprodukt gleich dem Sozialprodukt ist.

Da $\quad Y_M^{netto} - C = I^{netto}$

und $\quad Y_M^{netto} - C = S,$

folgt $\quad I^{netto} = S.$

In einer geschlossenen Volkswirtschaft sind die Nettoinvestitionen ex post immer gleich der Ersparnis.

Dieses Ergebnis folgt logisch zwingend aus den Definitionen der einzelnen Größen: Einkommen entstehen letztlich nur im Produktionsprozeß. Jene Teile des laufenden Einkommens, die nicht zu Konsumzwecken ausgegeben wurden, stellen definitionsgemäß die Ersparnis der einzelnen Sektoren dar. Die produzierten Güter sind entweder Konsumgüter, wenn sie vom Staat oder den Haushalten produziert bzw. erworben wurden, oder Nettoinvestitionen des Staates oder der Unternehmen. Die im Unternehmenssektor verbleibenden Güter sind dann definitionsgemäß entweder Nettoanlageinvestitionen der Unternehmen oder Lagerinvestitionen. Daher ergibt

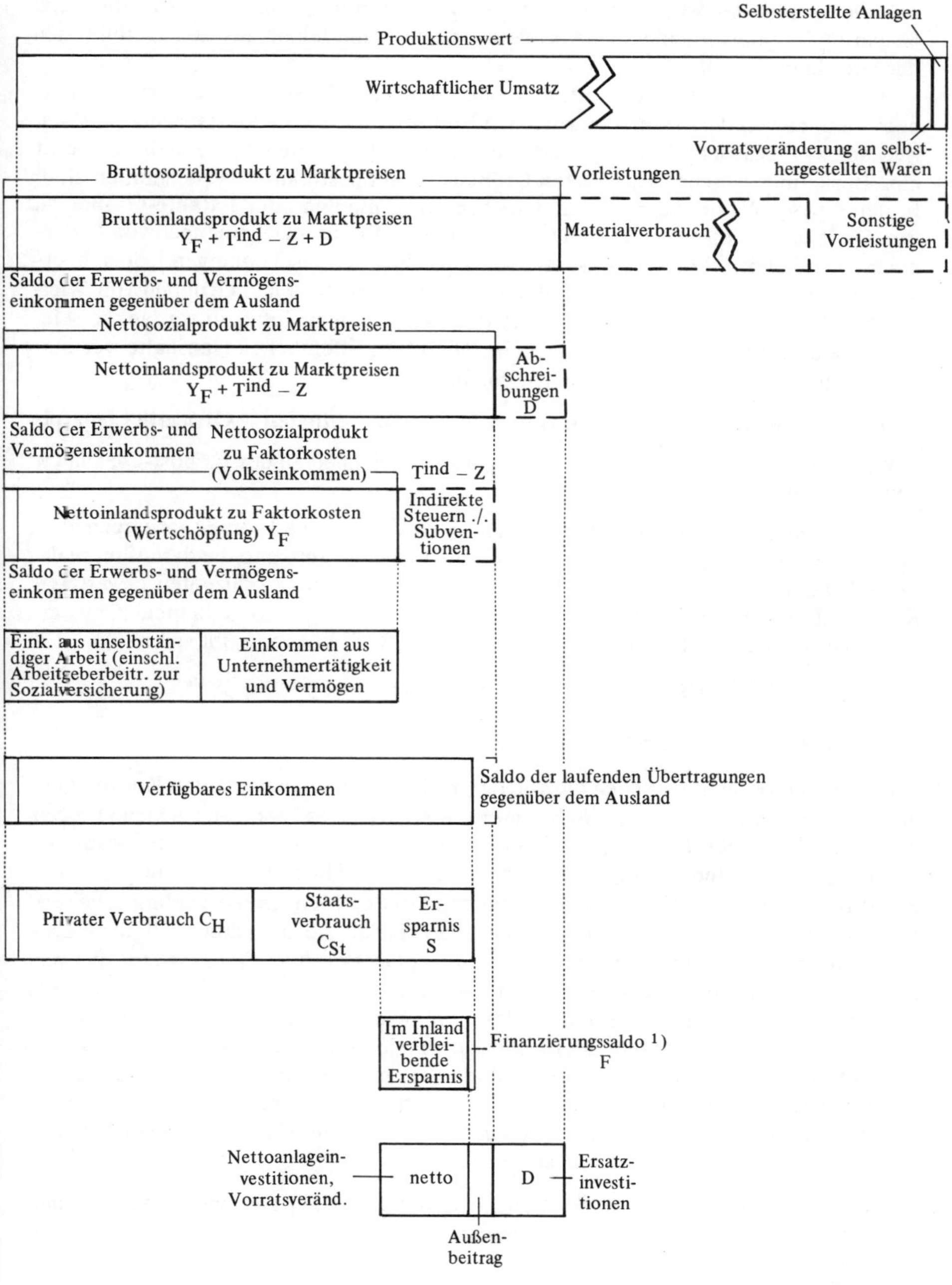

Quelle: Landesamt für Datenverarbeitung und Statistik Nordrhein-Westfalen

1) Überschuß der Kreditgewährung über Kreditaufnahmen gegenüber dem Ausland.

sich die **Ex post-Gleichheit** (besser: die **Ex post-Identität**) von Nettoinvestition und Ersparnis in einer geschlossenen Volkswirtschaft unmittelbar aus den Definitionen der einzelnen Begriffe.

Wenn in theoretischen und wirtschaftspolitischen Analysen und Diskussionen dennoch vielfach von Unterschieden zwischen Nettoinvestitionen und Ersparnis die Rede ist, kann es sich jedenfalls nicht um die hier aufgestellte Beziehung handeln. Diese ist eine Beziehung zwischen **realisierten Größen**, die auf bestimmte Weise definiert sind. In der Wirtschaftstheorie hat man es jedoch mit **geplanten oder Ex ante-**Größen zu tun. Da in einer Volkswirtschaft die geplanten Investitionsentscheidungen von Unternehmen und dem Staat, die Konsum- und damit die Sparentscheidungen jedoch in erster Linie von den privaten Haushalten – also von verschiedenen Gruppen von Wirtschaftssubjekten – getroffen werden, könnte es nur einem Zufall zu verdanken sein, wenn die Investitionspläne der Unternehmen und der öffentlichen Haushalte wertmäßig genau den **geplanten** Ersparnissen entsprächen.

Im allgemeinen wird also gelten: Geplante Nettoinvestitionen ≠ Geplante Ersparnis

Wie aber gelangt man nun von der Ex ante-Ungleichheit zu der Ex post-Gleichheit von Ersparnis und Nettoinvestition?

Die geplanten Produktionsentscheidungen werden auf Grund von Erwartungen über die künftige Nachfrage getroffen. Angenommen, die **geplante** und die daraufhin **realisierte** Produktion sei gleich dem Wert Y_F^{netto}, die von den Produzenten erwarteten Konsumausgaben seien $C_U^{geplant}$, die von den Konsumeinheiten geplanten Konsumausgaben der Haushalte und des Staates jedoch $C_H^{geplant}$, dann ergibt sich:

$$Y_F^{netto} - C_U^{geplant} = I_{geplant}^{netto} \qquad \text{und} \qquad Y_F^{netto} - C_H^{geplant} = S^{geplant}$$

Ist nun z. B. $I_{geplant}^{netto} > S^{geplant}$, dann gilt $C_U^{geplant} < C_H^{geplant}$

d. h. die Unternehmen haben die von den Konsumeinheiten geplanten Konsumausgaben nicht richtig erwartet, **sie haben sie unterschätzt**. Das kann verschiedene Folgen haben: In dem einen Extremfall können die Konsumeinheiten (setzt man voraus der Staat kann seine Pläne realisieren, dann sind dies nur die Haushalte) nicht die geplanten Konsumausgaben tätigen, da sie die Güter nicht in den Mengen wie geplant erhalten, dann sind die realisierten Konsumausgaben **geringer** als die geplanten, d. h. die Haushalte tätigen neben der **geplanten** noch eine **ungeplante positive Ersparnis**. Im anderen Extremfall können die Konsumeinheiten ihre Pläne realisieren, d. h. die Unternehmen müssen mehr Konsumgüter verkaufen als ursprünglich geplant. Da diese für die Unternehmen unerwartete Konsumgüternachfrage aus der laufenden Produktion nicht abgedeckt werden kann, muß ein Abbau – und zwar ein ungeplanter Abbau – der Lagerbestände stattfinden. Das ist gleichbedeutend mit der Aussage, daß die Sachvermögensbestände der Unternehmen abnehmen, bzw. die geplante Nettoinvestition der Unternehmen größer war als die realisierte.

Die realisierten und gemessenen Größen setzen sich daher aus einer geplanten und einer ungeplanten Komponente zusammen.

Ex post gilt stets:

$$S^{ungeplant} + S^{geplant} = S^{realisiert} \qquad \text{und}$$
$$I^{ungeplant} + I^{geplant} = I^{realisiert}$$

Da ex post stets $S^{realisiert} = I^{realisiert}$, folgt auch $S^{ungeplant} + S^{geplant} = I^{ungeplant} + I^{geplant}$

Nur wenn die realisierten Größen auch richtig erwartet wurden, d. h. daß $S^{ungeplant} = I^{ungeplant} = 0$ sind, stimmen realisierte Ex post- und geplante Ex ante-Größen überein. In der Wirtschaftstheorie wird ein Zustand, in dem alle Wirtschaftssubjekte ihre Pläne auch realisieren konnten, als ein **Gleichgewichtszustand** bezeichnet. Es ist festzuhalten, daß der Begriff des Gleichgewichtes ein theoretisches Konzept darstellt, während die volkswirtschaftliche Gesamtrechnung es nur mit der Erfassung und Registrierung von bereits realisierten Ex post-Größen zu tun hat.

Zusammenfassend kann man also sagen:

a) **Ex post** gilt in einer geschlossenen Volkswirtschaft **stets:** $I^{netto} = S$
b) **Ex ante** ist die geplante Nettoinvestition nur **zufällig** gleich der geplanten Ersparnis, da die Investitions- und die Sparentscheidungen von verschiedenen Personengruppen getroffen werden.
c) Die Ex post-Gleichheit ergibt sich aus dem Auftreten **ungeplanter** Ersparnisse und/oder **ungeplanter** Investitionen.

1.8.2. Die stationäre Wirtschaft

Eine stationäre Wirtschaft ist dadurch gekennzeichnet, daß ihre Sachvermögensbestände unverändert bleiben, d. h. daß $I^{netto} = 0$. Für diesen Fall besitzen die gesamtwirtschaftlichen Konten folgenden Aufbau:

S Produktion	H	S Einkommen	H	S Vermögensänderung	H	S Finanzierung	H
$T^{ind} - Z$	C	C	$T^{ind} - Z$	F	S	ΔN_U^A	F
Y_F	$Ex - Im$	S	Y^F				

In einer stationären Wirtschaft entspricht die Bruttoinvestition genau den Abschreibungen. Das Nettoinlandsprodukt zu Marktpreisen (das unter unseren Annahmen gleich dem Nettosozialprodukt ist) entspricht dann der Summe aus dem gesamtwirtschaftlichen Konsum und dem Außenbeitrag, bzw. der Summe aus Konsum und Ersparnis.

$$\left.\begin{aligned} Y_M^{netto} &= C + Ex - Im \\ Y_M^{netto} &= C + S \end{aligned}\right\} \Rightarrow S = Ex - Im$$

Die **volkswirtschaftliche Ersparnis** (die Veränderung der Nettoposition des Inlands gegenüber dem Ausland) **entspricht in einer offenen stationären Wirtschaft somit genau dem Außenbeitrag.**

Ist also z. B. der Außenbeitrag positiv, d. h. sind die Exporte wertmäßig größer als die Importe, dann entspricht diese Differenz der volkswirtschaftlichen Ersparnis bzw. der Zunahme der Forderungen des Inlands gegenüber dem Ausland (z. B. in Form einer Erhöhung der Bestände an ausländischer Währung).

In einer **geschlossenen stationären Volkswirtschaft** gilt $Y_M^{netto} = C$, d. h. das Nettosozialprodukt zu Marktpreisen entspricht genau dem Konsum, d. h. die Ersparnis ist gleich Null ($S = 0$).

1.9. Wichtige Abgrenzungen: Wiederholung und Ergänzungen

1.9.1. Die ‚Produktionsgrenze'

In den Produktionskonten der einzelnen Wirtschaftssubjekte oder Sektoren wurden sämtliche Transaktionen erfaßt, die in Verbindung mit der Aktivität „Produktion" getätigt wurden. Eine solche Zuordnung setzt stillschweigend eine inhaltliche Bestimmung des Begriffes ‚Produktion' voraus, bzw. legt diese durch die besondere Art der Erfassung oder Nichterfassung bestimmter Transaktionen fest.

Grundsätzlich werden als produzierte Güter nur diejenigen Waren und Dienstleistungen erfaßt, die im Wege von Markttransaktionen an andere Wirtschaftssubjekte übergehen. Diesem Grundsatz entsprechend stellt z. B. die Tätigkeit der Hausfrau keine Produktion dar.

Dieser Grundsatz, der den sogen. **marktbestimmten Produktionsbegriff** charakterisiert, wird in einigen Fällen, durch Unterstellung entsprechender Transaktionen, durchbrochen.[16] Als derartige Ausnahmen sind vor allem zu nennen:

- **Staatliche Leistungen** werden, obwohl sie nicht auf dem Wege von Markttransaktionen übertragen werden, dennoch zu den Produktionsleistungen gerechnet.
- **Selbsterstellte Anlagen** und **Vorratsveränderungen** in Form von Lagerzugängen der innerhalb der Rechnungsperiode nichtabgesetzten Teile der Produktion werden als Produktionsleistungen erfaßt, obwohl sie nicht durch Markttransaktionen erworben wurden.
- **Der private Eigenverbrauch von Unternehmern** aus eigener Produktion, wie dies vor allem in der Landwirtschaft und im handwerklichen Bereich üblich ist, z. B. der Verbrauch des Bäckers oder Schreiners oder des Landwirts, wird durch unterstellte Transaktionen als Produktionsleistung berücksichtigt.
- **Eigenleistungen der privaten Haushalte im Wohnungsbau** werden ebenfalls als Produktionsleistungen erfaßt und im Unternehmenssektor mit den **selbsterstellten Anlagen** ausgewiesen.
- Wohnungsvermietung wird als unternehmerische Tätigkeit angesehen. Obgleich die Nutzung von **Eigentümerwohnungen** durch den Eigentümer keine Wohnungsvermietung darstellt, wird ein entsprechendes Mietverhältnis unterstellt und die **unterstellten Mietleistungen** werden im Sozialprodukt berücksichtigt.

Die Grenzziehung zur Erfassung der Produktionsleistungen einer Volkswirtschaft ist und kann nicht vollkommen frei von Willkür sein. Sie hängt wesentlich von der Fragestellung ab, zu deren Klärung die jeweils erhobenen Daten beitragen sollen.

Im Rechnungssystem der Ostblockstaaten wird beispielsweise die Produktionsgrenze bedeutend enger gezogen. Danach wird grundsätzlich nur die Herstellung von Sachgütern als Produktion angesehen. Allerdings wird auch dort der Grundsatz der Erfassung nur der **materiellen Produktion** durchbrochen, da einzelne Dienstleistungen als Teil der Produktion angesehen werden. Alle übrigen Dienstleistungen werden als ‚unproduktiv' angesehen. Die in den ‚unproduktiven' Dienstleistungsbereichen entstehenden Einkommen, werden konsequenterweise als **Umverteilungen** von Einkommen aus dem produktiven Bereich der materiellen Produktion angesehen. (Näheres zum Rechnungssystem der Ostblockstaaten siehe Kapitel 6.)

1.9.2. Vorleistungen und Endprodukte

Obgleich die Herstellung von Vorleistungen ganz ohne Zweifel einen erheblichen Teil der Produktionsleistungen von Unternehmen ausmacht, kommt der Abgrenzung zwischen Vorleistungen und Endprodukten große Bedeutung zu. Würde man nämlich einfach die Produktionswerte aller Produktionsbereiche einer Volkswirtschaft addieren, dann würden einzelne Produktionsleistungen doppelt erfaßt. Ein einfaches **Beispiel** soll diesen wichtigen Gedanken noch einmal verdeutlichen helfen:

Ein Landwirt liefert seine gesamte Produktion, Weizen im Werte von 100 an eine Mühle. Diese verkauft den vermahlenen Weizen in Form von Mehl im Werte von 200 an eine Bäckerei. Diese stellt damit Brot im Werte von 300 her. Würde man als Wert der Produktion aller drei Unternehmen die Summe der Produktionswerte (= 600) ausweisen, so würden der Wert des Weizens und der Wert des Mehls doppelt erfaßt.

Diese Doppelzählungen verhindert man, indem nur die Bruttowertschöpfungen, das sind die Produktionswerte abzüglich aller Vorleistungen, der einzelnen Produktionsstufen erfaßt werden. In unserem Beispiel beträgt die Bruttowertschöpfung des Landwirts 100, die der Mühle 100 und jene der Bäckerei ebenfalls 100, woraus sich ein Gesamtproduktionswert von 300 ergibt. In diesem einfachen Beispiel wird deutlich, daß der Weizen verformt im Mehl steckt und daß das Brot des Bäckers das Mehl bzw. den Weizen enthält. Würde ein Händler das Mehl in der Mühle kaufen und dieses ohne Zuschläge an die Bäckerei weiterverkaufen, dann würde der Produktionswert des Händlers 200 betragen, die Bruttowertschöpfung jedoch Null. Die Summe der Produktionswerte hätte sich um 200 auf 800 erhöht, ohne daß zusätzliche Produktionsleistungen (mit Ausnahme der Gratisleistung des Händlers) hinzugekommen wären. Die gesamte Bruttowertschöpfung ist hingegen unverändert geblieben. Sie ist damit unabhängig vom jeweiligen Grad der vertikalen Konzentration der Produktion: denn würde der Landwirt auch Mühle und Bäckerei betreiben, und somit sämtliche Produktionsstufen in seinem Unternehmen konzentrieren, so wäre sein Produktionswert aus dem Verkauf des Brotes 300.

Was versteht man nun unter Vorleistungen? **Vorleistungen** stellen den Wert aller Güter dar, die inländische Wirtschaftseinheiten von anderen (in- und ausländischen) Wirtschaftseinheiten bezogen und innerhalb der Rechnungsperiode im Zuge der Produktion verbraucht haben.

Vorleistungen umfassen somit den Rohstoff- und Energieverbrauch, den Dienstleistungsverbrauch (einschließlich Mieten), laufende Reparaturen und Anlagen geringen Wertes (z.B. Büromaterial) usw. Für den Gebrauchtwagenhändler stellt das Gebrauchtfahrzeug, das er verkauft, eine Vorleistung dar, er produziert effektiv nur die Handelsleistungen. Nicht als Vorleistungen gelten die Gebühren für Patente und Urheberrechte.

Für den Staat und die privaten Organisationen ohne Erwerbscharakter wird aus statistischen Gründen der Vorleistungsverzehr anhand der Käufe gemessen. Die Vorleistungen des Staates umfassen unter anderen auch **Käufe von militärischen Bauten** und **dauerhaften militärischen Ausrüstungen**. Diese werden somit **nicht** als Teil der Bruttoinvestition des Staates erfaßt.

Alle Güter, die nicht Vorleistungen sind, stellen somit Endprodukte dar. Insbesondere zählen sämtliche Leistungen des Staates zu den Endprodukten, auch wenn sie z. B. im Unternehmenssektor im Zuge der Produktion verbraucht werden, wie etwa die Nutzung von Straßen, von staatlichen Ausbildungsleistungen oder von Forschungsergebnissen, die auf Grund staatlicher Initiative entstanden sind. Wie in Kapitel 7 noch ausführlicher diskutiert wird, sehen manche Autoren in der ausschließlichen Behandlung der Leistungen des Staates als Endprodukte den Mangel, daß manche dieser Leistungen Vorleistungscharakter haben und damit zu Doppelzählungen und mithin zu überhöhten Sozialprodukten führen. Dem ist jedoch entgegenzuhalten, daß die Leistungen des Staates unentgeltlich abgegeben und daher nicht in der Preiskalkulation der Unternehmen berücksichtigt werden. Der Wert dieser „Vorleistungen" wäre dementsprechend Null und damit würde das Sozialprodukt korrekt ausgewiesen. Nur wenn die tatsächliche Inanspruchnahme dieser Leistungen erfaßbar wäre und darüberhinaus die Steuerleistungen als spezielles Entgelt für die Inanspruchnahme dieser Leistungen angesehen werden könnten, ließe sich eine genaue Aufteilung in Vorleistungen und Endprodukte vornehmen. Beides ist nicht der Fall. Weder läßt sich die tatsächliche Inanspruchnahme vieler staatlicher Leistungen in befriedigender Weise erfassen, noch stellen Steuern ein spezielles Entgelt für die Inanspruchnahme staatlicher Leistungen dar, insbesondere dann, wenn man bedenkt, daß Steuern auch dazu dienen, Einkommen umzuverteilen.

Auch ein Teil der privaten Konsumausgaben könnte als Vorleistungen angesehen werden, wie z. B. Fahrtkosten zum Arbeitsplatz, Berufskleidung usw. Abgrenzungs- und Erfassungsschwierigkeiten sind auch in diesem Zusammenhang als Gründe für die Praxis zu nennen, sämtliche Aufwendungen der Haushalte ausschließlich als Konsumausgaben (= Endprodukte) zu erfassen.

1.9.3. Letzter Verbrauch, Investitionen und Abschreibungen

Für die Aufgliederung der Verwendung von Einkommen sind die Abgrenzungen zwischen letztem Verbrauch, Bruttoinvestitionen und Abschreibungen von Bedeutung.

Als letzter Verbrauch werden sämtliche Käufe der Haushalte und die Leistungen des Staates angesehen, die keine Veränderungen in den Sachvermögensbeständen darstellen. Welche Aufwendungen also dem letzten Verbrauch zugerechnet werden sollen bzw. als Bruttoinvestitionen anzusehen sind, hängt in wesentlichem Maße von der Erfassung der entsprechenden Sachvermögensbestände ab.

Da für Haushalte keine Sachvermögen ausgewiesen werden, stellen sämtliche Käufe von Haushalten und der Eigenverbrauch der privaten Organisationen ohne Erwerbscharakter Aufwendungen für den **Privaten Verbrauch** dar. (Von den Prämien der privaten Haushalte an Versicherungen, den Ausgaben für Lotto und Toto wird nur das darin enthaltene Dienstleistungsentgelt im Privaten Verbrauch erfaßt.)

Dementsprechend werden Käufe von dauerhaften Gütern – mit Ausnahme von Wohnungseigentum – ganz dem Privaten Verbrauch zugerechnet. Andererseits sind auch sämtliche Ausgaben für Güter, die im Haushalt weiterverarbeitet werden, wie z. B. Lebensmittel, die also eigentlich Vorleistungen darstellen, als Endprodukte anzusehen, da die Produktionsleistungen der Haushalte (bis auf wenige Ausnahmen, siehe S. 21) nicht gemessen werden.

Der **Staatsverbrauch** errechnet sich durch Abzug des Wertes der Verkäufe und der selbsterstellten Anlagen vom Produktionswert des Staates. Der Produktionswert ergibt sich aus den laufenden Aufwendungen des Staates vor allem für Beamtengehälter, für Abschreibungen und für Vorleistungen. Die **Abschreibungen** des Staates beziehen sich auf Gebäude und Ausrüstungen, während Straßen, Brücken, Wasserwege und ähnliche Güter des Staates nicht abgeschrieben werden, was im Ergebnis der Annahme einer unendlichen Lebensdauer dieser Güter gleichkommt. Laufende Reparaturen und Ausbesserungen dieser Güter stellen Vorleistungen dar.

Die Bruttoinvestitionen zerfallen in Anlageinvestitionen und in die Vorratsveränderung. Als **Anlageinvestitionen** werden sämtliche Zuwächse an dauerhaften, reproduzierbaren Produktionsmittel angesehen, mit Ausnahme der Aufwendungen für dauerhafte Güter durch private Haushalte (=Privater Verbrauch) und dauerhafter militärischer Güter (= Vorleistungen des Staates). Als dauerhaft gelten diejenigen Produktionsmittel, deren Nutzungsdauer mehr als ein Jahr beträgt und die normalerweise aktiviert werden. Geringwertige dauerhafte Güter (z. B. kleinere Werkzeuge, Büromaterial) gelten nicht als Anlageinvestition, sondern als Vorleistung. Während Aufwendungen für die laufende Instandhaltung ebenfalls als Vorleistungen angesehen werden, rechnet man größere Reparaturen zu den Anlageinvestitionen.

Die Anlageinvestitionen werden weiter in **Ausrüstungsinvestitionen** (Maschinen, Fahrzeuge, Betriebs- und Geschäftsausstattungen) und **Bauinvestitionen** (Gebäude, Straßen, Brücken, Kanäle, Staudämme, Sportplätze usw.) aufgespalten. **Angefangene** Bauten werden bereits zum Zeitpunkt der Produktion zu den Anlageinvestitionen gerechnet, angefangene Ausrüstungen dagegen zu den Vorratsveränderungen der Produzenten.

Die **Vorratsveränderung** stellt die Veränderung der Lagerbestände der Unternehmen am Ende der Berichtsperiode gegenüber dem Bestand am Anfang der Periode dar sowie die Veränderung der Vorräte des Bundes an Rohöl und Kernbrennstoffen. Zu den Vorräten zählen alle Vorprodukte, die halbfertigen und fertigen Produkte aus eigener Produktion und Handelswaren, die zum Verbrauch oder Verkauf bestimmt sind.

1.9.4. Inlands- und Inländerkonzept

Grundsätzlich sind alle Kreislaufüberlegungen auf eine bestimmte Volkswirtschaft bezogen. Zu einer Volkswirtschaft gehören alle Wirtschaftssubjekte, die ihren ständigen Sitz bzw. Wohnsitz innerhalb des betreffenden Staatsgebietes haben, unabhängig davon, welche Staatsangehörigkeit sie besitzen. Nicht zum Staatsgebiet gehören ausländische diplomatische und konsularische Vertretungen und ausländische Streitkräfte im Inland. Andererseits gelten inländische diplomatische Vertretungen im Ausland als zum Inland gehörig.

Die Unterscheidung zwischen Inlands- und Inländerkonzept dient nicht so sehr zur Abgrenzung der Volkswirtschaft, sondern vielmehr zur näheren Kennzeichnung bestimmter Einkommens-, Ausgaben- und Erwerbstätigkeitsbegriffe. Beispielsweise lassen sich die Ausgaben für den privaten Verbrauch nach Inlands- und Inländerkonzept unterscheiden, je nach dem, ob die Käufe **bei** inländischen Wirtschaftssubjekten getätigt wurden, bzw. ob die Käufe **von** inländischen privaten Haushalten getätigt wurden, ungeachtet ob im Inland oder im Ausland. Ähnliche Überlegungen gelten auch für Inlandseinkommen und Volkseinkommen.

1.9.5. Bewertungsprobleme

Da im wesentlichen Markttransaktionen in der ex-post Analyse des Wirtschaftskreislaufs berücksichtigt werden, entspricht zumeist der **Marktpreis** dem Wert der Transaktionen. In der Praxis ist es allerdings nicht immer einfach „den Marktpreis“ eines Gutes festzustellen. Man denke nur daran, daß nicht selten ein und dasselbe Produkt in verschiedenen Läden zu unterschiedlichen Preisen abgegeben wird. In der Regel werden im Wege der (gewichteten) Durchschnittsbildung aus den tatsächlichen **Rechnungspreisen einschließlich der indirekten Steuern** (insbes. einschließlich der Mehrwertsteuer) abzüglich gewährter Skonti und Rabatte die Marktpreise der jeweiligen Güter ermittelt.

Besondere Probleme treten in allen Fällen auf, in denen wohl keine Markttransaktionen stattfinden, dafür aber entsprechende Transaktionen unterstellt werden.

Neben den Leistungen des Staates, den selbsterstellten Anlagen und der eigenen Produktion auf Vorrat, die zu **Herstellungskosten** bewertet werden, werfen vor allem die Ermittlung der Abschreibungen und des Wertes der Güter bei Vorratsstellen aufgrund der Vorratsverordnungen besondere Probleme auf.

Abschreibungen messen die Wertminderung des reproduzierbaren Anlagevermögens im Laufe der Periode infolge produktionsbedingten Verschleißes und wirtschaftlichen Veraltens. Vorzeitiges Ausscheiden von Anlagen durch Schadensfälle (z. B. Feuer- oder Hochwasserschäden) wird berücksichtigt, soweit diese versicherbar sind.

Die Erfassung der Abschreibungen wirft in der Praxis eine Fülle von Schwierigkeiten auf. Es liegen vor allem so gut wie keine Angaben über die tatsächliche Inanspruchnahme von Anlagen vor. Um überhaupt Werte ermitteln zu können, bedient man sich daher einfacher Schätzverfahren. In diesem Zusammenhang muß darauf hingewiesen werden, daß die in den Bilanzen der Unternehmen ausgewiesenen Abschreibungen vom Standpunkt der Volkswirtschaftlichen Gesamtrechnung gesehen ungeeignet sind, da diese nach anderen Kriterien, hauptsächlich steuerlichen Erwägungen, errechnet wurden. Aus volkswirtschaftlicher Sicht sollen die Abschreibungen den Wertverzehr erfassen, der reinvestiert werden müßte, um das Anlagevermögen in seinem **realen Wert** zu erhalten. Dieser Vorstellung entsprechend, sind die Abschreibungen grundsätzlich zu **Wiederbeschaffungspreisen** der Anlagegüter zu bewerten.

Das folgende **Beispiel** soll das Berechnungsverfahren erläutern:

Angenommen Unternehmen erwarben 1968 Maschinen im Werte von 100. Die geschätzte Nutzungsdauer dieser Maschinen beträgt 15 Jahre. Es wird nun unterstellt, daß die Maschinen **gleichmäßig** über die gesamte Nutzungsdauer eingesetzt werden (= lineare Abschreibung). Die auf ein Jahr entfallende Abschreibung zum Anschaffungswert würde den fünfzehnten Teil vom Anschaffungswert der Maschinen betragen ($=\frac{100}{15}\approx 6{,}7$). Diese Form der Bewertung läßt jedoch außer acht, daß seit 1968 die Preise für Investitionsgüter gestiegen sind. Um die Abschreibungen zum Wiederbeschaffungswert zu ermitteln, muß die Preissteigerung der Anlagegüter, die seit 1968 zu beobachten war, entsprechend berücksichtigt werden. Im Vergleich zum Jahr 1970 lagen die Preise für Investitionsgüter im Jahre 1968 um 10,2% unter jenen des Jahres 1970. Hingegen lagen die entsprechenden Preise im Jahre 1976 – für das die Abschreibungen errechnet werden sollen – um 38% über den Preisen des Jahres 1970. Ausgedrückt in Preisen des Jahres 1970 würden die Maschinenkäufe einen Wert von 111,4 besitzen. Für diesen Ausgangswert betragen die Abschreibungen $\frac{111{,}4}{15}\approx 7{,}4$. Unter Berücksichtigung der Preissteigerungen gegenüber 1970 ergeben sich die Abschreibungen zu Wiederbeschaffungspreisen aus der Multiplikation der Abschreibungen zu Preisen von 1970 mit dem Wert der prozentualen Preissteigerung von 1976 (= 38%) gegenüber 1970, d.i. 7,4 · 1,38 ≈ 10,2.

Allgemein ergibt sich folgender Rechenvorgang:
(1) Zugänge an Anlagen zum **Wert x** in Periode t.
(2) Die geschätzte Nutzungsdauer sei n Perioden.
(3) Abschreibungen pro Jahr zu Anschaffungspreisen: $\frac{x}{n}$.
(4) Abschreibungen zu Wiederbeschaffungspreisen für das Jahr T:

$$\frac{x}{n} \cdot \frac{\text{Preisindex für Investitionsgüter für die Periode T}}{\text{Preisindex für Investitionsgüter für die Periode t}} = D_T$$

Die Art der Berechnung der Abschreibung bzw. deren ausgewiesener Wert ist von einiger Bedeutung:

Wird nämlich die tatsächliche Nutzungsdauer beispielsweise unterschätzt, dann wird die jährliche Abschreibung zu hoch angesetzt. Dies hat zur Folge, daß die Nettoinvestitionen, die Gewinne und das Volkseinkommen zu niedrig ausgewiesen werden. Die Art der Ermittlung der Abschreibungen besitzt somit Einfluß auf die ausgewiesene Höhe des Volkseinkommens.

Ein ähnliches Verfahren, wie es oben für die Berechnung der Abschreibungen dargestellt wurde, wird auch zur Bewertung der Vorratsveränderung herangezogen. Ausgehend von den Buchwerten (= Anschaffungs- bzw. Herstellungskosten) der Vorratsbestände, werden diese zunächst auf eine feste Preisgrundlage (Preisindex von 1976 = 100) umgerechnet. Die Differenz zwischen Anfangs- und Endbeständen zu konstanten Preisen wird anschließend mit dem entsprechenden Preisindex multipliziert. Die so bewerteten Vorratsänderungen sind frei von Scheingewinnen und Verlusten, die sich aus preisbedingten Änderungen der Buchwerte ergeben.

Anmerkungen zu Kapitel 1

[1] Indirekt der Bedürfnisbefriedigung dienen alle Aktivitäten, die eine Bedürfnisbefriedigung erst in der Zukunft, bzw. eine zeitliche Verlegung derselben ermöglichen, wie z. B. die **Herstellung dauerhafter Produktionsmittel** (z. B. Maschinen) oder aber die Gewährung von Krediten, die eine Vorverlegung von Konsumakten ermöglicht.

[2] Unter die hoheitlichen Aufgaben fällt vor allem die Schaffung der Rechtsordnung, also des **rechtlichen Rahmens**, der das Zusammenleben der Menschen in einem Staat regeln soll und dessen Einhaltung durch staatlichen Zwang bzw. Bestrafung erzwungen werden kann. Kraft dieser hoheitlichen Stellung erhebt der Staat Zwangsabgaben, insbesondere die Steuern, zur Durchführung dieser und anderer Aufgaben für die Gemeinschaft.

[3] Den **Unternehmen** werden jene Organisationen ohne Erwerbscharakter zugerechnet die ihre Leistungen vornehmlich den Unternehmen ohne Spezielles Entgelt erbringen und von diesen finanziert werden (z. B. Abeitgeberverbände, Kammern, Wirtschaftsverbände etc.).

[4] Obgleich dauerhafte Produktionsmittel produziert werden, werden die **Leistungen** dieser Güter nicht „produziert“, weshalb ihre Bezeichnung als **Faktorleistung** gerechtfertigt ist.

[5] Die Vorstellung, die Preisbildung auf allen Märkten erfolge im Wege eines sogenannten Tatonnementprozesses, wonach Tauschakte erst vorgenommen werden, nachdem die Preise gefunden wurden, für die Nachfrage und Angebot nach allen Gütern gleichzeitig sich in Übereinstimmung befinden, wurde von **Leon Walras** entwickelt und anschließend von **Edgeworth** verfeinert. Diese

Vorstellung ist vor allem wegen der zugrundeliegenden Informationsannahmen von **Robert Clower** (Die Keynesianische Gegenrevolution: Eine theoretische Kritik. Schweizerische Zeitschrift für Volkswirtschaft und Statistik, Bd. 99, 1963, S. 8–31) und von **Axel Leijonhufvud** (Über Keynes und den Keynesianismus. Köln 1973) einer grundlegenden und wegweisenden Kritik unterzogen worden.

[6] Es ist daher nicht überraschend, daß die Vorstellung des Wirtschaftsprozesses als eines Kreislaufs von einem Arzt, dem Leibarzt Ludwigs XV, **Francois Quesnay** (1694–1774) in die Wirtschaftstheorie eingebracht wurde, wenige Jahrzehnte nach der Entdeckung des Blutkreislaufs durch den englischen Physiologen **Harvey** (1578–1657). Umfassende Einführungen in die historische Entwicklung der Kreislauftheorie und des volkswirtschaftlichen Rechnungswesen enthalten das umfangreiche Werk von **Paul Studenski** (The Income of Nations. New York 1958) sowie **G. Bombach** (Kreislauftheorie und volkswirtschaftliche Gesamtrechnung. Jahrbuch für Sozialwissenschaft, Bd. 11, 1960, S. 217–242 und S. 331–350).

[7] In älteren Lehrbüchern (so auch noch in der ersten Auflage dieses Buches) wurde statt „Produktionswert" die Bezeichnung „Bruttoproduktionswert" und statt „Bruttowertschöpfung" die Bezeichnung „Nettoproduktionswert" verwendet. Die hier verwendete Terminologie ist die des Statischen Bundesamtes.

[8] Der Leser muß diesen **Gewinn aus Produktion** vom **Unternehmensgewinn** unterscheiden. Der Unternehmensgewinn ist die zur Ausschüttung vorhandene Summe aus dem Gewinn aus Produktion und den Vermögenseinkommen des Unternehmers (aus Beteiligungen, Geld- und Kapitalanlagen etc.).

[9] Wegen der statistischen Erfassungsschwierigkeiten werden unverteilte Gewinne nur für Unternehmen mit eigener Rechtspersönlichkeit (Aktiengesellschaften, Gesellschaften mit beschränkter Haftung, Genossenschaften etc.) ausgewiesen. Für Personengesellschaften, Einzelunternehmen und freiberuflich Tätige werden die Gewinne als voll an die Haushalte ausgeschüttet behandelt.

[10] In der **Umgangssprache** wird unter Sparen eine bestimmte Form der Anlage von Geldvermögen verstanden. Der Leser muß sich daher im Rahmen des volkswirtschaftlichen Rechnungswesen von dieser umgangssprachlichen Begriffsbildung lösen.

[11] Am Rande sei noch ein technisches Detail vermerkt: Vom Erwerbs- und Vermögenseinkommen werden die **Zinsen auf Konsumentenschulden** in Abzug gebracht. Folglich sind in den Konsumausgaben die Zinsen auf Konsumentenschulden **nicht** enthalten.

[12] Erste Schätzungen des **Gebrauchsvermögens** der privaten Haushalte (d. s. langlebige, hochwertige Gebrauchsgüter mit einem Wert von mindestens 100,– DM und einer Nutzungsdauer von mindestens fünf Jahren wie Möbel, Elektrogeräte, PKW's und Schmuck) für 1970 bis 1984 liegen bereits vor (siehe dazu **D. Schäfer**, Wert des Gebrauchsvermögens der privaten Haushalte. Wirtschaft und Statistik, Jg. 1985, S. 110–118.). Für das Grund- und Bauvermögen der privaten Haushalte liegen noch keine Angaben vor.

[13] Die Abgrenzung zwischen öffentlichen und privaten Gütern ist ein umstrittenes Problem, das vor allem in der **Finanzwissenschaft** diskutiert wird.

Im Rahmen der Volkswirtschaftlichen Gesamtrechnung zählt die Abgabe von Leistungen des Staates gegen **Verwaltungs**gebühren (Gericht, Paß, Führerschein) zu den unentgeltlichen Leistungen (die Gebühr als Transfer), die Leistungen gegen **Benutzungs**gebühren (Straßenreinigung, Schwimmbad, Hafenlotsen u. a.) jedoch zu den Verkäufen des Staates.

[14] Das Statistische Bundesamt konsolidiert die Vorleistungen **nicht**, sondern weist den gesamten Vorleistungsverzehr einmal auf der Sollseite, zum anderen auf der Habenseite des Produktionskontos zusammen mit den Verkäufen an andere Sektoren und den Exporten sowie den Bruttoinvestitionen aus.

[15] Demnach können sich insbesondere die Aggregatgrößen C, I, Ex, Im unterscheiden, je nachdem ob sie nach dem Inlands- oder nach dem Inländerkonzept ermittelt wurden. Genaugenommen müßten daher die entsprechenden Symbole, zur korrekten Identifizierung, mit einer entsprechenden Kennzeichnung versehen werden (also $C^{\text{Inlandskonzept}}$ bzw. $C^{\text{Inländerkonzept}}$). Um die Darstellung nicht zu überfrachten und das Verständnis der Zusammenhänge nicht zu erschweren,

wurde auf diese „Feinheit" verzichtet. In der Praxis werden diese Aggregatgrößen in der Volkswirtschaftlichen Gesamtrechnung (im engeren Sinne) nach dem Inländerkonzept, in der Input-Output-Tabelle dagegen nach dem Inlandskonzept ausgewiesen.

[16] **Paul Studenski** (a. a. o. S. 175ff.) unterscheidet drei grundsätzliche (idealtypische) Produktionskonzepte.
- Ein Konzept wonach nur die Produktion für den Markt erfaßt wird (= **restriktives Marktproduktionskonzept)**
- Eines das nur die Produktion von Waren, nicht aber die von Dienstleistungen berücksichtigt (= **restriktives materielles Produktionskonzept)**
- Ein **umfassendes Produktionskonzept**, das grundsätzlich jede Herstellung von Gütern zur Bedürfnisbefriedigung – oder -beeinträchtigung erfaßt (dieser Vorstellung kommt die Konzeption **Justers** – siehe Kapitel 7 – am nächsten).

Literatur zu Kapitel 1

An allgemeinen Einführungen und Lehrbüchern in das volkswirtschaftliche Rechnungswesen, die auch Einführungen in die kreislaufmäßigen Zusammenhänge vermitteln, sind vor allem zu nennen:

D. Brümmerhoff, Gesamtwirtschaftliches Rechnungswesen, 2. Aufl., Köln 1982

F. Geigant u. a., Der Milliardenkreislauf, München 1973

W. Krelle, Volkswirtschaftliche Gesamtrechnung einschließlich Input-Output-Analyse mit Zahlen für die Bundesrepublik Deutschland, 2. Aufl., Berlin 1967

R. Richter, Volkswirtschaftliche Gesamtrechnung, Volkswirtschaftliche Finanzierung. Zahlungsbilanz, 2. Aufl., Wiesbaden, 1982.

E. Schneider, Einführung in die Wirtschaftstheorie, 1. Teil: Theorie des Wirtschaftskreislaufs, 14. Aufl., Tübingen 1969

A. Stobbe, Volkswirtschaftslehre I, Volkswirtschaftliches Rechnungswesen, 6. Aufl., Berlin etc. 1984

An englischsprachigen Texten sind zu nennen:

W. I. Abraham, National Income and Economic Accounting, London 1969

W. Beckermann, An Introduction to National Income Analysis, London 1968

A. Correa, Integrated Economic Accounts, Lexington 1980

T. Gambling, Societal Accounting, London 1974

J. W. Kendrick, Economic Accounts and their Uses, New York etc. 1972

J. Powelson, National Income and Flow of Funds Analysis, New York 1960

R. Ruggles und **N. Ruggles**, The Design of Economic Accounts, New York 1970

Eine Fülle von Detailfragen und Interpretationsproblemen behandelt:

D. Usher, The Measurement of Economic Growth, Oxford 1980

Der Rahmen zur internationalen Vereinheitlichung liefert:

United Nations, Department of Economic and Social Affairs, Statistical Office, A System of National Accounts, Studies in Methods, Ser. F., No. 2., Rev. 3, New York 1968

Übungen und Aufgaben zu Kapitel 1

1. Erläutern Sie die sieben Elemente des Wirtschaftskreislaufs:

Ökonomische Aktivitäten,	Transaktionen,	Datierung,
Wirtschaftssubjekte,	Bewertung,	Lokalisierung.
Wirtschaftsobjekte,		

2. Wodurch unterscheiden sich Bestands- und Stromgrößen und welcher Zusammenhang besteht zwischen diesen Größen?

3. a) Nennen Sie die Eigenschaften offener und geschlossener Kreisläufe.
   b) Auf welche Weise läßt sich jeder offene in einen geschlossenen Kreislauf transformieren?
   c) Welche Vorzüge bringt das Arbeiten mit geschlossenen Kreisläufen?
4. Erläutern Sie den Aufbau der Vermögensrechnung eines Wirtschaftssubjektes.
5. a) Weshalb erscheint Aggregation notwendig?
   b) Nach welchen Kriterien wird aggregiert?
   c) Wodurch unterscheiden sich die Begriffe Aggregation und Konsolidierung?
6. Im Jahre 19.. hatten sich in der Unternehmung X folgende Vorgänge ereignet: Es konnten von der gesamten jährlichen Produktion, die 1000 Stück Radioapparate umfaßte, 400 Stück zu je 150,– DM an den Zwischenhändler A sowie 500 Stück an den Zwischenhändler B zu je 100,– DM abgesetzt werden. Da während der Urlaubszeit, infolge der Abwesenheit vieler Angestellter, die Fließbandarbeit stillgelegt werden mußte, hatte man die Zeit genutzt, um eine Maschine zu bauen, die es ermöglicht, die benötigten Verstärker rationeller herzustellen. Der Vorstand machte in seinem Bericht vor der Aktionärsversammlung darauf aufmerksam, daß man für diese Maschine auf dem Markt etwa 40000,– DM hätte ausgeben müssen, die Maschine jedoch de facto nur die Hälfte gekostet hätte. Ferner betrügen die Selbstkosten für ein Radiogerät derzeit 80,– DM. Das Zubehör an Eisenwaren (z. B. Schrauben und Drähte), das von der Firma C geliefert wurde, hatte einen Wert von 15000,– DM. Vom Elektrogroßkonzern D wurden Bestandteile im Wert von 45000,– DM verbraucht. An die Arbeiter wurden Löhne im Wert von 30000,– DM, an die Angestellten Gehälter im Wert von 10000,– DM ausbezahlt. An Kreditzinsen waren 500,– DM zu bezahlen und an Pacht 4500,– DM. Die durch den Produktionsprozeß verursachte Wertminderung am Maschinenpark betrug 8000,– DM. Für Reparaturen wurden 3500,–, für Büromaterial 1500,– DM aufgewendet. An Umsatzsteuer waren 10000,– DM zu bezahlen. Aufgrund der bedeutsamen Leistungen im Forschungs- und Entwicklungssektor erhielt die Unternehmung eine Förderung (Subvention) von 5000,– DM.
   Bestimmen Sie bitte
   a) den Produktionswert,
   b) die Bruttowertschöpfung sowie
   c) die Nettowertschöpfung
   des Unternehmens.
7. Begründen Sie folgende Behauptung:
   „Würde man bei der Bruttozialproduktsberechnung von der Summe aller Produktionswerte nicht den Wert der Vorleistungen abziehen, so würde der Wert der Vorleistungen doppelt gezählt.“
8. Während der Weltwirtschaftskrise waren die Nettoinvestitionen einer Volkswirtschaft negativ. Kann daraus logisch gefolgert werden, daß überhaupt keine Investitionsgüter in einem Jahr der Weltwirtschaftskrise hergestellt wurden?
9. Weisen Sie nach, daß in einer geschlossenen Volkswirtschaft ex post die Ersparnisse gleich den Nettoinvestitionen sind und erläutern Sie ihre Lösung.
10. Zeigen Sie, daß der obige Satz (9.) unmittelbar aus einer Konsolidierung der Vermögensänderungskonten zu einem gesamtwirtschaftlichen Vermögensänderungskonto folgt, und überlegen Sie bitte, weshalb dies der Fall sein muß.
11. Eine geschlossene Volkswirtschaft besteht aus 2 Unternehmungen (Aktiengesellschaften) A und B, aus einem öffentlichen Haushalt ÖH, einem privaten Haushalt PH. Im Verlaufe des Rechnungsjahres 19.. gab es folgende Vorfälle:

A verkaufte an B Rohstoffe im Werte von 25000,– DM, an PH Konsumgüter im Werte von 15000,– DM und an ÖH Waren im Werte von 10000,– DM. Um die Produktion bzw. Verkäufe der Güter zu ermöglichen, mußten Lagerbestände im Werte von 10000,– DM abgebaut werden, an Löhnen und Gehältern waren 17000,– DM zu bezahlen. Die Abschreibungen beliefen sich auf 3000,– DM. Die Unternehmung A erhielt eine steuerfreie Subvention in der Höhe von 5000,– DM.
B verkaufte an ÖH Waren im Werte von 20000,– DM und an A eine Maschine im Wert von 10000,– DM sowie an PH Güter im Werte von 5000,– DM. Von den von A erworbenen Rohstoffen wurden für die laufende Produktion lediglich 20000,– DM verbraucht. Der Wert der Abnutzung von Maschinen betrug 1000,– DM, an Löhnen und Gehältern waren 8000,– DM zu bezahlen.
ÖH hatte einen Wertverzehr am Maschinenpark von 1000,– DM, bezahlte an Löhnen und Gehältern 4000,– DM und benutzte sämtliche eingekauften Güter zur Herstellung von öffentlichen Gütern.
ÖH erhebt ferner eine Einkommen- und Körperschaftsteuer (= Gewinnsteuer) in Höhe von 10%. 10% des jeweils umgesetzten Wertes sind bei jeder Transaktion an Umsatzsteuer (Allphasenumsatzsteuer, keine Mehrwertsteuer) abzuführen. Die Vorstände der beiden Aktiengesellschaften hatten der Hauptversammlung vorgeschlagen, angesichts der gespannten Marktlage von Gewinnausschüttungen abzusehen. In beiden Fällen wurden die Vorschläge durch Mehrheitsbeschluß angenommen. Es bestehen keinerlei Kreditbeziehungen.
a) Ermitteln Sie das Nettosozialprodukt zu Marktpreisen.
b) Ermitteln Sie das Nettosozialprodukt zu Faktorkosten.
c) Erstellen Sie das gesamtwirtschaftliche Vermögensänderungskonto.

12. In einer Volkswirtschaft, bestehend aus zwei Unternehmen U1 und U2, zwei privaten HaushaltenH1 und H2 und zwei öffentlichen Haushalten St1 und St2, waren im Jahre 19.. folgende Transaktionen zu verzeichnen:
U1 verkaufte Güter im Werte von 200,– DM an U2, im Werte von je 150,– DM an H1 und H2, sowie an St2 im Werte von 100,– DM. Waren, deren Gesamtwert zu Selbstkosten 50,– DM betrug, konnten in der laufenden Periode nicht abgesetzt werden. Aus eigenen Lagerbeständen wurden Rohstoffe im Werte von 20,– DM in der laufenden Periode eingesetzt. Der Vorleistungsverzehr (gekauft + Lager) **insgesamt** betrug 120,– DM. An Abschreibungen wurde ein Verzehr von 80,– DM festgestellt. An indirekten Steuern (minus Subventionen) waren 50,– DM an St1 abzuführen. An Löhnen und Gehältern wurden an H1 100,– DM an HS 50,– DM ausbezahlt. Mieten für Maschinen und Grund und Boden an H2 machten 50,– DM aus. Die Gewinne fielen ganz dem Eigentümer des Unternehmens, nämlich St2, zu.
U2 verkaufte Güter im Werte von 150,– DM an U1 und im Werte von 150,– DM ins Ausland; Konsumgüter im Werte von 50,– DM an H1 und 30,– DM an H2, sowie an St1 Güter im Werte von 170,– DM und an St2 im Werte von 100,– DM. An Kosten für Vorleistungen liefen 150,– DM auf, für Abschreibungen 80,– DM, für indirekte Steuern 70,– DM an St1, an Löhnen und Gehältern für H1 100,– DM, für H2 80,– DM; für die Nutzung ausländischer Maschinen waren Zinsen im Gesamtwert von 70,– DM aufzuwenden. Die verbleibenden Gewinne wurden nicht ausgeschüttet. An direkten Steuern waren 30,– DM an St1 und 15,– DM an St2 abzuführen. St1 flossen an direkten Steuern 40,– DM von H1 und 45,– DM von H2 zu; die Abschreibungen betrugen 10,– DM und die Vorleistungen 120,– DM. An Transfers (Kindergelder, Pensions- und Krankengelder usw.) hatte St1 Ausgaben von 5,– DM an H1, von 10,– DM an H2 und 20,– DM an das Ausland zu leisten.

St2 hatte Abschreibungen im Werte von 30,– DM und Vorleistungen im Werte von 200,– DM verzehrt. An direkten Steuern flossen ihm von H1 35,– DM und von H2 40,– DM zu. An Transfers leistete er 5,– DM an H1 und 5,– DM an das Ausland. An Gehältern und Löhnen an H1 und H2 hatten St1 20,– DM bzw. 30,– DM und St2 30,– DM bzw. 15,– DM aufzuwenden.
H2 hatte Staatsanleihen im Werte von 100,– DM von St2 erworben und U2 räumte St1 einen Kredit in der Höhe von 50,– DM ein. H1 hatte darüber hinaus von St2 ein wertvolles Selbstbildnis eines berühmten impressionistischen Malers zum Preis von 30,– DM erstanden.
H1 erhielt aus dem Ausland ein Geldgeschenk im Wert von 20,– DM und sandte ein Warenpaket an Verwandte ins Ausland, dessen Wert 40,– DM betrug. H2 erstand eine Funkanlage aus dem Ausland im Werte von 30,– DM und ließ dem im Ausland lebenden Sohn Stipendienzahlungen im Werte von 40,– DM zukommen.

a) Stellen Sie die intersektoralen Ströme grafisch und kontenmäßig dar.
b) Bestimmen Sie das verfügbare Einkommen der Haushalte.
c) Bestimmen Sie das Nettosozialprodukt zu Marktpreisen und das Nettosozialprodukt zu Faktorkosten.
d) Bestimmen Sie das Nettoinlandsprodukt zu Marktpreisen und das Nettoinlandsprodukt zu Faktorkosten.
e) Wie groß sind die Werte für den gesamtwirtschaftlichen Konsum, für die volkswirtschaftliche Investition und für die Ersparnis?
f) Bestimmen Sie das verfügbare Einkommen der Volkswirtschaft.

(**Hinweise:** 1. Für die Behandlung des Gemäldekaufs siehe auch Abschnitt 3.1.
2. Für die Behandlung der Stipendienzahlung vgl. auch Abschnitt 3.4.5.1.
3. Die Warenpaketsendung ins Ausland wird seit 1977 als Realtransfer und der Kauf im Inland als Güterexport erfasst. – Es handelt sich um den einzigen Fall der Berücksichtigung von Realtransfers in der Volkswirtschaftlichen Gesamtrechnung, ansonsten werden nur Geldtransfers erfaßt.)

2. Kapitel

Die Volkswirtschaftliche Gesamtrechnung der Bundesrepublik Deutschland und der Republik Österreich

2.0. Überblick

Im vorangegangenen 1. Kapitel wurde ein Rahmen zur Durchdringung und Erfassung des Wirtschaftsgeschehens in einer Volkswirtschaft auf der Grundlage kreislaufanalytischer Vorstellungen entwickelt. In diesem Kapitel soll die Übertragung dieser Vorstellungen auf und die Ermittlung der notwendigen Daten für die Volkswirtschaft der Bundesrepublik Deutschland und für Österreich dargestellt und analysiert werden. Dabei treten eine ganze Anzahl schwieriger Probleme auf. Die Hauptprobleme resultieren aus Abgrenzungsschwierigkeiten, aus Schwierigkeiten bei der Erfassung und Ermittlung des erforderlichen Datenmaterials und schließlich aus Problemen, die sich bei der Bewertung vieler Transaktionen ergeben. Das Auftreten dieser Probleme bestimmt unter anderem die konkrete Ausgestaltung der Volkswirtschaftlichen Gesamtrechnung. Viele Abgrenzungen werden so festgelegt, daß sich das erforderliche statistische Material möglichst **einfach, rasch und billig** ermitteln läßt. Die Erfüllung dieser Richtlinien führt auf der anderen Seite zu einer Durchbrechung der logischen Geschlossenheit des Rechnungssystems. Es deutet sich somit ein Spannungsverhältnis zwischen einer theoretisch wünschenswerten und einer praktisch einlösbaren Ausgestaltung der Volkswirtschaftlichen Gesamtrechnung an. Dieses Spannungsverhältnis läßt sich oft nur durch Festlegungen und Konventionen überbrücken. Dabei ist auch zu bedenken, daß komplizierte und genaue Zuordnungen oft in keinem Verhältnis zur **Qualität des zugrundeliegenden Datenmaterials** stehen. Eine derartige Genauigkeit in quantitativ nur wenig bedeutenden Fällen gaukelt dem unkundigen Benützer des Datenmaterials dann oft einen insgesamt nicht vorhandenen hohen Grad an Exaktheit und Verläßlichkeit vor. Der bekannte amerikanische Wirtschaftstheoretiker **Kenneth Boulding** schreibt in diesem Zusammenhang: „Wenn Rechnungssysteme fehlerhaft sein müssen, ... dann spricht vieles für einfache Fehler gegenüber komplizierten Fehlern, denn wenn der Fehler einfach ist, besitzen wir – so scheint es mir jedenfalls – eine gute Chance zu erfahren, welcher Art der Fehler ist. Ein bekannter Fehler ist viel besser als eine Lüge und, vorausgesetzt die Rituale des Rechnungswesens sind wohlbekannt und wohlverstanden, dann mag das Rechnungswesen fehlerhaft sein, aber nicht lügenhaft. . .“

Ziel dieses Kapitels ist es daher, den Aufbau der Volkswirtschaftlichen Gesamtrechnung der Bundesrepublik Deutschland sowie den der Republik Österreich und die wichtigsten Probleme bei ihrer Erstellung darzustellen, um Rückschlüsse auf die Qualität und Aussagekraft der Daten zu ermöglichen. Im folgenden Abschnitt werden die drei hauptsächlichen Berechnungsarten für das Sozialprodukt behandelt; daran schließt sich eine Erläuterung des Kontensystems der Volkswirtschaftlichen Gesamtrechnung der Bundesrepublik an. Sodann werden die Materialgrundlagen und die Genauigkeit der volkswirtschaftlichen Daten erörtert und schließlich folgt eine Darstellung der Grundzüge der Volkswirtschaftlichen Gesamtrechnung Österreichs, wobei unter anderem auch die unterschiedlichen Bezeichnungsweisen im Vergleich zur Bundesrepublik Deutschland hervorgehoben werden.

2.1. Die Entstehungs-, Verteilungs- und Verwendungsrechnung der Bundesrepublik Deutschland

2.1.1. Überblick

Aus den Analysen des vorangegangenen Kapitels wissen wir, daß in einem geschlossenen Kreislauf der Wert der Zuströme zu einem Sektor(= Pol) gleich dem Wert der Abströme vom selben Sektor (= Pol) ist. Auf den Wirtschaftskreislauf übertragen heißt das, daß für jeden Sektor die Wertsumme der monetären Einnahmen gleich der Wertsumme der monetären Ausgaben ist. Ein und derselbe Wirtschaftskreislauf läßt sich vom Ergebnis der wirtschaftlichen Aktivitäten in einer Periode unter drei Gesichtspunkten betrachten und erfassen:

a) **Einkommensentstehung:** Faktoreinkommen werden nur durch Produktion **geschaffen.** Auskunft darüber, woher diese Wertschöpfung kommt und wie groß deren Anteil an der gesamten Wertschöpfung einer Volkswirtschaft ist, liefert die **Entstehungsrechnung.** Dazu werden die Unternehmen zu Wirtschaftsbereichen zusammengefaßt. Die Entstehungsrechnung vermittelt so erste Einsichten in die Produktionsstruktur einer Wirtschaft, die durch ergänzende Input-Output-Tabellen noch vertieft werden können. (Vgl. Abschnitt 3.3.)
b) **Einkommensverteilung:** Die in den einzelnen Wirtschaftsbereichen entstehenden Faktoreinkommen fließen den Wirtschaftssubjekten der Volkswirtschaft zu und erzeugen auf diese Weise eine bestimmte Verteilung der Einkommen, die ihrerseits durch Steuern und andere Transfers noch verändert bzw. korrigiert werden kann. Klarzulegen und zu erfassen, wie sich die entstandenen Einkommen verteilen, ist Gegenstand der **Verteilungsrechnung**.
c) **Einkommensverwendung:** Die auf die Wirtschaftssubjekte verteilten Faktoreinkommen werden von diesen zum Kauf von Gütern, zur Ersparnis- und Sachvermögensbildung verwendet. Die **Verwendungsrechnung** erfaßt die Verwendung der Einkommen durch die Wirtschaftssubjekte.

2.1.2. Die Entstehungsrechnung

Von der **Entstehungsseite** her gesehen, werden die Beiträge der einzelnen Wirtschaftsbereiche zum Bruttoinlandsprodukt, gemessen durch die Bruttowertschöpfung, erfaßt. (Siehe Tab. 5.6.1, S. 180.)

Dabei wird folgendermaßen vorgegangen:

Durch Abzug der Vorleistungen vom **Produktionswert** eines Wirtschaftsbereiches erhält man dessen **Bruttowertschöpfung** (zu Marktpreisen). Summiert man die Bruttowertschöpfung der einzelnen Bereiche, so erhält man die **unbereinigte Bruttowertschöpfung. Unbereinigt**, weil hierin noch die **unterstellten Entgelte für Bankdienstleistungen** enthalten sind.

Um den Beitrag der Kreditinstitute zum Bruttoinlandsprodukt möglichst richtig zu erfassen, reicht es nicht aus, deren tatsächliche Einnahmen aus Gebühren und Provisionen zu ermitteln. Da ein großer Teil von Bankdienstleistungen ohne spezielles Entgelt den Bankkunden zur Verfügung gestellt wird, würde die Bruttowertschöpfung der Kreditinstitute zu niedrig ausgewiesen, wenn keine Korrektur vorgenommen werden würde. Es wird daher zusätzlich zu den erhobenen Gebühren eine Entgeltzahlung in

Höhe der Differenz zwischen den für Kredite erhobenen Habenzinsen und Vermögenserträgen der Kreditinstitute und deren Zinsaufwand für Sparguthaben oder aufgenommene Kredite unterstellt. Da eine verläßliche Aufteilung der unterstellten Bankgebühren auf die einzelnen Wirtschaftsbereiche eine genauere Kenntnis der tatsächlichen Inanspruchnahme der unentgeltlichen Bankdienstleistungen voraussetzen würde, die jedoch nicht gegeben ist, **fingiert** das Statistische Bundesamt – entsprechend den internationalen Richtlinien zur Erstellung Volkswirtschaftlicher Gesamtrechnungen (EG, UNO) – daß sämtliche unentgeltlichen Bankdienstleistungen ausschließlich vom Unternehmenssektor als Vorleistungen in Anspruch genommen wurden. Die Bruttowertschöpfung der Unternehmen wird deshalb um die Entgelte für die unterstellten Vorleistungskäufe von Bankdienstleistungen zu hoch ausgewiesen und bedarf daher einer entsprechenden Korrektur.

Zieht man von der **unbereinigten Bruttowertschöpfung** die unterstellten Entgelte für Bankdienstleistungen ab, so erhält man die **bereinigte Bruttowertschöpfung des Unternehmenssektors.**

Es ist noch darauf hinzuweisen, daß den Dienstleistungsunternehmen unter anderen ein Bereich „**Wohnungsvermietung**" zugeordnet ist. Dieser umfaßt neben der (gewerbsmäßigen) gewerblichen Wohnungsvermietung, auch die Wohnungsvermietung durch Einheiten, die schwerpunktmäßig anderen Bereichen zugeordnet werden (z.B. die Wohnungsvermietung durch Gemeinden oder Sozialversicherungsträger), die Wohnungsvermietung (durch private Hausbesitzer, die dadurch „Unternehmer" werden) sowie die Nutzung von Eigentumswohnungen. Bei der Nutzung von Eigentumswohnungen durch den Eigentümer wird die Zahlung eines Mietzinses vom die Wohnung **nutzenden Eigentümerhaushalt** an den Wohnungseigentümer in seiner Eigenschaft als Unternehmer **unterstellt.**

Rechnet man zur bereinigten Bruttowertschöpfung des Unternehmenssektors noch die Bruttowertschöpfung des Staates und der privaten Haushalte und privaten Organisationen ohne Erwerbscharakter, so erhält man die **Bruttowertschöpfung aller Wirtschaftsbereiche.** Da importierte Vorleistungen, bewertet zu Ab-Zoll-Preisen (d.h. einschließlich **Einfuhrabgaben**), von den Bruttoproduktionswerten abgezogen werden, enthält die Bruttowertschöpfung an indirekten Steuern nur die **Produktionssteuern.**

Dabei versteht man unter **Produktionssteuern** die Steuern auf inländische Produktion, die beim Produzenten erhoben werden und bei der Gewinnermittlung abzugsfähig sind. Zu den Produktionssteuern gehören vor allem die Gewerbesteuer, die Grundsteuer und Grunderwerbsteuer sowie die von Unternehmen zu leistende Verwaltungsgebühren. Bei den **Einfuhrabgaben** handelt es sich ebenfalls um indirekte Steuern, die von Unternehmen, Behörden und Einrichtungen des Staates und von privaten Organisationen ohne Erwerbscharakter an den Staat abzuführen sind. Dazu gehören insbesondere die Zölle und die Verbrauchsteuern auf Einfuhren.

Die nachgewiesene **nichtabzugsfähige Umsatzsteuer** besteht aus der in Rechnung gestellten Mehrwertsteuer und der abgeführten Einfuhrumsatzsteuer, die bei den Käufern der mit Umsatzsteuer belasteten Gütern nicht als Vorsteuer in Abzug gebracht werden können. Seit der Revision 1982 (Übergang zum Nettosystem), werden die Produktionswerte ohne jede Umsatzsteuer und die Werte der Vorleistungen ohne abzugsfähige Umsatzsteuer ausgewiesen. Daraus ergibt sich, daß die Bruttowertschöpfung (= Produktionswert – Vorleistungen) nunmehr keine Umsatzsteuern mehr enthält.

Um nun **sämtliche indirekten Steuern** zu erfassen, müssen zur (bereinigten) Bruttowertschöpfung aller Bereiche die nichtabzugsfähige Umsatzsteuer sowie die Einfuhrabgaben hinzugezählt werden. Die sich ergebende Summe stellt dann das **Bruttoinlandsprodukt** dar. Auf diese Weise wird die Vereinbarkeit der Ergebnisse aus der Entstehungsrechnung mit denen aus der Verwendungsrechnung gewährleistet (vgl. 1.7.1.1.).
Der Aufbau der Entstehungsrechnung für die Gesamtheit der Wirtschaftsbereiche läßt sich schematisch wie folgt zusammenfassen:

Produktionswerte
– Vorleistungen

= Bruttowertschöpfung (unbereinigt)
– Unterstellte Entgelte für Bankdienstleistungen

= Bruttowertschöpfung (bereinigt)
+ Nichtabzugsfähige Umsatzsteuer
+ Einfuhrabgaben

= Bruttoinlandsprodukt

Durch Abzug der Abschreibungen erhält man das **Nettoinlandsprodukt zu Marktpreisen** und nach Abzug aller indirekten Steuern (= nichtabzugsfähige Umsatzsteuer, Produktionsteuern und Einfuhrabgaben) und Addition der Subventionen erhält man schließlich das **Nettoinlandsprodukt zu Faktorkosten.**

Addiert man zum Bruttoinlandsprodukt den Saldo der Erwerbs- und Vermögenseinkommen zwischen Inländern und der übrigen Welt (= Faktoreinkommen von Inländern aus dem Ausland minus den Faktoreinkommen von Ausländern aus dem Inland), so erhält man das **Bruttosozialprodukt zu Marktpreisen.** Vermindert man dieses um die Abschreibungen, so erhält man das **Nettosozialprodukt zu Marktpreisen** und nach Abzug der indirekten Steuern (minus Subventionen) ergibt sich das **Volkseinkommen oder Nettosozialprodukt zu Faktorkosten.**

2.1.3. Die Verteilungsrechnung

Das **Volkseinkommen,** das ist die Summe aller den Inländern in einer Periode zugeflossenen Faktoreinkommen, verteilt sich auf die Bruttoeinkommen aus unselbständiger Arbeit und auf die Bruttoeinkommen aus Unternehmertätigkeit und Vermögen.

Die **Bruttoeinkommen aus unselbständiger Arbeit** setzen sich zusammen aus den **Sozialbeiträgen der Arbeitgeber** und der **Bruttolohn- und -gehaltssumme.**

Die Sozialbeiträge der Arbeitgeber umfassen **tatsächliche** und **unterstellte** Sozialbeiträge.

Die **tatsächlichen Sozialbeiträge** der Arbeitgeber setzen sich aus gesetzlich vorgeschriebenen und vertraglich oder freiwillig übernommenen Beiträgen für Renten-, Kranken-, Arbeitslosen- und Unfallversicherungen sowie für die Zusatzversorgung der Arbeitnehmer zusammen.

Bei den **unterstellten Sozialbeiträgen** handelt es sich ebenso wie bei den tatsächlichen Sozialbeiträgen um Kosten für den Produktionsfaktor Arbeit, weshalb sie als Bestandteil der Bruttoeinkommen angesehen werden. Sie stellen den Gegenwert von sozialen Leistungen dar, die von Arbeitgebern direkt an Arbeitnehmer oder sonstige Berech-

Verteilung des Volkseinkommens
Mrd DM

Jahr	Volks-einkommen	Einkommen aus unselbständiger Arbeit		Einkommen aus Unternehmertätigkeit und Vermögen				
				insgesamt		der privaten Haushalte[4])	des Staates[6])	nichtentnommene Gewinne nach der Umverteilung
		brutto[1])	netto[1])	brutto	netto[3])			
1950	78 510	45 710	34 880	32 800	26 680	18 420	380	7 870
1951	95 300	55 290	41 710	40 010	32 810	20 720	630	11 460
1952	108 250	61 830	46 130	46 420	37 200	24 080	1 110	12 010
1953	115 870	68 090	51 000	47 780	36 900	26 590	1 150	9 160
1954	123 910	74 440	56 000	49 470	38 360	27 520	1 060	9 780
1955	142 150	84 880	63 600	57 270	46 360	28 700	1 610	16 050
1956	157 830	95 200	71 000	62 630	50 740	29 990	1 570	19 180
1957	173 000	104 420	77 310	68 580	55 090	33 100	2 020	19 970
1958	185 270	112 820	82 390	72 450	58 370	36 490	1 910	19 970
1959	201 560	121 270	88 720	80 290	64 170	39 840	1 550	22 780
1960	227 150	135 710	98 390	91 440	72 540	45 190	1 970	25 380
1960	240 110	144 390	104 890	95 720	75 440	46 710	2 070	26 660
1961	260 750	162 810	117 360	97 940	75 120	50 530	2 500	22 090
1962	282 110	180 130	129 260	101 980	77 010	52 570	2 420	22 020
1963	297 800	193 150	138 060	104 650	78 520	57 710	2 610	18 200
1964	327 250	211 170	151 160	116 080	88 140	63 300	2 640	22 200
1965	358 450	234 130	168 320	124 320	96 730	70 900	2 590	23 240
1966	379 780	252 060	178 280	127 720	99 110	73 910	2 300	22 900
1967	380 740	251 840	177 450	128 900	99 810	75 430	1 590	22 790
1968	418 090	270 380	187 050	147 710	116 110	88 120	2 070	25 920
1969	462 940	304 070	206 540	158 870	123 360	101 620	2 100	19 640
1970	530 400	360 640	238 600	169 760	137 280	111 600	2 210	23 470
1971	586 240	408 740	265 200	177 500	143 090	121 470	1 930	19 690
1972	643 470	452 480	293 270	190 990	153 780	136 760	250	16 770
1973	720 400	514 500	320 670	205 900	158 920	144 970	630	13 320
1974	769 740	568 620	348 320	201 120	154 330	149 920	−1 390	5 800
1975	800 570	593 590	362 100	206 980	161 980	165 590	−4 330	720
1976	878 240	640 550	379 080	237 690	184 690	178 840	−6 820	12 670
1977	933 700	688 050	404 240	245 650	181 050	186 810	−9 440	3 680
1978	1 007 150	734 550	435 040	272 600	207 920	195 610	−8 810	21 120
1979	1 084 000	794 580	472 440	289 420	224 600	215 310	−8 980	18 270
1980	1 139 580	863 880	506 230	275 700	214 730	231 890	−11 800	−5 360
1981	1 179 810	905 980	529 840	273 830	214 450	253 120	−14 710	−23 960
1982	1 214 180	933 930	539 980	280 250	221 670	257 830	−13 830	−22 330
1983	1 278 100	953 440	544 580	324 660	265 600	274 780	−19 360	10 180
1984	1 347 130	988 330	556 400	358 800	296 180	313 880	−20 710	3 010
1985	1 406 770	1 026 410	570 970	380 360	309 120	332 030	−20 530	−2 380
1986	1 497 550	1 079 490	602 400	418 060	344 500	334 580	−23 300	33 220
1987	1 550 000	1 124 700	621 120	425 300	356 000	351 100	−30 740	35 640
1988	1 635 540	1 169 150	647 570	466 390	390 670	365 990	−39 920	64 600
1989	1 734 240	1 221 480	671 780	512 760	422 970	386 620	−28 660	65 010
1990	1 869 730	1 312 610	743 770	557 120	472 590	408 740	−30 780	94 630
1991	1 996 250	1 422 050	781 330	574 200				

[1]) Bruttolohn- und -gehaltssumme zuzüglich tatsächlicher und unterstellter Sozialbeiträge der Arbeitgeber
[2]) Bruttolohn- und -gehaltssumme abzüglich Lohnsteuer (ohne Lohnsteuer auf Pensionen) und Sozialbeiträge der Arbeitnehmer
[3]) Bruttoeinkommen aus Unternehmertätigkeit und Vermögen abzüglich öffentlicher Abgaben auf Einkommen aus Unternehmertätigkeit und Vermögen (direkte Steuern vor Abzug der Investitionszulage [ab 1969], Lastenausgleichsabgaben, Pflichtbeiträge der Selbständigen; rückzahlbarer Konjunkturzuschlag [1970/71]) zuzüglich „Sonstige Zu- und Absetzungen" (Saldo der Sozialbeiträge und der sozialen Leistungen der Unternehmen, der Schadenversicherungstransaktionen sowie den übrigen laufenden Übertragungen der Unternehmen mit eigener Rechtspersönlichkeit).
[4]) Einschließlich privater Organisationen ohne Erwerbszweck. Nach Abzug der Zinsen auf Konsumentenschulden, einschließlich nichtentnommener Gewinne der Unternehmen ohne eigene Rechtspersönlichkeit.
[5]) Nach Abzug der Zinsen auf öffentliche Schulden.

Quelle: Statistisches Bundesamt Wiesbaden (Hrsg.), Fachserie 18, Reihe S.15, 1990, S. 76ff. und Reihe 1.1, 1991, S. 27.

tigte gezahlt **oder für diese zurückgestellt werden**, und umfassen insbesondere die Beiträge für die Beamtenversorgung, die Aufwendungen der Arbeitgeber im Fall von Krankheit, Unfall, besonderen Notlagen sowie aufgrund betrieblicher Ruhegeldverpflichtungen. Würde man z. B. keine entsprechenden Beiträge für die Beamtenversorgung unterstellen, so wären die Bruttoeinkommen der Beamten mit den Bruttoeinkommen anderer Arbeitnehmergruppen nur noch bedingt vergleichbar.

Die Bruttolohn- und -gehaltssumme umfaßt neben den ausbezahlten Löhnen und Gehältern vor allem auch Zulagen, Naturalvergütungen, Treueprämien und Leistungen nach den Vermögensbildungsgesetzen.

Vermindert man die Bruttolohn- und -gehaltssumme um die **Abzüge**, das sind die **Lohnsteuer** und die **tatsächlichen Sozialbeiträge der Arbeitnehmer** vor allem an die Sozialversicherung, so erhält man die Nettolohn- und -gehaltssumme.

Bringt man von den Bruttoeinkommen aus Unternehmertätigkeit und Vermögen die direkten Steuern und die laufenden geleisteten Übertragungen in Abzug, und addiert die Nettozuführungen zu Rückstellungen im Rahmen der betrieblichen Altersversorgung sowie die sonstigen von Unternehmen empfangenen laufenden Übertragungen, so erhält man das **Nettoeinkommen aus Unternehmertätigkeit und Vermögen.** Dieses zerfällt in die zugunsten der privaten Haushalte und des Staates **entnommenen** (= verteilten) und in die bei den Unternehmen verbliebenen **nichtentnommenen Gewinne.**

Die vom Bruttoeinkommen neben den direkten Steuern abgezogenen Transferzahlungen umfassen vor allem die Pflichtbeiträge der Selbständigen zur Sozialversicherung, die von Unternehmen mit eigener Rechtspersönlichkeit gezahlten Nettoprämien für Schadensversicherungen abzüglich der Schadensversicherungsleistungen sowie deren laufende Übertragungen an die übrige Welt.

Bei der **Interpretation der nichtentnommenen Gewinne** ist besondere Vorsicht geboten. Erstens handelt es sich dabei um eine Restgröße, die nach Abzug der Abschreibungen, der indirekten Steuern (minus Subventionen), dem Bruttoeinkommen aus unselbständiger Arbeit, der direkten Steuern und ähnlichen Transfers aus Unternehmertätigkeit und Vermögen sowie den entnommenen Gewinnen vom Bruttosozialprodukt übrigbleibt. Fehler in den Berechnungen der einzelnen Positionen können sich in dieser Restgröße niederschlagen. Zweitens werden die Abschreibungen nach anderen Prinzipien bewertet, als dies nach handels- und steuerrechtlichen Richtlinien üblich ist, wodurch auch die in der Volkswirtschaftlichen Gesamtrechnung ausgewiesenen Gewinne von den von Unternehmen errechneten Gewinnen abweichen können. Drittens ist vor allem bei theoretischen Analysen zu beachten, daß unter „Gewinn“ zumeist nur der Gewinn aus der laufenden Produktion verstanden wird und daß nichtentnommene **Gewinne** in erster Linie eine buchungstechnische Größe ausweisen, die nichts darüber aussagt, in welcher Form diese Gewinne realisiert wurden. Sie können sich entweder in einer Zunahme der Bargeldbestände oder anderer Forderungen niederschlagen, aber auch in einer Zunahme der Sachvermögensbestände, wenn lediglich die Vorratsbestände angewachsen sind.

2.1.4. Die Verwendungsrechnung

Zum Nachweis der Einkommensverwendung wird vom Bruttosozialprodukt ausgegangen. Dieses gliedert sich nach der Verwendung in den **Privaten Verbrauch** (= privater Konsum), den **Staatsverbrauch** (= staatlicher Konsum), die **Bruttoinvestitionen** als

Summe aus Anlageinvestitionen und Vorratsveränderung und dem **Außenbeitrag** (der in der **Verwendungsrechnung** durch Exporte minus Importe **einschließlich** des Saldos der Faktoreinkommen zwischen Inländern und Ausländern definiert ist). (Siehe Tab. 5.6.2., S. 182.)

2.2. Das Kontensystem der Volkswirtschaftlichen Gesamtrechnung der Bundesrepublik Deutschland

2.2.1. Überblick

Der Aufbau des Kontensystems der Volkswirtschaftlichen Gesamtrechnung unterscheidet sich in manchen Punkten von dem in Kapitel 1 vorgestellten Kontenschema.

Das Kontensystem ist wie folgt aufgebaut (vgl. Abb. 2.1):

a) Das **zusammengefaßte Güterkonto** (Konto 0) stellt das **Aufkommen** und die **Verwendung** von Gütern dar.
b) Daran schließen sich **Sektorenkonten** an, die für jeden Sektor dessen Transaktionen gegliedert nach sieben Aktivitäten ausweisen, und zwar:

   Kontengruppe 1: **Produktion** von Waren und Dienstleistungen
   Kontengruppe 2: **Entstehung** von Erwerbs- und Vermögenseinkommen (= Faktoreinkommen)
   Kontengruppe 3: **Verteilung** von Erwerbs- und Vermögenseinkommen
   Kontengruppe 4: **Umverteilung** von Einkommen
   Kontengruppe 5: **Verwendung** der Einkommen
   Kontengruppe 6: **Vermögensbildung**
   Kontengruppe 7: **Veränderung** der Forderungen und Verbindlichkeiten (= Finanzierung bzw. Kreditänderung)
c) Ein zusammengefaßtes **Konto der übrigen Welt** (Konto 8) erfaßt alle Transaktionen zwischen der übrigen Welt – aus der Sicht der übrigen Welt – und sämtlichen inländischen Sektoren.

Genauere Informationen über die einzelnen **Kontenpositionen** vermittelt das **Rahmenschema** in Abb. 2.2. Im Vergleich mit der Darstellung im ersten Kapitel wird deutlich, daß Kontengruppe 1 und 2 dem Produktionskonto, der Kontengruppe 3, 4 und 5 dem Einkommenskonto entspricht.

2.2.2. Erläuterungen der Konten der Volkswirtschaftlichen Gesamtrechnung

Das Statistische Bundesamt stellt die Konten der Volkswirtschaftlichen Gesamtrechnung in **vereinfachter** Form, wobei nur die jeweiligen Konten der einzelnen Sektoren **insgesamt** ausgewiesen werden, und in **erweiterter Sektorengliederung** nach dem Muster von Abb. 2.1 dar.

Die Numerierung der einzelnen Buchungen und der entsprechenden Gegenbuchungen in Abb. 2.2. läßt sich einfach durchschauen:

Die erste Ziffer gibt stets den Sektor an, wobei 1 für den Unternehmenssektor, 2 für den Staat und 3 für den Haushaltssektor stehen. Die zweite Ziffer – durch Bindestrich von der ersten Ziffer getrennt – weist auf die entsprechende Kontengruppe (0 bis 8) hin. Die durch Punkt getrennte zweistellige Zahl gibt schließlich die Nummer der Position

Abb. 2.1: Schematische Darstellung der Konten der Volkswirtschaftlichen Gesamtrechnungen

0 Zusammengefaßtes Güterkonto

Konten der Sektoren

Unternehmen				Staat			Private Haushalte und private Organisationen ohne Erwerbscharakter		
1 insgesamt	11 Produktionsunternehmen	12 Kreditinstitute	13 Versicherungsunternehmen	2 insgesamt	21 Gebietskörperschaften	22 Sozialversicherung	3 insgesamt	31 Private Haushalte	32 Private Organisationen o. E.
Kontengruppe 1: Produktionskonten									
1-1	11-1	12-1	13-1	2-1	21-1	22-1	3-1	31-1	32-1
Kontengruppe 2: Einkommensentstehungskonten									
1-2	11-2	12-2	13-2	2-2	21-2	22-2	3-2	31-2	32-2
Kontengruppe 3: Einkommensverteilungskonten									
1-3	11-3	12-3	13-3	2-3	21-3	22-3	3-3		
Kontengruppe 4: Einkommensumverteilungskonten									
1-4	11-4	12-4	13-4	2-4	21-4	22-4	3-4		
Kontengruppe 5: Einkommensverwendungskonten									
1-5	11-5	12-5	13-5	2-5	21-5	22-5	3-5		
Kontengruppe 6: Vermögensveränderungskonten									
1-6	11-6	12-6	13-6	2-6	21-6	22-6	3-6		
Kontengruppe 7: Finanzierungskonten									
1-7	11-7	12-7	13-7	2-7	21-7	22-7	3-7		

8 Zusammengefaßtes Konto der übrigen Welt

auf dem jeweiligen Aktivitätskonto des Sektors an. Beispielsweise ist die Buchung mit der Nummer 1-4.40 auf dem Einkommensumverteilungskonto (Kontengruppe 4) des Unternehmenssektors (Sektornummer 1) zu suchen. Sie stellt die sonstigen geleisteten Übertragungen von Unternehmen an Unternehmen (Gegenbuchungsnummer 1-4.90, daher auf demselben Konto), an den Staat (gegengebucht auf dem Einkommensumverteilungskonto des Staates 2-4.90), an private Haushalte (Gegenbuchung 3-4.90) und an die übrige Welt (Gegenbuchung auf dem zusammengefaßten Konto der übrigen Welt unter Nr. 85, 8.85) dar.

2.2.2.1. Das zusammengefaßte Güterkonto

Dieses stellt auf der linken Seite das gesamte Aufkommen von Gütern im Inland aus inländischer Produktion und Einfuhr (ausschließlich Einfuhrabgaben) und die Einfuhrabgaben dar, auf der rechten Seite die gesamte Verwendung dieser Güter, und zwar deren Verwendung als Vorleistungen, zum letzten Verbrauch, als Bruttoinvestitionen und als Ausfuhr in die übrige Welt.

Dabei ist zu beachten, daß die Werte für Einfuhr und Ausfuhr auf dem Güterkonto nach dem Inlandskonzept ermittelt werden und daher **keine** Faktoreinkommen enthalten, also anders als dies z. B. in der Verwendungsrechnung der Fall ist.

2.2.2.2. Die Produktionskonten

Die Produktionskonten stellen für alle Sektoren in gleicher Weise auf der rechten Seite den Produktionswert des jeweiligen Sektors dar und auf der linken Seite die Vorleistungen und die Bruttowertschöpfung, die sich als Saldo aus Produktionswert minus Vorleistungen ergibt. Da die Vorleistungen Einfuhrabgaben enthalten, schließt die Bruttowertschöpfung keine Einfuhrabgaben mit ein. Die nähere Aufgliederung der Bruttowertschöpfung wird nicht wie in Kapitel 1 im Produktionskonto gegeben, sondern in den Einkommensentstehungs- und -verteilungskonten der einzelnen Sektoren.

2.2.2.3. Die Einkommensentstehungskonten

Diese Konten zeigen für jeden Sektor die **Entstehung von Erwerbs- und Vermögenseinkommen** aus der Bruttowertschöpfung. Die Werte ergeben sich als Restgrößen nach Abzug der Abschreibungen und Produktionsteuern (vermindert um die Subventionen) von der Bruttowertschöpfung. Faßt man die Salden aller Sektoren zusammen, so gelangt man zum Nettoinlandsprodukt zu Faktorkosten.

2.2.2.4. Die Einkommensverteilungskonten

In diesen Konten wird gezeigt, welche **Erwerbs- und Vermögenseinkommen** die Sektoren zusätzlich zu den im Sektor entstandenen Einkommen von anderen Sektoren und der übrigen Welt empfangen und welche Faktoreinkommen die Sektoren an andere Sektoren und die übrige Welt geleistet haben.

Durch Addition der rechten oder linken Kontenseiten aller Sektoren gelangt man zum **Nettosozialprodukt zu Faktorkosten (= Volkseinkommen).**

Abb. 2.2: Rahmenschema der Kontenpositionen in den Volkswirtschaftlichen Gesamtrechnungen

Positions-Nr.	Position	Gegenbuchungs-Nr.	Positions-Nr.	Position	Gegenbuchungs-Nr.

0 Zusammengefaßtes Güterkonto der Volkswirtschaft

0.10	Produktionswerte der Sektoren	1.60	0.60	Vorleistungen der Sektoren	1.10
0.20	Einfuhr von Waren und Dienstleistungen	8.60	0.70	Letzter Verbrauch (Privater Verbrauch und Staatsverbrauch)	5.10
0.30	Nichtabzugsfähige Umsatzsteuer	4.62		0.71 Privater Verbrauch	
0.45	Einfuhrabgaben	4.63		0.75 Staatsverbrauch	
			0.80	Bruttoinvestitionen	
				0.81 Anlageinvestitionen	6.21
				0.85 Vorratsveränderung	6.25
			0.90	Ausfuhr von Waren und Dienstleistungen	8.10
	Gesamtes Aufkommen von Gütern aus der Produktion und Einfuhr			Gesamte Verwendung von Gütern	

1 Produktionskonto eines Sektors

1.10	Vorleistungen	0.60	1.60	Produktionswert	0.10
1.49	Bruttowertschöpfung	2.50			
	Vorleistungen, Bruttowertschöpfung			Produktionswert	

2 Einkommensentstehungskonto eines Sektors

2.10	Abschreibungen	6.70	2.50	Bruttowertschöpfung	1.49
2.20	Geleistete Produktionssteuern	4.61	2.70	Empfangene Subventionen	4.10
2.49	Beitrag zum Nettoinlandsprodukt zu Faktorkosten (Nettowertschöpfung)	3.50			
	Abschreibungen, geleistete Produktionssteuern, Beitrag zum Nettoinlandsprodukt zu Faktorkosten			Bruttowertschöpfung, empfangene Subventionen	

3 Einkommensverteilungskonto eines Sektors

3.10	Geleistete Einkommen aus unselbständiger Arbeit	3.60/8.71	3.50	Beitrag zum Nettoinlandsprodukt zu Faktorkosten (Nettowertschöpfung)	2.49
3.20	Geleistete Einkommen aus Unternehmertätigkeit und Vermögen	3.70/8.75	3.60	Empfangene Einkommen aus unselbständiger Arbeit	3.10/8.21
3.49	Anteil am Volkseinkommen	4.50	3.70	Empfangene Einkommen aus Unternehmertätigkeit und Vermögen	3.20/8.25
	Geleistete Erwerbs- und Vermögenseinkommen, Anteil am Volkseinkommen			Beitrag zum Nettoinlandsprodukt zu Faktorkosten, empfangene Erwerbs- und Vermögenseinkommen	

4 Einkommensumverteilungskonto eines Sektors

4.10	Geleistete Subventionen	2.70	4.50	Anteil am Volkseinkommen	3.49
4.20	Geleistete direkte Steuern	4.70	4.60	Empfangene indirekte Steuern	
4.30	Geleistete Sozialbeiträge	4.80/8.82	4.60	4.61 Produktionssteuern	2.20
4.35	Soziale Leistungen	4.85/8.83		4.62 Nichtabzugsfähige Umsatzsteuer	2.30
4.40	Sonstige geleistete laufende Übertragungen	4.90/8.85		4.63 Einfuhrabgaben	0.40
			4.70	Empfangene direkte Steuern	4.20/8.32
4.49	Verfügbares Einkommen	5.50	4.80	Empfangene Sozialbeiträge	4.30/8.33
			4.85	Empfangene soziale Leistungen	4.35/8.34
			4.90	Sonstige empfangene laufende Übertragungen	4.40/8.35
	Geleistete laufende Übertragungen, verfügbares Einkommen			Anteil am Volkseinkommen, empfangene laufende Übertragungen	

Abb. 2.2 (Fortsetzung): Rahmenschema der Kontenpositionen in den Volkswirtschaftlichen Gesamtrechnungen

5 Einkommensverwendungskonto eines Sektors

Positions-Nr	Position	Gegenbuchungs-Nr.	Positions-Nr.	Position	Gegenbuchungs-Nr.
5.10	Letzter Verbrauch (Privater Verbrauch bzw. Staatsverbrauch)	0.70	5.50	Verfügbares Einkommen	4.49
5.49	Ersparnis	6.50			
	Letzter Verbrauch, Ersparnis			Verfügbares Einkommen	

6 Vermögensveränderungskonto eines Sektors

Positions-Nr	Position	Gegenbuchungs-Nr.	Positions-Nr.	Position	Gegenbuchungs-Nr.
6.10	Nichtentnommene Gewinne der Unternehmen ohne eig. Rechtspers. (Buchung im Haushaltssektor)	6.60	6.50	Ersparnis	5.49
6.20	Bruttoinvestitionen		6.60	Nichtentnommene Gewinne der Unternehmen ohne eig. Rechtspers. (Buchung im Unternehmenssektor)	6.10
	6.21 Anlageinvestitionen	0.81	6.70	Abschreibungen	2.10
	6.25 Vorratsveränderung	0.85	6.80	Empfangene Vermögensübertragungen	6.30/8.37
6.30	Geleistete Vermögensübertragungen	6.80/8.87			
6.49	Finanzierungssaldo	7.50			
	Investitionen, geleistete Vermögensübertragungen, Finanzierungssaldo			Ersparnis, Abschreibungen, empfangene Vermögensübertragungen	

7 Finanzierungskonto eines Sektors

Positions-Nr	Position	Gegenbuchungs-Nr.	Positions-Nr.	Position	Gegenbuchungs-Nr.
7.10	Veränderung der Forderungen	7.60/8.90	7.50	Finanzierungssaldo	6.49
			7.60	Veränderung der Verbindlichkeiten	7.10/8.40
			7.99	Statistische Differenz	8.99
	Veränderung der Forderungen			Finanzierungssaldo, Veränderung der Verbindlichkeiten	

8 Zusammengefaßtes Konto der übrigen Welt

Positions-Nr	Position	Gegenbuchungs-Nr.	Positions-Nr.	Position	Gegenbuchungs-Nr.
8.10	Käufe von Waren und Dienstleistungen	0.90	8.60	Verkäufe von Waren und Dienstleistungen	0.40
8.20	Geleistete Erwerbs- und Vermögenseinkommen		8.70	Empfangene Erwerbs- und Vermögenseinkommen	
	8.21 Einkommen aus unselbständiger Arbeit	3.60		8.71 Einkommen aus unselbständiger Arbeit	3.10
	8.25 Einkommen aus Unternehmertätigkeit und Vermögen	3.70		8.75 Einkommen aus Unternehmertätigkeit und Vermögen	3.20
8.30	Geleistete Übertragungen		8.80	Empfangene Übertragungen	
	8.31 Direkte Steuern	4.70		8.82 Sozialbeiträge	4.30
	8.32 Sozialbeiträge	4.80		8.83 Soziale Leistungen	4.35
	8.33 Soziale Leistungen	4.85		8.85 Sonstige laufende Übertragungen	4.40
	8.35 Sonstige laufende Übertragungen	4.90		8.87 Vermögensübertragungen	6.30
	8.37 Vermögensübertragungen	6.80			
			8.90	Veränderung der Verbindlichkeiten	7.10
8.40	Veränderung der Forderungen	7.60	8.99	Statistische Differenz	7.99
	Aufwendungen der übrigen Welt			Erträge der übrigen Welt	

Während die nichtentnommenen Gewinne von Unternehmen mit eigener Rechtspersönlichkeit (= Aktiengesellschaften, Gesellschaften mit beschränkter Haftung u. a.) im Einkommensverteilungskonto des Unternehmenssektors als Einkommen dieses Sektors angesehen werden, werden die nichtentnommenen Gewinne von Unternehmen ohne eigene Rechtspersönlichkeit als Einkommen der privaten Haushalte behandelt. Einkommensumverteilungs- und -verwendungskonto des Unternehmenssektors beziehen sich daher nur auf die Unternehmen mit eigener Rechtspersönlichkeit.

2.2.2.5. Die Einkommensumverteilungskonten

Diese Konten geben an, welche laufenden Übertragungen die Sektoren zusätzlich zu ihren Anteilen am Volkseinkommen empfangen haben und welche laufenden Übertragungen sie geleistet haben.

Als **laufende Übertragungen** gelten alle Geldleistungen, für die keine spezielle Gegenleistung erbracht wird und die nicht als Vermögensübertragungen angesehen werden.

Zu den laufenden Übertragungen zählen insbesondere die direkten und indirekten Steuern, die Subventionen sowie die **sozialen Leistungen** und **Sozialbeiträge.**

Soziale Leistungen sind laufende Geldleistungen an private Haushalte und die übrige Welt, für die keine spezielle Gegenleistung erbracht wird und die nur bei Vorliegen bestimmter sozialer Risiken (Krankheit, Invalidität, Alter, Arbeitsunfall, Arbeitslosigkeit usw.) als Akte kollektiver Vorsorge gewährt werden. Die sozialen Leistungen werden in erster Linie vom Staat und hier wiederum vor allem von den Sozialversicherungsträgern, aber auch von Unternehmen (z. B. Beihilfen im Krankheitsfall usw.) und von privaten Organisationen ohne Erwerbscharakter gewährt.

Sozialbeiträge sind tatsächliche oder unterstellte laufende Übertragungen, die von privaten Haushalten an Institutionen (Sozialversicherung, Versicherungsunternehmen), die soziale Leistungen gewähren, gezahlt werden. Die tatsächlichen Sozialbeiträge umfassen vor allem die Sozialbeiträge der Arbeitgeber und der Arbeitnehmer, die Pflichtbeiträge zur Sozialversicherung von Selbständigen, die freiwilligen Beiträge zur Sozialversicherung von Selbständigen, mithelfenden Familienangehörigen und Nichterwerbstätigen. Unterstellt werden hauptsächlich Sozialbeiträge an den Staat für Aufwendungen zur Versorgung von Beamten und an Unternehmen mit eigener Rechtspersönlichkeit für die Versorgung der Beamten in öffentlichen Unternehmen.

Zieht man von der Summe, gebildet aus dem Anteil am Volkseinkommen und den laufenden Übertragungen, die geleisteten laufenden Übertragungen ab, dann verbleibt als Saldo das verfügbare Einkommen des Sektors.

Die Summe der verfügbaren Einkommen aller Sektoren ergibt das **verfügbare Einkommen der Volkswirtschaft.** Dieses unterscheidet sich vom **Nettosozialprodukt zu Marktpreisen** um den Saldo der laufenden Übertragungen mit der übrigen Welt, das ist die Differenz zwischen empfangenen laufenden Übertragungen aus der übrigen Welt und den geleisteten laufenden Übertragungen an die übrige Welt.

2.2.2.6. Die Einkommensverwendungskonten

Diese Konten stellen die Verwendung der nach der Umverteilung verfügbaren Einkommen der Sektoren für den letzten Verbrauch (= Konsum) und die Ersparnis dar.

2.2.2.7. Die Vermögensveränderungskonten

Sie erfassen die Sachvermögensbildung und deren Finanzierung durch die einzelnen Sektoren. Auf der linken Seite des Kontos scheinen neben den Bruttoinvestitionen die geleisteten **Vermögensübertragungen** und als Restgröße der Finanzierungssaldo, auf der rechten Seite die Ersparnis, Abschreibungen und die empfangenen Vermögensübertragungen auf.

Vermögensübertragungen stellen alle Geldleistungen ohne spezielles Entgelt dar, bei denen zumindest für **ein** beteiligtes Wirtschaftssubjekt eine unmittelbare Vermögenszu- oder -abnahme eintritt. Für die Abgrenzung gegenüber laufenden Übertragungen ist maßgeblich, wie das jeweils kleinere Wirtschaftssubjekt den Vorgang beurteilt. Bei Übertragungen an den oder vom Staat ist das kleinere Wirtschaftssubjekt stets ein Unternehmen oder ein privater Haushalt.

Vermögensübertragungen sind unter anderem staatliche Investitionszuschüsse, Erbschaften und Vermächtnisse, aber auch unterstellte Vermögensübertragungen, wie z.B. jene für die von privaten Haushalten für den Wohnungsbau über Bausparkassen aufgewendeten Beträge.

Die Abschreibungen der privaten Organisationen ohne Erwerbscharakter werden zusammen mit denen der Unternehmen im Vermögensveränderungskonto des Unternehmenssektors (Buchungsnummer 1 - 6.70) erfaßt. Wegen Zurechnungsschwierigkeiten werden die Anlageinvestitionen der privaten Organisationen ohne Erwerbscharakter ebenfalls zusammen mit jenen der Unternehmen ausgewiesen.

2.2.2.8. Die Finanzierungskonten

Sie weisen nach, wie sich der Finanzierungssaldo auf den Vermögensveränderungskonten der Sektoren aus Veränderungen der Forderungen abzüglich der Veränderungen der Verbindlichkeiten zusammensetzt. Dabei werden die Veränderungen der Forderungen bzw. Verbindlichkeiten eines Sektors gegenüber den anderen Sektoren im Inland und der übrigen Welt lediglich als Salden ausgewiesen. Es wird damit z.B. nicht deutlich, wie sich die Forderungsveränderungen auf die einzelnen Sektoren aufteilen. In Ergänzung dazu erstellt daher die Deutsche Bundesbank eine Finanzierungsrechnung, die die Kreditverflechtungen zwischen den Sektoren deutlich machen soll. Beim Versuch, die beiden Rechnungen möglichst vergleichbar zu machen, tritt eine statistische Differenz auf. Die statistische Differenz ergibt sich in erster Linie aus Unterschieden im statistischen Ausgangsmaterial des Statistischen Bundesamtes und dem der Bundesbank.

2.2.2.9. Das zusammengefaßte Konto der übrigen Welt

Es erfaßt sämtliche Transaktionen zwischen der übrigen Welt und den inländischen Wirtschaftssubjekten, vom Standpunkt der übrigen Welt aus gesehen. Im einzelnen werden die Käufe und Verkäufe von Gütern, die Faktoreneinkommensströme, die geleisteten und empfangenen Übertragungen, sowie die Veränderungen der Forderungen bzw. der Verbindlichkeiten zwischen Inländern und Ausländern ausgewiesen.

Der **Außenbeitrag** der eigenen Volkswirtschaft ergibt sich aus der Differenz zwischen den Käufen von Waren und Dienstleistungen durch die übrige Welt, vermehrt um die von ihr geleisteten Faktoreinkommen, und den Verkäufen von Gütern sowie den empfangenen Faktoreinkommen seitens der übrigen Welt.

Der **Finanzierungssaldo** der eigenen Volkswirtschaft ergibt sich durch Abzug der Forderungsveränderungen von den Veränderungen der Verbindlichkeiten der übrigen Welt (inklusive der statistischen Differenz).

2.3. Materialgrundlagen und Genauigkeit der Volkswirtschaftlichen Gesamtrechnungen

Die Volkswirtschaftlichen Gesamtrechnungen stellen die Ergebnisse der Auswertung einer Fülle von Einzelstatistiken dar. Bei den meisten dieser Statistiken handelt es sich um sogenannte **Sekundärstatistiken**, das heißt um statistische Materialquellen die nicht in erster Linie zu Zwecken der Volkswirtschaftlichen Gesamtrechnung erhoben wurden. Da jede Erhebung von Daten Kosten verursacht – ein Gesetzentwurf der Bundesregierung vom 26. 1. 1979 veranschlagte für die Volkszählung 1981 428,3 Mill. DM an Kosten – muß vor allem aus Ersparnisgründen auf statistisches Ausgangsmaterial, das eigens auf die Fragestellungen und Erfordernisse der Volkswirtschaftlichen Gesamtrechnung zugeschnitten ist, (sogenannte **Primärstatistiken**) weitgehend verzichtet werden. Das hat allerdings den schwerwiegenden Nachteil, daß Sekundärstatistiken neben den normalen statistischen Ungenauigkeiten eine zumeist nur bedingte inhaltliche Eignung in Bezug auf bestimmte Fragestellungen des Rechnungswesens aufweisen. Bei ihrer Auswertung muß daher von der Annahme ausgegangen werden, daß die in ihnen enthaltenen Informationen auch hinreichend genaue und zuverlässige Grundlagen für eine weitere Verarbeitung im Rahmen der Volkswirtschaftlichen Gesamtrechnung zu liefern imstande sind. Ob das aber auch tatsächlich der Fall ist, läßt sich häufig nur durch wechselseitige Kontrollen mit Hilfe verschiedener Statistiken, die allesamt fehlerbehaftet sind, überprüfen und beurteilen. Um auch nur einigermaßen adäquat die Qualität bzw. die Genauigkeit des durch die Volkswirtschaftlichen Gesamtrechnungen bereitgestellten Datenmaterials einschätzen zu können, ist eine zumindest rudimentäre Kenntnis seiner wichtigsten Materialquellen vonnöten.

2.3.1. Die wichtigsten Materialquellen der Volkswirtschaftlichen Gesamtrechnung

Eine erschöpfende Aufzählung sämtlicher statistischer Quellen der Volkswirtschaftlichen Gesamtrechnung soll und kann hier nicht gegeben werden. Das hat mehrere Gründe. Erstens würde es den Rahmen dieses Buches sprengen, wollte man eine auch nur einigermaßen genaue Darstellung der wichtigsten Wirtschaftsstatistiken liefern. Zweitens ist die Zahl der Quellen enorm. In seiner Arbeit aus dem Jahre 1967 (S. 325–334) gibt Rinne 125 Statistiken an, die bei der Entstehungsrechnung, 35 Statistiken die zur Erstellung der Verteilungsrechnung und 53 die im Zuge der Verwendungsrechnung als Unterlagen herangezogen werden. Drittens – und das ist wohl entscheidend – hat das Statistische Bundesamt selbst bislang keine vollständige oder auch nur detailliertere Übersicht über die bei der Erstellung der Volkswirtschaftlichen Gesamtrechnung herangezogenen Materialquellen veröffentlicht. Selbst wenn man also Vollständigkeit erstreben wollte, man könnte sich ihrer nicht sicher sein, solange das Statistische Bundesamt keine vollständige Übersicht liefert.

Ziel der Erörterungen in diesem Abschnitt kann es daher nur sein, durch eine Darstellung einiger wichtiger Materialquellen das Fundament für die folgenden Überlegungen über die Genauigkeit der Daten der Volkswirtschaftlichen Gesamtrechnung zu bilden. Die Materialquellen lassen sich nach den einzelnen Berechnungsarten aufgliedern, obwohl die Zuordnung nicht streng vorgenommen werden kann. Bestimmte Statistiken werden zu mehreren Berechnungsarten herangezogen.

2.3.1.1. Unterlagen der Entstehungsrechnung

Wichtigste Materialgrundlage über die Produktionsstrukturen des **Produzierenden Gewerbes** sind wohl die in vier bis sechsjährigen Abständen durchgeführten **Zensen**. Dabei handelt es sich um Totalerhebungen durch die sämtliche Unternehmen mit mindestens zehn Beschäftigten im Produzierenden Gewerbe (= Energiewirtschaft und Bergbau, Verarbeitendes Gewerbe (ohne Baugewerbe) und das Baugewerbe) und im Bergbau und Verarbeitenden Gewerbe auch die Betriebe dieser Unternehmen (worunter laut Statisches Jahrbuch 1978, S. 157 „örtlich getrennte Niederlassungen der Unternehmen einschließlich der zugehörigen oder in der Nähe liegenden Verwaltungs- und Hilfsbetriebe“ verstanden werden) erfaßt werden. Bei den Unternehmen werden vor allem die Beschäftigten sowie die zur Ermittlung der Produktionswerte und der Bruttowertschöpfungen notwendigen Positionen des Produktionskontos erhoben (d.s. vor allem die Umsätze, die Bruttolöhne und -gehälter, selbsterstellte Anlagen etc.).

In Ergänzung dazu erfolgen **Handwerkszählungen**, ebenfalls im vier- bis sechsjährigem Turnus (zuletzt 1977). Auskunftspflichtig sind dabei alle in der Handwerksrolle eingetragenen Personen und Personengesellschaften (Kommanditgesellschaften, offene Handelsgesellschaften etc.). Erhoben werden Umsatzdaten, Bruttolöhne u.s.w.

Aus den **Kostenstrukturerhebungen**, die bis 1970 alle vier Jahre als geschichtete Stichprobe durchgeführt wurden, erhält man wichtige Informationen über die Kosten und weitere Positionen der Produktionskonten für Unternehmen aus den Wirtschaftsbereichen Industrie und Handwerk; Großhandel, Handelsvertreter und -makler; Einzelhandel einschließlich Gaststätten- und Beherbergungsgewerbe und dem Verkehrsgewebe und den freien Berufen.

Mit dem „Gesetz über die Statistik im Produzierenden Gewerbe“ vom 6.11.1975 wurde die „Industriestatistik“ neu geordnet. Danach werden die Erhebungen über das Produzierende Gewerbe und das Handwerk zusammengeführt und vereinheitlicht. Ferner wird die Kostenstrukturerhebung auf Grundlage einer Stichprobe von 15000 Unternehmen (mit mindestens 20 Beschäftigten) mit Auskunftspflicht, nunmehr jährlich durchgeführt. Erfragt werden dabei die Umsätze, Beschäftigte, Investitionen und Lohn- und Gehaltssummen. Eine Anzahl ausgewählter Unternehmen mit mehr als 100 Beschäftigten ist verpflichtet, Produktionskonten zu erstellen.

Wichtige und relativ genaue Informationen liefern auch die **Umsatzsteuerstatistiken**, die im Zweijahresrhythmus erstellt werden. Allerdings weicht der steuerliche Umsatzbegriff, der auch „unternehmensfremde“ Umsätze erfaßt, von denjenigen der Volkswirtschaftlichen Gesamtrechnung ab. Dadurch werden entsprechende Korrekturen erforderlich.

Daneben werden noch eine Vielzahl monatlich, vierteljährlich oder jährlich erhobener Statistiken, die zumeist auf kleinen Stichproben basieren, ausgewertet. Dazu gehören die vierteljährlichen Produktionserhebungen (sie geben Auskunft über den Produktionsausstoß der Industrie und des Handwerks), die Monatsberichte im Bauhauptgewerbe sowie für den Bergbau und das Verarbeitende Gewerbe etc. Der Wert der jährlich erbrachten Bauarbeiten wird durch die jährlichen Unternehmenserhebungen im Bauhauptgewerbe ermittelt.

2.3.1.2. Materialgrundlagen der Verteilungs- und Umverteilungsrechnung

Hier sind in erster Linie die in ca. zehnjährigem Turnus durchgeführten **Arbeitsstättenzählungen** zu nennen (sie sollen in Zukunft alle fünf Jahre durchgeführt werden). Durch diese Totalerhebung werden Arbeitsstätten (das sind „abgetrennte Räumlichkeiten in denen unter Einschluß des Leiters mindestens eine Person haupt- oder nebenberuflich ständig tätig ist“ vgl. Statistisches Jahrbuch 1978, S. 108) und Unternehmen aller Wirtschaftsbereiche, mit Ausnahme der Landwirtschaft, erfaßt. Sie liefern vor allem Daten über die tätigen Personen sowie die geleisteten Löhne und Gehälter.

Daneben sind noch die im Dreijahresrythmus erhobenen Einkommenssteuerstatistiken, ferner die Lohn-, Gewerbe- und Körperschaftssteuerstatistiken von großem Nutzen zur Schätzung der Einkommen aus unselbständiger Arbeit, sowie aus Unternehmertätigkeit und Vermögen. Hinzu kommen die Erhebungen und Unterlagen privater und öffentlicher Versicherungsträger, der Arbeitsämter, die Statistik der Staatsfinanzen sowie die Haushaltspläne des Bundes und der Länder als wichtige Quellen für die Umverteilungsrechnung.

2.3.1.3. Materialquellen der Verwendungsrechnung

Die wichtigste Grundlage der Verwendungsrechnung bilden die in ca. zehnjährigem Abstand vorgenommenen **Volkszählungen.** Nach dem zweiten Weltkrieg wurden Volkszählungen in der Bundesrepublik Deutschland in den Jahren 1950, 1961, 1970 durchgeführt (Die für 1981 geplante Volkszählung wurde wegen verfassungsmäßiger Bedenken bekanntlich nicht durchgeführt; ihre Durchführung ist nun für 1987 vorgesehen). Dabei handelt es sich um Totalerhebungen in denen bei den Haushalten (der Haushaltsvorstand ist auskunftspflichtig für die Haushaltsmitglieder) neben demographischen Merkmalen (Alter, Geschlecht, Familienstand der Haushaltsmitglieder) unter anderem auch die Einkommensquellen, die Art der Erwerbstätigkeit und die Ausbildung erfragt wird.

Durch das „Gesetz über die Durchführung einer Repräsentativstatistik der Bevölkerung und des Erwerbslebens (Mikrozensus)“ vom 15.7.1975 wird die Volkszählung ergänzt durch jährlich bzw. in mehrjährigen Abständen durchzuführende **Mikrozensen**. Jährlich wiederkehrend im April werden vor allem die Erwerbstätigkeit und die wirtschaftlichen Verhältnisse erfragt, während in den mehrjährigen Befragungen die Mietbelastungen, Aus- und Weiterbildung etc. ermittelt werden.

Grundlegende Informationen liefern vor allem auch die **Einkommens- und Ver-**

brauchsstichproben. Diese wurden bislang in den Jahren 1962/63, 1969, 1973, 1978 und 1983 durchgeführt und sollen vor allem Auskunft geben über die Einnahmen der Haushalte nach Quellen sowie über die Einnahmensverwendung. Die Mitarbeit der Haushalte beruht auf freiwilliger Basis. Da Haushalte mit niedrigem bzw. solche mit hohem Einkommen wahrscheinlich eine geringere Bereitschaft zur Mitarbeit bzw. zu genauen Auskünften aufweisen, ist die Aussagekraft der Stichprobenergebnisse für diese „Randeinkommen" beeinträchtigt.

Ergänzend dazu werden jährlich **laufende Wirtschaftsrechnungen** für drei Haushaltstypen erhoben (2-Personen-Haushalte von Renten- und Sozialhilfeempfängern mit geringem Einkommen; 4-Personen-Arbeitnehmerhaushalte mit mittlerem Einkommen und 4-Personen-Haushalte von Beamten und Angestellten mit höherem Einkommen). Die Haushalte zeichnen während des Erhebungsjahres ihre Einnahmen und Ausgaben nach einem einheitlichen Gliederungsschema auf. Wenn man sich vor Augen hält, daß 1977 etwa ein Drittel der Haushalte während des Jahres die Mitarbeit aufkündigte (und durch andere ersetzt wurden) sind Zweifel an der Genauigkeit dieser Erhebungen angebracht. Hinzu kommt, daß sie strenggenommen nur für die drei genannten Haushaltstypen, nicht z.B. für Unternehmerhaushalte repräsentativ sein dürften.

2.3.2. Die Genauigkeit der Volkswirtschaftlichen Gesamtrechnung

Da sich die Volkswirtschaftlichen Gesamtrechnungen im wesentlichen auf die Ergebnisse von Sekundärstatistiken stützen, ergeben sich viele Fehlermöglichkeiten. Die wesentlichsten **Fehlerursachen** lassen sich in drei Gruppen einteilen:

- Unzulänglichkeiten in den Konzepten, Definitionen und Abgrenzungen der Volkswirtschaftlichen Gesamtrechnungen: In der Praxis erweist es sich immer wieder, daß die Definitionen und Konzepte im Einzelfall noch Spielraum für unterschiedliche Zuordnungen lassen.
- Unzulänglichkeiten des statistischen Ausgangsmaterials; diese werden wesentlich von der Art der Erhebung (Total- oder Teilerhebung, freiwillige Beantwortung oder Auskunftszwang), der Auskunftsbereitschaft der Befragten, der Art der Aufbereitung u. a. m. abhängen.
- Fehler, die im Zuge des Berechnungsverfahrens auftreten können.

Für den Benützer der Volkswirtschaftlichen Gesamtrechnung ist vor allem von Interesse, quantitative Aussagen über die Fehlergrenzen zu erhalten. Dies würde voraussetzen, daß das Statistische Bundesamt zahlenmäßig erfaßbare Aussagen über die Qualität bzw. Fehlerhaftigkeit des statistischen Materials und die Entwicklung der Fehler auf den einzelnen Berechnungsstufen angeben könnte.

Die Qualität des statistischen Materials läßt sich jedoch kaum verläßlich erfassen. Da die möglichen Fehlerbereiche in den Ausgangsstatistiken nicht bekannt sind, bleibt es vor allem dem persönlichen Fachurteil des jeweiligen Sachbearbeiters überlassen, die Qualität des statistischen Materials und seine Verwertbarkeit für die betreffende Fragestellung abzuschätzen. Diese Urteile lassen sich kaum quantifizieren. Aus diesem Grunde können auch keine verläßlichen Aussagen über Ausmaß, Ausgleich und/oder Fortpflanzung von Fehlern getroffen werden.

Hinzu kommt, da vielfach Sekundärstatistiken verwendet werden müssen, daß die für andere Zwecke erhobenen Daten durch entsprechende Schätzungen und Korrekturen den Zwecken der Volkswirtschaftlichen Gesamtrechnung angepaßt werden müssen. Viele Statistiken werden außerdem – wie im vorangegangenen Abschnitt ausgeführt wurde – nur in größeren Zeitabständen erhoben und müssen daher auf Grund von Stichprobenerhebungen etc. weitergeführt werden. Dadurch entstehen ebenfalls Ungenauigkeiten die kaum erfaßbar erscheinen. Außerdem verbleiben in einzelnen Bereichen, trotz der Vielzahl an Detailstatistiken, noch Lücken, die ebenfalls durch entsprechende Schätzungen zu schließen sind. Wohl gibt es wechselseitige Kontrollmöglichkeiten, da die Entstehungs-, die Verteilungs- und Verwendungsrechnung in Übereinstimmung gebracht werden müssen, doch es ist klar, daß diese Entscheidungen häufig „gefühlsmäßig" getroffen werden. Aber selbst die Gefühle des erfahrensten Statistikers sind Täuschungen und Irrtümern unterworfen wenn es gilt zu beurteilen, welche von verschiedenen Statistiken – aus denen unterschiedliche Daten für einen Sachverhalt destilliert werden, und die allesamt fehlerbehaftet sind – die zuverlässigeren Informationen liefert.

„Zwei Beispiele zu Nutz und Frommen des Lesers: Wieviel **Einwohner** hat die Bundesrepublik? 1961 war eine Volkszählung. Damals waren es 56174826 Menschen. Dann gab es die „Bevölkerungsbewegung": Menschen wurden geboren, starben, wanderten in die BRD ein oder aus. Ergebnis der fortgeschriebenen Statistiken: Am 28. Mai 1970, zum Termin der nächsten Volkszählung, hätte es 61508700 Einwohner geben müssen. In Wirklichkeit aber waren es nur 60651000. Das sind zwar nur 1,4% weniger als vorgeschätzt, in absoluten Zahlen aber 857700 weniger, die leben, lieben, essen, arbeiten. **Das Bild der Wirklichkeit kann nur ungenau sein!**

Das zweite Beispiel: Im letzten Dezennium haben sich große Umschichtungen im **Erwerbsleben** vollzogen... Die ganz überwiegende Mehrheit der Bevölkerung ist, wie es in der Sprache der Statistiker heißt, „abhängig" beschäftigt – ein immer kleinerer Teil bleibt (was das ökonomisch auch immer heißen mag) „selbständig". Mit Hilfe von sog. „Mikrozensen" versucht man, diese Entwicklung auch zwischen den umfassenden Zählungen (Zensen), d. h. durch Stichproben in den Griff zu bekommen. Das ist mit großen Schwierigkeiten verbunden, denn zu den üblichen Erhebungsfehlern kommen nun die Stichprobenfehler. Gesamtangaben sind immer relativ einfach und sicher zu machen. Die Volkszählung von 1971 wies rund 26494000 „Erwerbstätige" aus – die Stichproben hatten etwa 26344000 ergeben, also nur 0,6% oder 150000 weniger. Aber der Teufel steckt im Detail.

Die Anzahl der **Selbständigen** und der mithelfenden Familienangehörigen hat nur 4,22 Millionen betragen – statt 4,51 Millionen nach den Stichprobenergebnissen (also 6,5% weniger!).

Noch wichtiger werden die Unterschiede im Bereich der **Landwirtschaft** – hier waren insgesamt nur 1,99 Millionen statt 2,35 Millionen beschäftigt, was eine Differenz von 15,4% ausmacht. Stellen Sie sich hier die Rolle der Statistik als „Entscheidungshilfe" vor: Das 1970 erarbeitete Nettoprodukt der Landwirtschaft wurde von 15% weniger landwirtschaftlich Tätigen erarbeitet, als man aufgrund der kurzfristigen Schätzungen annehmen konnte!"[1]

Unabhängig von diesen Problemen ist zu betonen, daß eine Beurteilung der Genauigkeit von Messungen im wesentlichen von der Problemstellung, der Verwertung und der Art der zu messenden Größen selbst abhängig ist. Die Problemstellung und Verwertung bestimmt in nicht unwesentlichem Maße die erforderliche Genauigkeit der Meßergebnisse. Es erschiene uns beispielsweise lächerlich, wollte man Kartoffel auf der Apothekerwaage zuwägen oder das Gewicht von Gold auf einer Brückenwaage feststellen. Für die meisten wirtschaftspolitischen Fragestellungen dürfte es ausreichen, ungefähre Vorstellungen über die Verhältnisse und Niveaus wichtiger volkswirtschaftlicher Größen und deren Veränderung im Zeitverlauf zu erhalten. Man kann annehmen, daß für viele Größen der Genauigkeitsgrad der **zeitlichen Entwicklungen** in Wachstumsraten größer ist als der von **absoluten Zahlen.**

Vorsichtige Schätzungen ergeben Fehlergrenzen für das Bruttosozialprodukt bis zu ±3%. „Letztendlich liegt der einzige Weg für eine Beurteilung der Genauigkeit in einer gründlichen Kenntnis des Ausgangsmaterials ... und der Art und Weise wie es zusammengefügt wurde.“[2] Da wahrscheinlich niemand über derlei Kenntnisse verfügt, bleiben alle Überlegungen zur Genauigkeit der Volkswirtschaftlichen Gesamtrechnung einigermaßen vage.

2.3.3. Revisionen der Volkswirtschaftlichen Gesamtrechnung

Neben dem Bedürfnis nach Genauigkeit besteht vor allem der Wunsch nach **rascher Information** über möglichst aktuelle Daten aus der Volkswirtschaftlichen Gesamtrechnung. Das Statistische Bundesamt veröffentlicht im Januar-, März- und im Septemberheft der Zeitschrift **Wirtschaft und Statistik** bereits erste Ergebnisse der Volkswirtschaftlichen Gesamtrechnung für das abgelaufene Rechnungsjahr (bzw. -halbjahr). Diese Ergebnisse werden stets als vorläufige Ergebnisse gekennzeichnet, um auf diese Weise die geringere Qualität und Zuverlässigkeit der Daten hervorzuheben. Es wird deutlich, daß ein Spannungsverhältnis zwischen der Aktualität und der Genauigkeit der statistischen Meßergebnisse besteht. Die aktuellen Daten beruhen zum Teil auf groben Schätzungen, da eine Fülle statistischer Unterlagen zu den Berechnungszeitpunkten noch nicht vorliegen. Die ersten Berechnungen stützen sich auf Ergebnisse aus Monats- und Vierteljahrserhebungen, wobei für die Januarberechnung die Werte für die letzten Monate des vergangenen Jahres anhand weniger Indikatoren geschätzt werden müssen. Wiederholte Neuberechnungen werden notwendig, da wichtige Ergebnisse aus Jahreserhebungen häufig erst nach über einem Jahr nach Ende des Berichtsjahres verfügbar sind. Das vollständige Material zur Ermittlung „endgültiger“ Ergebnisse liegt erst nach rund zwei Jahren vor.

Neben diesen mehr oder weniger routinemäßigen Neuberechnungen werden in größeren Zeitabständen tiefgreifendere Revisionen vorgenommen, in denen entweder die Ergebnisse aus den mehrjährigen Totalerhebungen eingearbeitet oder die Berechnungen in konstanten Preisen auf ein neues Basisjahr umgestellt oder aber einzelne Konzepte und Definitionen den jeweils **aktuellen Anforderungen**, die an die Ausgestaltung der Volkswirtschaftlichen Gesamtrechnung gestellt werden, angepaßt werden. Die letzten Revisionen der zuletzt genannten Art haben 1970, 1977, 1982, 1985 und 1992 stattgefunden. Die Revision 1970 brachte vor allem die Umstellung auf das erweiterte System Volkswirtschaftlicher Gesamtrechnungen der Vereinten Nationen (SNA), während 1977 einige Konzepte und Definitionen geändert wurden, um eine größere Übereinstimmung mit den Input-Output-Rechnungen herzustellen. Die Revision 1982 war vor allem bedingt durch (a) den Übergang auf das neue Basisjahr 1976 für die Berechnungen zu konstanten Preisen (siehe dazu Kapitel 5); (b) die Einarbeitung der Ergebnisse wichtiger Erhebungen, wie insbesondere der Ergebnisse aus der Handwerkszählung für 1976, aus der Handels- und Gaststättenzählung für 1978 und aus dem Zensus im Produzierenden Gewerbe für 1979; (c) eine Konzeptänderung. Die Konzeptänderung brachte eine Umstellung in der Praxis der Verbuchung der

Mehrwert(= Umsatz)steuer, von einem modifizierten Bruttosystem auf das nunmehr gehandhabte **Nettosystem** (siehe dazu oben Abschnitt 2.1.2.). Im Bruttosystem wurden in der Entstehungsrechnung die Produktionswerte und Vorleistungen grundsätzlich **einschließlich** Mehrwertsteuer ermittelt. Die ausgewiesenen Produktionswerte und Bruttowertschöpfungen enthielten somit unter anderem noch die volle Mehrwertsteuer auf Investitionen. Da die Unternehmen die in den Investitionen enthaltene Vorsteuer abziehen können, wurde die Bruttowertschöpfung zu hoch ausgewiesen. Im **Nettosystem** werden die Werte für Gütertransaktionen nur ohne abzugsfähige Umsatzsteuer ausgewiesen. Anlaß für die letzte Revision im Jahre 1992 war der Übergang auf das neue Preisbasisjahr 1985.

Um möglichst lang und gut vergleichbare Daten über längere Zeiträume hinweg zu besitzen, werden auch weit zurückliegende Daten angepaßt. So gesehen gibt es in der Volkswirtschaftlichen Gesamtrechnung eigentlich niemals endgültige Ergebnisse.

Änderungen in den Anforderungen an die Ausgestaltung der Volkswirtschaftlichen Gesamtrechnung führen zumeist auch zu geänderten Konzepten und Daten.

2.4. Die Volkswirtschaftliche Gesamtrechnung Österreichs

2.4.1. Einleitung und Überblick

Das Statistische Zentralamt der Republik Österreich folgt bei der Erstellung der Volkswirtschaftlichen Gesamtrechnung – wie das Statistische Bundesamt in der Bundesrepublik Deutschland seit 1970 – seit dem Jahre 1979 den im System of National Accounts (SNA) durch die Vereinten Nationen empfohlenen Richtlinien. Da die Kreislaufanalyse, wie sie im 1. Kapitel dieses Buches entwickelt wurde, weitgehend der des SNA entspricht, kann für die Darstellung des Aufbaus und der Systematik der Volkswirtschaftlichen Gesamtrechnung Österreichs auf dieses Kapitel verwiesen werden. Allerdings muß auf einige Bezeichnungsunterschiede und Besonderheiten der inhaltlichen Bestimmung einzelner Größen hingewiesen werden. Um die Darlegungen nicht über die Maßen auszudehnen, wurde auf eine gesonderte Erörterung der Materialgrundlagen und der Genauigkeitsproblematik verzichtet. Die Ausführungen im vorangegangenen Abschnitt (4.3) treffen sinngemäß auch auf die volkswirtschaftliche Gesamtrechnung Österreichs zu.

Der Wirtschaftskreislauf läßt sich vom Ergebnis her (vgl. Abschnitt 2.1) unter wenigstens drei Gesichtspunkten betrachten und erfassen:

a) Unter dem Gesichtspunkt der **Einkommensentstehung**
b) Unter dem Gesichtspunkt der **Einkommens(-um)verteilung**
c) Unter dem Gesichtspunkt der **Einkommensverwendung**

Ehe auf Einzelheiten eingegangen wird, muß noch auf einige **Bezeichnungsunterschiede** – für Konzepte bzw. Begriffe die ansonsten (weitgehend) inhalts- bzw. bedeutungsgleich sind – hingewiesen werden:

Was im 1. Kapitel und in der Bundesrepublik Deutschland (vgl. die Abschnitte 2.1. und 2.2) bezeichnet wird als:	heißt in Österreich:
Produktionswert	Bruttoproduktionswert (oder Brutto-Output)
Bruttowertschöpfung	Wertschöpfung
Vorleistungsverzehr	Intermediärverbrauch
unterstellte Transaktion	imputierte Transaktion
Indirekte Steuern minus Subventionen	Indirekte Steuern, netto
Nettosozialprodukt zu Marktpreisen	Netto-Nationalprodukt- oder Volkseinkommen zu Marktpreisen
Nettosozialprodukt zu Faktorkosten (= Volkseinkommen)	Netto-Nationalprodukt zu Faktorkosten
Einkommen aus Unternehmertätigkeit und Vermögen	Einkünfte aus Besitz und Unternehmung

2.4.2. Die Entstehungsrechnung

Zur Entstehung des Bruttoinlandsproduktes tragen die einzelnen **Industrien** (sie entsprechend weitgehend den Wirtschaftsbereichen der Bundesrepublik Deutschland) und die **sonstigen Produzenten** von öffentlichen und privaten Diensten mit ihren **Wertschöpfungen** bei.

Die Wertschöpfung einer Industrie (bzw. eines sonstigen Produzenten) errechnet sich aus der Differenz zwischen dem Bruttoproduktionswert und dem Intermediärverbrauch. Dabei wird der Bruttoproduktionswert zu **Produzentenpreisen**, der Intermediärverbräuche zu **Käuferpreisen** bewertet. Der Käuferpreis ist jener Schillingbetrag den ein Käufer für eine Einheit des von ihm erworbenen Gutes zu zahlen hat. Der Produzentenpreis errechnet sich aus dem Käuferpreis vermindert und den Wert der enthaltenen Transport- und Handelsleistungen. Ansonsten werden die öffentlichen und die meisten privaten Dienste sowie die selbsterstellten Anlagen und Lagerzugänge wie üblich zu den **Herstellungskosten** bewertet.

Die Gesamtsumme der Wertschöpfungen sämtlicher Industrien und sonstiger Produzenten (korrigiert um die imputierten Bankdienstleistungen – vgl. auch Abschnitt 2.1.2.) vermehrt um die Importabgaben und die Mehrwertsteuer ergibt das **Bruttoinlandsprodukt zu Marktpreisen**. Da die Wertschöpfungen jeweils Nettogrößen sind, d. h. die Importabgaben und die Mehrwertsteuer sind nicht in ihnen enthalten, müssen die Importabgaben und die Mehrwertsteuer bei der Berechnung des Bruttoinlandsproduktes zu Marktpreisen (in dem ja definitionsgemäß die indirekten Steuern vermindert um die Subventionen enthalten sind) zur Summe der Bruttowertschöpfungen addiert werden.

Bringt man vom Bruttoinlandsprodukt die Exporte in Abzug und addiert die Importe (jeweils ohne Faktoreinkommen) so erhält man das in Österreich verfügbare Güter- und Leistungsvolumen (vgl. Tab. 2.4.1.).

2.4.3. Die Einkommens-(um)verteilungsrechnung

Zur Darstellung der (funktionellen) Einkommensverteilung geht man üblicherweise vom nominellen Netto-Nationalprodukt zu Faktorkosten (= Volkseinkommen) aus. Das Grundschema hat den in Tab. 2.4.2. dargestellten Aufbau (die Zahlen stellen die entsprechenden Schätzwerte in laufenden Preisen und in Mrd. Schilling dar).

Tab. 2.4.1. Entstehung des Brutto-Inlandsproduktes; Netto-Inlandsprodukt

	Land- und Forstwirtschaft	Bergbau	Sachgüterproduktion	Energie- und Wasserversorgung	Bauwesen	Handel[1])	Verkehr und Nachrichtenübermittlung	Vermögensverwaltung	Sonstige Dienste[2])	Imputierte Bankdienstleistungen	Sonstige Produzenten	Importabgaben	Mehrwertsteuer	Bruttoinlandsprodukt zu Marktpreisen	Abschreibungen	Nettoinlandsprodukt zu Marktpreisen[3])
laufende Preise, Mrd. S																
1980	44.29	4.87	276.67	30.67	81.21	166.75	57.83	119.06	32.22	−45.12	136.25	5.75	84.25	994.70	116.10	878.61
1981	43.42	4.77	288.91	31.96	84.79	175.32	62.63	135.64	34.35	−53.35	149.79	6.77	90.97	1055.97	128.51	927.46
1982	43.73	5.40	308.08	38.00	85.09	188.30	64.96	155.22	36.74	−60.23	163.11	7.43	97.69	1133.53	140.76	992.77
1983	44.14	5.32	322.81	39.09	87.45	201.83	68.10	166.22	40.54	−61.06	173.86	7.71	105.22	1201.22	149.24	1051.98
1984	48.69	5.54	340.06	38.60	87.06	206.86	74.76	183.14	43.54	−63.30	183.19	8.62	120.00	1276.77	158.19	1118.58
1985	44.99	5.87	362.80	39.85	89.06	215.06	78.42	204.39	46.78	−68.56	195.30	9.08	125.36	1348.42	167.53	1180.90
1986	47.11	5.65	375.65	45.13	93.50	228.97	81.70	223.01	51.24	−75.03	207.90	9.00	128.65	1422.50	176.19	1246.30
1987	48.47	6.29	383.84	48.15	99.66	236.02	87.70	235.05	57.26	−82.05	217.17	9.86	133.96	1481.39	183.87	1297.52
1988	49.07	5.59	408.16	45.53	105.37	253.59	97.24	252.44	62.08	−87.49	221.88	10.63	137.63	1561.70	194.11	1367.59
1989	52.29	5.46	434.53	46.57	113.35	271.42	103.18	272.74	67.44	−94.40	232.67	11.51	147.14	1663.89	205.63	1458.26
1990	56.20	5.95	469.79	45.43	124.47	293.46	110.88	298.58	72.13	−103.47	246.89	12.03	157.06	1789.39	218.49	1570.90
Preise von 1983																
1980	41.96	5.65	320.58	38.66	98.14	189.41	65.08	151.65	38.59	−51.80	163.72	7.88	99.14	1168.66	134.60	1034.06
1981	40.50	5.69	316.41	38.22	94.19	191.11	65.48	154.77	39.59	−54.91	167.99	7.44	98.79	1165.29	140.23	1025.05
1982	46.04	5.69	317.66	38.23	88.38	193.22	66.24	161.57	39.62	−58.17	171.31	7.33	100.64	1177.75	145.13	1032.62
1983	44.14	5.32	322.81	39.09	87.45	201.83	68.10	166.22	40.54	−61.06	173.86	7.71	105.22	1201.22	149.24	1051.98
1984	46.40	5.25	332.10	39.69	86.33	200.87	71.89	172.02	41.10	−63.07	175.89	8.19	100.90	1217.57	154.46	1063.11
1985	44.20	5.02	344.82	41.43	86.79	206.95	74.78	175.95	42.69	−63.98	178.43	8.41	102.07	1247.54	158.84	1088.70
1986	44.64	4.45	346.60	40.15	87.92	212.52	75.45	180.99	44.22	−67.50	180.79	8.99	103.07	1262.30	162.73	1099.57
1987	44.66	5.50	343.53	45.98	89.34	215.44	79.05	184.03	46.84	−70.28	182.65	9.57	106.92	1283.22	165.90	1117.33
1988	46.53	4.95	371.44	42.95	91.97	225.29	81.82	189.72	49.25	−71.98	183.93	10.21	108.40	1334.47	170.92	1163.55
1989	45.86	4.87	390.57	44.37	95.13	235.62	85.50	197.23	51.67	−75.59	185.09	11.02	112.89	1384.23	176.47	1207.75
1990	47.37	5.08	415.65	43.43	101.05	252.85	90.18	206.46	53.85	−79.69	187.99	11.58	116.67	1452.47	182.04	1270.43

[1]) Einschließlich Beherbergungs- und Gaststättenwesen; [2]) Ohne Beherbergungs- und Gaststättenwesen; [3]) Zu Käuferpreisen bzw. Produzentenpreisen
Quelle: ÖStZ, Heft 1.029, 1991.

Tab. 2.4.2. Verteilung des Volkseinkommens

	Volkseinkommen zu Marktpreisen	Indirekte Steuern, netto	Netto-Nationalprodukt zu Faktorkosten[1])	Brutto-Entgelte für unselbständige Arbeit	Einkünfte aus Besitz und Unternehmung: Unverteilte Gewinne der Kapital-gesellschaften	Staat[2])	Sonstige[3])	insgesamt	Zinsen für die Staatsschuld	Zinsen für die Konsumentenschuld
				laufende Preise, Mrd. S						
1980	870.25	132.77	737.48	545.63	57.52	18.49	152.20	228.21	−24.74	−11.62
1981	918.70	142.31	776.39	589.01	56.53	22.41	150.93	229.88	−29.29	−13.21
1982	984.35	150.70	833.65	616.85	60.17	22.67	183.06	265.90	−35.21	−13.89
1983	1043.17	161.69	881.48	642.44	65.59	22.40	201.68	289.67	−36.62	−14.01
1984	1110.03	180.15	929.88	676.33	68.16	23.06	219.35	310.57	−43.09	−13.93
1985	1173.83	186.73	987.10	717.09	68.69	26.15	237.24	332.09	−47.85	−14.23
1986	1234.34	188.00	1046.34	761.25	71.93	25.91	254.86	352.69	−51.88	−15.73
1987	1284.61	197.77	1086.84	792.73	73.74	29.44	266.83	369.73	−58.35	−17.27
1988	1353.89	209.81	1144.08	822.36	84.50	30.72	287.47	402.69	−61.79	−19.17
1989	1443.88	226.30	1217.57	875.84	95.31	33.34	302.23	430.87	−66.41	−22.73
1990	1556.84	240.79	1316.05	942.66	99.92	35.79	340.79	476.50	−72.89	−30.21
				Prozentanteile						
1980	118.00	18.00	100.0	74.0	7.8	2.5	20.6	30.9	−3.4	−1.6
1981	118.33	18.33	100.0	75.9	7.3	2.9	19.4	29.6	−3.8	−1.7
1982	118.08	18.08	100.0	74.0	7.2	2.7	22.0	31.9	−4.2	−1.7
1983	118.34	18.34	100.0	72.9	7.4	2.5	22.9	32.9	−4.2	−1.6
1984	119.37	19.37	100.0	72.7	7.3	2.5	23.6	33.4	−4.6	−1.5
1985	118.92	18.92	100.0	72.6	7.0	2.6	24.0	33.6	−4.8	−1.4
1986	117.97	17.97	100.0	72.8	6.9	2.5	24.4	33.7	−5.0	−1.5
1987	118.20	18.20	100.0	72.9	6.8	2.7	24.6	34.0	−5.4	−1.6
1988	118.34	18.34	100.0	71.9	7.4	2.7	25.1	35.2	−5.4	−1.7
1989	118.59	18.59	100.0	71.9	7.8	2.7	24.8	35.4	−5.5	−1.9
1990	118.30	18.30	100.0	71.6	7.6	2.7	25.9	36.2	−5.5	−2.3

[1]) Entspricht dem „Volkseinkommen" im herkömmlichen Sinn
[2]) Vor Abzug der Zinsen für die Staatsschuld
[3]) Vor Abzug der Zinsen für die Konsumentenschuld
Quelle: ÖStZ, Heft 1.029, 1991.

Tab. 2.4.3. Verwendung des Brutto-Inlandsproduktes

	Privater Konsum[1])	Öffentlicher Konsum	Brutto-Anlage-investi-tionen[2])	Lager-verän-derung	Statistische Differenz	Verfügbares Güter- und Leistungs-volumen	Außen-beitrag	Brutto-inlands-produkt
				laufende Preise, Mrd. S				
1980	552.53	178.70	255.46	18.04	9.39	1014.12	−19.42	994.70
1981	596.50	195.24	267.94	4.43	5.81	1069.93	−13.96	1055.97
1982	640.20	214.30	262.88	−9.09	6.44	1114.73	18.80	1133.53
1983	694.84	226.89	269.55	−5.02	−0.80	1185.46	15.76	1201.22
1984	733.18	237.76	282.92	19.12	1.86	1274.84	1.93	1276.77
1985	775.53	255.00	304.41	0.00	11.17	1346.11	2.32	1348.42
1986	804.41	270.65	324.01	1.73	8.53	1409.32	13.17	1422.50
1987	837.78	280.44	342.11	−0.91	14.75	1474.16	7.23	1481.39
1988	880.12	288.35	371.17	4.11	9.05	1552.80	8.90	1561.70
1989	928.25	302.87	402.55	15.33		1649.00	14.89	1663.89
1990	991.90	321.24	435.10	20.89		1769.12	20.26	1789.39
				Preise von 1983				
1980	651.89	212.27	299.33	19.66	9.51	1192.66	−24.00	1168.66
1981	653.97	216.99	295.20	4.61	−4.48	1166.30	−1.01	1165.29
1982	661.87	221.97	271.10	−8.07	6.23	1153.11	24.64	1177.75
1983	694.84	226.89	269.55	−5.02	−0.80	1185.46	15.76	1201.22
1984	694.31	227.38	275.24	17.71	2.76	1217.40	0.17	1217.57
1985	710.86	231.80	289.01	−0.88	13.16	1243.95	3.59	1247.54
1986	723.43	235.65	299.65	1.35	6.53	1266.61	−4.31	1262.30
1987	746.14	236.59	309.00	0.18	7.22	1299.13	−15.91	12.83.22
1988	771.05	237.37	327.67	5.24	12.80	1354.13	−19.65	1334.47
1989	792.67	239.24	345.50	18.99		1396.40	−12.18	1384.23
1990	821.10	242.82	361.73	39.96		1465.61	−13.14	1452.47

[1]) Einschließlich Konsum der privaten Institutionen ohne Erwerbscharakter; Inländerkonzept
[2]) Einschließlich Mehrwertsteuer für Investitionen nicht vorsteuerabzugsberechtigter Investoren.
Quelle: ÖStZ, Heft 1.029, 1991.

2.4.4. Die Verwendungsrechnung

In ihr wird die Verwendung des Brutto-Inlandsprodukts für den Privaten – und Öffentlichen Konsum, für die Bruttoanlageinvestitionen und Lagerveränderungen sowie für den Außenbeitrag festgehalten.

Anmerkungen zu Kapitel 2

[1] **R. Wagenführ**, Wirtschafts- und Sozialstatistik, gezeigt am Beispiel der BRD, 2. Band, Freiburg im Breisgau 1973, S. 453f. (Epilog).
[2] **C.T. Saunders**, National Income Statistics. Are They Accurate or Useful? The Statistician, Vol. 5, 1954, p. 3.

Literatur zu Kapitel 2

Neben der in Kapitel 1 genannten deutschsprachigen Literatur wird als Lektüre empfohlen:

Zu Abschnitt 2.1. und 2.2.:

Statistisches Bundesamt, **Volkswirtschaftliche Gesamtrechnungen**, Fachserie 18.

Alljährlich erscheinen in Reihe 1 dieser Fachserie die Konten und Standardtabellen der Volkswirtschaftlichen Gesamtrechnung für das zurückliegende Rechnungsjahr. Diese Veröffentlichungen enthalten ausführliche Kommentare und Erläuterungen.

Wichtige Kommentare und Daten enthalten auch die jährlichen Gutachten des Sachverständigenrates, sowie die Wochen- und Vierteljahrshefte des Deutschen Instituts für Wirtschaftsforschung (DIW), die Monatsberichte der Deutschen Bundesbank und die Zeitschrift **Wirtschaft und Statistik** des Statistischen Bundesamtes (erscheint monatlich).

Kommentierte, nicht amtliche Datenhandbücher sind:

W. Glastetter, Die wirtschaftliche Entwicklung der Bundesrepublik Deutschland im Zeitraum 1950 bis 1975. Befunde und Aspekte, Berlin – Heidelberg – New York, 1977.

J. Kopf, R. Kern und G. Schmidt, Volkswirtschaftliche Basisdaten: Handbuch zur Analyse von Konjunktur-, Wachstums- und Strukturprozessen. Lange Zeitreihen 1960–1978. Frankfurt – New York 1980.

W. Glastetter, R. Paulert und U. Spörel, Die gesamtwirtschaftliche Entwicklung in der Bundesrepublik Deutschland 1950–1980. Befunde, Aspekte, Hintergründe, Frankfurt 1983.

Zu Abschnitt 2.3.:

G. Hamer, Genauigkeitskontrollen bei der Aufstellung Volkswirtschaftlicher Gesamtrechnungen, Allgemeines Statistisches Archiv, Bd. 54, 1970, S. 76–91.

H. Rinne, Das Sozialprodukt. Unzulänglichkeiten des Konzepts und Ungenauigkeiten der Schätzung. Diss., Berlin 1967

O. Morgenstern, Über die Genauigkeit wirtschaftlicher Beobachtungen, 2. Aufl., Wien 1965

H. Rinne, Kontrollen der Ergebnisse von Volkszählungen und volkswirtschaftlichen Gesamtrechnungen, Allgemeines Statistisches Archiv, Bd. 54, 1970, S. 33–54.

H. Lützel u. Mitarbeiter, Revision der Volkswirtschaftlichen Gesamtrechnungen 1960 bis 1984. Wirtschaft und Statistik, 1985, S. 603–617.

Grundlegende Ausführungen betreffend den künftigen Ausbau der Volkswirtschaftlichen Gesamtrechnungen durch das Statistische Bundesamt finden sich in:

F. Dorow u. a., Ansätze zur Weiterentwicklung der Volkswirtschaftlichen Gesamtrechnungen, Wirtschaft und Statistik, 1985, S. 95–109.

An Einführungen in die Wirtschaftsstatistik seien hier **beispielhaft** genannt:

R. Wagenführ, Wirtschafts- und Sozialstatistik, gezeigt am Beispiel der BRD, 1. Band, 1970; 2. Band, 1973, Freiburg i. B.

P. v. d. Lippe, Wirtschaftsstatistik, 2. Aufl., Stuttgart – New York, 1977.

M. Schaffranek, Wirtschafts- und Bevölkerungsstatistik, Stuttgart etc., 1980
Erläuterungen zu einzelnen statistischen Erhebungen des Bundesamtes finden sich in **Wirtschaft und Statistik** (Wista); siehe z. B.:
M. Bretz, Fragenkatalog und Tabellenprogramm der Volks- und Berufszählung 1981, Wista, 1979 S.
M. Euler, Einnahmen und Ausgaben der privaten Haushalte im Jahr 1973, Wista, 1977, S. 150–154.
M. Euler, Die Einkommens- und Verbrauchsstichprobe 1973, Wista, 1972, S. 691–693.
A. Sobotschinski, Die Neuordnung der Statistik des Produzierenden Gewerbes, Wista, 1976. S. 405–412.
P. Roemer, Handwerkszählung 1977, Wista 1978 S. 481–488.

Zu Abschnitt 2.4.:

Datenmaterial, kommentiert und erläutert findet sich vor allem in den monatlich erscheinenden **Statistischen Nachrichten** des Statistischen Zentralamtes sowie in den **Monatsberichten** des Wirtschaftsforschungsinstitutes.

Übungen und Aufgaben zu Kapitel 2

1. Erläutern Sie die wesentlichsten Unterschiede im Kontenaufbau des Kapitels 1 und des Kapitels 2.
   Zeigen Sie insbesondere, wie die Produktions-, Einkommensentstehungs-, Einkommensverteilungs-, Einkommensumverteilungs- und Einkommensverwendungskonten aus Kapitel 2 aus den Produktions- und Einkommenskonten aus Kapitel 1 hervorgehen.
2. Welche Bereiche der Wirtschaft spielen eine besondere Rolle bei der Umverteilung der Einkommen?
   Welches sind die zahlenmäßig bedeutendsten Positionen bei der Einkommensumverteilung?
3. Nennen Sie Gründe für die Notwendigkeit von Einkommensumverteilungen.
4. In der Einkommensentstehungsrechnung treten besondere Probleme bei der Ermittlung der Wertschöpfungen der Banken und Versicherungen auf: Worin bestehen diese Probleme?
5. „Würden Märkte für gebrauchte Anlagegüter existieren, dann ließen sich die Abschreibungen genauer ermitteln." Diskutieren Sie diese Behauptung.
6. Welche Bedeutung haben Revisionen der Volkswirtschaftlichen Gesamtrechnung und welche Schwierigkeiten sind damit verbunden?
7. Weshalb gibt es ein Spannungsverhältnis zwischen der Aktualität und der Genauigkeit volkswirtschaftlicher Daten?
8. Auf welche Weise kann das Volkseinkommen berechnet werden?
9. Welcher Unterschied besteht bei der Berechnung des Nettoinlandsprodukts zwischen Produktionsteuern und Einfuhrabgaben?

3. Kapitel

Ergänzungen und Erweiterungen der Volkswirtschaftlichen Gesamtrechnung

3.0. Überblick

Das durch die Volkswirtschaftliche Gesamtrechnung bereitgestellte Datenmaterial erweist sich als nicht für alle wirtschaftlichen Fragestellungen gleichermaßen gut anwendbar. Selbst dort, wo die wesentlichen Daten vorhanden sind, kann es sein, daß sie in einer Weise aufbereitet sind, die dem jeweiligen Problem unangemessen erscheint. Aus diesem Grunde muß die Volkswirtschaftliche Gesamtrechnung in bestimmten Punkten ergänzt und erweitert werden. Die wesentlichste **Ergänzung** stellt die **Vermögensrechnung** dar. Diese weist (wenigstens zum Teil) die Werte der Bestände aus, die sich im Laufe einer Periode im Zuge der durch den Kreislauf erfaßten Aktivitäten verändern können. Die **Erweiterungen** betreffen die Wünsche nach genaueren Einblicken in die Finanzierungsstruktur (= **Finanzierungsrechnung**), in die Produktionszusammenhänge (= **Input - Output - Rechnung**) und in die außenwirtschaftlichen Beziehungen (= **Zahlungsbilanz**).

In diesem Kapitel werden deshalb zunächst die Vermögens- und Finanzierungsrechnung, sodann die Input - Output - Rechnung und schließlich die Zahlungsbilanz in ihren Grundzügen dargestellt.

3.1. Die Vermögensrechnung

Als eine besondere wirtschaftliche Aktivität wurde die Einkommensverwendung zu Zwecken der Vermögensbildung im Rahmen des volkswirtschaftlichen Kreislaufs erfaßt. Will man nicht nur über die Veränderung der Vermögensbestände, sondern auch über deren Niveau informiert werden, so muß die Volkswirtschaftliche Gesamtrechnung als Stromrechnung durch die Vermögensrechnung als Bestandsrechnung ergänzt werden. Die Vermögensrechnung soll nicht nur über die Gesamtbestände an Sachvermögen, sondern auch über die ihnen zugrundeliegenden Finanzierungs- und Eigentumsverhältnisse Auskunft geben.

3.1.1. Definition und Abgrenzungen

Was unter dem Begriff „Vermögen" verstanden und nach welchen Gesichtspunkten es gegliedert werden soll, ist weder ein für allemal festgelegt, noch besteht unter den Verwendern dieses Begriffes Einigkeit darüber. Wie eng oder wie weit der Vermögensbegriff gefaßt wird, welche Gegenstände erfaßt und wie die Aufbereitung der Daten erfolgen soll, ist letztlich eine Frage der Zweckmäßigkeit, die von der jeweiligen Problemstellung wesentlich bestimmt wird. Drei grundlegende Verwendungen des Begriffes „Vermögen" lassen sich indes trotz aller Verschiedenheit der Begriffsinhalte im einzelnen dennoch herauskristallisieren:

1. **Vermögen als Einkommensquelle und als Grundlage der Vermögensbildung.** Der Eigentümer von Geldbeständen kann diese z. B. als Kredite vergeben oder Wertpapiere erwerben und als Folge davon Einkommen in Form von Dividenden oder Zinsen beziehen. Ein Besitzer von Grund und Boden kann sich durch dessen Verpachtung ebenso einen Einkommensstrom sichern wie der Eigentümer von Maschinen und Gebäuden aus deren Vermietung. Einkommen lassen sich aber auch aus der Überlassung von Patenten und Lizenzen erzielen. Diese Einkommen stehen zu Konsumzwecken und/oder zur weiteren Vermögensbildung zur Verfügung.
2. **„Vermögen“ als Produktionsfaktor.** Bestimmte Vermögensteile beeinflussen die künftigen Möglichkeiten der Güterproduktion. Je höher der Bestand dieses **Kapitals** oder Anlagevermögens, desto mehr Güter können in der Zukunft produziert werden: die Grenze der Produktionsmöglichkeiten wird erweitert und nach außen hin verschoben. Vermögensakkumulation und künftiger Wohlstand stehen somit in einem engen Beziehungszusammenhang.
3. **Vermögen als Machtgrundlage.** Einer weitverbreiteten Auffassung zufolge verleiht der Besitz bzw. die Verfügungsgewalt über (ein größeres) Vermögen Macht. Diese Macht besteht im allgemeinen nicht nur in den weitreichenden Möglichkeiten Güter erwerben und über sie verfügen zu können, also nicht nur in der Herrschaft über Sachen, sondern vielfach auch in der Herrschaft über Menschen. Die Herrschaft über Menschen kann sich von der Weisungsbefugnis, über die gesetzlichen Möglichkeiten des Unternehmers Mitarbeiter zu entlassen bis hin in die politischen Gefielde der nationalen und internationalen Politik hin erstrecken – ein Gesichtspunkt auf den vor allem der bekannte amerikanische Nationalökonom John Kenneth Galbraith wiederholt hingewiesen hat.

Jeder der genannten drei Gesichtspunkte ist in den praktisch-politischen Diskussionen von erheblicher Bedeutung. Man denke nur an die Formel von der „Vermögensbildung in Arbeiterhand“. Ziel ist dabei nicht nur die Vermögen gleichmäßiger zu verteilen um Machtballungen zu verringern, sondern auch um den Arbeitern eine größere Unabhängigkeit zu gewährleisten. Denn der Vermögensbesitz eröffnet die Möglichkeit, sich vom Zwang befreien zu können, seine Arbeitskraft um jeden Preis anbieten zu müssen, um das Einkommen für den laufenden Lebensunterhalt zu erwerben. Obwohl das Ziel umstritten ist, erscheint es manchem geradezu als ein Gebot der sozialen Gerechtigkeit, die Vermögensverteilung gleichmäßiger zu gestalten. Oder man denke an den – ungeachtet aller Widerstände und Bedenken – immer noch viel zitierten Zusammenhang: mehr Investitionen sind notwendig, um ein höheres Wachstum des Sozialprodukts zu erzeugen und dadurch den Wohlstand zu erhöhen.

Es ist vor allem die jeweilige Zwecksetzung die die Charakterisierung und inhaltliche Ausgestaltung der einzelnen Vermögenskonzeptionen bestimmt. Daneben spielen aber auch die statistischen Erfassungsmöglichkeiten, ihre Genauigkeit und Zuverlässigkeit, eine ganz erhebliche Rolle bei der Wahl eines bestimmten Vermögensbegriffs. Denn selbst eine theoretisch wohldurchdachte Vermögensdefinition kann praktisch unbrauchbar werden, wenn sich die erforderlichen Daten nur mit enormem Kostenaufwand und nur äußerst ungenau ermitteln lassen.

Die Vermögensrechnung kann dementsprechend verschiedene Gesichtspunkte besonders hervorheben und andere in den Hintergrund treten lassen. Folge davon ist, daß es keine einheitliche und allgemein akzeptierte Definition für „Vermögen“ gibt.

Es gibt vielmehr eine größere Anzahl verschiedener Vermögensbegriffe, die je und je verschiedenen Zwecken genügen und auf die es nun etwas genauer einzugehen gilt. Die nebenstehende Abbildung 3.1 soll die Zusammenhänge der einzelnen Begriffe veranschaulichen (Die fett umrandeten bzw. strichpunktierten Vermögensbegriffe sind jene, die vom Statistischen Bundesamt datenmäßig erfaßt werden).

In seinem weitesten Sinne umfaßt Vermögen „alles was in irgendeiner Weise zur Vermehrung des Wohlstands einer Person oder eines Volkes beiträgt." (Schmidt 1972, S. 37) Dieser weite Begriff erfaßt nicht nur das materielle- bzw. das Sachvermögen und die Nettoposition (= Forderungen minus Verbindlichkeiten) sondern auch das immaterielle Vermögen.

Das **immaterielle Vermögen** umfaßt das sozialpolitische Vermögen, das Humankapital, das reproduzierbare immaterielle Vermögen und sonstige vermögenswerte Rechte. Dem *sozialpolitischen Vermögen* werden so vage Konzepte wie individuelle Freiheit, persönliche und kollektive Sicherheit usw. zugerechnet, die sich einer genaueren statistischen Erfassung schon wegen der schwierigen Bewertungsprobleme weitgehend entziehen. Unter dem *Humankapital* versteht man den Bestand der nichtreproduzierbaren, an bestimmte Personen gebundenen Fähigkeiten und Erfahrungen. Der „Operationalisierung" bzw. datenmäßigen Erfassung auch dieses Konzeptes stehen vor allem die schwerwiegenden und nicht ohne eine gewisse Willkür zu lösenden Bewertungsprobleme entgegen. Durch die amtliche Statistik ebenfalls nicht erfaßt wird das *reproduzierbare immaterielle Vermögen*. Dieses stellt den Bestand des nichtpersonengebundenen Wissens, insbesondere in Form von wissenschaftlichen Erkenntnissen und Erfindungen, aber auch in Form schöngeister Literatur etc., dar. Patente und Lizenzen stellen aneigenbare (vermögenswerte) Rechte an Teilen des reproduzierbaren materiellen Vermögens dar. Kapitalisierte Renten- und Pensionsansprüche und ähnliche gesetzliche Ansprüche werden unter den *sonstigen vermögenswerten Rechten* erfaßt. Das Statistische Bundesamt weist den Wert dieser Rechte ebenfalls nicht aus.

Das **materielle Vermögen** (oder auch **Sachvermögen**) gliedert sich in eine nichtreproduzierbare und eine reproduzierbare Komponente. Dem *nichtreproduzierbaren materiellen Sachvermögen* werden vor allem die Bodenschätze, Grund und Boden, Wälder, Gewässer, die klimatischen Bedingungen aber auch künstlerische Werke wie Gebäude oder Gemälde zugerechnet. Einer Erfassung stehen auch hier wiederum die Bewertungsschwierigkeiten entgegen.

Das **reproduzierbare materielle Vermögen** gliedert sich in das *Gebrauchsvermögen,* das nicht Erwerbszwecken dient, und in das *Produktivvermögen*. Dem *Gebrauchsvermögen der privaten Haushalte* sind hauptsächlich die dauerhaften Konsumgüter, wie etwa Waschmaschinen, Autos, Wohnungseinrichtung etc. zuzurechnen. Eine gewisse Sonderstellung nehmen die *militärischen Güter des Staates* ein. Internationalem Brauch folgend, werden die Käufe des Staates für Bauten und Anlagen zu militärischen Zwekken nicht als Investitionen erfaßt, sondern den Vorleistungen zugerechnet. Dementsprechend werden auch die Bestände an militärischen Gütern durch das Statistische Bundesamt nicht als Vermögen erfaßt und ausgewiesen.

Das Produktivvermögen (auch reproduzierbares Sachvermögen im engeren Sinn) stellt jene Bestände an längerlebigen Gütern dar, die vornehmlich Erwerbszwecken dienen. Es gliedert sich in das *Vorratsvermögen* und in das *Anlagevermögen*. Das Anlagevermögen läßt sich wiederum weiter aufgliedern in das *Ausrüstungsvermögen* und in das *Bauvermögen*.

Da, wie später noch deutlicher wird, ein enger Zusammenhang zwischen den im Rahmen der Vermögensänderungskonten ausgewiesenen Sach- und Geldvermögensänderungen und der Erfassung der entsprechenden Bestände besteht, wird klar, daß das **statistische** Bundesamt bemüht ist, für alle Güter, die als Sachvermögenszugänge erfaßt werden, auch die jeweiligen Sachvermögens**bestände** auszuweisen.

3.1.1.1. Das Sachvermögen

Das **Statistische Bundesamt** erfaßt bisher nur das **reproduzierbare Sachvermögen** der Unternehmen, des Staates und der privaten Organisationen ohne Erwerbscharakter. (Siehe jedoch Anmerkung 8a zu Kapitel 1.)

Im einzelnen wird das **reproduzierbare** Anlagevermögen und das Vorratsvermögen der Unternehmen erfaßt, ferner das **reproduzierbare Anlagevermögen** des Staates, einschließlich der Straßen, Brücken und Wasserwege jedoch ohne die militärischen Güter und schließlich das reproduzierbare Anlagevermögen der privaten Organisationen ohne Erwerbscharakter.

Nicht als Vermögen erfaßt werden vom Statistischen Bundesamt insbesondere die folgenden Sachgüterbestände:

- Militärische Güter des Staates.
- **Vorratsbestände** der Haushalte und privaten Organisationen ohne Erwerbscharakter. Das Vorratsvermögen des Staates umfaßt nur ausgewählte Vorräte (Mineralöl, Kernbrennstoffe), während die Einfuhr- und Vorratsstellen des Bundes den Unternehmen zugerechnet werden.
- **Alle nichtreproduzierbaren Güterbestände** wie das Gewässer und Grundvermögen, Bodenschätze und Kunstgegenstände.

Neben den Sachgütern könnten noch **immaterielle Güter,** wie z.B. kapitalisierte Rentenansprüche, Patentrechte, Lizenzen oder auch das sogen. **Human Capital** (= Arbeitsvermögen), worunter die kapitalisierten künftigen Einkommensmöglichkeiten eines Menschen, als Ergebnis seiner Ausbildung, Erziehung und seines Gesundheitszustandes, als Vermögenswerte angesehen werden. Weder das Statistische Bundesamt der Bundesrepublik Deutschland noch die statistischen Ämter anderer Länder erfassen das immaterielle Gütervermögen und das Humankapital.

Diese Erfassungspraxis hat bedeutende Wirkungen. So wird zum Beispiel der Kauf eines Autos durch ein Unternehmen als Vermögenszuwachs (= Bruttoinvestition) erfaßt, nicht jedoch der Kauf eines Autos durch einen Haushalt oder für militärische Zwecke durch den Staat. Würde man auch immaterielles Vermögen und den Wert des Humankapitals ermitteln, dann müßten zum Beispiel alle Ausgaben der Unternehmen für Forschung und Entwicklung als Bruttoinvestitionen angesehen werden und nicht als Vorleistungen, wie es nach der gegenwärtigen Praxis der Fall ist. Ebenso würden Bildungs- und Gesundheitsausgaben der Haushalte Bruttoinvestitionen in Humankapital darstellen.

Man muß aber auch sehen, daß diese sehr **weite Vermögensdefinition,** die **alle materiellen und immateriellen Güter als Vermögen erfaßt, die geeignet sind, in künftigen Perioden Güter und Einkommen zu schaffen oder ganz allgemein zur Wohlstandserhöhung beizutragen**, bei konsequenter Anwendung eine Reihe schwieriger Fragen aufwerfen würde.

Was hätte man unter Abschreibungen des menschlichen Vermögens zu verstehen? Sollten sämtliche Ausgaben für ärztliche Behandlungen und Medikamente als Bruttoinvestitionen erfaßt werden, oder nur jene, die tatsächlich wirksam und erfolgreich waren? Wie sollte der Wert des menschlichen Kapitals, das der nette Herr Müller von nebenan nach diesem Konzept zweifelsohne verkörpert, bestimmt werden?

Sicherlich werden solche Bewertungen – z.B. bei Unfällen – durch Versicherungen

Abb. 3.1. Übersicht über die wichtigsten Vermögensbegriffe

<table>
<tr><td colspan="11">Vermögen im weitesten Sinn</td></tr>
<tr><td colspan="4">Immaterielles Vermögen</td><td colspan="6">Materielles Vermögen</td><td>Netto-position</td></tr>
<tr><td>Sozial-politisches Vermögen</td><td>Human-kapital-nichtrepro-duzierbares immat. V.</td><td>Reprodu-sierbares immateriel-les Ver-mögen</td><td>Sonstige Vermögens-werte Rechte</td><td>Nichtrepro-duzierbares materielles Vermögen</td><td colspan="5">Reproduzierbares materielles Vermögen</td><td>Netto-position</td></tr>
<tr><td colspan="5"></td><td colspan="2">Gebrauchsvermögen</td><td colspan="3">Produktivvermögen</td><td>Netto-position</td></tr>
<tr><td colspan="5"></td><td>Gebrauchs-vermögen der privaten Haushalte</td><td>Militärische Güter des Staates</td><td>Vorratsver-mögen</td><td colspan="2">Anlage-vermögen</td><td>Netto-position</td></tr>
<tr><td colspan="8"></td><td>Aus-rüstungs-ver-mögen</td><td>Bau-ver-mögen</td><td>Netto-position</td></tr>
</table>

Abb. 3.2

Geldvermögen und Verpflichtungen im Jahre 1990

Stand am Jahresende in Mrd DM

Position \ Sektor	Private Haushalte	Unternehmen insgesamt	Produktionsunternehmen	Wohnungswirtschaft	Öffentliche Haushalte insgesamt	Gebietskörperschaften	Sozialversicherungen	Inländ nicht-finanz Sektor insges
	1	2	(2 a)	(2 b)	3	(3 a)	(3 b)	4
Geldvermögen								
Geldanlage bei Banken	1 292,9	552,8	534,9	17,9	282,6	223,3	59,3	2
Bargeld und Sichteinlagen	229,9	336,5	318,6	17,9	36,1	27,7	8,4	
Termingelder	384,8	211,1	211,1	–	240,4	192,2	48,2	
Spareinlagen	678,2	5,2	5,2	–	6,1	3,4	2,8	
Geldanlage bei Bausparkassen	125,1	2,2	2,2	–	0,7	0,7	–	
Geldanlage bei Versicherungen	639,7	46,1	46,1	–	2,3	2,3	–	
Geldanlage in Geldmarktpapieren	10,8	11,5	11,5	–	0,3	0,3	–	
Geldanlage in festverzinslichen Wertpapieren	521,0	109,0	109,0	–	29,9	5,4	24,4	
Geldanlage in Aktien	72,5	193,1	193,1	–	15,7	15,7	–	
Auslandsposition der Deutschen Bundesbank	–	–	–	–	–	–	–	
Bankkredite	–	–	–	–	–	–	–	
Kurzfristige Bankkredite	–	–	–	–	–	–	–	
Längerfristige Bankkredite	–	–	–	–	–	–	–	
Darlehen der Bausparkassen	–	–	–	–	–	–	–	
Darlehen der Versicherungen	–	–	–	–	–	–	–	
Sonstige Forderungen	237,6	495,3	495,3	–	183,3	123,5	59,8	
an das Inland	226,7	7,0	7,0	–	135,5	87,4	48,0	
an das Ausland	10,8	488,2	488,2	–	47,9	36,1	11,7	
Innersektorale Forderungen	–	–	7,3	–	–	2,2	12,3	
Summe	2 899,6	1 410,0	1 399,4	17,9	514,7	373,5	155,8	4
nachrichtlich zu Tageskursen:								
Festverzinsliche Wertpapiere	490,7	101,1	101,1	–	28,7	5,0	23,7	
Aktien	163,1	411,1	411,1	–	51,9	51,9	–	
Verpflichtungen und Aktienumlauf								
Geldanlage bei Banken	–	–	–	–	–	–	–	
Bargeld und Sichteinlagen	–	–	–	–	–	–	–	
Termingelder	–	–	–	–	–	–	–	
Spareinlagen	–	–	–	–	–	–	–	
Geldanlage bei Bausparkassen	–	–	–	–	–	–	–	
Geldanlage bei Versicherungen	–	–	–	–	–	–	–	
Verpflichtungen aus Geldmarktpapieren	–	1,1	1,1	–	21,5	21,5	–	
Verpflichtungen aus festverzinslichen Wertpapieren	–	67,3	67,3	–	480,5	480,5	–	
Umlauf von Aktien	–	214,7	212,2	2,5	–	–	–	
Auslandsposition der Deutschen Bundesbank	–	–	–	–	–	–	–	
Bankkredite	245,7	1 813,5	1 044,3	769,1	467,0	466,7	0,[illegible]	2
Kurzfristige Bankkredite	61,6	389,2	371,7	17,5	21,8	21,8	0,0	
Längerfristige Bankkredite	184,2	1 424,3	672,6	751,6	445,2	444,9	0,3	2
Darlehen der Bausparkassen	–	131,5	– 1,0	132,5	1,7	1,7	–	
Darlehen der Versicherungen	18,7	154,4	73,5	80,9	35,6	35,6	–	
Sonstige Verpflichtungen	6,7	633,8	613,4	20,4	50,3	50,3	–	
gegenüber dem Inland	6,7	335,0	314,6	20,4	0,3	0,3	–	
gegenüber dem Ausland	–	298,8	298,8	–	49,9	49,9	–	
Innersektorale Verpflichtungen	–	–	–	7,3	–	12,3	2,2	
Summe	271,2	3 016,3	2 010,8	1 012,8	1 056,6	1 068,6	2,5	4
nachrichtlich zu Tageskursen:								
Festverzinsliche Wertpapiere	–	60,5	60,5	–	432,4	432,4	–	
Aktien	–	677,6	669,6	8,0	–	–	–	
Nettoforderungen bzw. -verpflichtungen 2)	2 628,5	– 1 606,4	– 611,5	– 994,9	– 541,9	– 695,2	153,3	

1) Einschl. DDR. - 2) Geldvermögen abzüglich Verpflichtungen und Aktienumlauf.

Quelle: Ergebnisse der gesamtwirtschaftlichen Finanzierungsrechnung der Deutschen Bundesbank, Sonderdrucke der Deutschen Bundesbank Nr. 4, 1991, S. 92f.

…nken								Sektor / Position
…gesamt	Deutsche Bundesbank	Kredit-institute	Bauspar-kassen	Versiche-rungen	Finanzielle Sektoren insgesamt	Ausland 1)	Sektoren insgesamt	
	(5 a)	(5 b)	6	7	8	9	10	
								Geldvermögen
-	-	-	11,3	297,2	308,5	409,6	2 846,5	Geldanlage bei Banken
-	-	-	1,9	7,6	9,6	119,5	731,6	Bargeld und Sichteinlagen
-	-	-	9,3	289,1	298,5	276,6	1 411,4	Termingelder
-	-	-	-	0,5	0,5	13,5	703,5	Spareinlagen
1,0	-	1,0	-	-	1,0	1,5	130,5	Geldanlage bei Bausparkassen
-	-	-	-	-	-	2,7	690,8	Geldanlage bei Versicherungen
8,7	1,0	7,8	-	-	8,7	3,9	35,2	Geldanlage in Geldmarktpapieren
578,5	4,3	574,2	17,1	189,7	785,3	227,3	1 672,4	Geldanlage in festverzinslichen Wertpapieren
53,0	-	53,0	0,2	36,5	89,7	48,8	419,8	Geldanlage in Aktien
106,4	106,4	-	-	-	106,4	52,2	158,7	Auslandsposition der Deutschen Bundesbank
3 153,6	49,3	3 104,3	-	-	3 153,6	-	3 153,6	Bankkredite
846,6	40,6	806,0	-	-	846,6	-	846,6	Kurzfristige Bankkredite
2 307,0	8,7	2 298,3	-	-	2 307,0	-	2 307,0	Längerfristige Bankkredite
-	-	-	137,0	-	137,0	-	137,0	Darlehen der Bausparkassen
-	-	-	-	213,3	213,3	-	213,3	Darlehen der Versicherungen
-	-	-	-	-	-	348,7	1 264,9	Sonstige Forderungen
-	-	-	-	-	-	348,7	717,9	an das Inland
-	-	-	-	-	-	-	547,0	an das Ausland
-	197,8	91,5	-	-	-	-	-	Innersektorale Forderungen
3 901,3	358,7	3 831,9	165,6	736,7	4 803,6	1 094,8	10 722,7	Summe
								nachrichtlich zu Tageskursen:
537,4	3,8	533,5	15,7	175,6	728,6	205,2	1 554,4	Festverzinsliche Wertpapiere
101,9	-	101,9	0,2	115,4	217,5	132,0	975,6	Aktien
								Verpflichtungen und Aktienumlauf
2 846,5	190,9	2 655,6	-	-	2 846,5	-	2 846,5	Geldanlage bei Banken
731,6	190,9	540,7	-	-	731,6	-	731,6	Bargeld und Sichteinlagen
1 411,4	-	1 411,4	-	-	1 411,4	-	1 411,4	Termingelder
703,5	-	703,5	-	-	703,5	-	703,5	Spareinlagen
-	-	-	130,5	-	130,5	-	130,5	Geldanlage bei Bausparkassen
-	-	-	-	690,8	690,8	-	690,8	Geldanlage bei Versicherungen
4,8	4,8	-	-	-	4,8	7,9	35,2	Verpflichtungen aus Geldmarktpapieren
830,1	-	830,1	0,5	-	830,7	293,9	1 672,4	Verpflichtungen aus festverzinslichen Wertpapieren
30,6	-	30,6	1,4	11,1	43,1	162,0	419,8	Umlauf von Aktien
52,2	52,2	-	-	-	52,2	106,4	158,7	Auslandsposition der Deutschen Bundesbank
-	-	-	18,7	1,6	20,3	607,2	3 153,6	Bankkredite
-	-	-	8,4	0,6	8,9	365,1	846,6	Kurzfristige Bankkredite
-	-	-	10,3	1,0	11,3	242,0	2 307,0	Längerfristige Bankkredite
1,0	-	1,0	-	0,0	1,0	2,7	137,0	Darlehen der Bausparkassen
-	-	-	0,7	-	0,7	3,8	213,3	Darlehen der Versicherungen
17,2	-	17,2	-	10,0	27,2	547,0	1 264,9	Sonstige Verpflichtungen
17,2	-	17,2	-	10,0	27,2	547,0	916,2	gegenüber dem Inland
-	-	-	-	-	-	-	348,7	gegenüber dem Ausland
-	91,5	197,8	-	-	-	-	-	Innersektorale Verpflichtungen
3 782,4	339,4	3 732,3	151,8	713,5	4 647,7	1 730,9	10 722,7	Summe
								nachrichtlich zu Tageskursen:
767,0	-	767,0	0,5	-	767,5	293,9	1 554,4	Festverzinsliche Wertpapiere
96,6	-	96,6	4,4	35,0	136,1	162,0	975,6	Aktien
118,9	19,3	99,6	13,8	23,2	155,9	- 636,1	-	**Nettoforderungen bzw. -verpflichtungen 2)**

oder Gerichte vielfach vorgenommen; dennoch erhebt sich die Frage, ob bei diesen Bewertungen als Kriterien nicht vor allem „außerökonomische“ Gesichtspunkte, wie die Bedürftigkeit der Geschädigten, die Belastbarkeit der Schädiger sowie der Grad des Verschuldens, zugrundegelegt werden. Diese Art der Bewertung entspricht somit nicht oder nur bedingt dem Wert der in der Zukunft erzielbaren Einkommensströme, der nach der Vermögenskonzeption eigentlich zu ermitteln wäre. Dieser Wert läßt sich aber nur schwer ermitteln, da er sehr wesentlich von unbekannten, in der Zukunft liegenden Ereignissen abhängig ist.

Als weiteren Einwand gegen diese Vermögensdefinition ließe sich anführen, daß Bestände an Gütern, die nicht Erwerbszwecken dienen, wie z. B. wertvolle Gemälde, nicht als Vermögen angesehen würden; es sei denn, man würde den Einkommensbegriff auch auf **immaterielles Einkommen,** wie z. B. das Wohlbefinden aus der Betrachtung eines Gemäldes, ausdehnen. Eine derartige Erweiterung des Einkommensbegriffs würde zusätzliche Probleme aufwerfen. Die vorgeschlagene Vermögensdefinition erweist sich, vor allem angesichts der auftretenden Bewertungsprobleme, als für praktische Anwendungen nicht oder nur mit großen Fehlern umsetzbar und berechenbar.

Die Ausführungen machen in jedem Fall den engen **Zusammenhang zwischen der Ausgestaltung der Einkommensrechnung als Stromrechnung und der Vermögensrechnung als Bestandsrechnung** deutlich. Darauf wird noch einmal in Abschn. 7.2.1. eingegangen.

Das Sachvermögenskonzept des Statistischen Bundesamtes wird somit wesentlich von den statistischen Erfassungsmöglichkeiten der erforderlichen Daten bestimmt.

3.1.1.2. Das Geldvermögen

Neben dem **Sachvermögen** stellt noch das Geldvermögen der einzelnen Sektoren oder Wirtschaftssubjekte eine bedeutende Komponente des Gesamt- bzw. Reinvermögens dar. Erst die Kenntnis der Finanzierungsstrukturen gibt Auskunft darüber, wer nicht bloß unter juristischen, sondern unter wirtschaftlichen Gesichtspunkten als Eigentümer von Sachgütern anzusehen ist.

Die Nettoposition oder das Geldvermögen (in Bundesbankterminologie: Nettoforderungen bzw. -verpflichtungen) wird in der Bundesrepublik Deutschland durch die Deutsche Bundesbank ermittelt und ausgewiesen (Siehe Abb. 3.2.).

Die Forderungen (in Bundesbankterminologie etwas irreführend: die **Geldvermögen**) und Verbindlichkeiten (in Bundesbankterminologie: **Verpflichtungen und Aktienumlauf**) werden nach dem **Grad ihrer Liquidität** ausgewiesen, d.h. je nach dem Grad, wie **rasch** sie **ohne größeren Wertverlust** in Geld umgewandelt werden können. Der Grad der Liquidität einer Forderung stellt allerdings keine feststehende Größe dar, sondern kann sich je nach Marktlage durchaus ändern.

Im einzelnen werden die Bestände in Geldanlagen, die Auslandsposition der Bundesbank, sowie kurz- und längerfristige Kredite gegliedert, erfaßt.

Die **Geldanlagen** werden weiter danach aufgegliedert, bei welchem **finanziellen Sektor**, sie (siehe Abschnitt 3.1.1.3. unten) angelegt wurden, in welcher Art sie verbrieft sind und nach dem Zweck ihrer Verwendung.

Die Geldanlagen bei Banken umfassen Bargeld und Sichteinlagen, Termingelder und Spareinlagen.

Bargeld umfaßt alle Bestände an Münzen und Banknoten außerhalb des Bankensystems (=Bundesbank, Banken und Sparkassen).

Sichteinlagen sind jederzeit fällige Bankguthaben von Nichtbanken mit einer Laufzeit bis zu höchstens einem Monat.

Termingelder sind Bankguthaben mit einer Laufzeit von mindestens einem Monat.

Spareinlagen sind verbriefte Forderungen von Nichtbanken gegen Banken mit einer Laufzeit bzw. Kündigungsfrist von mindestens drei Monaten.

Die Geldanlagen bei Bausparkassen stellen im wesentlichen die Ansparguthaben von Bausparern dar. Als Geldanlagen bei Versicherungen werden die den Versicherten zurechenbaren Passiva der Versicherungen angesehen, wie z. B. die Deckungsrückstellungen der Lebensversicherungen und Pensionskassen.

Daneben werden noch Geldanlagen in Form von **Geldmarktpapieren,** das sind vor allem Schatzwechsel und unverzinsliche Schatzanweisungen, deren Laufzeit üblicherweise kürzer als zwei Jahre ist, **festverzinslichen Wertpapieren,** das sind verbriefte Bankschuldverschreibungen, Industrieobligationen und öffentliche Anleihen mit fester Nominalverzinsung und **Aktien,** das sind verbriefte Anteilsrechte an Aktiengesellschaften, ausgewiesen. Die übrigen Positionen dürften hinreichend klar sein, so daß es keiner weiteren Erläuterung bedarf. Es ist nur noch darauf hinzuweisen, daß die statistische Erfassung von Kreditbeziehungen zwischen Nichtbanken schwierig ist und die Position **sonstige Forderungen** daher wenig verläßlich ist.

3.1.1.3. Sektorengliederung

Obgleich Bundesbank und Statistisches Bundesamt sich bemühen, die Sachvermögens- und die Geldvermögensrechnung möglichst zusammenzuführen und auf einheitliche Grundlagen zu stellen, stehen die beiden Rechnungen nach wie vor ziemlich unverbunden nebeneinander. Der Hauptgrund dafür dürfte wohl in den unterschiedlichen Zielen liegen, die mit der Erstellung dieser Rechnungen verfolgt werden.

Während die Sachvermögen gegliedert nach Vermögensarten vor allem in Ausrüstungen und Bauten für Unternehmen in tiefer Gliederung nach Wirtschaftsbereichen und den Staat nachgewiesen werden, ist die Sektorengliederung der Geldvermögensrechnung bei den finanziellen Sektoren wesentlich feiner.

Dort werden nichtfinanzielle und finanzielle Sektoren unterschieden. Die nichtfinanziellen Sektoren sind die privaten Haushalte, Unternehmen und die öffentlichen Haushalte. Die finanziellen Sektoren sind die Banken, Bausparkassen und Versicherungen.

3.1.2. Das Volksvermögen

Werden die Vermögensrechnungen aller inländischen Wirtschaftssubjekte bzw. aller Sektoren zu einer gesamtwirtschaftlichen Vermögensrechnung aggregiert, so erhält man das sogenannte **Volksvermögen.** Das **Volksvermögen umfaßt den Ge-**

samtwert aller Sachvermögensbestände vermehrt um die Nettoposition gegenüber dem Ausland. Da sich die Kreditbeziehungen im Inland durch Konsolidierung aufheben, wird vor allem die Geldvermögensrechnung lediglich bis zum sektoralen Niveau aggregiert, um die Kreditbeziehungen zwischen den einzelnen Sektoren möglichst deutlich zu machen.

Einer nichtamtlichen Schätzung zufolge – die auf einem umfassenderen Vermögenskonzept als jenem des Statistischen Bundesamtes basiert – belief sich das Volksvermögen im Jahr 1970 auf 2995,4 Mrd. DM (siehe Abb. 3.3.).

3.1.3. Bewertungsprobleme

Da es sich bei den einzelnen Vermögensbestandteilen um verschiedenartige Güter handelt, müssen sie aggregierbar gemacht werden, d.h. auf einen gemeinsamen Maßstab gebracht werden. Welcher Geldwert für die einzelnen Objekte ausgewiesen werden soll, hängt jeweils von der Fragestellung ab. Folgende Bewertungen sind gebräuchlich:

- Bewertung zu **Anschaffungspreisen.** Der Wert der Vermögensobjekte entspricht dem Preis zum Zeitpunkt der Anschaffung. Diese Bewertungsmethode ist dann verläßlich, wenn sich die Preise der Güter wenig ändern, wird jedoch fragwürdig z.B. in Zeiten ständig steigender Preise.

- Bewertung zu **Ertragswerten.** Der Ertragswert ergibt sich aus dem Gegenwartswert der künftigen Nettoerträge aus dem Vermögensobjekt. Diese Bewertungsmethode wird vor allem bei der Ermittlung des Wertes von Grundstücken zugrundegelegt. Sie versagt bei Vermögensobjekten, die keine Erträge abwerfen wie z.B. Straßen oder Kirchen.

- Bewertung zu **Marktpreisen.** Sie legt den aktuellen Marktpreis vergleichbarer Objekte der Bewertung zugrunde. Sie ist dort nicht möglich, wo keine entsprechenden Marktpreise vorliegen,was insbesondere für die meisten gebrauchten Vermögensobjekte der Fall ist.

- Bewertung zu **Wiederbeschaffungspreisen.** Sie stellen den Wert dar, der für die Wiederbeschaffung des Objektes unter Berücksichtigung der Abnutzung am Bewertungsstichtag aufgewendet werden müßte.

- Bewertung zu **Nominalwerten.** Dieses Prinzip wird grundsätzlich nur zur Bewertung von Forderungen angewendet. Der Nominalwert entspricht dem Geldbetrag auf den die Forderung lautet, bei festverzinslichen Wertpapieren dem aufgedruckten Betrag.

- Bewertung zu **Kurswerten.** Diese erfolgt vor allem bei **verbrieften** Forderungen, die marktmäßig gehandelt werden. Sie hat jedoch den Nachteil, daß die Kurse von Wertpapieren mitunter sehr starken Schwankungen ausgesetzt sein können, was im Einzelfall zu Wertverzerrungen führen kann.

In der Praxis der Bundesrepublik wird das reproduzierbare Sachvermögen der Bundesrepublik Deutschland zu Anschaffungs- und zu Wiederbeschaffungspreisen sowie zu konstanten Preisen berechnet. Geldvermögen werden primär zu Nominalwerten, Wertpapiere auch zu Kurswerten ermittelt.

Abb. 3.3. Funktionale Volksvermögensrechnung für die Bundesrepublik Deutschland zum 31.12.1970 (Mrd. DM)

Entstehungsrechnung			Verteilungsrechnung		
I. Nichtreproduzierbares Sachvermögen		789,1	I. Produktivvermögen		1202,8
			1. Nichtreproduzierbares Vermögen	140,3	
1. Besiedelte Flächen	521,0		2. Reproduzierbares Vermögen	1062,5	
1.1. Wohngrundstücke	259,7				
1.2. Gewerbliche Grundstücke	137,3		II. Land- und forstwirtschaftliches Vermögen		420,8
1.3. Bebaute Verwaltungsgrundstücke	26,0		1. Nichtreproduzierbares Vermögen	323,3	
1.4. Wegeland (Straßen, Eisenbahnlinien)	68,9		2. Reproduzierbares Vermögen	97,5	
1.5. Freiflächen					
2. Unbesiedelte Flächen	268,1		III. Eigengenutztes Wohnungsvermögen		734,5
2.1. Landwirtschaftliche Nutzfläche	193,0		1. Wohngrundstücke	211,4	
2.2. Forstflächen	71,8		2. Bausubstanz	523,1	
2.3. Moorland					
2.4. Öd- und Unland	0,6		IV. Vereinsvermögen		570,3
2.5. Abbauflächen	2,7				
			1. Nichtreproduzierbares Vermögen	114,1	
II. Reproduzierbares Sachvermögen		2139,3	2. Reproduzierbares Vermögen	456,2	
1. Bauten	1518,6		V. Netto-Geldvermögen		67,0
1.1. Hochbauten	1208,6				
1.1.1. Wohnungsvermögen	642,6				
1.1.2. Sonstige Hochbauten	566,0				
1.2. Öffentlicher Tiefbau	310,0				
2. Ausrüstungen	437,6				
3. Vorräte	183,1				
3.1. Gewerbliche Vorräte	162,2				
3.2. Landwirtschaftliche Vorräte	20,3				
III. Geldvermögen		67,0			
1. Netto-Forderungsposition gegenüber dem Ausland	67,0				
		2995,4			2995,4

Quelle: H. Sablotny, Gesamtwirtschaftliche Vermögensrechnung, S. 23

3.1.4. Die Berechnung des reproduzierbaren Nettoanlagevermögens

Um den jeweiligen Wert des Nettoanlagevermögens möglichst genau bestimmen zu können, müßten die entsprechenden Werte der Bestände aller Unternehmen und öffentlichen Haushalte alljährlich erhoben und aggregiert werden (= **Zensusmethode**). Abgesehen von den inhaltlichen Schwierigkeiten, die sich bei der Befragung der Wirtschaftssubjekte durch uneinheitliche Bewertungen etc. ergeben, sind es vor allem die beträchtlichen Kosten, die in der Praxis zur Anwendung billigerer indirekter Verfahren zur Bestandsschätzung führt. Das Statistische Bundesamt legt seinen Schätzungen des Wertes des Anlagevermögens, die **Perpetual-Inventory-Methode (= Kumulationsmethode)** zugrunde: Ausgehend von weit zurückreichenden Investitionsreihen wird zunächst ein Anfangsbestand (der Bestand von 1950) geschätzt und diesem werden die jährlichen Anlagevermögenszuwächse (= Bruttoanlageinvestitionen) hinzugerechnet und davon die jährlichen Anlagevermögensminderungen (= Abschreibungen) abgezogen.

Um die jährlichen Abschreibungen zu berechnen, könnte von einer durchschnittlichen Lebensdauer für alle in einem Jahr angeschafften Anlagevermögensgegenstände ausgegangen werden und jährlich davon ein gleichbleibender Anteil als Abschreibungen über die gesamte Lebensdauer abgesetzt werden. Durch Summierung der Abschreibungen aller auf die überlebenden Jahrgänge entfallenden jährlichen Abschreibungen ergäbe sich die gesamte Abschreibung des Anlagevermögens für ein Jahr. Dieses Verfahren ist relativ grob und führt bei Veränderungen in der Zusammensetzung des Anlagevermögens – beispielsweise in Form einer Erhöhung des Anteils langlebiger Anlagegüter – zu fehlerhaften (in dem Beispiel zu niedrigeren) Schätzwerten des Gesamtvermögens. Das Statistische Bundesamt legt daher seinen Schätzungen der Abschreibungen eine verfeinerte Methode zugrunde. Zunächst werden die Güter zu Gruppen mit einer annähernd gleichen durchschnittlichen Lebensdauer zusammengefaßt. Für jede dieser Gütersgruppen wird eine entsprechende **Abgangsfunktion** geschätzt.

Die Abgangsfunktion ergibt sich auf Grund der Tatsache, daß nicht alle in einer Periode angeschafften Güter einer Gruppe dieselbe Lebensdauer haben. Ein geringer Prozentsatz der neuangeschafften Anlagegüter einer Gruppe scheidet bereits nach dem ersten Jahr aus dem Anlagevermögen infolge von Schäden etc. aus. Ein größerer Prozentsatz nach zwei Jahren usw. Durch Subtraktion der jährlichen Abgänge auf Grund der Abgangsfunktion erhält man die in den folgenden Jahren jeweils verbleibenden Restbestände eines Investitionsjahrgangs einer Gütergruppe, die sich in Form der **Überlebensfunktion** veranschaulichen lassen.

Die Abschreibungen lassen sich nun folgendermaßen berechnen: Der Wert eines Anlageobjektes wird zu jährlich gleichen Beträgen auf die gesamte geschätzte Lebensdauer verteilt. Der auf ein Jahr entfallende Anteil stellt dann die Abschreibung dieses Gutes dar. Durch Summation der auf alle Gegenstände entfallenden Abschreibungen, erhält man die Abschreibung für das gesamte Anlagevermögen eines Jahres. Für das Investitions- und das Abgangsjahr wird angenommen, daß sich die Gegenstände im Durchschnitt ein halbes Jahr im Bestand befinden. Aus diesem Grunde entfällt auf diese beiden Jahre jeweils nur der halbe jährliche Abschreibungsbetrag.

Es gilt die Beziehung:

Anlagevermögen am Ende der Periode =

Anlagevermögen am Anfang der Periode + Bruttoinvestitionen der Periode – Abschreibungen

Ein **einfaches Zahlenbeispiel** soll wiederum die Überlegung verdeutlichen:

- **Abgangsfunktion:** Es sei angenommen, Schätzungen hätten ergeben, daß von den Anlagegütern einer Gruppe im ersten Jahr 10%, im zweiten 40%, im dritten 30% und im vierten Jahr die restlichen 20% ausscheiden.
- **Überlebensfunktion:** Die entsprechende Überlebensfunktion ergibt nach dem ersten Jahr einen Restbestand von 90%, nach dem zweiten einen von 50%, nach dem dritten einen Restbestand von 20% und nach dem vierten sind sämtliche Güter dieses Jahrganges untergegangen.

Im Jahr 19.. wurden Investitionen dieser Güter in Höhe von 200 DM getätigt.

Die Abschreibung dieser Gütergruppen für 19.. errechnet sich folgendermaßen:

10% der Investition werden bereits nach einer Periode voll abgeschrieben (= 20 DM).

40% der Investition besitzt eine Lebensdauer von 2 Jahren; die Abschreibung für diesen Teil beträgt 40 DM.

30% haben eine Lebensdauer von 3 Jahren. Die entsprechende Abschreibung beträgt 20 DM.

20% haben eine Lebensdauer von 4 Jahren: Abschreibung = 10 DM.

Addiert man die einzelnen Komponenten, so erhält man den Wert 90. Da angenommen wird, daß im Investitionsjahr die Güter durchschnittlich nur die halbe Zeit genutzt werden und daher nur der halbe jährliche Abschreibungsbetrag zugrundegelegt wird, ergibt sich eine Abschreibung für diese Gütergruppen von 45 DM.

Das Anlagevermögen am Ende 19.. ergibt sich nun aus dem Wert am Anfang 19.. vermehrt um den Nettozugang (- hier nur aus dieser Gütergruppe) in der Höhe von 155 (= 200 - 45) und vermindert um die Abschreibungen des Vermögensbestandes (von Anfang 19..).

Die Hauptprobleme, die diese Methode aufwirft, ergeben sich erstens aus den Schwierigkeiten, verläßliche Abgangsfunktionen zu schätzen, zweitens aus der Tatsache, daß für Bauten (deren Lebensdauer bis zu 100 Jahren beträgt) weit zurückliegende Investitionsdaten erforderlich sind; drittens stellt jede Gebietsveränderung das schwierig zu lösende Problem, die Daten für das jeweilige Gebiet vergleichbar machen zu müssen (Gebiet vor dem und während des Krieges, seit 1960 einschließlich des Saarlandes). In derartigen Fällen wird man versuchen müssen, mit Hilfe der Zensusmethode zu verläßlicheren Daten zu gelangen.

Das **Nettoanlagevermögen** wird zu Wiederbeschaffungs-, Anschaffungs- und zu konstanten Preisen von 1970 bewertet. Bei dem Nachweis des Anlagevermögens zu **Wiederbeschaffungspreisen** wird der Betrag zugrundegelegt, der hätte gezahlt werden müssen, wenn die Anlagen im Berichtszeitpunkt neu beschafft worden wären; wobei vom Neuwert die Summe der aufgelaufenen Abschreibungen, bewertet zu Wiederbeschaffungspreisen, in Abzug gebracht werden (siehe Abb. 3.4).

Bei dem Nachweis des **Anlagevermögens zu Anschaffungspreisen** wird vom Wert der Anlagen ausgegangen, den diese im Zeitpunkt der Anschaffung – unter Abzug der Abschreibungen bewertet zum Anschaffungspreis – hatten. Um die Einflüsse von Preisänderungen auszuschalten, werden die Anlagen auch zu **Preisen von 1970** einheitlich bewertet.

Abb. 3.4. Nettoanlagevermögen zu Wiederbeschaffungspreisen nach zusammengefaßten Wirtschaftsbereichen[1])

Jahresanfang[2])	Insgesamt[3])	Unternehmen							Staat[3])	Private Organisationen ohne Erwerbszweck
		zusammen	Unternehmen ohne Wohnungsvermietung					Wohnungsvermietung		
			zusammen	Land- und Forstwirtschaft, Fischerei	Produzierendes Gewerbe	Handel und Verkehr	Dienstleistungsunternehmen			
					Mrd. DM					
1960	538	491	266	36	133	70	27	225	38	9
1970	1 473	1 329	677	68	342	164	103	653	111	33
1980	3 894	3 491	1 651	134	730	410	376	1 840	316	88
1987	5 597	5 018	2 336	159	958	544	676	2 682	454	125
1991	7 010	6 294	2 958	179	.	.	.	3 336	562	154
					1960 = 100					
1970	*274*	*271*	*255*	*189*	*257*	*234*	*381*	*290*	*292*	*367*
1980	*724*	*711*	*621*	*372*	*549*	*586*	*1 393*	*818*	*832*	*978*
1987	*1 040*	*1 022*	*878*	*442*	*720*	*777*	*2 504*	*1 192*	*1 195*	*1 389*
1991	*1 303*	*1 282*	*1 112*	*497*	.	.	.	*1 483*	*1 479*	*1 711*
					Durchschnittliche jährliche Veränderung in %					
1960/70	+ *10,6*	+ *10,5*	+ *9,8*	+ *6,6*	+ *9,9*	+ *8,9*	+ *14,3*	+ *11,2*	+ *11,3*	+ *13,9*
1970/80	+ *10,2*	+ *10,1*	+ *9,3*	+ *7,0*	+ *7,9*	+ *9,6*	+ *13,8*	+ *10,9*	+ *11,0*	+ *10,3*
1980/87	+ *5,3*	+ *5,3*	+ *5,1*	+ *2,5*	+ *4,0*	+ *4,1*	+ *8,7*	+ *5,5*	+ *5,3*	+ *5,1*
1987/91	+ *5,8*	+ *5,8*	+ *6,1*	+ *3,0*	.	.	.	+ *5,6*	+ *5,5*	+ *5,4*
					% des Nettoanlagevermögens insgesamt					
1960	*100*	*91,3*	*49,4*	*6,7*	*24,7*	*13,0*	*5,0*	*41,8*	*7,1*	*1,7*
1970	*100*	*90,2*	*46,0*	*4,6*	*23,2*	*11,1*	*7,0*	*44,3*	*7,5*	*2,2*
1980	*100*	*89,7*	*42,4*	*3,4*	*18,7*	*10,5*	*9,7*	*47,3*	*8,1*	*2,3*
1987	*100*	*89,7*	*41,7*	*2,8*	*17,1*	*9,7*	*12,1*	*47,9*	*8,1*	*2,2*
1991	*100*	*89,8*	*42,2*	*2,6*	.	.	.	*47,6*	*8,0*	*2,2*

[1]) Abweichungen in den Summen beruhen auf Rundungen. — [2]) Angaben für das frühere Bundesgebiet; 1991 vorläufiges Ergebnis. — [3]) Ohne öffentlichen Tiefbau.

Quelle: L. Schmidt, Reproduzierbares Anlagevermögen 1950 bis 1992, Wirtschaft und Statistik, Heft Nr. 2, 1992, S. 119.

Neben der Erfassung des Nettoanlagevermögens wird mitunter auch das **Bruttoanlagevermögen** berechnet. Diese Angaben werden insbesondere für Kapitalstockberechnungen sowie für Schätzungen des Produktionspotentials und von Produktionsfunktionen verwendet (vgl. dazu Kap. 4.3.).

Im Bestand des Bruttovermögens werden alle Anlagen die noch existent sind mit dem vollen Anschaffungswert bewertet und ohne Berücksichtigung von Abschreibungen erfaßt. Erst wenn die Anlagen tatsächlich aus dem Bestand ausscheiden, werden sie als **Abgänge** erfaßt, die den Bestand vermindern. Die jährlichen Wertminderungen der noch existierenden Anlagen werden bei der Bruttoanlagevermögensberechnung nicht berücksichtigt.

3.2. Die Finanzierungsrechnung

Da die Kreditänderungs- bzw. Finanzierungskonten der Volkswirtschaftlichen Gesamtrechnung für die einzelnen Sektoren jeweils nur die saldierten Veränderungen der Forderungen und Verbindlichkeiten eines Sektors gegenüber allen übrigen Sektoren ausweisen und nichts über die **Art der Zusammensetzung** der Veränderung der Forderungen und Verbindlichkeiten aussagen, wird die Gesamtrechnung in diesen Punkten durch die feiner gegliederte **Finanzierungsrechnung** ergänzt. Diese Stromrechnung wird von der Deutschen Bundesbank erstellt und ist in derselben Weise gegliedert und aufgebaut wie die Geldvermögens- und Verpflichtungsrechnung (= Bestandsrechnung). Sie erfaßt die Veränderung der Bestände zwischen zwei Zeitpunkten. Die Finanzierungsrechnung soll Aufschluß geben über die Verflechtung der finanziellen Sektoren mit den übrigen Sektoren, über die Anlagegewohnheiten der Sektoren, über Änderungen des Finanzierungsverhaltens der Sektoren in Reaktion auf geldpolitische Maßnahmen oder auf Grund von Änderungen in der konjunkturellen Lage der Wirtschaft usw.

Rufen wir uns noch einmal ins Gedächtnis zurück: Jede Transaktion wird im Rahmen der Volkswirtschaftlichen Gesamtrechnung durch vier Buchungen erfaßt. Die bei weitem häufigste Form von Transaktionen stellt der Kauf bzw. Verkauf von Gütern dar. Folgende Fälle sind dabei – unter anderen – denkbar:

a) Ein privater Haushalt kauft in bar ein Gut von einem Unternehmen. Das Unternehmen verbucht diesen Vorgang einmal als Verkauf auf der Habenseite des Produktionskontos und im Finanzierungskonto als Zunahme der Geldbestände in Höhe des Kaufpreises. Beim privaten Haushalt schlägt sich der Kauf als Konsum auf der Sollseite des Einkommenskontos bzw. die Verminderung der Bargeldbestände als Abnahme der Forderungen im Finanzierungskonto, nieder.

b) Ein privater Haushalt kauft ein Gut von einem Unternehmen auf Kredit (der Einfachheit halber wollen wir davon absehen, daß in diesem Kreditgeschäft eine Bank dazwischengeschaltet ist – was normalerweise der Fall ist). Wiederum findet der Verkauf im Produktionskonto des Unternehmens seinen Niederschlag während im Finanzierungskonto eine Zunahme der Forderungen verzeichnet wird. Der private Haushalt verbucht im Einkommenskonto den Erwerb des Konsumgutes und im Finanzierungskonto eine Zunahme der Verbindlichkeiten.

c) Ein privater Haushalt erwirbt ein Gut von einem Unternehmen als Tilgung einer Kreditverpflichtung des Unternehmens gegenüber dem Haushalt. Die Veräußerung des Gutes wird wiederum im Produktionskonto des Unternehmens erfaßt, auf dem Finanzierungskonto nimmt der Bestand an Verbindlichkeiten ab. Der Haushalt erwirbt wiederum ein Konsumgut; auf dem Finanzierungskonto wird eine Abnahme der Forderungen in Höhe des Kreditbetrages (bzw. des Kaufpreises) verzeichnet.

d) Ein Unternehmen A kauft eine neuproduzierte, langlebige Maschine von einem anderen Unternehmen B in bar. Das Vermögen von Unternehmen A verändert sich wertmäßig nicht, es verändert sich jedoch die jeweilige Zusammensetzung. In Unternehmen A nimmt das Anlagevermögen um den Wert dieser Investition zu und die Forderungen nehmen im selben Ausmaße ab: Das Gesamt- und das Reinvermögen blieben unverändert; aber der Zunahme des Sachvermögens entspricht eine wertmäßig gleiche Verschlechterung der Nettoposition bei A. Unternehmen B dagegen verbucht den Verkauf wiederum im Produktionskonto und auf dem Finanzierungskonto eine Zunahme der Geld- bzw. Forderungsbestände.

e) Ganz analog wird beispielsweise der Kauf einer Aktie (= einer Forderung) behandelt (= Finanztransaktion). Beim Käufer und beim Verkäufer ändert sich in diesem Falle zwar die **Zusammensetzung** der Forderungen, nicht jedoch deren Gesamtbestand bzw. -wert: Beim Käufer (Verkäufer) nimmt der Geldbestand um den Wert der Aktie ab (zu) und an seine Stelle tritt eine wertgleiche Zunahme (Abnahme) des Aktienbestandes.

Die laufende Übertragung eines Geldbetrages (z.B. eine monatliche Pensionsleistung durch den Staat (bzw. einen Sozialversicherungsträger) an einen Haushalt (= **Forderungstransfer**) findet beim Staat ihren Niederschlag einerseits im Einkommenskonto als laufende geleistete Übertragung und andererseits im Finanzierungskonto als Abnahme der Geldbestände, beim Haushalt dagegen im Einkommenskonto als empfangene laufende Übertragung und im Finanzierungskonto als Zunahme der Geldbestände. Man beachte erneut, daß auch diese **einseitige Transaktion** durch vier Buchungen erfaßt wird (vgl. die Abschnitte 1.3.3 und 1.3.5.)

Lediglich ein Realtausch bzw. ein Realtransfer berührt die Nettoposition bzw. die Zusammensetzung der Forderungen und Verbindlichkeiten bei den beteiligten Wirtschaftssubjekten nicht.

Die innerhalb eines Rechnungsjahres zustandegekommenen Änderungen in den Forderungen und Verbindlichkeiten eines Wirtschaftssubjektes bzw. eines Sektors erhält man auf folgende Weise:

  Summe der Zugänge an Forderungen
– Summe der Abgänge an Forderungen

= Änderung der Forderungen

bzw.

  Summe der Zunahmen der Verbindlichkeiten
– Summe der Abnahmen der Verbindlichkeiten

= Änderung der Verbindlichkeiten

Die Änderungen der Forderungen und Verbindlichkeiten für eine bestimmte Periode stellen somit **saldierte Größen** dar. Sie ergeben sich durch Aufrechnung der aufsummierten Zu- und Abnahmen an Forderungen bzw. an Verbindlichkeiten. Diese Größen erscheinen in den Vermögensänderungs- bzw. Kreditänderungskonten der einzelnen Wirtschaftssubjekte oder Sektoren.

Um die Veränderungen der Forderungen und Verbindlichkeiten sowie der Finanzierungsströme zur Vermögensbildung der einzelnen Sektoren transparent zu machen, stellt die Deutsche Bundesbank den jährlichen Vermögensänderungskonten ergänzend eine tiefgegliederte **Finanzierungsrechnung** (= **Kreditänderungsrechnung**) an die Seite. Darin werden die Veränderungen der einzelnen Geldvermögens- und Verpflichtungspositionen der finanziellen und nichtfinanziellen Sektoren gegliedert nach den wichtigsten Anlagemöglichkeiten ausgewiesen. Die Gliederung der Anlagemöglichkeiten in Finanzaktiva entspricht der Gliederung in der Geldvermögens- und Verpflichtungsrechnung wie sie im Abschnitt 3.1.1.2. dargestellt wurde. Dadurch kann die Finanzierungsrechnung zur Fortschreibung der Geldvermögensrechnung herangezogen werden.

Die Abbildung 3.5 stellt die Vermögensänderungskonten (Sachvermögensbildung sowie Ersparnis und Vermögensübertragungen) der einzelnen Sektoren dar. Der jeweilige Finanzierungsüberschuß bzw. das Finanzierungsdefizit eines Sektors wird auf die **Geldvermögensbildung** (= Änderung der Forderungen) und **Kreditaufnahme und Aktienemission** (= Änderung der Verbindlichkeiten) zurückgeführt. Die Änderung der Forderungen und Verbindlichkeiten wird sodann weiter aufgeschlüsselt. Demnach beruht z.B. der Finanzierungsüberschuß der privaten Haushalte im Jahre 1990 in der Höhe von 178,70 Mrd. DM auf einer Zunahme der Forderungsbestände um 202,48 Mrd. DM bei einer gleichzeitigen Zunahme der Verbindlichkeiten von 23,78 Mrd. DM. Im einzelnen haben z.B. die Geldanlagen der privaten Haushalte bei den Banken insgesamt um 57,51 Mrd. DM (gegenüber 1989) zugenommen. Die Bestände an Termingeldern der privaten Haushalte bei den Banken sind um 54,80 Mrd. DM gestiegen, dagegen sanken die Spareinlagen um 13,66 Mrd. DM. Verglichen mit 1988 bedeutet das eine deutliche Strukturverschiebung zugunsten der Termineinlagen. Es gehört zu den wichtigsten Aufgaben der Wirtschafts- bzw. Geldtheorie, derartige Phänomene zu erklären. Beispielsweise könnte man, unter sorgfältiger Prüfung der wirtschaftlichen Umstände, insbesondere der Entwicklung der Ertragsstrukturen, versuchen, die Zunahme der Termineinlagen auf deren relativ (zu den anderen Anlagen) höhere Verzinsung zurückzuführen (dafür spräche auch die relativ hohe Zunahme in den Beständen an festverzinslichen Wertpapieren). Im Vergleich dazu warfen die Spareinlagen geringere Erträge ab. Im Verhältnis dazu hat sich die Attraktivität der stets verfügbaren Bargeld- und Sichteinlagenbestände, die ja überhaupt keine Erträge abwerfen und sogar an Wert auf Grund der Inflation verlieren, etwas verringert. Ob diese Erklärung nun zutrifft oder nicht, sie illustriert in jedem Falle die Bedeutung der Finanzierungsrechnung für die Analyse wirtschaftlicher Vorgänge und stellt somit einen wichtigen Baustein und Informationsträger im Rahmen eines umfassenden volkswirtschaftlichen Rechnungswesens dar.

3.3. Input-Output-Tabellen

3.3.1. Ziel und Aufbau von Input-Output Tabellen

In Ergänzung zur Volkswirtschaftlichen Gesamtrechnung werden für die meisten entwickelten Länder Input-Output-Tabellen erstellt. Diese Tabellen sollen die **Verflechtung der einzelnen Produktionsbereiche** in einer Volkswirtschaft sowie deren Bei-

Abb. 3.5.

Vermögensbildung und ihre Finanzierung im Jahre 1990

Mrd DM

Sektor / Position	Private Haushalte	Unternehmen insgesamt	Unternehmen Produktionsunternehmen	Unternehmen Wohnungswirtschaft	Öffentliche Haushalte insgesamt	Öffentliche Haushalte Gebietskörperschaften	Öffentliche Haushalte Sozialversicherungen	Inländische nichtfinanzielle Sektoren insgesamt
	1	2	(2 a)	(2 b)	3	(3 a)	(3 b)	4
Sachvermögensbildung								
Bruttoinvestitionen	–	469,78	334,67	135,11	56,71	55,72	0,99	526,49
Abschreibungen	–	277,23	208,47	68,76	16,92	16,27	0,65	294,15
Nettoinvestitionen	–	192,55	126,20	66,35	39,79	39,45	0,34	232,34
Ersparnis und Vermögensübertragungen	178,70	107,67	85,56	22,11	– 11,42	– 32,02	20,60	274,95
Ersparnis	224,59	41,15	64,19	– 23,04	14,52	– 6,16	20,68	280,26
Vermögensübertragungen (netto)	– 45,89	66,52	21,37	45,15	– 25,94	– 25,86	– 0,08	– 5,31
Finanzierungsüberschuß bzw. -defizit 2)	178,70	– 84,88	– 40,64	– 44,24	– 51,21	– 71,47	20,26	42,61
Statistische Differenz 3)	–	59,00	59,00	–	–	–	–	59,00
Geldvermögensbildung								
Geldanlage bei Banken	57,51	55,18	54,68	0,50	20,07	11,47	8,60	132,77
Bargeld und Sichteinlagen	16,37	37,70	37,20	0,50	8,34	7,26	1,08	62,41
Termingelder	54,80	17,96	17,96	–	11,45	4,62	6,84	84,22
Spareinlagen	– 13,66	– 0,48	– 0,48	–	0,28	– 0,41	0,69	– 13,86
Geldanlage bei Bausparkassen	4,20	0,43	0,43	–	– 0,08	– 0,08	–	4,55
Geldanlage bei Versicherungen	47,35	1,51	1,51	–	0,05	0,05	–	48,91
Erwerb von Geldmarktpapieren	5,83	6,38	6,38	–	0,20	0,20	–	12,40
Erwerb festverzinslicher Wertpapiere	75,64	38,56	38,56	–	3,30	0,60	2,70	117,50
Erwerb von Aktien	– 2,82	32,81	32,81	–	1,26	1,26	–	31,26
Auslandsposition der Deutschen Bundesbank	–	–	–	–	–	–	–	–
Bankkredite	–	–	–	–	–	–	–	–
Kurzfristige Bankkredite	–	–	–	–	–	–	–	–
Längerfristige Bankkredite	–	–	–	–	–	–	–	–
Darlehen der Bausparkassen	–	–	–	–	–	–	–	–
Darlehen der Versicherungen	–	–	–	–	–	–	–	–
Sonstige Forderungen	14,78	52,47	52,47	–	17,47	8,24	9,23	84,72
an das Inland	11,77	0,65	0,65	–	10,30	4,99	5,31	22,72
an das Ausland	3,01	51,82	51,82	–	7,17	3,25	3,92	62,00
Innersektorale Forderungen	–	–	1,44	–	–	–	– 0,32	–
Summe	202,48	187,34	188,28	0,50	42,28	21,75	20,21	432,10
Kreditaufnahme und Aktienemission								
Geldanlage bei Banken	–	–	–	–	–	–	–	–
Bargeld und Sichteinlagen	–	–	–	–	–	–	–	–
Termingelder	–	–	–	–	–	–	–	–
Spareinlagen	–	–	–	–	–	–	–	–
Geldanlage bei Bausparkassen	–	–	–	–	–	–	–	–
Geldanlage bei Versicherungen	–	–	–	–	–	–	–	–
Absatz von Geldmarktpapieren	–	– 1,59	– 1,59	–	8,38	8,38	–	6,79
Absatz festverzinslicher Wertpapiere	–	7,30	7,30	–	76,74	76,74	–	84,04
Emission von Aktien	–	21,99	21,85	0,14	–	–	–	21,99
Auslandsposition der Deutschen Bundesbank	–	–	–	–	–	–	–	–
Bankkredite	20,96	124,48	91,48	33,00	9,79	9,84	– 0,05	155,23
Kurzfristige Bankkredite	4,55	42,11	40,72	1,39	1,30	1,45	– 0,16	47,96
Längerfristige Bankkredite	16,40	82,37	50,76	31,61	8,50	8,39	0,11	107,27
Darlehen der Bausparkassen	–	4,00	– 1,04	5,04	0,13	0,13	–	4,13
Darlehen der Versicherungen	2,13	10,61	4,91	5,71	– 0,47	– 0,47	–	12,28
Sonstige Verpflichtungen	0,69	46,43	47,02	– 0,59	– 1,09	– 1,09	–	46,04
gegenüber dem Inland	0,69	20,66	21,24	– 0,59	– 0,04	– 0,04	–	21,31
gegenüber dem Ausland	–	25,77	25,77	–	– 1,04	– 1,04	–	24,73
Innersektorale Verpflichtungen	–	–	–	1,44	–	– 0,32	–	–
Summe	23,78	213,22	169,92	44,74	93,49	93,22	– 0,05	330,49

1) Einschl. DDR. - 2) Ersparnis und Vermögensübertragungen (netto) abzüglich Nettoinvestitionen; entspricht der Nettogeldvermögensbildung bzw. -kreditaufnahme. - 3) Entspricht dem Restposten im Finanzierungskonto des Auslands aufgrund der statistisch nicht aufgliederbaren Vorgänge im Zahlungsverkehr mit dem Ausland sowie mit den neuen Bundesländern.

Quelle: Ergebnisse der gesamtwirtschaftlichen Finanzierungsrechnung der Deutschen Bundesbank 1981 bis 1990. Sonderdruck der Deutschen Bundesbank Nr. 4, 1991, S. 76f.

…amt	Deutsche Bundesbank (5 a)	Kreditinstitute (5 b)	Bausparkassen 6	Versicherungen 7	Finanzielle Sektoren insgesamt 8	Ausland 1) 9	Sektoren insgesamt 10	Sektor / Position
								Sachvermögensbildung
5,42	.	.	0,23	4,00	9,65	–	536,14	Bruttoinvestitionen
4,09	.	.	0,12	1,70	5,91	–	300,06	Abschreibungen
1,33	.	.	0,11	2,30	3,74	–	236,08	Nettoinvestitionen
19,28	.	.	0,22	7,50	27,00	– 65,87	236,08	**Ersparnis und Vermögensübertragungen**
19,36	.	.	0,22	7,60	27,18	– 71,36	236,08	Ersparnis
0,08	.	.	–	– 0,10	– 0,18	5,49	–	Vermögensübertragungen (netto)
17,95	4,44	13,52	0,11	5,20	23,26	– 65,87	–	**Finanzierungsüberschuß bzw. -defizit 2)**
–	–	–	–	–	–	– 59,00	–	**Statistische Differenz 3)**
								Geldvermögensbildung
–	–	–	0,93	26,01	26,94	133,56	293,27	Geldanlage bei Banken
–	–	–	– 0,26	2,04	1,78	66,75	130,95	Bargeld und Sichteinlagen
–	–	–	1,19	24,03	25,22	64,65	174,08	Termingelder
–	–	–	–	– 0,06	– 0,06	2,16	– 11,76	Spareinlagen
0,10	–	– 0,10	–	–	– 0,10	0,61	5,06	Geldanlage bei Bausparkassen
–	–	–	–	–	–	0,13	49,03	Geldanlage bei Versicherungen
0,83	– 1,32	0,48	–	–	– 0,83	0,77	12,34	Erwerb von Geldmarktpapieren
78,92	– 0,01	78,93	2,10	13,77	94,79	28,11	240,40	Erwerb festverzinslicher Wertpapiere
16,26	–	16,26	– 0,09	2,48	18,65	– 1,37	48,54	Erwerb von Aktien
11,60	11,60	–	–	–	11,60	0,70	12,30	Auslandsposition der Deutschen Bundesbank
93,19	25,32	267,87	–	–	293,19	–	293,19	Bankkredite
27,83	25,32	102,51	–	–	127,83	–	127,83	Kurzfristige Bankkredite
65,36	–	165,36	–	–	165,36	–	165,36	Längerfristige Bankkredite
–	–	–	3,52	–	3,52	–	3,52	Darlehen der Bausparkassen
–	–	–	–	12,95	12,95	–	12,95	Darlehen der Versicherungen
–	–	–	–	–	–	24,73	109,45	Sonstige Forderungen
–	–	–	–	–	–	24,73	47,45	an das Inland
–	–	–	–	–	–	–	62,00	an das Ausland
–	11,45	4,88	–	–	–	–	–	Innersektorale Forderungen
99,04	47,06	368,31	6,46	55,21	460,70	187,23	1 080,03	Summe
								Kreditaufnahme und Aktienemission
93,27	36,36	256,91	–	–	293,27	–	293,27	Geldanlage bei Banken
30,95	36,36	94,60	–	–	130,95	–	130,95	Bargeld und Sichteinlagen
74,08	–	174,08	–	–	174,08	–	174,08	Termingelder
11,76	–	– 11,76	–	–	– 11,76	–	– 11,76	Spareinlagen
–	–	–	5,06	–	5,06	–	5,06	Geldanlage bei Bausparkassen
–	–	–	–	49,03	49,03	–	49,03	Geldanlage bei Versicherungen
0,34	0,69	– 0,35	–	–	0,34	5,21	12,34	Absatz von Geldmarktpapieren
80,78	–	80,78	– 1,01	–	79,77	76,59	240,40	Absatz festverzinslicher Wertpapiere
5,08	–	5,08	0,12	0,84	6,03	20,51	48,54	Emission von Aktien
0,70	0,70	–	–	–	0,70	11,60	12,30	Auslandsposition der Deutschen Bundesbank
–	–	–	2,15	– 0,37	1,78	136,17	293,19	Bankkredite
–	–	–	1,66	– 0,22	1,44	78,43	127,83	Kurzfristige Bankkredite
–	–	–	0,50	– 0,15	0,34	57,74	165,36	Längerfristige Bankkredite
0,06	–	0,06	–	– 0,04	0,02	– 0,63	3,52	Darlehen der Bausparkassen
–	–	–	0,04	–	0,04	0,64	12,95	Darlehen der Versicherungen
0,86	–	0,86	–	0,55	1,41	62,00	109,45	Sonstige Verpflichtungen
0,86	–	0,86	–	0,55	1,41	62,00	84,72	gegenüber dem Inland
–	–	–	–	–	–	–	24,73	gegenüber dem Ausland
–	4,88	11,45	–	–	–	–	–	Innersektorale Verpflichtungen
81,08	42,62	354,79	6,35	50,01	437,44	312,10	1 080,03	Summe

träge zur Wertschöpfung sichtbar machen. Während also in der Volkswirtschaftlichen Gesamtrechnung die Wahl der Darstellungseinheiten nach institutionellen Gesichtspunkten (private und öffentliche Haushalte und Unternehmen) vorgenommen wurde, wird in Input-Output-Tabellen eine funktionelle Gliederung gewählt, die die Ströme einzelner Güter bzw. Gütergruppen, von der Produktion bis hin zur Verwendung, möglichst deutlich machen soll. Eine wesentliche Erweiterung zur Volkswirtschaftlichen Gesamtrechnung besteht darin, daß vor allem sämtliche Vorleistungsströme ausgewiesen werden.

Die Input-Output-Tabellen bilden zusammen mit ihren vielfältigen Erweiterungen die Grundlage für Input-Output-**Analysen**, die sich als ein machtvolles theoretisches und prognostisches Instrument erwiesen haben. Diese dient insbesondere der Erforschung des Strukturwandels in einer Wirtschaft, und liefert dadurch unter anderem die Grundlagen für die Struktur-, Energie- und Rohstoffpolitik. Der Anhang zu diesem Abschnitt enthält eine kurze Einführung in die Grundlagen der Input-Output-Analyse.

Eine Input-Output-Tabelle besitzt folgenden **Aufbau**: Sie läßt sich zunächst in vier **Quadranten** aufteilen. Im ersten Quadranten werden die Vorleistungsströme zwischen den Produktionsbereichen erfaßt.

Im zweiten Quadranten werden die letzten Verwendungen, das sind Konsum, Bruttoinvestition und Export, der einzelnen Güter ausgewiesen. Der dritte Quadrant weist den produktionsbedingten Aufwand nach. Der vierte Quadrant bleibt hingegen leer.

Der in einer Periode produzierte Produktionswert eines Gutes bzw. einer Gütergruppe wird einerseits als Vorleistungen an andere Produktionsbereiche geliefert und fließt andererseits den Haushalten und dem Staat zum Verbrauch sowie den Unternehmen und dem Staat als Bruttoinvestitionen zu, bzw. gehen als Exporte ins Ausland. M_{jk} bezeichnet den Wert der im Bereich j produzierten Güter, die im Sektor k als Vorleistungen verwendet werden, B_k den Produktionswert des Sektors k. Die übrigen Symbole für die Endprodukte sind aus Abschnitt 1.6.3. bekannt.

Um die Produktion des Gutes k zu ermöglichen, werden Vorleistungen eingesetzt, Importe getätigt, Löhne und Gehälter (L_k) sowie Einkommen für Vermögenswerte und Unternehmertätigkeit (G_k) geschaffen.

Während also in den Zeilen Einnahmen aus dem Verkauf des Gutes k als Zwischengüter an die einzelnen Produktionsbereiche und als Endprodukte an Haushalte, Staat, Unternehmen und das Ausland stehen, geben die Spaltenpositionen die Aufteilung des Produktionswertes in Ausgaben (= Kosten) für Vorleistungen aus den einzelnen inländischen Bereichen und für importierte Vorleistungen, Abschreibungen, indirekte Steuern minus Subventionen sowie für die Einkommen aus unselbständiger Arbeit und Unternehmertätigkeit und Vermögen. Zu beachten ist, daß in den Zeilen nur Güter aus inländischer Produktion aufscheinen. Ferner ist zu beachten, daß die Importe nur die Einfuhr von Vorleistungen erfassen. Der gesamte Vorleistungsverbrauch des Sektors k ist folglich durch $\sum_{i=1}^{n} M_{ik} + Im_k$ gegeben.

Es gelten also die einfachen Zusammenhänge:

Im einzelnen hat die Input-Output Tabelle folgendes Aussehen:

	Input / Output	**Kauf von Vorleistungen (Zwischengüter)** Produktionsbereiche						**Endprodukte**		Exporte	Produktionswerte = Verwendung d. Produkte aus inländischer Produktion
		1	2	...	k	...	n	Konsum	Brutto-invest.		
Verkauf von Vorleistungen und Endprodukten Produktionsbereiche	1	M_{11}	M_{12}	...	M_{1k}	...	M_{1n}	C_1	I_1^{brutto}	Ex_1	B_1
	2	M_{21}	M_{22}	...	M_{2k}	...	M_{2n}	C_2	I_2^{brutto}	Ex_2	B_2
	⋮	⋮	⋮	---	⋮	---	⋮	⋮	⋮	⋮	⋮
	k	M_{k1}	M_{k2}	-	M_{kk}	---	M_{kn}	C_k	I_k^{brutto}	Ex_k	B_k
	⋮	⋮	⋮		⋮		⋮	⋮	⋮	.	⋮
	n	M_{n1}	M_{n2}	...	M_{nk}	...	M_{nn}	C_n	I_n^{brutto}	Ex_n	B_n
	Vorleistungen aus Einfuhr	Im_1	Im_2	...	Im_k	...	Im_n				
Sonstiger Produktionsaufwand	Abschreibungen	D_1	D_2	...	D_k	...	D_n				
	Ind. St-Subv.	$T_1^{ind.}-Z_1$	$T_2^{ind.}-Z_2$	...	$T_k^{ind.}-Z_k$	...	$T_n^{ind.}-Z_n$				
	Eink. aus unselbst. Arbeit	L_1	L_2	...	L_k	...	L_n				
	Eink. aus Untern. tätigk. u. Vermög.	G_1	G_2	...	G_k	...	G_n				
	Produktionswert = Aufkommen an Gütern aus inländischer Produktion	B_1	B_2	...	B_k	...	B_n				

(1) $$\sum_{i=1}^{n} M_{ik} + Im_k + D_k + T_k^{ind} - Z_k + L_k + G_k = B_k \qquad \text{und}$$

(2) $$\sum_{j=1}^{n} M_{kj} + C_k + I_k^{brutto} + Ex_k = B_k$$

Gleichung (1) gibt somit den produktionsbedingten Aufwand für die Produktion, Gleichung (2) die Einnahmen aus der Produktion des Gutes k an, wie sie sich im zusammengefaßten Güterkonto finden (vgl. Abschnitt 2.2.). Aufgrund des Kreislaufaxioms müssen (1) und (2) jeweils gleich sein.

3.3.2. Zusammenhänge mit der Volkswirtschaftlichen Gesamtrechnung

Da es sich lediglich um eine detaillierte Aufgliederung der sektoralen Produktionskonten nach Produktionsbereichen handelt, lassen sich die Zusammenhänge zur Volkswirtschaftlichen Gesamtrechnung leicht sichtbar machen.

– Subtrahiert man vom Produktionswert des Bereiches k die Aufwendungen für Vorleistungen, so erhält man aus Gleichung (1) dessen Bruttowertschöpfung

$$D_k + T_k^{ind} - Z_k + L_k + G_k = B_k - \sum_{i=1}^{n} M_{ik} - Im_k$$

– Summiert man die Bruttowertschöpfungen aller Bereiche k, wobei $\sum_{k=1}^{n} Im_k = Im$ die Summe der Importe aller Bereiche k angibt (Analoges gilt für alle übrigen Größen), dann erhält man:

$$D + T^{ind} - Z + L + G = \sum_{k=1}^{n} (B_k - \sum_{i=1}^{n} M_{ik} - Im_k)$$

Da L + G die Summe der Faktoreinkommen aus Inlandsproduktion ($= Y_F$) darstellt, ergibt die Summe der Bruttowertschöpfungen nicht anderes als das **Bruttoinlandsprodukt zu Marktpreisen:**

$$\mathbf{Y_M^{brutto} = D + T^{ind} - Z + Y_F}$$

– Durch Addition über alle Produktionsbereiche k ergibt sich aus Gleichung (2)

$$\sum_{k=1}^{n} (B_k - \sum_{j=1}^{n} M_{kj} - Im_k) = Y_M^{brutto} = C + I^{brutto} + Ex - Im$$

– Durch Subtraktion der volkswirtschaftlichen Abschreibungen erhält man

$$Y_M^{netto} = T^{ind} - Z + Y_F = C + I^{netto} + Ex - Im$$

das **Nettoinlandsprodukt zu Marktpreisen.**

3.3.3. Input-Output-Tabellen des Statistischen Bundesamtes

3.3.3.1. Aufbau und Zuordnungsprobleme

Das Statistische Bundesamt hat Input-Output-Tabellen für die Bundesrepublik Deutschland für ausgewählte Jahre erstellt. Bisher liegen Tabellen für die Jahre 1965,

1970, 1974, 1975, 1978, 1980, 1984 und 1988 vor. Um verschiedenen Benutzerwünschen entgegenzukommen, wurden für diese Jahre jeweils Tabellen zu (laufenden) Ab-Werk-Preisen und zu (laufenden) Herstellungskosten veröffentlicht (siehe unten Abschnitt 3.3.3.2.). Für das Jahr 1980 wurden erstmals auch Tabellen in konstanten Preisen (1976 = 100) errechnet. Die deflationierten Daten für Input-Output-Tabellen für mehrere aufeinanderfolgende Jahre würden dann reale Strukturverschiebungen der einzelnen Produktionsbereiche erkennen lassen (siehe auch Kap. 5.).

Tabelle 3.6. stellt die Input-Output-Tabelle zu laufenden Ab-Werk-Preisen für 1988 dar. Diese Tabellen weisen 12 Produktionsbereiche aus und sind „verkleinerte“ (aggregierte) Fassungen der großen, 58 Produktionsbereiche umfassenden Input-Output-Tabellen des Statistischen Bundesamtes. Produktionsbereich 12: „Nichtmarktbestimmte Dienstleistungen“ erfaßt die Produktion von Dienstleistungen der privaten Organisationen ohne Erwerbscharakter einschließlich der häuslichen Dienste und des Staates. $M_{12,12}$ = 61 049 Mill. DM stellt den bereichsinternen Vorleistungsverbrauch des Produktionsbereiches 12 dar, d.h. die von diesem Bereich produzierten Leistungen, die wiederum als Vorleistungen in diesem Bereich Verwendung fanden.

In der Praxis gibt es eine Fülle von Schwierigkeiten, im Einzelfall eine Zuordnung zu den jeweiligen Bereichen zu treffen. Dies ist insbesondere bei den Produktionsleistungen von **diversifizierenden**, d. h. für mehrere unterschiedliche Märkte gleichzeitig produzierenden Unternehmen oder bei Kuppelproduktion (z. B. Schafwolle und Schaffleisch oder alle Erdölprodukte) der Fall. Der Statistiker wird sich dann bemühen, die Leistungen so gut und genau wie möglich auf die jeweiligen Produktionsbereiche aufzuteilen.

3.3.3.2. Bewertung der Transaktionen

Die einzelnen Transaktionen zwischen den Bereichen können je nach Erkenntnisziel in unterschiedlicher Weise bewertet werden. Insbesondere um die Leistungen des Produktionsbereichs 10„Dienstleistungen des Handels,Verkehrs, Postdienstes u.s.w.“ möglichst vollständig zu erfassen, werden die Transaktionen nicht zu Anschaffungspreisen, sondern zu **Ab-Werk-Preisen** oder zu **Herstellungspreisen bewertet.** Ausgehend vom Anschaffungspreis als dem Marktpreis, der gewöhnlich verrechnet wird, gelangt man zu den Preiskonzepten der Input-Output-Tabellen für Güter aus inländischer Produktion auf folgende Weise:

  Anschaffungspreis
— Wert der Handels- und Transportleistungen
= Ab-Werk-Preis
— Produktionssteuern (abzüglich Subventionen) des jeweiligen Produktionsbereichs
= Herstellungspreis

Für **importierte Güter** ergibt sich folgende Rechnung:

  Anschaffungspreis
— Wert der Handels- und Transportleistungen im Inland
= Ab-Zoll-Preis
— Einfuhrabgaben
= Cif-Preis (vgl. Abschnitt 3.3.5.2.)

Tabelle 3.6 Input-Output-Tabelle
Inländische Produk
Mill.

Lfd. Nr.	Verwendung (H. v. = Herstellung von) / Aufkommen	Input der Produk							
		Erzg. von Produkten der Land- und Forstwirtschaft, Fischerei	Erzg. von Energie, Gew. von Wasser und Bergbauerzeugnissen	H. v. chemischen und Mineralölerzeugnissen, Gew. von Steinen, Erden	Erzg. und Bearbeitung von Eisen, Stahl und NE-Metallen	H. v. Stahl- und Maschinenbauerzeugnissen, ADV-Einrichtungen, Fahrzeugen	H. v. elektrotechnischen, feinmechanischen Erzeugnissen, EBM-Waren usw.	H. v. Holz-, Papier-, Lederwaren, Textilien, Bekleidung	H. v. Nahrungsmitteln, Getränken, Tabakwaren
		1	2	3	4	5	6	7	8
	Output¹) nach Gütergruppen (Zeile 1 bis Zeile 12):								
1	Produkte der Land- und Forstwirtschaft, Fischerei	7 876	40	600	30	39	56	4 510	51 079
2	Energie, Wasser, Bergbauerzeugnisse	2 329	39 347	29 367	17 145	4 769	2 551	4 835	3 429
3	Chemische und Mineralölerzeugnisse, Steine und Erden usw.	7 632	3 552	100 701	5 135	22 668	16 430	14 854	6 446
4	Eisen, Stahl, NE-Metalle, Gießereierzeugnisse u. ä.	688	1 541	2 275	85 430	42 529	22 827	619	138
5	Stahl- und Maschinenbauerzeugnisse, ADV-Einrichtungen, Fahrzeuge	1 373	5 127	3 223	1 270	85 205	3 814	1 700	1 545
6	Elektrotechnische und feinmechanische Erzeugnisse, EBM-Waren usw.	477	2 579	4 632	1 760	32 289	27 612	4 280	2 994
7	Holz-, Papier- und Lederwaren, Textilien, Bekleidung	710	439	6 479	539	5 238	4 144	55 629	4 355
8	Nahrungsmittel, Getränke, Tabakwaren	7 453	51	546	27	129	82	38	36 629
9	Bauleistungen	722	4 672	1 040	359	1 841	409	628	539
10	Dienstleistungen des Handels, Verkehrs, Postdienstes usw.	4 509	4 381	23 224	13 585	27 081	13 711	14 639	16 473
11	Übrige marktbestimmte Dienstleistungen	3 109	8 847	34 751	8 516	45 808	25 474	17 870	14 911
12	Nichtmarktbestimmte Dienstleistungen	329	814	2 676	832	2 447	851	698	1 474
13	**Vorleistungen der Produktionsbereiche (Spalte 1 bis Spalte 13) bzw. letzte Verwendung von Gütern (Spalte 14 bis Spalte 19) ohne Umsatzsteuer**	**37 207**	**71 390**	**209 514**	**134 628**	**270 043**	**117 961**	**120 300**	**140 012**
14	Nichtabziehbare Umsatzsteuer	–	–	–	–	–	–	–	–
15	**Vorleistungen der Produktionsbereiche (Spalte 1 bis Spalte 13) bzw. letzte Verwendung von Gütern (Spalte 14 bis Spalte 19) einschl. nichtabziehbarer Umsatzsteuer**	**37 207**	**71 390**	**209 514**	**134 628**	**270 043**	**117 961**	**120 300**	**140 012**
16	Abschreibungen	10 901	18 350	14 896	6 230	17 854	8 635	7 924	6 744
17	Produktionssteuern abzüglich Subventionen	– 4 236	1 371	23 081	651	2 506	1 697	1 379	16 227
18	Einkommen aus unselbständiger Arbeit	8 575	31 654	77 767	32 599	135 302	88 353	52 431	26 030
19	Einkommen aus Unternehmertätigkeit und Vermögen	16 826	18 574	19 253	6 447	13 403	22 352	14 263	14 488
20	**Bruttowertschöpfung zu Marktpreisen**	**32 066**	**69 949**	**134 997**	**45 927**	**169 065**	**121 037**	**75 997**	**63 489**
21	Produktionswert	69 273	141 339	344 511	180 555	439 108	238 998	196 297	203 501
22	Einfuhr gleichartiger Güter zu Ab-Zoll-Preisen	32 358	26 207	90 196	36 587	81 492	65 165	69 847	31 716
23	**Gesamtes Aufkommen an Gütern**	**101 631**	**167 546**	**434 707**	**217 142**	**520 600**	**304 163**	**266 144**	**235 217**

*) Vorläufiges Ergebnis. Die Werte entsprechen dem Berechnungsstand der Ergebnisse aus der Sozialproduktsberechnung vom Herbst 1990. Sie weichen damit von den übrigen Tabellen (Berechnungsstand Frühjahr 1991) ab. – Siehe hierzu auch »Fundstellen und weiterführende Informationen«, S. 658. – **Früheres Bundesgebiet**.

**) Hinweise zum Aufbau dieser Tabelle (siehe auch Erläuterungen in der Vorbemerkung S. 623 und S. 625): In den Zeilen 1 bis 13 wird gezeigt, wie das gesamte Aufkommen an Gütern in der Gliederung nach 12 Gütergruppen (Spalte 20, siehe auch Zeile 23) aus inländischer Produktion (siehe Zeile 21) und aus der Einfuhr (siehe Zeile 22) verwendet wird. Dabei wird zwischen der intermediären Verwendung als Vorleistungen der Produktionsbereiche (Spalten 1 bis 13) und der letzten Verwendung (Spalten 14 bis 19) unterschieden. In den Spalten 1 bis 12 der Tabelle werden die Inputs der hier dargestellten Produktionsbereiche gezeigt, und zwar in den Zeilen 1 bis 12 der Verbrauch an Vorleistungen in der Gliederung nach Gütergruppen

Quelle: Statistisches Jahrbuch 1991 für das vereinte Deutschland, Statistisches Bundesamt Wiesbaden, S. 652f.

1988 zu Ab-Werk-Preisen
tior und Einfuhr*)
DM

tionsbereiche					Letzte Verwendung von Gütern						Gesamte Verwendung von Gütern	Lfd. Nr.
Bau	Leistungen des Handels, Verkehrs, Postdienstes u. ä.	übrige marktbestimmte Dienstleistungen	nichtmarktbestimmte Dienstleistungen	zusammen	Privater Verbrauch im Inland	Staatsverbrauch	Anlageinvestitionen	Vorratsveränderung	Ausfuhr von Waren und Dienstleistungen	zusammen		
9	10	11	12	13	14	15	16	17	18	19	20	
38	271	7 319	1 908	73 766	22 156	–	273	281	5 155	27 865	101 631	1
514	9 387	10 082	7 700	131 455	33 349	–	–	– 631	3 373	36 091	167 546	2
37 366	12 926	15 447	20 665	263 822	61 742	–	1 245	1 439	106 459	170 885	434 707	3
6 848	991	545	288	164 719	482	–	8 154	5 349	38 438	52 423	217 142	4
6 340	5 923	2 349	14 174	132 043	65 735	–	118 382	2 183	202 257	388 557	520 600	5
9 250	2 487	11 838	12 466	112 664	39 852	–	52 223	10 308	89 116	191 499	304 163	6
8 535	7 940	26 111	6 077	126 196	86 496	–	7 460	492	45 500	139 948	266 144	7
31	1 185	17 686	4 909	68 766	145 525	–	–	– 1 755	22 681	166 451	235 217	8
3 402	2 439	20 387	8 300	44 738	3 159 ¹)	–	169 616	–	2 033	174 808	219 546	9
14 925	43 633	23 051	22 689	221 901	210 396	–	20 599	1 084	49 389	281 468	503 369	10
21 751	65 658	221 895	85 326	553 916	346 756	–	16 168	–	17 479	380 403	934 319	11
910	1 845	13 499	61 049	87 424	37 812	412 650	–	–	1030	451 492	538 916	12
109 910	**154 685**	**370 209**	**245 551**	**1 981 410**	**1 053 460**	**412 650**	**394 120**	**18 750**	**582 910**	**2 461 890**	**4 443 300**	13
–	409	10 308	15 373	26 090	81 850	–	21 860	–	400	104 110	130 200	14
109 910	**155 094**	**380 517**	**260 924**	**2 007 500**	**1 135 310**	**412 650**	**415 980**	**18 750**	**583 310**	**2 566 000**	**4 573 500**	15
5 119	41 774	103 418	18 565	260 410	×	×	×	×	×	×	×	16
1 747	– 7 983	22 920	280	59 640	×	×	×	×	×	×	×	17
70 899	193 007	147 542	257 441	1 121 600	×	×	×	×	×	×	×	18
31 061	103 528	258 925	–	519 120	×	×	×	×	×	×	×	19
108 826	**330 326**	**532 805**	**276 286**	**1 960 770**	×	×	×	×	×	×	×	20
218 736	485 420	913 322	537 210	3 968 270	×	×	×	×	×	×	×	21
810	17 949	20 997	1 706	475 030	×	×	×	×	×	×	×	22
219 546	**503 369**	**934 319**	**538 916**	**4 443 300**	×	×	×	×	×	×	×	23

und in den Zeilen 16 bis 20 die Bruttowertschöpfung und ihre Komponenten (Abschreibungen, Produktionssteuern abzüglich Subventionen, Einkommen aus unselbständiger Arbeit und Einkommen aus Unternehmertätigkeit und Vermögen). Die Angaben über die intermediäre und die letzte Verwendung enthalten keine Umsatzsteuer. Die nichtabziehbare Umsatzsteuer ist in einer gesonderten Zeile (Zeile 14) ausgewiesen. Die Vorleistungen (Zeile 15) und die Bruttowertschöpfung (Zeile 20) ergeben den Produktionswert der Produktionsbereiche (Zeile 21). Die Spalten 14 bis 19 zeigen in den Zeilen 1 bis 12 die Zusammensetzung der Kategorien der letzten Verwendung von Waren und Dienstleistungen (Privater Verbrauch im Inland, Staatsverbrauch, Anlageinvestitionen, Vorratsveränderung und Ausfuhr) nach Gütergruppen.

¹) Einschl. der Einfuhr gleichartiger Güter.

3.3.3.3. Abweichungen von den Ergebnissen der herkömmlichen Sozialproduktsberechnung

Aus der besonderen Fragestellung, mit der die Aufstellung von Input-Output-Tabellen verbunden ist, nämlich die Verflechtung der einzelnen Produktionsbereiche sichtbar zu machen, ergeben sich einige Abweichungen zu Werten der Sozialproduktsberechnungen, die aus der andersgearteten Aufbereitung der vorhandenen Information resultieren.

Während in der Sozialproduktsberechnung firmeninterne Lieferungen und Leistungen (soweit sie statistisch erfaßbar sind) nicht berücksichtigt werden, werden sie im Rahmen der Input-Output-Tabellen ausgewiesen.

Beim Handel wird in den Input-Output-Tabellen nur der Wert der Handelsleistungen ausgewiesen, der sich aus der Differenz zwischen dem Umsatz des Handels und dem Einstandswert der Handelsware ergibt. Insbesondere aus diesem Grund verringern sich die insgesamt ausgewiesenen Produktionswerte und die Vorleistungen in den Input-Output-Tabellen gegenüber den Ergebnissen der Sozialproduktsberechnung

Unterschiede ergeben sich unter anderem auch noch für den privaten Konsum, der in der Input-Output-Tabelle nach dem Inlandskonzept ausgewiesen wird.

Die Input-Output-Tabellen werden seit 1978 über ein sogenanntes **Überleitungsmodell** enger mit den anderen Teilen der Volkswirtschaftlichen Gesamtrechnung verknüpft. Das Statistische Bundesamt folgt dabei – mit einigen Ausnahmen – den Richtlinien des Systems of National Accounts, Kapitel 3. Der Sinn dieser Maßnahmen liegt darin, den Übergang von den institutionell abgegrenzten Bereichen (Unternehmen etc.) der Volkswirtschaftlichen Gesamtrechnung zu den funktional abgegrenzten Gütergruppen der Input-Output-Tabellen zu gewährleisten. Diese Vorgehensweise führt auch zu einer besseren Anpassung an die vorhandenen statistischen Materialquellen und somit auch zu einer verbesserten Überprüfbarkeit mit den Rechnungsergebnissen der Volkswirtschaftlichen Gesamtrechnung. Für eine Darstellung dieser Neuerungen sei der Leser auf die Arbeiten von Stahmer (1979 und 1982) sowie auf die kurze Darstellung von Holub und Schnabl (1982, S. 40ff.) verwiesen.

Exkurs zu 3.3.: Input-Output-Analyse

a) Die Bedeutung der Input-Output-Tabellen: Input-Output-Analyse

Die Darstellungen der Transaktionsströme zwischen den einzelnen Bereichen, wie sie durch Input-Output-Tabellen gegeben werden, würden für sich kaum von jener Bedeutung sein, die ihnen in praktischen und theoretischen Überlegungen immer wieder zukommen. Ihre überragende Bedeutung gewinnen sie erst dadurch, daß sie die Grundlage für eine Interpretation in Form der sogenannten Input-Output-Analyse liefern. Die Darstellung der Input-Output-Analyse sprengt eigentlich den Rahmen einer Einführung in das volkswirtschaftliche Rechnungswesen, da es sich dabei um eine **Ex ante-Analyse** handelt. Wenn hier dennoch die **Input-Output-Analyse** kurz dargestellt wird, dann einmal nur in einem Anhang, um deutlich zu machen, daß dadurch der Bereich der Ex post-Analyse verlassen wird und andererseits deshalb, weil sich die Input-Output-Analyse auf verhältnismäßig einfache Weise, ohne größeren theoretischen Aufwand entwickeln läßt.

Die Input-Output-Analyse wurde in den Dreißiger Jahren von Wassily Leontief entwickelt und hat sich seither als eines der wichtigsten und ausbaufähigsten Werkzeuge der ökonomischen Theoriebildung erwiesen.

b) Übergang von der Input-Output-Tabelle zur -Analyse

Die **grundlegende Voraussetzung** für jede Input-Output-Analyse ist gewiß die, daß sich die **Produktionsbedingungen** in einer Volkswirtschaft im Laufe der Zeit, wenn überhaupt, dann nur sehr langsam ändern.

Ausgehend von dieser Voraussetzung werden die **Produktionsbedingungen** (genauer die **Technologie**) einer Volkswirtschaft durch bestimmte **Annahmen** näher bestimmt:

1. Keine Kuppelproduktion:

Jeder Produktionsbereich produziert **nur ein** bestimmtes Gut. Damit besteht eine umkehrbar eindeutige Beziehung zwischen Produktionsbereich und Gütern.

In der Praxis läßt sich diese theoretische Annahme kaum erfüllen. Es wurde bereits oben gezeigt, daß oft Zurechnungen der Produktion von Mehrproduktunternehmen zu einzelnen Bereichen vorgenommen werden müssen. Bei aggregierten Tabellen, wie jener des Bundesamtes, lassen sich nur Gütergruppen, die **nicht immer homogen** sind, zusammengefaßt darstellen.

2. Unmöglichkeit des Schlaraffenlandes:

Jeder Bereich benötigt mindestens einen positiven Input, um überhaupt einen positiven Output produzieren zu können.

Dieses Erfordernis ist praktisch immer gewährleistet, es besagt lediglich, daß „aus Nichts Nichts wird".

3. Keine Substitutionsmöglichkeit:

Die zur Herstellung eines bestimmten Gutes benötigten Inputs müssen einander notwendig ergänzen oder – wie man auch sagt – sie sind zueinander **komplementär**. Um eine festgelegte Menge eines Gutes produzieren zu können, müssen die einzelnen Inputs in technisch genau bestimmbaren Proportionen zueinander eingesetzt werden. Es besteht (zumindest kurzfristig) **keine Möglichkeit, Inputs zu substituieren**, das heißt durch den vermehrten Einsatz eines Inputs eine bestimmte Einsatzmenge eines anderen Inputs **zu ersetzen**, ohne daß dadurch der Produktionsausstoß (= Output) des Gutes verringert werden würde.

4. Konstante Skalenerträge:

Soll der Output eines Gutes verändert (z. B. verdoppelt) werden, so müssen sämtliche Inputs für dieses Gut ebenfalls genau entsprechend (z. B. alle Inputs verdoppelt) verändert werden.

5. Effiziente Produktion:

Es wird angenommen, daß von jedem Input gerade nur die Menge eingesetzt wird, die zur Produktion des Outputs unbedingt notwendig ist.

6. Einheitlichkeit der Preise:

Jedes Gut wird zu einem **einheitlichen Preis** (Preis ab Werk) verkauft, d. h. für alle Verwendungen wird das Gut zum selben Preis veräußert. Die unterschiedlichen Preise, die je nach der Verwendung (z. B. Vorleistung oder Konsum) eines Gutes tatsächlich zu bezahlen sind, werden auf die verschieden hohen Kosten zurückgeführt, die auf Grund der unterschiedlichen Inanspruchnahme von Handels- und Transportleistungen für Lieferungen ab Werk entstehen.

Unter Zugrundelegung der Annahmen 1 bis 6 lassen sich zunächst sogenannte **Input-Koeffizienten** berechnen. Dabei wird folgendermaßen vorgegangen:

– In der Input-Output-Tabelle sind die Produktionswerte der einzelnen Güter sowie deren Verteilung auf die verschiedenen Verwendungen in **Wertgrößen** (= Menge × Preis) ausgewiesen. Die Aufteilung des Produktionswertes des Gutes j auf die einzelnen Verwendungen Vorleistungskäufe, Konsum, Bruttoinvestitionen und Exporte ergibt die Gleichung:

$$(1) \qquad B_j = \sum_{k=1}^{n} M_{jk} + C_j + I_j^{brutto} + Ex_j \qquad j = 1, \ldots, n$$

Bezeichnet man mit p_j den Preis für eine Einheit des Gutes j ausgedrückt in Geldeinheiten (z.B. DM) und mit den Kleinbuchstaben x_j, m_{jk}, i_j^{brutto} und ex_j die entsprechenden Mengeneinheiten, also $B_j = p_j x_j$, $M_{jk} = p_j m_{jk}$ usw., dann läßt sich das oben angegebene Gleichungssystem (1) auch so schreiben:

$$(2) \qquad p_j x_j = \sum_{k=1}^{n} p_j m_{jk} + p_j c_j + p_j i_j^{brutto} + p_j ex_j \qquad j = 1, \ldots, n$$

– Durch Division dieser Gleichungen mit den entsprechenden Preisen erhält man das Gleichungssystem (2), ausgedrückt in reinen Mengengrößen, d. h. mit der Dimension Stück bzw. Gewicht pro Periode.

$$(3) \qquad x_j = \sum_{k=1}^{n} m_{jk} + c_j + i_j^{brutto} + ex_j$$

m_{jk} gibt darin die Menge des Gutes j an, die als Vorleistung zur Produktion der Menge x_k des Gutes k aufgewendet wurde.

– Durch Division von m_{jk} durch x_k enthält man die **Input-Koeffizienten** (n x n an der Zahl)

$$(4) \qquad a_{jk} = \frac{m_{jk}}{x_k} \qquad j = 1, \ldots, n; \; k = 1, \ldots, n$$

Auf Grund der Annahmen (insbesondere 4. und 5.) läßt sich der Koeffizient a_{jk} als **die Menge des Gutes j** interpretieren, **die notwendig ist, um eine Einheit des Gutes k zu produzieren**. (Da in der Praxis die Annahme 1 nicht erfüllbar ist, stellen die Inputkoeffizienten normalerweise Wertgrößen dar: $a_{jk} = \frac{p_j m_{jk}}{p_k x_k}$. Die Preise lassen sich somit in der Praxis nicht eliminieren).

c) Input-Output-Analyse: Das Mengensystem

Der größeren Einfachheit wegen (und nur deswegen) fassen wir die für die Endnachfrage insgesamt übrigbleibende Menge des Gutes j zu e_j zusammen, d. h.

$$e_j = c_j + i_j^{brutto} + ex_j$$

Nun ergibt sich unter Berücksichtigung, daß $m_{jk} = a_{jk} \cdot x_k$ ist, das Gleichungssystem (3) in folgender Form:

$$(5) \qquad x_j = \sum_{k=1}^{n} a_{jk} x_k + e_j \qquad j = 1, \ldots, n$$

Es ist zu betonen, daß Gleichung (5) nur eine Umformung der ursprünglichen Gleichung (1) darstellt, die sich auf Grund der Annahmen der Input-Output-Analyse ergibt. x_j ist der gesamte (oder Brutto-) Output des Gutes j. Dieser wird als Vorleistung bei der Produktion der anderen Güter verwendet (wobei einzelne a_{jk} den Wert null annehmen können) oder steht der Endnachfrage zur Verfügung. Werden die Güter k in den Gesamtmengen x_k $(k = 1, \ldots, n)$ produziert, dann wird insgesamt die Menge $\sum_{k=1}^{n} a_{jk} \cdot x_k$ des Gutes j als Vorleistung benötigt.

Für die Endnachfrage bleibt dann die Menge e_j übrig.

$$
(6) \quad
\begin{aligned}
x_1 &= a_{11}x_1 + a_{12}x_2 + \ldots\ldots + a_{1n}x_n + e_1 \\
x_2 &= a_{21}x_1 + a_{22}x_2 + \ldots\ldots + a_{2n}x_n + e_2 \\
&\ldots\ldots\ldots\ldots\ldots\ldots\ldots\ldots\ldots\ldots \\
&\ldots\ldots\ldots\ldots\ldots\ldots\ldots\ldots\ldots\ldots \\
x_n &= a_{n1}x_1 + a_{n2}x_2 + \ldots\ldots + a_{nn}x_n + e_n
\end{aligned}
$$

Ordnet man die Outputmengen der Güter in dem Spaltenvektor x und die Endnachfragemengen im Spaltenvektor e

$$
x = \begin{pmatrix} x_1 \\ x_2 \\ \cdot \\ \cdot \\ \cdot \\ x_n \end{pmatrix} \qquad e = \begin{pmatrix} e_1 \\ e_2 \\ \cdot \\ \vdots \\ e_n \end{pmatrix}
$$

und die Input-Output-Koeffizienten in einer Matrix A an

$$
A = \begin{pmatrix} a_{11} & a_{12} & \ldots\ldots & a_{1n} \\ a_{21} & a_{22} & \ldots\ldots & a_{2n} \\ \hline a_{n1} & a_{n2} & \ldots\ldots & a_{nn} \end{pmatrix}
$$

dann läßt sich das **lineare Gleichungssystem** (6) vereinfacht schreiben

$$(7) \quad x = A\,x + e$$

Da $x = Ix$, wobei I die $n \times n$ Einheitsmatrix darstellt, die nur in der Hauptdiagonale Einsen stehen hat und sonst überall Nullen

$$
I = \begin{pmatrix} 1 & 0 & . & . & 0 \\ 0 & 1 & 0 & . & 0 \\ - & - & - & - & - \\ 0 & . & . & 0 & 1 \end{pmatrix}
$$

ergibt sich

$$(8) \quad (I - A)\,x = e$$

Wenn die inverse Matrix zu $(I-A)$ existiert, was praktisch für alle Input-Output-Tabellen der Fall ist, und die inverse Matrix mit $(I-A)^{-1}$ bezeichnet wird, dann ergibt sich schließlich

(9) $x = (I-A)^{-1} \cdot e$

Dieses Gleichungssystem läßt sich folgendermaßen anschaulich interpretieren: Sollen bestimmte Mengen e_j der Güter j (j = 1, . . ., n) für die Endnachfrage in einer bestimmten Periode zur Verfügung stehen, dann gibt das Gleichungssystem (9) an, welche Mengen der einzelnen Güter j insgesamt produziert werden müssen, um diese Endnachfrage befriedigen zu können.

Um klarzumachen, welche Einsichten die Input-Output-Analyse liefert, wollen wir annehmen, der ursprüngliche Vektor der Endnachfrage solle derart verändert werden, daß vom Gut j **eine** zusätzliche Einheit für die Endnachfrage zur Verfügung stehen soll. Der neue Vektor e' unterscheidet sich vom ursprünglichen Vektor e nur dadurch, daß das Element j um 1 größer ist als ursprünglich.

$$\begin{bmatrix} e_1 \\ e_2 \\ \cdot \\ \cdot \\ \cdot \\ \cdot \\ \cdot \\ e_j + 1 \\ \cdot \\ \cdot \\ e_n \end{bmatrix} = \begin{bmatrix} e_1 \\ e_2 \\ \cdot \\ \cdot \\ \cdot \\ \cdot \\ \cdot \\ e_j \\ \cdot \\ \cdot \\ e_n \end{bmatrix} + \begin{bmatrix} 0 \\ 0 \\ \cdot \\ \cdot \\ \cdot \\ \cdot \\ 0 \\ 1 \\ 0 \\ \\ 0 \end{bmatrix}$$

$$e' \quad = \quad e \quad + \quad \Delta e$$

Der Vektor der Endnachfrageänderung Δe enthält also lauter Nullelemente mit Ausnahme der 1 in der j-ten Zeile.

Wir können nun fragen, um wieviel größer die Mengen der einzelnen Güter sein müssen, um die zusätzliche Endnachfrage befriedigen zu können: Es gilt auf Grund der Gleichung (9)

$$\Delta x = (I-A)^{-1} \cdot \Delta e$$

Da der Vektor nur in der jten-Zeile eine 1 und sonst Nullen besitzt, ergibt sich bei der Multiplikation $(I-A)^{-1} \cdot \Delta e$, daß die Elemente der jten Spalte der Matrix $(I-A)^{-1}$ jeweils mit 1 multipliziert werden und alle übrigen Elemente verschwinden. Δx entspricht somit genau der jten Spalte der inversen Matrix $(I-A)^{-1}$. Da nun – wie man unter bestimmten, in der Praxis üblicherweise immer erfüllten Annahmen zeigen kann – die Matrix $(I-A)^{-1}$ nur positive Elemente enthält, ergibt sich das zunächst etwas überraschende Ergebnis, daß um nur eine Einheit des Gutes j mehr für die Endnachfrage zur Verfügung zu haben, der Output **aller** Güter erhöht werden muß. Der Grund für dieses Resultat liegt in der Tatsache, daß zur Mehrproduktion des Gutes j auch zusätzliche Vorleistungen nachgefragt werden müssen, und zwar zunächst in den Mengen a_{kj}, wobei k = 1, . . ., n.

Die Input-Koeffizienten a_{kj} geben also den **direkten Produktionsbedarf** an Gut k an, der für die Produktion einer Einheit des Gutes j erforderlich ist.

Die zusätzliche Produktion des direkten Produktionsbedarfes reicht indes nicht aus, denn um diesen Vorleistungsbedarf zu produzieren, werden wiederum Vorleistungen benötigt und für diese Vorleistungen wiederum Vorleistungen usw.

Die Koeffizienten der inversen Matrix oder der Leontief-Inversen, wie sie auch genannt wird, geben den jeweiligen **gesamten Produktionsbedarf** des Gutes k an, der erforderlich ist, um eine Einheit des Gutes j netto für die Endnachfrage zu produzieren.

Bezeichnet man das Element der k ten Zeile und j ten Spalte der Leontief-Inversen mit b_{kj}, dann gibt

a_{kj} den **direkten** Produktionsbedarf an k für eine Einheit des Gutes j,
b_{kj} den **gesamten** Produktionsbedarf an k für eine Einheit des Gutes j und
$b_{kj} - a_{kj}$ den **indirekten** Produktionsbedarf an k für eine Einheit des Gutes an.

Da sich ebenfalls zeigen läßt, daß

$$(I-A)^{-1} = I + A + A^2 + A^3 + \ldots + A^n + \ldots$$

wird die obige Interpretation deutlich: Angenommen von allen Gütern soll eine Einheit netto – d. h. nach Abzug sämtlicher Vorleistungen – mehr produziert werden, dann gibt die entsprechende Komponente der Einheitsmatrix I diesen zusätzlichen Bedarf an. Um diesen zu decken, sind direkte Vorleistungsinputs nötig, die durch A gegeben sind. Um die zur Produktion von A erforderlichen Inputs zu produzieren, benötigt man Vorleistungen im Umfange von A^2 usw. Die Summe gibt den gesamten Produktionsbedarf wieder. Die unendliche Summe von Matrizen strebt deshalb einem endlichen Grenzwert – der gleich der Leontief-Inversen ist – zu, da die Elemente der Matrizen mit höheren Potenzen gegen Null gehen. Daß dies der Fall sein muß, überlegt man sich leicht, da die einzelnen Koeffizienten a_{jj} mit Sicherheit und die übrigen a_{ij} im allgemeinen kleiner als 1 sein werden (oder zumindest immer in Maßeinheiten angegeben werden können, die dies garantieren). Wären die Koeffizienten a_{jj} nämlich größer als 1, dann würde bei der Herstellung einer Einheit des Gutes j mehr als eine Einheit dieses Gutes zur Produktion benötigt, was ökonomisch als unsinnig angesehen werden müßte. Wenn alle Koeffizienten kleiner als 1 sind, dann ist unmittelbar einsichtig, daß mit zunehmenden Potenzen, der jeweilige Wert immer kleiner wird und schließlich gegen Null konvergiert.

Die Input-Output-Analyse macht auf diese Weise die **Interdependenz der Produktionsbereiche** deutlich.

Sie eignet sich als Prognoseinstrument für wirtschaftspolitische Entscheidungen insofern, als sie den zusätzlichen Produktionsbedarf angibt, den z. B. eine Erhöhung der Endnachfrage bei einzelnen Gütern erfordern würde. Der Wirtschaftspolitiker wird dann beurteilen müssen, ob mit den in den betroffenen Bereichen vorhandenen Arbeitskräften und den maschinellen Produktionskapazitäten diese Güter überhaupt hergestellt werden können.

Diese Überlegung läßt sich – hier in etwas stark vereinfachter Form – ebenfalls analytisch erfassen.

Angenommen, es gäbe nur eine einheitliche, homogene Qualität an Arbeit und l_o gäbe die gesamte in der Volkswirtschaft in der betreffenden Periode höchstens zur Verfügung stehende gesamte Arbeitszeit an, dann nennt der Zeilenvektor $(a_{o1}, a_{o2}, \ldots, a_{on})$ die **Arbeitskoeffizienten**, die für die einzelnen Produktionsbereiche angeben, wieviel Arbeitszeit (z. B. in Stunden gemessen) nötig ist, um eine Einheit des entsprechenden Gutes brutto (= einschließlich Vorleistungsverbrauch) zu produzieren.

Sollen die Outputmengen x produziert werden, dann ergibt sich der Gesamtarbeitsbedarf aus dem inneren Produkt der Vektoren $a_o x = \Sigma a_{oi} x_i$. Dieser darf, damit die durch den Outputvektor x angegebenen Gütermengen überhaupt produziert werden können, nicht größer als l_o sein, d. h. es muß

$$a_o x \leqq l_o$$

gelten. Läßt sich ein gewünschter Endnachfragevektor und ein damit verbundener Outputvektor x mit den vorhandenen Kapazitäten nicht realisieren, dann wird man versuchen müssen, durch geeignete Umschichtungen der Werte der einzelnen Komponenten des Endnachfragevektors e, die bestmögliche erreichbare Lösung zu ermitteln.

d) Praktische Probleme

Die Schlußfolgerungen, die mit Hilfe der Methoden der Input-Output-Analyse ermittelt wurden, sind, ganz allgemein gesprochen, so genau und so zuverlässig, wie die ihr zugrundeliegende Input-Output-Tabelle errechnet worden ist, und davon abhängig, wie gut die Modellannahmen der Input-Output-Analyse in der Realität erfüllt sind.

Die Erstellung von Input-Output-**Tabellen** ist mit großen Schwierigkeiten und enormem zeitlichem Aufwand verbunden. Letzteres hat zur Folge, daß Input-Output-Tabellen bei ihrer Veröffentlichung zumeist dann für bereits länger zurückliegende Perioden errechnet wurden und somit nicht mehr die aktuellen Input-Koeffizienten ausweisen. Das ist solange unproblematisch, solange Grund zur Annahme besteht, daß sich die Technologie und damit die gesamte Produktionsstruktur in der Zwischenzeit nur geringfügig verändert haben. Besteht hingegen Grund zu vermuten, daß Änderungen in der Produktionsstruktur aufgetreten sind – insbesondere auf Grund der Anwendung neuer Produktionsverfahren infolge technischen Fortschritts –, dann nehmen Verläßlichkeit und Aussagekraft der Analyseergebnisse erheblich ab. Bei der Interpretation ist zu beachten, daß unter die einzelnen Produktionsbereiche in der Praxis mehrere, durchaus verschiedenartige Güter zusammengefaßt werden, andernfalls man riesige und unüberschaubare Tabellen erhalten würde. Dies hat aber zur Folge, daß eine reine Mengenrechnung, wie sie modellhaft hier vorgestellt wurde, strenggenommen nicht durchführbar ist da die Annahme 1 verletzt ist. Die Vorleistungskoeffizienten dürfen dann nur als **Wertgrößen** sinngemäß interpretiert werden.

e) Die Input-Output-Analyse: Das Preismodell

Bevor in einem Beispiel die Input-Output-Analyse veranschaulicht werden kann, soll nach der Darstellung des Mengenmodells noch kurz auf die Darstellung des Preismodells eingegangen werden. Der Preis einer Einheit des Gutes j läßt sich als Summe der Gesamtkosten, die bei der Produktion einer Einheit dieses Gutes aufzuwenden waren, darstellen. Dabei soll vereinfachend davon ausgegangen werden, daß neben den Aufwendungen für Vorleistungen nur noch Lohnkosten entstehen sollen (somit also keine indirekten Steuern, Abschreibungen etc.). Bezeichnet man mit w den in der Volkswirtschaft für die einheitliche Arbeitsqualität einheitlichen Stundenlohnsatz, so gilt

$$p_j = \sum_{i=1}^{n} p_i a_{ij} + w \cdot a_{0j} \qquad j = 1, \ldots, n$$

Stellt p den Zeilenvektor der Güterpreise dar, $p = (p_1, \ldots, p_n)$, dann läßt sich das Preissystem unter Verwendung der sonst bereits bekannten Symbole schreiben, als

$$p = pA + w \cdot a_o$$
$$\text{bzw. } p\,(I-A) = w\,a_o$$
$$\text{und } p = wa_o\,(I-A)^{-1}$$

Das Niveau der Güterpreise ist letztlich vom Lohnsatz w abhängig, während die übrigen Daten auf Grund des technischen Inputbedarfs festgelegt sind. Es läßt sich, ähnlich wie im Mengenmodell, auch hier untersuchen, wie sich z. B. eine Erhöhung des (Geld)Lohnsatzes auf die Güterpreise auswirkt. Der Preissteigerungsprozeß läßt sich wiederum auf dieselbe Weise veranschaulichen wie im Mengenmodell.

f) Ein einfaches Beispiel:

Angenommen, in einer Wirtschaft gäbe es nur zwei Güter: Weizen und Brot. Weizen wird selbst als Saatgut verwendet und als Input für Brot, während für die Produktion von Brot wiederum Brot (genauer Sauerteig) verwendet wird und in der Weizenproduktion zur Ernährung der Arbeitskräfte (die hier als Vorleistung erfaßt werden sollen). Die Input-Output-Tabelle ergibt folgendes Bild (dabei wird nur die Verwendung dargestellt).

Input / Output	Brot	Weizen	Endnachfrage	Produktionswert
Brot	100	50	50	200 DM
Weizen	50	50	25	125 DM

Beträgt der Preis für Brot 2,– DM und für Weizen 1,–DM, dann ergeben sich folgende Vorleistungskoeffizienten:

$$a_{BB} = \tfrac{1}{2} = 0{,}5 \qquad a_{WB} = \tfrac{1}{2} = 0{,}5$$
$$a_{BW} = \tfrac{1}{5} = 0{,}2 \qquad a_{WW} = \tfrac{2}{5} = 0{,}4$$

Der Vorleistungskoeffizient a_{BW} ergibt sich auf Grund der folgenden Überlegung:

Um einen Produktionswert in der Höhe von 125,– DM an Weizen produzieren zu können, waren dazu unter anderem Vorleistungen an Brot im Wert von 50,– DM notwendig. **Mengenmäßig** gesehen, läßt sich das (bei den angegebenen Preisen) so ausdrücken: Um 125 Tonnen Weizen zu produzieren, waren 25 Laib Brot erforderlich.

Um folglich eine Tonne Weizen zu erzeugen (Annahme der konstanten Skalenerträge geht hier ein), benötigt man die Menge

$$a_{BW} = \tfrac{25}{125} = \tfrac{1}{5} \text{ an Brot.}$$

$$x_1 = 100 \quad \text{und} \quad x_2 = 125$$
$$e_1 = 25 \quad \text{und} \quad e_2 = 25$$

Es ergibt sich folgendes Gleichungssystem:

$$\begin{pmatrix}100\\125\end{pmatrix} = \begin{pmatrix}0.5 & 0.2\\0.5 & 0.4\end{pmatrix} \begin{pmatrix}100\\125\end{pmatrix} + \begin{pmatrix}25\\25\end{pmatrix}$$

$$x \quad = \quad A \quad \cdot \quad x \quad + \quad e$$

oder

$$\begin{pmatrix}0.5 & -0.2\\-0.5 & 0.6\end{pmatrix}\begin{pmatrix}100\\125\end{pmatrix} = \begin{pmatrix}25\\25\end{pmatrix}$$

$$(I - A) \cdot x \quad = \quad e$$

und

$$\begin{pmatrix}100\\125\end{pmatrix} = \begin{pmatrix}3.0 & 1.0\\2.5 & 2.5\end{pmatrix}\begin{pmatrix}25\\25\end{pmatrix}$$

$$x \quad = \quad (I - A)^{-1} \quad e$$

Soll die Nettonachfrage nach Brot um 5 Laib erhöht und die Endnachfrage nach Weizen um eine Tonne gesenkt werden, dann ergeben sich folgende **Änderungen:**

$$\Delta x = (I - A)^{-1} \Delta e$$

$\Delta e = \begin{pmatrix}5\\-1\end{pmatrix}$. Nach entsprechender Multiplikation erhält man die Veränderung der (Brutto-)Outputmengen

$$\Delta x = \begin{pmatrix}14\\10\end{pmatrix}.$$

Um also 5 Laib Brot mehr und eine Tonne Weizen weniger für die Endnachfrage zu produzieren, ist eine Steigerung des Gesamtoutputs an Brot um 14 Laib und an Weizen um 10 Tonnen notwendig. Die Werte ergeben sich aus der Verflechtung der Produktionsbereiche. Schreibt man

$$(I - A)^{-1} \Delta e = (I + A + A^2 + A^3 + \ldots)\Delta e$$

so wird deutlicher was im einzelnen vorgeht

$I \cdot \Delta e = \begin{pmatrix}5\\-1\end{pmatrix}$ stellt die Endnachfrageänderung dar.

Die Endnachfrageänderung bewirkt eine Änderung des direkten Produktionsbedarfs in Höhe von

$$A \cdot \Delta e = \begin{pmatrix}0.5 & 0.2\\0.5 & 0.4\end{pmatrix}\begin{pmatrix}5\\-1\end{pmatrix} = \begin{pmatrix}2.3\\2.1\end{pmatrix}$$

Um den direkten Produktionsbedarf abzudecken, sind Vorleistungen in der Höhe von

$$A^2 \cdot \Delta e = \begin{pmatrix}.35 & .18\\.45 & .26\end{pmatrix}\begin{pmatrix}5\\-1\end{pmatrix} = \begin{pmatrix}1.57\\1.99\end{pmatrix}$$

erforderlich, und um die dafür nötigen Vorleistungen zu produzieren sind zusätzlich Produktionswerte in Höhe von

$$A^3 \Delta e = \begin{pmatrix} .265 & .142 \\ .355 & .194 \end{pmatrix} \begin{pmatrix} 5 \\ -1 \end{pmatrix} = \begin{pmatrix} 1.183 \\ 1.581 \end{pmatrix}$$

notwendig usw.

Der Ausdruck $(I + A + A^2 + A^3)\ \Delta e$ kann als eine in diesem Falle noch schlechte Näherungslösung für $\Delta x = (I - A)^{-1}\ \Delta e$ angesehen werden:

$$\begin{pmatrix} 5 \\ -1 \end{pmatrix} + \begin{pmatrix} 2.3 \\ 2.1 \end{pmatrix} + \begin{pmatrix} 1.57 \\ 1.99 \end{pmatrix} + \begin{pmatrix} 1.183 \\ 1.581 \end{pmatrix} = \begin{pmatrix} 10.053 \\ 4.671 \end{pmatrix} \sim \Delta x$$

während das genaue Ergebnis $x = \begin{pmatrix} 14 \\ 10 \end{pmatrix}$ lautet.

3.4. Die Zahlungsbilanz

3.4.1. Ziel und Begriff der Zahlungsbilanz

In Volkswirtschaften, die umfangreiche Transaktionen mit dem Ausland abwickeln, besteht großes Interesse, diese wirtschaftlichen Beziehungen mit dem Ausland in gesonderter Weise zu erfassen und aufzubereiten. Einer der Hauptgründe dafür liegt im **währungspolitischen Bereich**. So kann ausgedehnter Handel zu einer Verknappung an ausländischen Zahlungsmitteln führen, oder der Zufluß von Spekulationsgeldern aus dem Ausland kann die Geldwertstabilität im Inland gefährden, um nur zwei wichtige Beispiele zu nennen. Von diesem währungspolitischen Gesichtspunkt aus gesehen, liefert das Auslandskonto der Volkswirtschaftlichen Gesamtrechnung nur unzureichende bzw. nur ungenügend aufbereitete Information. Aus diesem Grunde erstellt die **Deutsche Bundesbank** monatlich, vierteljährlich und jährlich eine Zahlungsbilanz.

Unter der **Zahlungsbilanz** (im statistischen Sinn) versteht man ein Kontensystem in dem erstens sämtliche Transaktionen von Gütern und Faktorleistungen innerhalb einer Periode zwischen inländischen Wirtschaftssubjekten und ausländischen Wirtschaftssubjekten und in dem zweitens sämtliche Änderungen der Auslandsforderungen und der Auslandsverbindlichkeiten erfaßt und aufgezeichnet werden. Die Bezeichnung „Zahlungsbilanz" ist in einem zweifachen Sinne wenig befriedigend. Einerseits finden in der Zahlungsbilanz keineswegs bloß „Zahlungen" ihren Niederschlag und andererseits stellt sie keine Bilanz im Sinne einer Bestandsrechnung dar, sondern es werden durch sie lediglich Stromgrößen erfaßt.

3.4.2. Aufbau und Verbuchungssystematik der Zahlungsbilanz

Die Zahlungsbilanz ist in **drei Teilbilanzen** gegliedert:

- In die Waren- und Dienstleistungsbilanz
- die Übertragungsbilanz und
- die Kapitalbilanz.

In der Waren- und Dienstleistungsbilanz werden sämtliche Güter- und Faktorleistungsströme aus dem Ausland und in das Ausland erfaßt. Die Veränderungen der Forderungen und Verbindlichkeiten gegenüber dem Ausland werden in der Kapitalbilanz aufgezeichnet. In der Übertragungsbilanz erfolgen die Gegenbuchungen aller **einseitigen** Transaktionen von Gütern, Faktorleistungen und Forderungen aus dem bzw. in das Ausland.

Dadurch wird erreicht, daß jede Transaktion **doppelt**, durch Buchung und Gegenbuchung, in der Zahlungsbilanz erfaßt wird. Während die einzelnen Teilbilanzen durchaus von Null verschiedene Salden aufweisen können, muß die Zahlungsbilanz selbst daher **stets ausgeglichen** sein.

Die einzelnen Transaktionen werden nach folgenden Prinzipien in der Zahlungsbilanz verbucht:

Waren- und Dienstleistungsbilanz

Exporte von Waren, Dienst- und Faktorleistungen	Importe von Waren, Dienst- und Faktorleistungen Saldo (= Exportüberschuß (+) Importüberschuß (–))

Übertragungsbilanz

Empfangene unentgeltliche Übertragungen	Geleistete unentgeltliche Übertragungen Saldo (= Übertragungsüberschuß (+) Übertragungsdefizit (–))

Kapitalbilanz

1. Veränderungen der Verbindlichkeiten gegenüber dem Ausland 2. Saldo = Veränderung der Nettoposition gegenüber dem Ausland (= Kapitalimport (+) bzw. -export (–))	3. Veränderungen der Forderungen gegenüber dem Ausland

a) **Zweiseitige Transaktionen** finden stets in der Waren- und Dienstleistungsbilanz und/oder in der Kapitalbilanz ihren Niederschlag. **Realtauschvorgänge**, wie sie vor allem mit Ostblockstaaten noch gebräuchlich sind, werden als Exporte bzw. Importe nur in der Waren- und Dienstleistungsbilanz erfaßt. Reine **Finanztransaktionen** berühren nur die Kapitalbilanz. Für alle übrigen zweiseitigen Transaktionen finden Buchungen sowohl in der Waren- und Dienstleistungsbilanz, als auch in der Kapitalbilanz statt. Beispielsweise wird der Verkauf von Gütern ins Ausland als Export erfaßt, der zu einer Erhöhung der Forderungen gegenüber dem Ausland führt.

b) **Einseitige Transaktionen** sind entweder Real- oder Forderungstransfers. Als solche werden sie entweder in der Waren- und Dienstleistungs- oder in der Kapitalbilanz aufgezeichnet. Die Gegenbuchung erfolgt stets in der Übertragungsbilanz. Sendet z. B. ein in den USA ansässiger Verwandter ein Warenpaket mit Geschenken in die Bundesrepublik Deutschland, so stellt dies einerseits einen Warenimport und andererseits den Empfang einer unentgeltlichen Übertragung dar.

3.4.3. Der Aufbau der Zahlungsbilanz der Bundesrepublik Deutschland

Die Deutsche Bundesbank gliedert die in der Zahlungsbilanz erfaßten Transaktionen weiter auf, d. h. die drei Teilbilanzen, die Waren- und Dienstleistungsbilanz, die Übertragungsbilanz und die Kapitalverkehrsbilanz werden ihrerseits in Teilbilanzen und Teilpositionen näher untergliedert. Die Grobstruktur dieser Gliederung hat folgendes Aussehen (siehe Abb. 3.7.):

1. **Leistungsbilanz**
   Handelsbilanz
   Dienstleistungsbilanz
   Übertragungsbilanz
2. **Kapitalbilanz**
   Langfristiger Kapitalverkehr
   Kurzfristiger Kapitalverkehr
3. Saldo der statistisch nicht aufgliederbaren Transaktionen (= **Restposten**)
4. **Ausgleichsposten zur Auslandsposition der Bundesbank**
5. **Veränderungen der Nettoauslandsaktiva der Bundesbank**

3.4.4. Die wichtigsten Teilbilanzen im einzelnen

a) Die Handelsbilanz

In der Handelsbilanz werden alle grenzüberschreitenden **Warentransaktionen**, die mit einer Eigentumsübertragung verbunden sind, erfaßt. Diese werden nach zwei Gesichtspunkten näher untergliedert: **nach Warengruppen** einerseits und nach **Ländergruppen** andererseits.

Nicht in der Handelsbilanz verbucht werden die Warenkäufe von Touristen im Ausland, da einer genaueren Erfassung und Trennung in Waren- und Dienstleistungstransaktionen erhebliche Schwierigkeiten entgegenstehen. Diese Käufe werden in der Dienstleistungsbilanz erfaßt.

Reiner **Transitverkehr**, bei dem keine Eigentumsübertragung stattfindet, wird **nicht** in der Handelsbilanz erfaßt. Werden aber inländische Transport- und andere Dienstleistungen in Anspruch genommen, so werden diese als Dienstleistungsexport in der Dienstleistungsbilanz verbucht.

b) Die Dienstleistungsbilanz

In der Dienstleistungsbilanz finden alle Exporte und Importe von **Dienst- und von Faktorleistungen**, die auch als „unsichtbare Ex- bzw. Importe" bezeichnet werden, ihren Niederschlag.

Im einzelnen werden die Transaktionen aus dem
- Reiseverkehr (einschließl. Warenkäufe und -verkäufe)
- Transportleistungen
- Kapitalerträge (d. s. Gewinne, Dividenden, Zinsen usw.)
- Einnahmen von ausländischen militärischen Dienststellen (aus **Waren**lieferungen und Dienstleistungen)
- Provisionen, Werbe- und Messekosten
- Gebühren für Lizenzen und Patente
- Arbeitsentgelte (ohne Gastarbeiter, da diese als Inländer angesehen werden) erfaßt.

c) Die Übertragungsbilanz

In ihr werden sämtliche Gegenbuchungen zu einseitigen Leistungs- und Forderungstransaktionen vorgenommen. Die Transfers werden näher nach institutionellen Gesichtspunkten gegliedert in **private** und **öffentliche** unentgeltliche Leistungen. Für die

Abb. 3.7.

Hauptposten der Zahlungsbilanz°)

Mrd DM

Position	1984	1985	1986	1987	1988	1989	1990 °)	1991
A. Leistungsbilanz								
1. Außenhandel								
Ausfuhr (fob) **1)**	488,2	537,2	526,4	527,4	567,7	641,0	662,0	665,8
Einfuhr (fob) **1)**	421,4	451,1	403,0	399,5	428,4	493,4	543,5	627,3
Saldo	+ 66,8	+ 86,0	+ 123,4	+ 127,9	+ 139,2	+ 147,6	+ 118,6	+ 38,5
2. Ergänzungen zum Warenverkehr und Transithandel **2)**	− 1,1	− 1,3	− 1,5	− 1,1	+ 1,1	− 1,3	− 0,5	+ 1,8
Saldo des gesamten Warenhandels	+ 65,8	+ 84,7	+ 121,9	+ 126,8	+ 140,3	+ 146,4	+ 118,1	+ 40,3
3. Dienstleistungen								
Einnahmen	133,5	142,5	142,0	145,1	151,8	186,7	210,8	231,2
Ausgaben	141,6	149,7	151,1	160,3	171,5	191,4	216,1	245,3
Saldo	− 8,1	− 7,3	− 9,1	− 15,2	− 19,6	− 4,7	− 5,3	− 14,0
darunter:								
Kapitalerträge (Saldo)	+ 10,3	+ 9,3	+ 9,0	+ 7,1	+ 9,2	+ 22,1	+ 27,6	+ 29,0
Reiseverkehr (Saldo)	− 23,1	− 23,7	− 25,4	− 27,9	− 28,9	− 28,3	− 30,4	− 33,4
4. Übertragungsbilanz	− 29,7	− 29,1	− 27,1	− 29,1	− 31,8	− 33,8	− 36,7	− 59,2
darunter:								
Nettobeitrag zum EG-Haushalt	− 7,3	− 8,3	− 8,2	− 10,4	− 13,0	− 13,4	− 11,6	− 19,1
Sonstige öffentliche Leistungen an das Ausland (netto)	− 10,8	− 9,9	− 8,2	− 8,4	− 7,6	− 9,7	− 13,8	− 28,7
Saldo der Leistungsbilanz	+ 27,9	+ 48,3	+ 85,8	+ 82,5	+ 88,9	+ 108,0	+ 76,1	− 32,9
B. Kapitalbilanz								
1. Langfristiger Kapitalverkehr								
a) Deutsche Anlagen im Ausland (Zunahme: −)	− 45,0	− 61,7	− 55,4	− 62,2	− 98,0	− 95,0	− 106,8	− 92,9
Direktinvestitionen	− 12,5	− 14,1	− 20,9	− 16,4	− 20,1	− 27,3	− 37,0	− 35,7
Ausländische Wertpapiere	− 15,7	− 31,5	− 21,3	− 24,5	− 72,6	− 50,2	− 23,5	− 26,3
Kredite an Ausländer	− 14,2	− 13,1	− 10,3	− 18,6	− 2,5	− 14,2	− 43,0	− 26,4
Übrige Kapitalanlagen im Ausland	− 2,6	− 3,0	− 3,0	− 2,7	− 2,8	− 3,3	− 3,3	− 4,4
b) Ausländische Anlagen im Inland (Zunahme: +)	+ 25,2	+ 48,8	+ 88,9	+ 40,2	+ 11,2	+ 72,5	+ 40,6	+ 65,0
Direktinvestitionen	+ 1,6	+ 1,7	+ 2,6	+ 3,4	+ 2,1	+ 13,2	+ 3,7	+ 4,8
Inländische Wertpapiere und Schuldscheine inländischer öffentlicher Stellen	+ 21,7	+ 36,3	+ 69,1	+ 22,0	− 3,3	+ 40,1	+ 15,8	+ 62,7
Wertpapiere	+ 17,4	+ 38,3	+ 74,1	+ 33,9	+ 7,6	+ 45,2	+ 17,1	+ 64,0
Schuldscheine	+ 4,3	− 2,0	− 5,0	− 12,0	− 10,8	− 5,1	− 1,3	− 1,3
Kredite an Inländer **3)**	+ 1,9	+ 10,9	+ 17,3	+ 14,9	+ 12,6	+ 19,3	+ 21,4	− 2,4
Übrige Kapitalanlagen im Inland	− 0,0	− 0,1	− 0,1	− 0,1	− 0,2	− 0,1	− 0,4	− 0,1
Saldo des langfristigen Kapitalverkehrs	− 19,8	− 12,9	+ 33,4	− 22,0	− 86,8	− 22,5	− 66,2	− 27,9
2. Kurzfristiger Kapitalverkehr (Netto-Kapitalexport: −)								
a) Kreditinstitute	+ 0,1	− 27,7	− 59,0	− 6,6	− 20,2	− 56,7	+ 0,6	+ 39,8
Forderungen	− 17,8	− 33,4	− 65,8	− 15,4	− 30,1	− 81,0	− 24,3	+ 19,0
Verbindlichkeiten	+ 17,8	+ 5,7	+ 6,8	+ 8,9	+ 9,9	+ 24,3	+ 24,9	+ 20,8
b) Wirtschaftsunternehmen und Privatpersonen	− 16,1	− 14,1	− 56,7	− 11,5	− 21,4	− 51,6	− 19,4	+ 7,1
Finanzbeziehungen mit ausländischen Banken	− 3,3	− 13,5	− 49,3	− 10,8	− 10,7	− 38,1	− 24,7	+ 2,7
Finanzbeziehungen mit ausländischen Nichtbanken	− 4,0	+ 2,8	− 2,2	− 2,6	− 2,3	− 3,3	+ 6,8	+ 9,3
Handelskredite	− 8,7	− 3,5	− 5,2	+ 1,9	− 8,4	− 10,3	− 1,4	− 4,9
c) Öffentliche Stellen	− 1,6	+ 0,1	− 0,3	+ 1,0	+ 0,8	− 4,8	− 5,2	− 4,7
Saldo des kurzfristigen Kapitalverkehrs	− 17,7	− 41,7	− 116,0	− 17,0	− 40,8	− 113,1	− 23,9	+ 42,3
Saldo der Kapitalbilanz	− 37,5	− 54,6	− 82,6	− 39,0	− 127,5	− 135,6	− 90,1	+ 14,4
C. Saldo der statistisch nicht aufgliederbaren Transaktionen (Restposten)	+ 6,5	+ 8,1	+ 2,7	− 2,2	+ 3,9	+ 8,6	+ 25,0	+ 18,8
D. Ausgleichsposten zur Auslandsposition der Bundesbank 4)	+ 2,1	− 3,1	− 3,2	− 9,3	+ 2,2	− 2,6	− 5,1	+ 0,5
E. Veränderung der Netto-Auslandsaktiva der Bundesbank 5) [A+B+C+D] (Zunahme: +)	− 1,0	− 1,3	+ 2,8	+ 31,9	− 32,5	− 21,6	+ 5,9	+ 0,8

° Ab Juli 1990 einschl. Transaktionen des Gebiets der ehemaligen DDR mit dem Ausland. — **1** Spezialhandel. — **2** Hauptsächlich Lagerverkehr auf inländische Rechnung und Absetzung der Rückwaren und der Lohnveredelung. — **3** Ohne Schuldscheine inländischer öffentlicher Stellen. — **4** Gegenposten zu Veränderungen der Auslandsposition der Bundesbank, die nicht auf den Leistungs- und Kapitalverkehr mit dem Ausland zurückgehen: Änderungen des DM-Wertes der auf Fremdwährung lautenden Aktiva und Passiva der Bundesbank durch Neubewertung zum Jahresende sowie Differenzen zwischen den Transaktionswerten der Devisengeschäfte der Bundesbank und den zu Bilanzkursen ausgewiesenen Veränderungen der Auslandsposition. — **5** Bewertet zu Bilanzkursen.
Differenzen in den Summen durch Runden der Zahlen. BBk

Quelle: Geschäftsbericht der Deutschen Bundesbank für das Jahr 1991, S. 36.

Aufgliederung ist **maßgebend**, welchem der beiden Sektoren die beteiligte **inländische Stelle** angehört.

Die **privaten Übertragungen** werden gegliedert in:

- Überweisungen ausländischer Arbeitskräfte, d.s. vor allem die Geldsendungen von Gastarbeitern (die als Inländer gelten) an die Familie im Ausland
- Unterstützungszahlungen
- Sonstige Zahlungen (z. B. Erbschaften).

Die **öffentlichen Übertragungen** werden folgendermaßen aufgefächert:

- Wiedergutmachungsleistungen (z.B. an Polen oder Israel)
- Beiträge an internationale Organisationen (z. B. EWG, UNO)
- Renten und Pensionen
- Sonstige Zahlungen (z. B. Entwicklungs- und Militärhilfen, die nicht über internationale Organisationen laufen).

d) Leistungsbilanz

Handels-, Dienstleistungs- und Übertragungsbilanz werden zur Leistungsbilanz zusammengefaßt. Dem jeweiligen Saldo der Leistungsbilanz entspräche die Veränderung der Nettoposition des Inlands gegenüber dem Ausland. Weist also die Leistungsbilanz einen positiven Saldo auf, was in den letzten Jahren für die Bundesrepublik Deutschland immer der Fall war, so müßte dieser Saldo genau dem Saldo aus der Veränderung der Forderungen vermindert um die Veränderung der Verbindlichkeiten gegenüber dem Ausland entsprechen. Daß dies in dieser Form nicht der Fall ist, wird weiter unten erläutert.

e) Die Bilanz des langfristigen Kapitalverkehrs

Diese gliedert sich in den **privaten** und in den **öffentlichen** langfristigen Kapitalverkehr.

Der private langfristige Kapitalverkehr wird in vier Positionen näher gegliedert.

- **Direktinvestitionen:** Darunter fallen Kapitalanlagen in Form von Aktienbeteiligungen, dem Erwerb von Unternehmen oder Produktionsstätten oder durch Kredite und Darlehen sowie sonstige Beteiligungen in der **Absicht, auf die Geschäftsführung Einfluß zu nehmen**.
- **Portfolioinvestitionen:** Hierbei handelt es sich um den Erwerb von Aktien und Investmentzertifikaten und festverzinslichen Wertpapieren zur Vermögensanlage, wobei bei Aktien keine Absicht besteht, die Beteiligungsrechte wahrzunehmen.
- Kredite und Darlehen, ohne Beteiligungsabsicht
- Sonstige Kapitalbewegungen.

Als langfristiger Kapitalverkehr öffentlicher inländischer Stellen werden die Finanzierungshilfen an Entwicklungsländer und sonstige Beteiligungen und Kreditbeziehungen ausgewiesen.

f) Die Bilanz des kurzfristigen Kapitalverkehrs

Dieser gliedert sich in den kurzfristigen Kapitalverkehr der inländischen **Kreditinstitute, Unternehmen** und der **öffentlichen Hand.** Für jeden dieser Sektoren werden die Änderungen der kurzfristigen Forderungen und Verbindlichkeiten erfaßt.

Der langfristige und der kurzfristige Kapitalverkehr werden folgendermaßen **abgegrenzt:**

Alle Forderungen und Verbindlichkeiten mit einer ursprünglich vereinbarten Laufzeit von **weniger als einem Jahr** werden dem kurzfristigen Kapitalverkehr zugerechnet. Käufe bzw. Verkäufe von **Geldmarktpapieren** (d.s. in erster Linie Schatzwechsel und unverzinsliche Schatzanweisungen) werden stets als **kurzfristig** angesehen, auch wenn ihre Laufzeit länger als ein Jahr ist (zumeist höchstens zwei Jahre). Hingegen werden Käufe und Verkäufe von Aktien zur Gänze dem langfristigen Kapitalverkehr zugewiesen. Der kurzfristige Kapitalverkehr der Unternehmen wird in Finanzkredite und Handelskredite gegliedert. Die Finanzkredite werden aus der Nettoveränderung von Bestandswerten nach Ausschaltung der rein statistisch bedingten Veränderungen ermittelt. Auf diese Weise wird auch der kurzfristige Kapitalverkehr der Kreditinstitute errechnet.

Der Posten **Kurzfristiger Kapitalverkehr der öffentlichen Hand** erfaßt im wesentlichen die Veränderungen der Forderungen des Bundes aus Vorauszahlungen für Verteidigungseinfuhren und der Verbindlichkeiten des Bundes gegenüber den Europäischen Gemeinschaften auf sogenannten Hinterlegungskonten.

Da es sich z. B. bei Forderungszugängen normalerweise um **Gegenbuchungen** zu Exporten handelt, müssen sich bei der **tabellarischen Darstellung** des Kapitalverkehrs ganz allgemein folgende Vorzeichen für die einzelnen Salden ergeben:

- Forderungszunahmen bzw. Abnahmen von Verbindlichkeiten weisen ein **negatives** Vorzeichen auf (=Kapitalexporte).
- Abnahmen von Forderungen bzw. Zunahmen von Verbindlichkeiten werden mit **positivem** Vorzeichen verbucht (= Kapitalimporte).

g) Der Saldo der statistisch nicht aufgliederbaren Transaktionen (= Restposten)

In manchen Fällen lassen sich Transaktionen im Leistungs- und Kapitalverkehr mit dem Ausland statistisch überhaupt nicht oder nur ungenügend erfassen. Aus diesem Grunde ergeben sich z.B. Änderungen in der Nettoposition gegenüber dem Ausland, ohne daß über die Art der zugrundeliegenden Transaktionen genauere Information vorhanden wäre. Da in solchen Fällen nicht klar ist, um welche Art von Transaktionen es sich handelt und deshalb keine Einordnung in das Kontensystem vorgenommen werden kann, werden diese unter der gesonderten Rubrik „statistisch nicht aufgliederbare Transaktionen" erfaßt.

Die wesentlichsten Ursachen für das Auftreten dieses Restpostens sind in statistischen Erfassungsmängeln zu suchen. Die Außenhandelsstatistik des Statistischen Bundesamtes erfaßt den Warenverkehr mit dem Ausland, ohne gleichzeitig die jeweilige Art der Finanzierung mitzuerheben. Die Änderungen in der Nettoposition gegenüber dem Ausland lassen sich daher oft nur schätzungsweise auf bestimmte Grundgeschäfte und damit dem kurz- und langfristigen Kapitalverkehr zurechnen. Sind die **Zahlungsbedingungen** im Verkehr mit dem Ausland relativ gleichbleibend, so lassen sich diese Zurechnungen relativ verläßlich vornehmen. Ändern sich hingegen die Zahlungsbedingungen, z.B. also die Lieferfristen, Zahlungsziele oder Kreditfristen, dann erschwert dies die statistische Zurechnung erheblich.

Eine Änderung der Zahlungsbedingungen tritt vor allem auf, wenn eine Aufwertung der Inlandswährung erwartet wird, d.h. wenn eine Erhöhung des Wertes der heimischen Währung gegenüber ausländischen Währungen als unmittelbar bevorstehend angesehen wird. In diesem Falle werden ausländische Importeure ihre Verbindlichkeiten so rasch wie möglich tilgen oder Vorauszahlungen auf künftige Importe leisten, während die heimischen Exporteure die ausländischen Zahlungsmittel (Devisen und Valuten) rascher in heimische Währung umwandeln werden, um Wertminderungen zu entgehen. Dies führt zu tendenziell höheren Beständen an ausländischen Zahlungsmitteln, die nicht mit dem Warenverkehr in Zusammenhang gebracht werden können.

Die Unmöglichkeit, auf Grund der statistischen Information eine Zurechnung zu einzelnen Posten der Zahlungsbilanz vornehmen zu können, führt somit zur Bildung des Restpostens.

Als weitere Gründe für das Auftreten des Restpostens sind neben Auf- oder Abwertungserwartungen vor allem illegale Auslandstransaktionen und die Schwierigkeiten bei der Erfassung des Dienstleistungsverkehrs insbesondere der Einnahmen und Ausgaben aus dem Tourismus zu nennen. Es ist wichtig anzumerken, daß die Höhe des Restpostens so gut wie **keine Aussage über die Genauigkeit** der statistischen Erfassung zuläßt. Der Restposten ist ein Saldo, so daß negative und positive Werte gegeneinander aufgerechnet werden. Die einzelnen Ungenauigkeiten können beispielsweise zwar sehr groß sein, sich aber zufällig aufheben und zu einem Restposten von Null führen.

h) Saldo aller Transaktionen

Faßt man die Leistungsbilanz und die Bilanz des Kapitalverkehrs einschließlich des Saldos der statistisch nicht aufgliederbaren Transaktionen zum **Saldo aller Transaktionen** zusammen, dann muß dieser Saldo genau dem (negativen) Saldo der **Devisenbilanz** entsprechen. Die **Devisenbilanz** erfaßt die Veränderung der Nettoposition der **Deutschen Bundesbank** gegenüber dem Ausland und die Wertänderungen in deren Beständen.

i) Veränderungen der Nettoauslandsaktiva der Bundesbank

Die Auslandsaktiva der Bundesbank umfassen die **Währungsreserven sowie die Kredite und sonstigen Forderungen an das Ausland.**

Die Veränderung in den **Währungsreserven** umfaßt:

- die Veränderungen an Goldbeständen der Bundesbank
- die Veränderungen der Reserveposition im IWF und der Sonderziehungsrechte
- die Veränderungen der Bestände an ausländischen Devisen und Sorten
- die Veränderungen der Auslandsverbindlichkeiten.

Die Goldbestände der Bundesbank haben eine besondere Funktion: Alle Zentralbanken der Welt akzeptieren Gold zur Tilgung internationaler Devisenforderungen. Während Devisenforderungen im allgemeinen auf eine bestimmte Währung bezogen sind, stellt Gold gewissermaßen eine **Universalwährung** dar. Gehen also die Bestände einer bestimmten Währung bei einer Zentralbank (in der Bundesrepublik: der **Bundesbank**) zur Neige und kann diese Zentralbank sich nicht die erforderlichen Mittel im Tausch gegen andere Sorten erwerben, dann müssen in aller Regel die Goldbestände verringert werden, wenn weiterhin Vertragsverpflichtungen in Einheiten der knappen Währung des Auslandes eingegangen werden. Wichtig ist festzuhalten, daß zwischen Goldbeständen der Bundesbank, dem sogenannten Währungsgold, und dem Warengold im privaten Sektor (Unternehmen und Haushalte) unterschieden wird. **Warengoldtransaktionen** werden grundsätzlich als Exporte bzw. Importe in der Handelsbilanz erfaßt. Würde allerdings die Bundesbank mit privaten Inländern Goldtransaktionen vornehmen, dann würden diese Transaktionen, obwohl an ihnen nur Inländer beteiligt sind, in **der Zahlungsbilanz** ihren Niederschlag finden.

Eine ähnliche Funktion als **Universalwährung** wie das Gold besitzen die **Reserveposition der Bundesbank beim Internationalen Währungsfonds** (IWF) und die **Sonderziehungsrechte.**

Die **Reserveposition im IWF** sind Guthaben der Bundesbank beim Internationalen Währungsfonds, die sich die Bundesbank jederzeit in einer beliebigen Währung eines anderen IWF-Mitgliedes auszahlen lassen kann. Bei **Sonderziehungsrechten** handelt es sich um Bankkredite des IWF in beliebigen Währungen, die bei anhaltenden Devisenbilanzdefiziten von einer Zentralbank bis zu einer bestimmten Obergrenze in Anspruch genommen werden können. Der internationale Währungsfonds ist eine internationale Organisation, die den internationalen Zahlungsverkehr ihrer Mitglieder regeln und koordinieren soll.

Die Kredite und sonstigen Forderungen an das Ausland setzen sich zusammen aus:

- den Krediten im Rahmen des mittelfristigen EG-Währungsbeistandes
- den Forderungen aus Devisenausgleichsabkommen mit den USA und Großbritannien
- den sonstigen Krediten an ausländische Währungsbehörden und
- den Krediten an die Weltbank.

j) Ausgleichsposten zur Auslandsposition der Bundesbank

Hier werden Gegenbuchungen zu Vorgängen vorgenommen, die zu Veränderungen in den Beständen der Auslandsposition der Bundesbank führen, ohne daß eine entsprechende Gegenbuchung sonst erfolgen würde.

Dies ist insbesondere der Fall bei Goldtransaktionen der Bundesbank mit Inländern, bei Zuteilungen von Sonderziehungsrechten durch den IWF, da sich dabei die Währungsbestände ohne entsprechende Transaktionen erhöhen, und bei Auf- oder Abwertungen, wodurch sich der Wert der Devisen- und Sorten**bestände** verändert.

3.4.5. Einige Buchungsbeispiele

Beispiel 1: Ein Florentiner Handelsunternehmen kauft Computer eines deutschen Herstellers zu einem Preis ab Fabrik von DM 1100000,—. Den Transport übernimmt eine italienische Firma; die Transportkosten bis zur Deutschen Grenze betragen DM 100000,—. Die Zahlung führte zu einer Verringerung des DM-Guthabens einer italienischen Bank bei einem Frankfurter Kreditinstitut.

Exporte werden fob bewertet, folglich beträgt der Wert der in der Handelsbilanz links (auf der Einnahmenseite) zu verbuchenden Ausfuhr DM 1200000,—. Die Transporte im Werte von DM 100000,— werden als Dienstleistungsimport auf der (rechten) Ausgabenseite der Dienstleistungsbilanz erfaßt. In der (Teil-)Bilanz für den kurzfristigen Kapitalverkehr verringern sich die Verbindlichkeiten der Kreditinstitute gegenüber dem Ausland um DM 1100000,—.

Beispiel 2: Deutsche Touristen tätigen in Österreich Ausgaben von DM 250000,—. Sie lösen DM-Reiseschecks bei österreichischen Banken ein, die diese auf ihren Konten bei Frankfurter Kreditinstituten gutschreiben lassen.

Es findet ein Dienstleistungsimport statt. Die kurzfristigen Verbindlichkeiten der Kreditinstitute gegenüber dem Ausland haben sich um DM 250000,— erhöht.

Beispiel 3: Ein deutscher Ölimporteur chartert einen griechischen Öltanker für DM 400000,—. Zahlung erfolgt mittels Scheck auf das Guthaben bei einer Schweizer Bank.

Erneut findet ein Dienstleistungsimport statt. Die kurzfristigen Forderungen der Wirtschaftsunternehmen gegenüber ausländischen Banken haben sich um DM 400000,— verringert.

Beispiel 4: Deutsche erhalten Zinsen und Dividenden aus dem Besitz französischer Wertpapiere im Werte von DM 100000,—. Die Scheckeinlösungen belasten die DM-Guthaben französischer Banken in Frankfurt.

Die Einnahmen aus Kapitalerträgen erscheinen auf der linken Seite der Dienstleistungsbilanz, die Verbindlichkeiten inländischer Banken gegenüber dem Ausland sind um DM 100000,— gesunken.

Beispiel 5: Der Staat schenkt Äthiopien Weizen im Werte von 300000,—.

Es handelt sich um einen Warenexport, der in der Handelsbilanz „links" erfaßt wird. Die Gegenbuchung der geleisteten öffentlichen Übertragung erfolgt in der Übertragungsbilanz „rechts".

Beispiel 6: Ein deutsches Unternehmen erwirbt für 1000000,— 51% der Aktien eines belgischen Unternehmens. Die Bezahlung erhöht die DM-Guthaben einer belgischen Bank bei einer Hamburger Geschäftsbank.

Die private Direktinvestition wird auf der rechten Seite der Kapitalbilanz unter langfristiger Kapitalverkehr verbucht. Die kurzfristigen Verbindlichkeiten inländischer Kreditinstitute haben um eine Million zugenommen.

Beispiel 7: Die Österreichische Nationalbank (= Zentralbank) kauft für DM 15000000,— Gold von der Deutschen Bundesbank durch Belastung ihres DM-Guthabens bei der Deutschen Bundesbank.

Der Vorgang berührt nur die Veränderungen der Nettoauslandsaktiva der Bundesbank: Zum einen haben sich die Goldbestände um 15 Mill., zum anderen haben sich ihre Auslandsverbindlichkeiten ebenfalls verringert.

Beispiel 8: Die Bundesbank kauft von einem deutschen Unternehmen Gold im Werte von 30 Mill. DM.

Da das Gold in die Verfügungsgewalt der Bundesbank gelangt, wird es „Währungsgold" und erhöht die Bestände um 30 Mill.; da keine Auslandstransaktion vorliegt muß die Gegenbuchung unter Ausgleichsposten zur Auslandsposition der Bundesbank erfolgen.

3.4.6. Einzelprobleme der Zahlungsbilanzstatistik

3.4.6.1. Die Abgrenzung zwischen Inländern und Ausländern

Als Inländer im Sinne der Zahlungsbilanzstatistik gelten alle Wirtschaftssubjekte, die im Inland ihren festen Wohnsitz bzw. ihre Niederlassung oder das Zentrum ihrer wirtschaftlichen Aktivität besitzen. In diesem Sinne gelten Gastarbeiter als Inländer ebenso wie Unternehmen, die im Inland produzieren, auch wenn sie sich in ausländischem Besitz befinden.

Nicht als Inländer gelten dagegen diplomatische Vertreter fremder Staaten, Reisende, ausländische Studenten und Angehörige ausländischer Streitkräfte. Ausländische Institutionen, wie beispielsweise die diplomatischen und konsularischen Vertretungen oder die in der Bundesrepublik Deutschland stationierten ausländischen Truppeneinheiten sind Ausländer.

Internationale Organisationen gelten als Inländer eines gedachten internationalen Gebietes.

Dementsprechend werden Transaktionen mit ausländischen Truppeneinheiten in der Bundesrepublik ebenso in der Zahlungsbilanz erfaßt wie die Überweisungen ausländischer Gastarbeiter an die Familie im Ausland.

Nicht in der Zahlungsbilanz der Bundesrepublik erfaßt wurde der **innerdeutsche Handel** zwischen der Bundesrepublik Deutschland und der Deutschen Demokratischen Republik.

3.4.6.2. Zeitpunkt und Bewertung der Transaktionen

Als Transaktionszeitpunkt gilt jeweils der **Zeitpunkt der Eigentumsübertragung.** Dieser wird bei Warentransaktionen beim Überschreiten der Zollgrenze angenommen.

Damit in den Handelsbilanzen der beteiligten Länder stets der gleiche Wert für die Importe bzw. Exporte eingesetzt wird, wird prinzipiell **f.o.b.** Zollgrenze des exportierenden Landes bewertet. Die Abkürzung f.o.b. heißt **f**ree **o**n **b**oard und erfaßt den Wert der Ware einschließlich Transport- und Versicherungskosten bis zur Grenze des exportierenden Landes.

Werden also Waren aus der Bundesrepublik Deutschland nach England exportiert, dann werden diese Exporte mit dem Wert **f.o.b. deutsche Zollgrenze** in der Zahlungsbilanz der Bundesrepublik und zum Wert **f.o.b. Zollgrenze England** als Importe in der britischen Zahlungsbilanz erfaßt. Die Aufwendungen für die Transport- und Versicherungsleistungen von der deutschen zur englischen Grenze werden als Dienstleistungsimport der Briten aus dem Lande angesehen, das diese Dienste leistet, vorausgesetzt diese Leistungen stammen nicht aus England.

Diese Praxis kann dazu führen, daß auch hier wiederum Transaktionen, an denen nur Inländer beteiligt sind, in der Zahlungsbilanz ihren Niederschlag finden. Werden bei einem Export nach England, die Transport- und Versicherungsleistungen vom englischen Importeur getragen, dann muß der Ab-Werk-Preis um die Transport- und Versicherungskosten bis zur Grenze der Bundesrepublik erhöht ausgewiesen werden, um dem **fob-Wert** zu entsprechen.

In der Zahlungsbilanz der Bundesrepublik Deutschland werden die Transport- und Versicherungskosten bis zur Zollgrenze als Dienstleistungsimport aus England verbucht, obwohl an dieser Transaktion nur der ausländische Importeur und das ausländische Transportunternehmen beteiligt waren.

Während die Exporte der Bundesrepublik Deutschland grundsätzlich zu fob-Werten erfaßt werden, werden die Importe zu **cif**-Werten ausgewiesen. Dabei steht cif für **c**ost-**i**nsurance-**f**reight und erfaßt den Wert der Importe bis zur Zollgrenze des importierenden Landes.

3.4.6.3. Unterstellte Transaktionen

Probleme bei der Erfassung und Bewertung treten insbesondere auch bei Käufen und Verkäufen von Grundstücken durch Ausländer und bei nichtausgeschütteten Gewinnen ausländischer Zweigniederlassungen im Inland auf.

Ein Grundstückskauf im Ausland wird als eine langfristige Kreditbeziehung unterstellt, die dazu führt, daß sich die Forderungen des Inländers gegenüber dem Ausland erhöhen.

Eine Nichtbeachtung der Steigerung des Wertes einer ausländischen Zweigniederlassung im Inland durch Nichtausschüttung von Gewinnen würde die inländische Verschuldung gegenüber dem Ausland unterschätzen. Aus diesem Grunde werden entsprechende Gewinnausschüttungen als Faktoreinkommen an das Ausland und ein entsprechender Kapitalimport **unterstellt.**

3.4.7. Zahlungsbilanzgleichgewicht

Eine ausgeglichene Zahlungsbilanz gilt als eines der vorrangigen wirtschaftspolitischen Ziele der Bundesrepublik Deutschland. **Ex post** ist die Zahlungsbilanz insgesamt gesehen stets ausgeglichen, wobei allerdings die einzelnen Teilbilanzen positive bzw. negative Salden aufweisen können. Aus diesem Grunde kann unter einer unausgeglichenen Zahlungsbilanz immer nur entweder ein Ex ante-Konzept und/oder eine Teilbilanz gemeint sein. Es ist hier nicht der Ort, verschiedene Gleichgewichtskonzepte darzustellen und zu diskutieren. Der Begriff des Gleichgewichts ist ein theoretischer Begriff, ein Begriff der Ex ante-Analyse. Ob eine bestimmte Entwicklung der einzelnen Zahlungsbilanzpositionen als gleichgewichtige oder ungleichgewichtige Entwicklung zu deuten ist, wird wesentlich von theoretischen Konzepten bestimmt, die der Interpretation der Daten zugrundegelegt werden. Die Interpretation der Zahlungsbilanzentwicklung stellt immer nur **einen** Gesichtspunkt in einer umfassenden Beurteilung der wirtschaftlichen Lage einer Volkswirtschaft dar.

Ob daher ein kräftiger Zugang an ausländischen Zahlungsmitteln infolge eines anhaltend hohen Leistungsbilanzüberschusses als günstig zu beurteilen ist, hängt von der konkreten Wirtschaftslage ab. In einer Situation der Unterauslastung der Kapazitäten kann dies stimulierende Wirkung auf die Produktionsentscheidungen der Unternehmer haben und daher zu einer besseren Auslastung der Kapazitäten führen. Sind andererseits die Kapazitäten überausgelastet, so kann die starke Auslandsnachfrage im Inland unerwünschte Preissteigerungen zur Folge haben.

Eine **isolierte Beurteilung** der Positionen der Zahlungsbilanz im statistischen Sinne kann daher leicht zu Fehlschlüssen führen.

Literatur zu Kapitel 3

Zu Abschnitt 3.1. und 3.2.

Ergänzend zu der in Kapitel 1 genannten deutschsprachigen Literatur sind insbesondere zu nennen:

Zum Vermögensbegriff: **K.-D. Schmidt**, Was ist Vermögen?, Allgemeines Statistisches Archiv, Bd. 56, 1972, S. 35–49.

Zum Geldvermögen siehe: **H. Schlesinger**, Geldvermögen und Geldschulden von privaten und öffentlichen Haushalten sowie Unternehmen in der Gesamtwirtschaft, Allgemeines Statistisches Archiv, B. 56, 1972, S. 50–82

Erläuterungen und Datenmaterial findet man unter anderen bei:

B. Görzig, Das Sachvermögen in den Wirtschaftsbereichen der Bundesrepublik Deutschland, Deutsches Institut für Wirtschaftsforschung, Beiträge zur Strukturforschung, Heft 71, Berlin-München 1982.

H. Sablotny, Gesamtwirtschaftliche Vermögensrechnung, Frankfurt – New York, 1977.

H. Lützel, Das reproduzierbare Anlagevermögen in Preisen von 1962, Wirtschaft und Statistik, Jg. 1971, S. 593–604

H. Lützel, Das reproduzierbare Sachvermögen zu Anschaffungs- und zu Wiederbeschaffungspreisen, Wirtschaft und Statistik Jg. 1972, S. 611–624

C. Stahmer, Reproduzierbares Anlagevermögen nach Wirtschaftsbereichen, Wirtschaft und Statistik, Jg. 1979, S. 411–425.

M. Ward, The Measurement of Capital; The Methodology of Capital Stock Estimates in OECD Countries, Paris 1976; enthält wichtige Erläuterungen der wesentlichsten Erhebungsmethoden.

Die Richtlinien der UNO finden sich in:

United Nations, Departement of International Economic and Social Affairs, Statistical Papers, Series M, No. 68: Guidelines on Statistics of Tangible Assets, New York 1979.

Gesamtwirtschaftliche Finanzierungsströme sowie Bestände an Forderungen und Verpflichtungen im Jahre 1982, in: Monatsberichte der Deutschen Bundesbank, Jg. 35, Nr. 5, Mai 1983, S. 15–22

Siehe auch die Erläuterungen in dem **Sonderdruck der Deutschen Bundesbank:** Zahlenübersichten und methodische Erläuterungen zur gesamtwirtschaftlichen Finanzierungsrechnung der Deutschen Bundesbank 1960 bis 1977, Frankfurt am Main, 1978.

Zur personellen Vermögensverteilung, die hier nicht behandelt wurde siehe z. B.

H. Mierheim und L. Wicke, Die personelle Vermögensverteilung in der Bundesrepublik Deutschland, Tübingen 1978

Zu Abschnitt 3.3.:

Statistisches Bundesamt, Fachserie 18, Volkswirtschaftliche Gesamtrechnungen Reihe 2, Input-Output-Tabellen 1978

Ein umfassendes Lehrbuch zum Thema ist:

H.-W. Holub und H. Schnabl, Input-Output-Rechnung: Input-Output-Tabellen, München-Wien, 1982.

R. Krengel (Hrsg.), Aufstellung und Analyse von Input-Output-Tabellen, Göttingen 1973

R. Krengel (Hrsg.), Die Weiterentwicklung der Input-Output-Rechnung in der Bundesrepublik Deutschland, Göttingen 1982

R. Pischner, R. Stäglin, H. Wessels, Input-Output-Rechnung für die Bundesrepublik Deutschland 1972, Berlin 1975

G. Gehrig, Die Input-Output-Rechnung des Ifo-Instituts, Input-Output-Studien 1, München 1969

C. Stahmer, Verbindung von Ergebnissen der herkömmlichen Sozialproduktsberechnung und der Input-Output-Rechnung: Überleitungsmodell des Statistischen Bundesamtes, Allgemeines Statistisches Archiv, Bd. 63, 1979, S. 340–385

C. Stahmer, Connecting National Accounts and Input-Output-Tables in the Federal Republic of Germany, in: J. Skolka (Hrsg.), Compilation of Input-Output-Tables, Berlin-Heidelberg-New York 1982 (im erscheinen). Zu Einzelfragen, insbesondere zur Deflationierung siehe die Artikel in: U-P. Reich und C. Stahmer (Hrsg.); Input-Output-Rechnung: Energiemodelle und Methoden der Preisbereinigung, Frankfurt – New York 1981.

Zu Abschnitt 3.4.:

Deutsche Bundesbank, Monatsberichte

F. Bochud, Zahlungsbilanz und Währungsreserven, Tübingen 1970

E. Schneider, Zahlungsbilanz und Wechselkurs, Tübingen 1968

International Monetary Fund, Balance of Payments Manual, 3rd ed., Washington D. C. 1961

Übungen und Aufgaben zu Kapitel 3

1. Erläutern Sie den Aufbau der volkswirtschaftlichen Vermögensrechnung der BRD.
2. Welche Probleme und Schwierigkeiten ergeben sich bei der Berechnung des Anlagevermögens?
3. Welches sind die Ziele der Finanzierungsrechnung und auf welche Weise trägt die Gliederung der Finanzierungsrechnung diesen Zielen Rechnung?
4. Die Input-Output-Tabelle einer Volkswirtschaft (in etwas vereinfachter Form) verzeichnete folgende monetäre Ströme:

Input / Output	Gut 1	Gut 2	Endnachfrage	Produktionswert
Gut 1	30	20	40	90
Gut 2	10	15	25	50
Löhne	50	15		
Produktionswert	90	50		

   Der Lohnsatz beträgt 5,– DM, der Preis des Gutes 1 ebenfalls 5,– DM und jener des Gutes 2 1,– DM.

   Die Endnachfrage nach Gut 1 soll um 2 Einheiten erhöht werden. Kann dieser Plan verwirklicht werden, wenn insgesamt 15 Einheiten Arbeitskraft in der nächsten Periode zur Verfügung stehen?
5. Erläutern Sie den Aufbau und die Verbuchungssystematik der Zahlungsbilanz.
6. Welche Rolle spielt das Währungsgold im internationalen Zahlungsverkehr?

4. Kapitel

Verwender und Verwendungen der Volkswirtschaftlichen Gesamtrechnung

4.0. Überblick

Dieses Kapitel stellt den Ausgangspunkt für die Frage nach den Anwendungen und Interpretationen des durch die Volkswirtschaftliche Gesamtrechnung bereitgestellten Datenmaterials dar. Daten werden nicht um ihrer selbst willen erhoben. Sie erweisen sich erst dadurch als nützlich, daß sie mit anderen Daten auf Grund von Theorien und Hypothesen in Beziehung gesetzt werden. Einzelne Daten selbst sagen nichts aus. Nur im theoretischen Zusammenhang mit anderen Größen, ergänzt durch zwischenzeitliche (= intertemporale) und zwischenstaatliche (= internationale) Vergleiche werden sie aussagekräftig und interpretierbar. Eine zusätzliche Voraussetzung dafür ist allerdings, daß durch die einzelnen Meßgrößen tatsächlich das erfaßt wird, was gemessen und erfaßt werden soll. Eine Beantwortung dieser Fragen wirft eine Fülle schwieriger Probleme auf, die in diesem Text nur angedeutet werden können.

Zunächst wird in diesem Kapitel auf die Frage eingegangen, was überhaupt durch die Volkswirtschaftliche Gesamtrechnung gemessen werden soll. Daran schließt sich eine Darstellung der wesentlichsten wirtschaftspolitischen Ziele sowie eine Erörterung wichtiger Kennzahlen zur Beurteilung der „Wirtschaftslage" an.

4.1. Wozu benötigt man die Volkswirtschaftliche Gesamtrechnung und was soll sie messen?

Diese Frage ist keineswegs so trivial, wie sie im ersten Augenblick zu sein scheint. Mindestens bis zur Weltwirtschaftskrise in den dreißiger Jahren dieses Jahrhunderts waren viele Politiker und Wirtschaftstheoretiker der Ansicht, in einer marktwirtschaftlich organisierten Volkswirtschaft könne es nur **kurzfristig** zu Arbeitslosigkeit und Unterauslastung von Produktionskapazitäten kommen. **Langfristig** tendiere das System auf Grund der ihm innewohnenden „selbstheilenden" Kräfte zu einem Zustand der Vollauslastung aller Ressourcen. Eingriffe in dieses sich selbstregulierende System wurden abgelehnt, da man die Auffassung vertrat, diese würden nur die natürlichen Anpassungsmechanismen in ihrem Wirken stören und dadurch zu Verzögerungen führen.[1]

John Maynard Keynes, der wohl bedeutendste Wirtschaftstheoretiker unseres Jahrhunderts, wandte sich in scharfer Form gegen diese Grundauffassung: „Auf lange Sicht sind wir alle tot. Die Wirtschaftswissenschaften machen es sich zu leicht und machen ihre Aufgabe wertlos, wenn sie uns in stürmischen Zeiten nur sagen können, daß der Ozean wieder ruhig sein wird, nachdem der Sturm lange vorüber ist."

In seiner „General Theory" lieferte Keynes die theoretischen Grundlagen für eine grundlegend neue Sichtweise der Funktionsfähigkeit marktwirtschaftlicher Systeme.

Ausgehend von der Tatsache, daß Einkommen grundsätzlich nur durch Produktion entstehen, ging Keynes der Frage nach, wovon die Produktionsentscheidungen der Unternehmen abhängen. Er zeigte, daß diese in der Gegenwart getroffenen Entscheidungen wesentlich von den künftigen Gewinn- und Absatzchancen abhängen. Die Erwartungen über die Gewinn- und Absatzchancen in der Zukunft bestimmen auch wesentlich das Investitionsverhalten der Unternehmen. Verschlechtern sich – aus welchen Gründen immer – die Erwartungen über die Gewinn- und Absatzchancen in der Zukunft, dann werden die Unternehmen in erster Linie geplante Investitionsvorhaben aufschieben, bis klarer wird, ob dieser Pessimismus gerechtfertigt erscheint oder nicht. Die dadurch hervorgerufene, unerwartete Einschränkung der geplanten Investitionsgüternachfrage führt zu ungeplanten Investitionen in Form von Lageraufstockungen. Diese werden Einschränkungen in der Produktion, verbunden mit der Entlassung von Arbeitskräften und nicht voll ausgenutzten Maschinen etc., nach sich ziehen. Dadurch aber sinken das Einkommen und daher die Konsumausgaben der Haushalte insgesamt. Der damit verbundene zusätzliche Ausfall in der geplanten Nachfrage kann zu weiterer Arbeitslosigkeit führen usw. Keynes vertrat und begründete die Auffassung, wonach ohne gezielte Eingriffe seitens des Staates eine eingetretene Arbeitslosigkeit nicht durch Marktkräfte allein abgebaut werden könne. Der Staat müsse die fehlende Nachfrage der privaten Haushalte und Unternehmen durch eigene Nachfrage ersetzen, z. B. durch Straßen- und Wohnungsbau, um auf diese Weise die Erwartungen der Unternehmer auf bessere Gewinn- und Absatzchancen neu zu beleben.

Die Notwendigkeit staatlicher Wirtschaftspolitik macht das Bedürfnis nach quantitativer Erfassung der wesentlichsten, die wirtschaftliche Entwicklung beeinflussenden Größen erst richtig verständlich. Denn die Entscheidung wie, mit welchen Mitteln und zu welchem Zeitpunkt in das Wirtschaftsgeschehen einzugreifen sei, setzt Messung und Beobachtung dieser Größen voraus.

Welche Daten als notwendig und wesentlich anzusehen sind, kann nur auf der Grundlage wirtschaftstheoretischer Erkenntnisse entschieden werden. Wichtigstes Fundament für diese Entscheidung stellt zweifelsohne die Keynessche Theorie dar. Diese liefert einerseits einen überschaubaren Einblick in die Wirkungsweise marktwirtschaftlich-organisierter Wirtschaftssysteme und gibt andererseits Anhaltspunkte dafür, welche Größen durch wirtschaftspolitische Maßnahmen beeinflußbar sind.

Keynes' kreislauftheoretisch fundierte Überlegungen haben daher in den meisten Ländern bei der Entwicklung des Rahmens für die volkswirtschaftlichen Gesamtrechnungen Pate gestanden. Es sind jene Größen, die in Keynes' Allgemeiner Theorie eine zentrale Rolle spielen, die durch die Gesamtrechnung vornehmlich erfaßt werden.

Ganz allgemein läßt sich sagen, daß man stets Größen mißt, die auf Grund theoretischer Überlegungen als „relevant" anzusehen sind. Änderungen in den theoretischen Fragestellungen oder Änderungen in den theoretischen Ansichten zu bestimmten Fragestellungen werden im allgemeinen auch dazu führen, daß andere Größen als bisher als relevant angesehen werden. Dementsprechend können auch gesamtwirtschaftliche Rechnungssysteme niemals bis in alle Ewigkeit einen gleichermaßen befriedigenden Rahmen zur Messung relevanter Größen abgeben. Denn welche Größen relevant sind, kann sich im Zeitverlauf mit den Theorien und den Problemstellungen durchaus ändern.

Was gemessen werden soll, hängt also wesentlich von den Fragestellungen ab, zu deren Beantwortung die Volkswirtschaftliche Gesamtrechnung beitragen soll. Zwei

Hauptprobleme werden genannt: Einerseits soll eine genaue **Beschreibung der Entwicklung der wirtschaftlichen Aktivitäten und Produktivkraft eines Landes** erreicht werden und andererseits sollen **quantitative Aussagen über die Entwicklung des Wohlstandes** der Bürger eines Landes ermöglicht werden.

Lange Zeit war man der Auffassung, daß sich eine günstige wirtschaftliche Entwicklung auch positiv auf die Entwicklung des Wohlstandes auswirke und deshalb die Volkswirtschaftliche Gesamtrechnung für beide Hauptprobleme gleichzeitig Daten liefert. Es hat sich jedoch gezeigt, daß die gleichzeitige Verwirklichung beider Ziele in manchen Fällen ein unlösbares Problem darstellt. So weist beispielsweise **Bombach** darauf hin, daß „negative Begleiterscheinungen des Wachstumsprozesses als positiver Beitrag in das Sozialprodukt eingehen, wobei Verkehrsunfälle ein anschauliches Beispiel sind. Behandlungskosten für die Unfallopfer, Reparaturen oder Neuanschaffungen von Fahrzeugen sind neues ‚Sozialprodukt' und damit Bestandteil der Wohlstandsmehrung, solange Privathaushalte betroffen sind und diese Aufwendungen nicht als Geschäftsunkosten abgesetzt werden".[3]

In der Praxis hat man sich daher entschieden, bei der Ausgestaltung der Volkswirtschaftlichen Gesamtrechnung im Falle von Zielkonflikten dem ersten Ziel den Vorzug zu geben. Die Auffassung, das Wirtschaftsgeschehen erzeuge „aus eigenen Kräften" nicht bloß wünschenswerte Ergebnisse und bedürfe deshalb lenkender Eingriffe, macht eine nähere Bestimmung der vorrangigen und erstrebenswerten Zielsetzung notwendig. Welche Ziele vorrangig und erstrebenswert sind, hängt wesentlich von den Einschätzungen der das Wirtschaftsgeschehen bestimmenden sowie der davon betroffenen Wirtschaftssubjekte ab. Diese sind daher auch mögliche Benützer der Volkswirtschaftlichen Gesamtrechnung.

4.2. Benützer und Verwendungsmöglichkeiten der Volkswirtschaftlichen Gesamtrechnung

4.2.1. Benützer der Volkswirtschaftlichen Gesamtrechnung:

Benützer der Volkswirtschaftlichen Gesamtrechnung sind

1. Die Organe internationaler Organisationen z.B. der UNO oder der OECD.
2. Die Organe staatlicher und halbstaatlicher Institutionen, insbes. der Ministerien des Bundes und der Länder, der Bundesbank, des Sachverständigenrats zur Begutachtung der gesamtwirtschaftlichen Entwicklung.
3. Die Organe privater Interessenverbände wie z.B. der Gewerkschaften, der Arbeitgebervertretungen und des Bauernverbandes.
4. Die Mitglieder privater Einheiten, insbes. von Unternehmungen, privaten Haushalten und vor allem die Mitglieder wirtschaftswissenschaftlicher Forschungsinstitute.

4.2.2. Spannungsverhältnisse zwischen Benützerwünschen und den Ausgestaltungsmöglichkeiten der Volkswirtschaftlichen Gesamtrechnung

Jede der erwähnten Benützergruppen vertritt bestimmte Interessen, die mit den Interessen anderer Gruppen teilweise übereinstimmen, zum Teil aber mit diesen in Konflikt stehen. Dementsprechend sind auch die Fragestellungen und Verwendungszwekke, welchen ein gesellschaftliches Informationsinstrument, wie es die Volkswirtschaftliche Gesamtrechnung darstellt, zu genügen hat, äußerst unterschiedlich. Aus Kostengründen lassen sich nicht alle Daten für beliebige Fragestellungen erheben. Das der Volkswirtschaftlichen Gesamtrechnung der Bundesrepublik Deutschland gegenwärtig zugrundeliegende **SNA-System** stellt daher in vielen Gesichtspunkten einen Kompromiß dar, der garantieren soll, daß für möglichst viele Fragestellungen das zur Analyse notwendige Datenmaterial bereitgestellt wird. Daraus ergibt sich nahezu zwangsläufig, daß für bestimmte Verwendungszwecke das ausgewiesene Datenmaterial nur höchst unzureichend ist und deshalb der Korrektur und/oder Ergänzung bedarf.

Oft ist es aus statistischen und/oder finanziellen Gründen unmöglich, die aus theoretischen Erwägungen notwendigen Daten überhaupt zu ermitteln oder mit der erforderlichen Genauigkeit bereitzustellen. Beispiele dafür stellen die Nichtberücksichtigung der Produktionstätigkeit privater Haushalte und die Erfassung der staatlichen Leistungen über die Erstellungskosten dar. In der Praxis wird man sich in diesen Fällen mit Ergebnissen begnügen müssen, die von den gewünschten oder „eigentlichen" Daten abweichen.

Welche Verwendungszwecke und Ausgestaltungen erscheinen für alle Benützer gleichermaßen wichtig? In der Bundesrepublik Deutschland gibt es gesetzliche Anhaltspunkte zur Beantwortung dieser Frage.

Im § 2 des Gesetzes über die Bildung eines Sachverständigenrates zur Begutachtung der gesamtwirtschaftlichen Entwicklung gibt der Gesetzgeber derartige Ziele vor. Dort heißt es unter anderem: „Dabei (in seinem Gutachten) soll er (der Sachverständigenrat) untersuchen, wie im Rahmen der marktwirtschaftlichen Ordnung gleichzeitig Stabilität des Preisniveaus, hoher Beschäftigungsstand und außenwirtschaftliches Gleichgewicht bei stetigem und angemessenem Wachstum gewährleistet werden können. In die Untersuchung sollen auch die Bildung und die Verteilung von Einkommen und Vermögen einbezogen werden."

Fünf wirtschaftspolitische Ziele lassen sich daraus ableiten:

1. Stabilität des Preisniveaus
2. Hoher Beschäftigungsstand
3. Außenwirtschaftliches Gleichgewicht
4. Angemessenes und störungsfreies Wachstum
5. Gerechte Einkommens- und Vermögensverteilung

Man spricht in diesem Zusammenhang auch vom **magischen Fünfeck.** „Magisch" deshalb, weil eine gleichzeitige Verwirklichung aller fünf Ziele bisher nicht erreicht werden konnte und vielfach als unmöglich angesehen wird.

Für die Volkswirtschaftliche Gesamtrechnung kann gefolgert werden, daß durch sie zumindest alle Daten, die zur Beurteilung und Verwirklichung dieser Ziele notwendig und wesentlich sind, in systematischer Weise erfaßt werden sollten.

Dabei stellt sich jedoch auch das Problem der Interpretation dieser Forderungen. Wann ist Wachstum „angemessen", der Beschäftigungsstand „hoch" und die Verteilung „gerecht'?

Eine Überprüfung ergibt folgendes Bild:

- Im Rahmen der Volkswirtschaftlichen Gesamtrechnung wird die Entwicklung der Preise im Zeitverlauf erfaßt und ausgewiesen. Unklar bleibt jedoch, welche Preise es sein sollen, die das **Preisniveau einer Volkswirtschaft** bestimmen und auf welche

Weise man zu einer Beurteilung der Veränderungen des Preisniveaus gelangt. Mit diesen Problemen setzen wir uns im folgenden 5. Kapitel noch näher auseinander.

- Um den Beschäftigungsstand beurteilen zu können, sind zusätzliche Erhebungen nötig, damit die erforderliche Information bereitgestellt werden kann. (Vgl. Abschnitt 4.3.)
- Zur Beurteilung der außenwirtschaftlichen Entwicklung liefern das Auslandskonto und die Zahlungsbilanz die wesentlichsten Daten. Ob außenwirtschaftliches Gleichgewicht vorliegt, bzw. ob eine bestimmte Datenstruktur auf ein solches hinweist, oder nicht, läßt sich nur auf der Grundlage einer Theorie entscheiden.
- Den Grad der Erreichung des Wachstumszieles kann man aus der Betrachtung der zeitlichen Entwicklung des Inlands- oder Sozialprodukts beurteilen. Dabei ergeben sich zwei grundlegende Probleme: Erstens bedarf der Begriff des Wachstums, wie er im Gesetz verwendet wird, noch einer näheren Erläuterung, zweitens erhebt sich die Frage, ob das Wachstumsziel selbst nicht etwa fragwürdig geworden ist.

  Wachstum des jährlich gemessenen Sozialprodukts allein erscheint nicht ausreichend, wenn man bedenkt, daß gleichzeitig auch Inflation, das ist ein Anstieg des Preisniveaus, damit einherging. Man wird also versuchen, die Entwicklung der Werte des Sozialprodukts um die **Veränderung des Preisniveaus** zu bereinigen. (Vgl. wiederum Kapitel 5.) Darüberhinaus erscheint es nicht gleichgültig, wieviel Arbeit zur Erstellung des Sozialprodukts aufgewandt wurde. Hat sich der Arbeitseinsatz verdoppelt und das Sozialprodukt nur um 50% erhöht, so wird dies anders zu beurteilen sein, als wenn dieselbe Erhöhung des Sozialprodukts mit unverändertem Arbeitseinsatz erzielt wurde. (Siehe dazu Abschnitt 4.3.)

  Das Wachstumsziel selbst ist in den letzten Jahren starker Kritik unterzogen worden. Es wurde darauf hingewiesen, daß eine Steigerung der materiellen Güterproduktion kaum noch einen Schluß auf eine Steigerung des materiellen Wohlstandes in einer Volkswirtschaft zulasse, obgleich dieser das eigentliche Ziel der Wirtschaftsentwicklung darstellen müßte. Erstens käme es sehr darauf an, **welche Güter,** ob Butter oder Kanonen, produziert würden; zweitens wie diese Güter auf die Mitglieder der Gesellschaft verteilt würden und schließlich würde eine große Anzahl unerwünschter Nebeneffekte des Wachstums, wie z.B. Umweltverschmutzung, psychische und physische Gesundheitsschädigungen, vollkommen außer Acht gelassen. Eine Auseinandersetzung mit diesen Fragen enthält Kapitel 7.
- Es ist bereits angeklungen, daß die Verteilung des Volkseinkommens bzw. des Volksvermögens auf die einzelnen Mitglieder einer Volkswirtschaft, eine wichtige Grundlage der Beurteilung des Wohlstandes darstellt. Auch dazu bedarf es näherer Erläuterungen, die in Abschnitt 5.7. gegeben werden.

Wenn z. B. die Erreichung und Erhaltung eines hohen Beschäftigungsstandes als ein wichtiges Ziel der Wirtschaftspolitik angesehen wird, dann ist es notwendig, **Anzeichen für Abweichungen** von diesem Ziel möglichst frühzeitig zu erhalten, um rechtzeitig gegensteuernde Maßnahmen ergreifen zu können. Erst dadurch lassen sich ausgeprägte, langanhaltende und unerwünschte Mängel und Fehlentwicklungen verhindern. Einzelne solcher Indikatoren zur Früherkennung von Fehlentwicklungen werden kurz in Abschnitt 4.3. dargestellt.

Abschließend ist noch einmal darauf hinzuweisen, daß diese und andere Ziele, auch wenn sie in Gesetzen ihren Niederschlag gefunden haben, im Zeitverlauf nicht unveränderlich und unabänderlich sind. Mit dem gesellschaftlichen Wandel können sich auch die Ziele und die Theorien über Wirkungszusammenhänge, damit aber auch die Ansprüche an ein gesellschaftliches Informationssystem ändern. Das volkswirtschaftliche Rechnungswesen ist daher nicht bloß **statisch** zu sehen, als ein Konzept zur Beschreibung und Messung relevanter wirtschaftlicher Größen, sondern auch in seiner **Dynamik,** die den Änderungen in den Konzepten und Ausgestaltungswünschen und -möglichkeiten Rechnung trägt.

4.3. Wichtige Kennzahlen zur Ergänzung der Volkswirtschaftlichen Gesamtrechnung

In diesem Abschnitt soll auf Kennzahlen eingegangen werden, die für die Beurteilung wirtschaftlicher Entwicklungen von großer Bedeutung sind: Die Beschäftigten- und Arbeitslosenzahlen, Produktivitätsziffern und andere ausgewählte Konjunkturindikatoren. Wie dies für Kennzahlen vielfach der Fall ist, vermitteln sie erste Einsichten in bestimmte Entwicklungen, die aber zumeist sehr grob sind und deshalb einer Ergänzung durch genauere und detailliertere Daten bedürfen. Veränderungen der Kennzahlen allein sagen nichts aus über die zugrundeliegenden **Ursachen,** welche diese Veränderungen bewirkt haben. Sie gewinnen daher erst an Aussagewert durch ihre Einbettung in ein theoretisches Modell, das Beziehungszusammenhänge zwischen verschiedenen Meßgrößen klarlegt. Abbildung 4.1. enthält einen Überblick über die Entwicklung wichtiger wirtschaftlicher Kennzahlen in den letzten Jahren.

4.3.1. Beschäftigung und Arbeitslosigkeit

In der Beschäftigtenstatistik sind folgende Begriffe von grundlegender Bedeutung:

- **Erwerbstätige:** Darunter versteht man alle im Inland selbständig oder unselbständig (= abhängig) beschäftigten Personen unabhängig von der geleisteten Arbeitszeit (daher auch Kurzarbeiter und Teilzeitbeschäftigte). Dabei werden den selbständig Beschäftigten auch die mithelfenden Familienangehörigen zugerechnet. Da nach dem Inlandsprinzip gerechnet wird, fallen vor allem auch die im Inland beschäftigten Ausländer unter die Erwerbstätigen.
- **Arbeitslose:** Die Bundesanstalt für Arbeit in Nürnberg folgt bei der Ermittlung der Arbeitslosenzahlen der Definition des Gesetzgebers (§ 102 Arbeitsförderungsgesetz). Danach ist eine Person dann arbeitslos, wenn sie gleichzeitig folgende Bedingungen erfüllt:

  a) Sie ist beim Arbeitsamt als arbeitslos registriert;

  b) sie steht in keinem Arbeitsverhältnis bzw. übt nur eine geringfügige Beschäftigung aus;

  c) sie sucht eine Beschäftigung für mindestens 18 Wochenstunden für mehr als drei Monate;

  d) sie ist arbeitsfähig, verfügbar und hat das 65. Lebensjahr noch nicht erreicht.

  Eine Person, die diese Tatbestände auf sich vereint, ist arbeitslos, unabhängig davon, ob sie einen Anspruch auf Leistung von Arbeitslosengeld besitzt. Arbeitssuchende, die, obwohl sie den restlichen Bedingungen genügen, nicht beim Arbeitsamt registriert sind, werden demnach ebensowenig als Arbeitslose erfaßt wie Teilnehmer an beruflichen Fördermaßnahmen (nicht verfügbar) oder Kranke (nicht arbeitsfähig).

Abb. 4.1

Grunddaten zur Wirtschaftsentwicklung in Westdeutschland

Position	Einheit	1988	1989	1990	1991	1988	1989	1990	1991
						Veränderung gegen Vorjahr in %			
Gesamtwirtschaftliche Nachfrage (real)									
Privater Verbrauch	Mrd DM	1 137,0	1 156,7	1 211,1	1 241,0	+ 2,7	+ 1,7	+ 4,7	+ 2,5
Staatsverbrauch	Mrd DM	389,1	382,6	390,5	393,5	+ 2,2	− 1,7	+ 2,1	+ 0,8
Anlageinvestitionen	Mrd DM	393,7	421,4	458,6	489,2	+ 4,6	+ 7,0	+ 8,8	+ 6,7
Ausrüstungen	Mrd DM	178,3	195,7	220,9	241,7	+ 6,6	+ 9,8	+ 12,9	+ 9,4
Bauten	Mrd DM	215,4	225,7	237,7	247,4	+ 3,1	+ 4,8	+ 5,3	+ 4,1
Vorratsinvestitionen	Mrd DM	+ 12,0	+ 21,9	+ 11,7	+ 11,1	.	.	.	.
Inländische Verwendung	Mrd DM	1 931,8	1 982,6	2 072,0	2 134,8	+ 3,6	+ 2,6	+ 4,5	+ 3,0
Außenbeitrag **1)**	Mrd DM	+ 40,0	+ 64,2	+ 66,7	+ 71,1	.	.	.	.
Ausfuhr	Mrd DM	689,6	768,3	852,6	955,8	+ 5,9	+ 11,4	+ 11,0	+ 12,1
Einfuhr	Mrd DM	649,6	704,1	785,9	884,6	+ 5,8	+ 8,4	+ 11,6	+ 12,6
Bruttosozialprodukt in Preisen von 1985	Mrd DM	1 971,8	2 046,8	2 138,7	2 205,9	+ 3,7	+ 3,8	+ 4,5	+ 3,1
Nachrichtlich:									
Auftragseingang (Volumen) im Verarbeitenden Gewerbe **2)**	1985 = 100	107,8	116,5	122,1	122,6	+ 7,2	+ 8,1	+ 4,8	+ 0,5
aus dem Inland	1985 = 100	107,5	115,9	125,6	130,7	+ 5,9	+ 7,8	+ 8,4	+ 4,0
aus dem Ausland	1985 = 100	108,2	117,4	116,2	109,5	+ 9,6	+ 8,5	− 1,0	− 5,8
Auftragseingang (Volumen) im Bauhauptgewerbe **2)**	1985 = 100	110,5	122,4	132,6	137,5	+ 7,5	+ 10,8	+ 8,4	+ 3,6
Einkommensverteilung									
Einkommen aus unselbständiger Arbeit	Mrd DM	1 169,4	1 221,9	1 313,9	1 417,4	+ 4,0	+ 4,5	+ 7,5	+ 7,9
desgl. in % des Volkseinkommens	%	71,5	70,5	70,2	71,0	.	.	.	.
Einkommen aus Unternehmertätigkeit und Vermögen	Mrd DM	466,2	512,4	557,7	578,9	+ 9,6	+ 9,9	+ 8,8	+ 3,8
Nachrichtlich:									
Bruttoeinkommen der Produktionsunternehmen	Mrd DM	368,4	388,3	414,3	407,7	+ 11,8	+ 5,4	+ 6,7	− 1,6
desgl. in % des Volkseinkommens	%	22,5	22,4	22,1	20,5	.	.	.	.
Volkseinkommen	Mrd DM	1 635,5	1 734,3	1 871,6	1 996,2	+ 5,5	+ 6,0	+ 7,9	+ 6,7
Produktion									
Produktion im Produzierenden Gewerbe (ohne Bauhauptgewerbe) **2) 3)**	1985 = 100	106,2	111,5	117,2	120,6	+ 3,6	+ 5,0	+ 5,1	+ 2,9
Produktion im Bauhauptgewerbe **2) 3)**	1985 = 100	110,3	117,6	124,1	127,8	+ 4,3	+ 6,6	+ 5,5	+ 3,0
Bruttoinlandsprodukt in Preisen von 1985	Mrd DM	1 960,5	2 024,2	2 118,4	2 191,1	+ 3,7	+ 3,2	+ 4,7	+ 3,4
Beschäftigung									
Erwerbstätige Inländer	Mio	27,4	27,7	28,4	28,9	+ 0,8	+ 1,3	+ 2,6	+ 1,6
Nachrichtlich:									
Erwerbstätige im Inland	Mio	27,3	27,6	28,4	29,2	+ 0,8	+ 1,4	+ 2,9	+ 2,6
Arbeitslose	Tsd	2 241,6	2 037,8	1 883,1	1 689,4	+ 0,6	− 9,1	− 7,6	− 10,3
desgl. in % aller Erwerbspersonen	%	7,7	7,1	6,4	5,7	.	.	.	.
Preise und Löhne									
Preisindex für die Lebenshaltung aller privaten Haushalte	1985 = 100	101,4	104,2	107,0	110,7	+ 1,3	+ 2,8	+ 2,7	+ 3,5
Erzeugerpreisindex gewerblicher Produkte **4)**	1985 = 100	96,3	99,3	101,0	103,4	+ 1,3	+ 3,1	+ 1,7	+ 2,4
Gesamtwirtschaftliches Baupreisniveau	1985 = 100	105,7	109,3	116,0	123,9	+ 1,9	+ 3,4	+ 6,1	+ 6,8
Index der Einfuhrpreise	1985 = 100	80,8	84,4	82,5	82,8	+ 1,3	+ 4,5	− 2,3	+ 0,4
Lohnkosten je Produkteinheit in der Gesamtwirtschaft **5)**	1985 = 100	105,5	105,9	108,6	113,4	+ 0,2	+ 0,4	+ 2,5	+ 4,5
desgl. je Umsatzeinheit in der Gesamtwirtschaft **6)**	1985 = 100	98,7	96,5	95,7	95,7	− 1,4	− 2,1	− 0,8	− 0,1
Nachrichtlich:									
Produktivität **7)**	1985 = 100	107,3	110,8	113,7	116,5	+ 3,6	+ 3,2	+ 2,6	+ 2,5
Gesamtwirtschaftliches Tariflohn- und -gehaltsniveau									
auf Monatsbasis	1985 = 100	110,0	112,9	118,1	125,4	+ 2,7	+ 2,7	+ 4,6	+ 6,2
auf Stundenbasis	1985 = 100	111,7	115,9	122,5	130,8	+ 3,3	+ 3,7	+ 5,7	+ 6,8

1 Saldo des Waren- und Dienstleistungsverkehrs mit dem Ausland; Lieferungen nach bzw. Bezüge aus Ostdeutschland (einschl. Direktkäufe privater Haushalte in West- bzw. Ostdeutschland) werden hier anders als in der Zahlungsbilanzstatistik der Aus- bzw. Einfuhr zugerechnet. – **2** Arbeitstäglich bereinigt. – **3** Ergebnisse für fachliche Unternehmensteile. – **4** Im Inlandsabsatz. – **5** Quotient aus dem Index der Bruttoeinkommen aus unselbständiger Arbeit je Beschäftigten und dem Index des realen Bruttosozialprodukts je Erwerbstätigen. – **6** Quotient aus dem Index der Bruttoeinkommen aus unselbständiger Arbeit je Beschäftigten und dem Index des nominalen Sozialprodukts je Erwerbstätigen. – **7** Bruttosozialprodukt in Preisen von 1985 je geleisteter Arbeitsstunde; eigene Berechnung.
Die Angaben aus den Volkswirtschaftlichen Gesamtrechnungen sowie die Angaben über Erwerbstätige sind ab 1989 vorläufig.
Differenzen in den Summen durch Runden der Zahlen. BBk

Quelle: Geschäftsbericht der Deutschen Bundesbank für das Jahr 1991, S. 15.

Dagegen können Personen als arbeitslos erfaßt sein, die einer Beschäftigung nachgehen, ohne sie dem Arbeitsamt zu melden (Schwarzarbeit, schattenwirtschaftliche Aktivität) oder solche, die überhaupt nicht arbeitswillig sind.

- **Stille Reserve:** Sie umfaßt die Personen, die zwar nicht als arbeitslos gemeldet sind, aber Arbeitsplätze annehmen würden, wenn es geeignete Stellen gäbe. Die stille Reserve ist eine mit großer Unsicherheit behaftete Schätzgröße. Einen wesentlichen Anteil davon bilden Frauen, die in Krisenzeiten ihr Angebot an Arbeitskraft zurückziehen.

Erwerbstätige, Arbeitslose und stille Reserve ergeben zusammen das **Erwerbspersonenpotential** einer Volkswirtschaft. Als **Arbeitslosenquote** wird der Anteil der Arbeitslosen an den abhängigen Erwerbspersonen (= abhängige Erwerbstätige und Arbeitslose) bezeichnet.

Für die Beurteilung der Lage auf dem Arbeitsmarkt sind auch noch die jeweiligen Zahlen der Kurzarbeiter und der offenen Stellen bedeutsam.

Als **Kurzarbeiter** werden alle Personen erfaßt, die einen Anspruch auf Kurzarbeitergeld besitzen.

Bei den **offenen Stellen** handelt es sich um alle Arbeitsplätze, die dem Arbeitsamt als innerhalb der nächsten drei Monate besetzbar gemeldet werden.

Die Konzepte, die der Messung der Arbeitslosen, der stillen Reserve und der offenen Stellen zugrundegelegt werden, wurden vielfach kritisiert. Es erhebt sich nämlich die Frage, ob durch diese Größen tatsächlich gemessen wird, was gemessen werden sollte, d.h. **ob die jeweiligen Indikatoren gültig sind.** Für theoretische und wirtschaftspolitische Analysen reicht es beispielsweise nicht aus, einfach die Zahl der als arbeitslos gemeldeten Personen zu erfassen. Was man wünscht, ist eine Gliederung vor allem in freiwillige und unfreiwillige Arbeitslosigkeit. Unter die **freiwillige** Arbeitslosigkeit fallen insbesondere die **friktionelle Arbeitslosigkeit,** d.i. die Zeit der Arbeitslosigkeit, die zwischen Arbeitsplatzkündigung und Neuaufnahme der Arbeit auftritt, die **strukturelle Arbeitslosigkeit,** die sich daraus ergibt, daß einzelne Berufe im Zuge technischer oder sonstiger Veränderungen nicht mehr oder in geringerem Maße benötigt werden, wie z.B. Bergwerksarbeiter infolge von Umschichtung von Kohle auf andere Energieträger oder Schriftsetzer infolge neuer Setzverfahren, die **saisonale Arbeitslosigkeit** wie z.B. die Winterarbeitslosigkeit im Baugewerbe. Diese Formen der freiwilligen Arbeitslosigkeit erfordern „nur" Maßnahmen zur kurzfristigen Überbrückung sozialer Härten, während sich unfreiwillige Arbeitslosigkeit längerfristig nur durch gezielte Eingriffe beseitigen läßt. Sie hat ihre Ursache in Funktionsmängeln der Preismechanismen.[4]

Schwierigkeiten ergeben sich neben der Ermittlung der stillen Reserve auch bei der Interpretation der offenen Stellen. Es darf nämlich nicht übersehen werden, daß die anmeldenden Unternehmen nicht gezwungen sind, als offen gemeldete Stellen zu besetzen. Unternehmen können deshalb solche Stellen auch ohne Absicht auf Besetzung anmelden. Hinzu kommt, daß die Zahl der offenen Stellen nichts über die **Qualität der Arbeitsplätze** aussagt. Die zu besetzenden Stellen können z.B. Qualifikationen erfordern, die nicht oder in nicht ausreichendem Maße bei den Arbeitssuchenden vorhanden sind, oder ungenügende Arbeitsbedingungen und Bezahlung aufweisen.

Die hier angeschnittenen Probleme deuten unter anderem darauf hin, daß bei der Interpretation der Daten große Sorgfalt geboten ist.

Da es sich bei allen hier dargestellten Größen um Bestandsgrößen handelt, weisen die Daten jeweils den durchschnittlichen Wert des Bestandes innerhalb einer Periode aus.

4.3.2. Arbeitsproduktivität und pro Kopf Wachstum

Wachstum des Inlands- oder Sozialprodukts für sich genommen stellt nur eine ungenügende Information dar. Man möchte auch wissen, mit welchem Aufwand es produziert wurde und wie es sich pro Kopf der Bevölkerung entwickelt hat.

Zur Messung des Arbeitsaufwandes bei der Produktion wird die durchschnittliche **Arbeitsproduktivität** oder kurz die **Produktivität** ausgewiesen. Sie stellt das Verhältnis von Bruttoinlandsprodukt zu den durchschnittlich Erwerbstätigen dar. Mit anderen Worten, sie gibt an, welchen Beitrag ein Erwerbstätiger durchschnittlich zum Bruttoinlandsprodukt leistet. Die Entwicklung der **Arbeitsproduktivität** hängt vor allem auch von der Entwicklung des Anlagevermögens (insbes. der Ausrüstungen) und vom technischen Fortschritt in einer Volkswirtschaft ab.

So kann eine Zunahme der Arbeitsproduktivität ihre Ursache in einer Erhöhung des eingesetzten Kapitals, einer verbesserten Ausbildung der Arbeitskräfte oder leistungsfähigeren Maschinen infolge technischer Neuerungen haben. Vor allem in Ländern mit großem Bevölkerungswachstum sind die bloßen Wachstumsraten des Sozialprodukts wenig aussagekräftig. Deshalb wird auch in den meisten Staaten die Entwicklung des Sozialprodukts pro Kopf der Einwohner ausgewiesen.

4.3.3. Kapitalproduktivität, -koeffizient, -intensität und die Auslastung des Kapitals

In Analogie zur Arbeitsproduktivität wird die sogenannte **Kapitalproduktivität** ermittelt.

$$\text{Kapitalproduktivität} = \frac{\text{Bruttoinlandsprodukt}}{\text{Bruttoanlagevermögen}}$$

Die Kapitalproduktivität gibt an wieviel eine Kapitaleinheit im Durchschnitt zur Herstellung eines bestimmten Bruttoinlandsprodukts beiträgt.

Der Kehrwert der Kapitalproduktivität wird **Kapital**koeffizient genannt. Aus ihm läßt sich ablesen wieviel Kapitaleinheiten erforderlich waren, um eine Einheit des Bruttoinlandsprodukts herzustellen.

In allen diesen Definitionen wird „Kapital" gleichgesetzt mit dem Produktivvermögen, das wiederum durch das Bruttoanlagevermögen eines Jahres (in konstanten Preisen) erfaßt wird.

Die **Kapitalintensität** stellt ebenfalls eine wichtige Kennzahl. Sie stellt das Verhältnis des Kapitalstocks zu den im Inland Erwerbstätigen dar und zeigt den Kapitaleinsatz pro Erwerbstätigen an (zur Entwicklung des Kapitalkoeffizienten und der Kapitalintensität, vgl. Abb. 4.2.)

Abb. 4.2. Produktionsergebnis und Produktionsfaktoren für alle Wirtschaftsbereiche

Jahr[1])	Bruttoinlandsprodukt in Preisen von 1985		Kapitalstock[2]) in Preisen von 1985		Erwerbstätige[3])		Kapitalintensität[4])		Kapitalkoeffizient[5])		Kapitalproduktivität[6])	Arbeitsproduktivität[7])
	Mrd. DM	1960 = 100	Mrd. DM	1960 = 100	1000	1960 = 100	1000 DM	1960 = 100	Wert	1960 = 100		
1950	368	*46*	1 704	*60*	19 570	*80*	87	*75*	4,6	*131*	*76*	*57*
1955	579	*72*	2 122	*74*	22 500	*91*	94	*81*	3,7	*106*	*97*	*78*
1960	806	*100*	2 857	*100*	24 599	*100*	116	*100*	3,5	*100*	*100*	*100*
1960	856	*100*	3 031	*100*	26 063	*100*	116	*100*	3,5	*100*	*100*	*100*
1965	1 081	*126*	4 095	*135*	26 755	*103*	153	*132*	3,8	*109*	*93*	*123*
1970	1 321	*154*	5 285	*174*	26 560	*102*	199	*172*	4,0	*114*	*88*	*151*
1975	1 471	*172*	6 645	*219*	26 020	*100*	255	*220*	4,5	*129*	*78*	*172*
1980	1 728	*202*	7 873	*260*	26 980	*104*	292	*252*	4,6	*131*	*78*	*195*
1985	1 823	*213*	9 027	*298*	26 489	*102*	341	*294*	5,0	*143*	*71*	*209*
1990	2 118	*247*	10 244	*338*	28 433	*109*	360	*310*	4,8	*137*	*73*	*227*
1991	2 190	*256*	10 555	*348*	29 237	*112*	361	*311*	4,8	*137*	*73*	*228*

[1]) Angaben für das frühere Bundesgebiet, 1950, 1955 und 1960 (erste Angabe) ohne Saarland und Berlin; ab 1990 vorläufiges Ergebnis. — [2]) Jahresdurchschnittliches Bruttoanlagevermögen einschl. öffentlichen Tiefbaus. — [3]) Erwerbstätige im Inland (Jahresdurchschnitt). — [4]) Kapitalstock in Preisen von 1985 je Erwerbstätigen (Jahresdurchschnitt). — [5]) Verhältnis Kapitalstock zu Bruttoinlandsprodukt in Preisen von 1985. — [6]) Verhältnis Bruttoinlandsprodukt zu Kapitalstock in Preisen von 1985. — [7]) Bruttoinlandsprodukt in Preisen von 1985 je Erwerbstätigen.

Quelle: L. Schmidt, Reproduzierbares Anlagevermögen 1950 bis 1992, Wirtschaft und Statistik, Heft Nr. 2, 1992, S. 122.

Abb. 4.3.

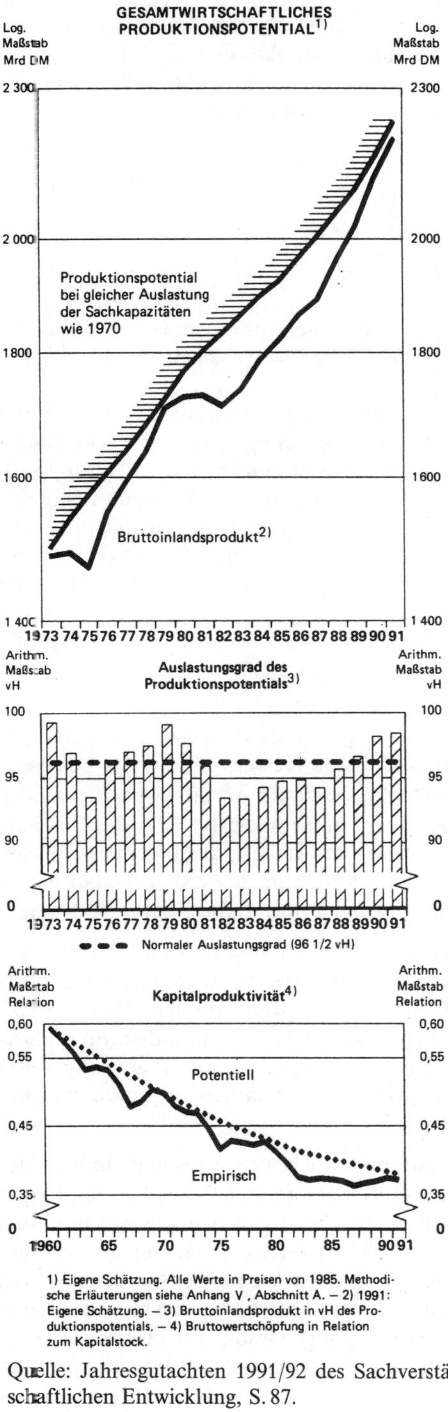

1) Eigene Schätzung. Alle Werte in Preisen von 1985. Methodische Erläuterungen siehe Anhang V, Abschnitt A. – 2) 1991: Eigene Schätzung. – 3) Bruttoinlandsprodukt in vH des Produktionspotentials. – 4) Bruttowertschöpfung in Relation zum Kapitalstock.

Quelle: Jahresgutachten 1991/92 des Sachverständigenrates zur Begutachtung der Gesamtwirtschaftlichen Entwicklung, S. 87.

In der Wirtschaftstheorie, wird häufig ein Zusammenhang zwischen dem insgesamt eingesetzten Kapital K und der eingesetzten Arbeit A und dem Output gemessen durch das Nettoinlandsprodukt zu Marktpreisen Y hergestellt: Diesen Zusammenhang bezeichnet man als die gesamtwirtschaftliche **Produktionsfunktion:** Y = F (K, A), wobei wir der Einfachheit halber von technologischen Änderungen absehen wollen. Ist diese Funktion linear-homogen, das heißt gilt für jede **positive** Zahl λ:

$$\lambda Y = F(\lambda K, \lambda A)$$

dann kann man $\lambda = \frac{1}{A}$ setzen und erhält:

$$\frac{Y}{A} = f\left(\frac{K}{A}\right)$$

d.h. man erhält (im Falle des Vorliegens einer linear-homogenen Produktionsfunktion) eine Beziehung zwischen dem Output pro Kopf (= Arbeitsproduktivität) und der Kapitalintensität.

Von Bedeutung für die Beurteilung der jeweiligen Konjunkturlage und die künftig zu erwartende Investitionstätigkeit ist auch der **Auslastungsgrad des Produktionspotentials** (= Kapitalstock). Unterstellt man für ein bestimmtes Jahr (z.B. für 1970) Vollauslastung bei der Erstellung des Bruttoinlandsproduktes, dann bedeutet eine Zunahme des Kapitalstocks der höher liegt als das Wachstums des Bruttoinlandsprodukts, bei gleichbleibendem Arbeitseinsatz eine Unterauslastung des Produktionspotentials. Abbildung 4.3. veranschaulicht die Entwicklung des Produktionspotentials und seiner Auslastung.[6]

4.3.4. Indikatoren zur Beurteilung der Wirtschaftslage

Die jeweilige Wirtschafts- oder, wie man auch sagt, **Konjunkturlage** kann nach verschiedenen Gesichtspunkten beurteilt werden. Für die Gewerkschaften ist beispielsweise die Wirtschaftslage vor allem dann schlecht, wenn die Arbeitslosenziffern hoch sind; für die Unternehmen, wenn ihre Maschinen unterausgelastet oder die Gewinne gering sind. Im Laufe der Zeit wurden Kennzahlen entwickelt, die allgemein für eine Beurteilung der Wirtschaftslage akzeptiert und herangezogen werden. Dabei unterscheidet man vor allem Frühindikatoren, Präsensindikatoren und Spätindikatoren.

Von Bedeutung für die Wirtschaftspolitik sind vor allem die Früh- und Präsensindikatoren. Während **Präsensindikatoren** Maßzahlen sind, die die augenblickliche Wirtschaftslage kennzeichnen – wie z.B. Arbeitslosenziffern, Offene Stellen, Preisentwicklungen, Auslastung der Produktionskapazitäten – signalisieren Frühindikatoren etwaige Änderungen der Wirtschaftslage frühzeitig und ermöglichen auf diese Weise, einer weiteren Verschlechterung der Wirtschaftslage durch rechtzeitiges Ergreifen geeigneter Maßnahmen entgegenzuwirken.

Die wichtigsten Frühindikatoren stellen die monatlich ausgewiesenen **Indices** der **Auftragseingänge** in verschiedenen Zweigen des Verarbeitenden Gewerbes dar. Erfaßt werden dabei die **Auftragseingänge** von Industriebetrieben mit zwanzig Beschäftigten und mehr, und zwar jeweils der **Wert** (ausschließl. Mehrwertsteuer) der eingegangenen und vom Unternehmen akzeptierten Bestellungen. Neben den Indices für die einzelnen Zweige wird auch ein „Index des Auftragseingangs im Verarbeitenden Gewerbe" insgesamt ausgewiesen. Ein Rückgang der Auftragseingänge kündigt im allgemeinen eine bevorstehende Dämpfung oder Verschlechterung der wirtschaftlichen Aktivität an.

Neben diesen Frühindikatoren dienen auch **Prognosen** dazu, künftige wirtschaftliche Entwicklungen wenigstens teilweise vorhersehbar zu machen. Bei diesen Prognosen kann es sich um einfache Fortschreibungen vergangener Entwicklungen bis hin zu komplizierten, mit Hilfe statistischer Methoden gewonnener ökonometrischen Schätzergebnissen unter Einbeziehung von Expertenbeurteilungen handeln. Alle diese Voraussageinstrumente, Prognosen und Frühindikatoren sind aber erwiesenermaßen nur bedingt verläßlich. Der Grund liegt vor allem darin, daß die Motive menschlichen Verhaltens und die Reaktionen auf äußere Ereignisse sich im Zeitverlauf ändern und sich daher wohl gewisse Regelmäßigkeiten erkennen lassen, die aber keine sicheren Aussagen darüber zulassen, daß die Regelmäßigkeiten im Verhalten auch in Zukunft beibehalten werden. Diese Schwierigkeiten stellen auch die Wirtschaftspolitik vor schwerwiegende Probleme, auf die in diesem Zusammenhang jedoch nicht weiter eingegangen werden soll.

Anmerkungen zu Kapitel 4

1 Diese Auffassung lebte, in den letzten Jahren in den Diskussionen zwischen **Monetaristen** und **Keynesianern** erneut wieder auf.

2 **J. M. Keynes,** A Tract on Monetary Reform (1923), The Collected Writings of John Maynard Keynes, Vol. IV., London etc. 1971, p. 65.

3 **G. Bombach,** Volkswirtschaftliche Gesamtrechnung – Antiquierte Methoden, in: Wirtschaftswoche 25/1971, S. 35–39. Hier S. 38.

4 Eine Sammlung ausgezeichneter Artikel über die schwierigen und oftmals kontoversen Interpretations- und Meßprobleme enthält: **G. Worswick** (Ed.), The Concept and Measurement of Involuntary Unemployment, London 1976.

5 Zur Problematik der Produktivitätsmessung siehe R. Krengel Hrsg., Neuere Methoden der Produktivitätsmessung, Göttingen 1973

6 Vgl.: „Neuberechnung des Produktionspotentials für die Bundesrepublik Deutschland“, in: Monatsberichte der Deutschen Bundesbank, 33. Jg., Nr. 10, Oktober 1981, S. 32ff. Die Zahlenangaben in diesem Aufsatz sind allerdings durch die Revision der Volkswirtschaftlichen Gesamtrechnungen vom Herbst 1982 und die damit verbundene Umstellung auf die Preisbasis 1976 = 100 inzwischen überholt.

5. Kapitel

Intertemporale Vergleiche

5.0. Übersicht

Die einzelnen Daten der Volkswirtschaftlichen Gesamtrechnung für ein einzelnes Jahr, isoliert betrachtet, sind wenig aussagekräftig. Sie erlangen ihre überragende Bedeutung im politischen und wirtschaftlichen Leben erst im zeitlichen Vergleich, der die Entwicklung und Veränderung der einzelnen Größen sichtbar macht. Die Bürger der meisten Staaten Westeuropas waren es in der Zeit nach dem Zweiten Weltkrieg gewöhnt, in regelmäßigen Zeitabständen über hohe Wachstumsraten des Sozialprodukts und die Preissteigerungs- oder Inflationsraten in ihren Ländern informiert zu werden. Die Jahre nach dem Zweiten Weltkrieg waren z.B. für die Bundesrepublik Deutschland, grob gesprochen, durch zwei Merkmale gekennzeichnet: durch relativ hohe Wachstums- und steigende Inflationsraten. Erst die Jahre nach 1974/75 weisen eine Verringerung der Wachstums- und Inflationsraten auf, verbunden mit einer anhaltend hohen und sogar zunehmenden Arbeitslosigkeit. Die wirtschaftspolitischen Ziele eines gleichmäßigen Wachstums bei Vollbeschäftigung und eines stabilen Preisniveaus haben sich – bisher jedenfalls – als nicht **gleichzeitig** erfüllbar erwiesen.

In diesem Kapitel soll vor allem auf die Messung, deren Konzepte, sowie die Aussagekraft der Messungen des Wachstums von Aggregaten und von Inflation näher eingegangen werden. Daneben werden noch die Probleme der Erfassung der Veränderungen der Einkommensverteilung behandelt.

Nach einer Einleitung in die Problemstellung werden die Konzepte zur Ermittlung der Preisänderungen von Aggregatgrößen erörtert. Daran anschließend werden Indexformeln vorgestellt, die z.B. angeben, wie man aus den Änderungen der Einzelpreise zu einer Kennzahl gelangt, die die globale Änderung der Preise eines Aggregates möglichst gut wiedergibt. Probleme der Behandlung von Qualitätsänderungen, der Datenermittlung etc. werden danach kurz angeschnitten und sodann die wichtigsten Preisindices für die Bundesrepublik Deutschland vorgestellt. Den Abschluß des Kapitels bildet eine Erörterung der Schwierigkeiten der Erfassung der Veränderungen in der Einkommensverteilung.

5.1. Problemstellung

Die in regelmäßigen Zeitabständen (z.B. jährlich oder halbjährlich) erstellten Volkswirtschaftlichen Gesamtrechnungen liefern Daten über die Höhe des Sozialprodukts, des privaten Konsums und anderer wirtschaftlich bedeutsamer Aggregatgrößen von Güterströmen. Ordnet man die Beobachtungswerte einer bestimmten Größe in zeitlicher Reihenfolge, so erhält man eine **Zeitreihe** dieser Größe. Die auf diese Weise entstehenden Zeitreihen der einzelnen Größen aus der Volkswirtschaftlichen Gesamtrechnung bilden eine wichtige Informationsgrundlage für wirtschaftswissenschaftliche Analysen. Bei einem Vergleich der einzelnen Daten einer Zeitreihe ist jedoch zu beachten, daß es sich bei den zu vergleichenden Werten um Größen handelt, die jeweils zu **laufenden Preisen** ermittelt wurden. Solche Größen werden auch als **nominelle Größen** bezeichnet. Es wurden also beispielsweise die das Sozialprodukt des Jahres 1970 bestimmenden Waren- und Dienstleistungsströme zu Preisen des Jahres 1970 bewertet, das Sozialprodukt des Jahres 1971 wurde zu Preisen des Jahres 1971 berechnet usw.

Will man eine Antwort auf die Frage, ob das Sozialprodukt einer Gesellschaft im Vergleich zu früheren Perioden zu- oder abgenommen hat, dann ist man in der Regel weniger an der nominellen, als vielmehr an der sogenannten **realen Entwicklung** interessiert, d. h. an der Frage, wie sich das Sozialprodukt **„gütermäßig"** entwickelt hat.[1] Ein nominelles Wachstum des Sozialprodukts gibt keinen Aufschluß darüber, ob dieses auch real gewachsen ist. Dieses Wachstum könnte auf eine Erhöhung sämtlicher Preise zurückzuführen sein, ohne daß „gütermäßig" ein Zuwachs zu verzeichnen gewesen wäre.

Somit stellt sich das Problem, die Entwicklung nomineller Größen in wenigstens zwei Komponenten zu zerlegen:[2] in eine Komponente, die die **Preisentwicklung** erfaßt und in eine Komponente, die die **reale Entwicklung** wiedergibt.

Indem man also die nominelle Änderung einer bestimmten Größe **um die Preisänderung bereinigt** oder, wie man auch sagt, indem man die nominelle Entwicklung **deflationiert,** erhält man als Restgröße die reale Änderung. Da beispielsweise in die Berechnung des Sozialprodukts eine Fülle von verschiedenartigen Gütern Eingang findet, stellt sich das Problem, die Änderungen einer Vielzahl von Preisen durch eine einzige Zahl – den **Preisindex für das Sozialprodukt** – zu erfassen, die dann als **Veränderung des allgemeinen Preisniveaus** angesehen werden könnte.

Dieses Problem wäre relativ einfach zu lösen, wenn sowohl die Mengen als auch die Preise bei unveränderter Qualität der einzelnen Güter sich jeweils bloß um ein gleiches nichtnegatives Vielfaches verändern, deren Proportionen zueinander jedoch gleichbleiben würden.[4] In diesem Fall gäbe es keinerlei Schwierigkeiten, die Preis- und die reale Entwicklung in eindeutiger Weise voneinander zu trennen. Der gemeinsame Vervielfachungsfaktor für die Mengen erfaßt die Mengenveränderungen, der für die Preise die Preisveränderungen. Sind also beispielsweise alle Preise der in einer bestimmten Aggregatgröße enthaltenen Güter um zwanzig und deren Mengen um fünfundzwanzig Prozent gegenüber dem Vorjahr gestiegen, so teilt sich das fünfzigprozentige nominelle Wachstum dieser Größe in eine zwanzigprozentige Preissteigerung und ein fünfundzwanzigprozentiges reales Wachstum auf.

In der Praxis treten vier grundlegende Schwierigkeiten auf, die eine Zerlegung nomineller Größen in die zwei obengenannten Komponenten zum Problem werden lassen:

1. Die Preise und Mengen der einzelnen Güter ändern sich nicht nur **absolut,** sondern auch **relativ,** d.h. die Proportionen der Preise und Mengen zueinander verändern sich ebenfalls.
2. Bei den meisten Gütern sind die Preis- und Mengenänderungen nicht voneinander unabhängig. Im Normalfall sind geringere Mengen mit einem höheren Preis dieses Gutes verbunden und umgekehrt.
3. Güter ändern sich im Zeitablauf. **Neue Güter** kommen auf den Markt, **veraltete Güter** werden nicht weiter produziert.

   Schließlich verändert sich die **Qualität** vieler Güter. Qualitätsänderungen eines Gutes haben zumeist einen Einfluß auf den Preis dieses Gutes.

Auf diese Probleme gilt es nun einzugehen. Zunächst werden die Probleme 3. und 4. ausgeklammert, um die Darstellung nicht zu überladen.

5.2. Grundlagen der Preisindexbildung

5.2.1. Ein Beispiel

Die Problemstellung, die die Bereinigung einer nominellen Größe um die Preisentwicklung beinhaltet, soll durch das folgende einfache **Zahlenbeispiel** verdeutlicht werden: In einer Wirtschaft wurden in zwei verschiedenen Perioden jeweils nur die beiden Güter 1 und 2 (z. B. Brot und Butter) produziert und abgesetzt (dadurch wird von Lagerbildung und den damit verbundenen Bewertungsproblemen sowie von Qualitätsänderungen abstrahiert).

Die Preise und Mengen für das sogenannte **Basisjahr** und für das **Vergleichsjahr** sind in Tabelle 5.1. dargestellt, wo auch die Werte des Sozialprodukts zu laufenden Preisen (nominell) angegeben sind.

Das Sozialprodukt hat sich von 1250,– auf 1600,– erhöht, was einem **nominellen Wachstum** um 28% entspricht. Das nominelle Wachstum ergibt sich aus der Berechnung des **Wertindex** V.[5]

$$V = \frac{\text{Sozialprodukt des Vergleichsjahres}}{\text{Sozialprodukt des Basisjahres}} \cdot 100 = \frac{1600}{1250} \cdot 100 = 128$$

Indem man das Sozialprodukt des Basisjahres gleich 100% setzt, ergibt V den prozentualen Wert des Sozialprodukts des Vergleichsjahres in Bezug zum Basisjahr. Preise und Mengen haben sich gegenüber dem Basisjahr **absolut** und **relativ** verändert. Die Menge des Gutes 1 hat sich verdoppelt, die Menge des Gutes 2 jedoch um ein Fünftel verringert. Man wird also voraussetzen können, daß die **reale** Änderung irgendeinen Wert zwischen −20% und 100% annehmen wird. Analog wird die Änderung des allgemeinen Preisniveaus irgendeinen Wert zwischen −20% und 50% annehmen. Wie immer die Wahl der „wahren" realen Entwicklung oder der „wahren" Preisentwicklung auch ausfällt, eine allgemeine Aussage folgt unmittelbar aus der in Abschnitt 5.1 erwähnten Relation:

Je höher die Änderung des Preisniveaus angesetzt wird, desto geringer ist die als Restgröße verbleibende reale Änderung und umgekehrt.

Wie aber läßt sich die Änderung des allgemeinen Preisniveaus genau bestimmen? Welchen Kriterien soll ein Index des allgemeinen Preisniveaus genügen?

Tabelle 5.1.: Preise, Mengen und Sozialprodukt im Basis- und im Vergleichsjahr (fiktive Werte)

	Preise pro Stück		Produzierte und abgesetzte Mengen i. Stck.		„Sozialprodukt" in laufenden Preisen
	Gut 1	Gut 2	Gut 1	Gut 2	
Basisjahr z. B. 1977	DM 5.—	DM 10.—	50	100	DM 1250.—
Vergleichsjahr z. B. 1978	DM 4.—	DM 15.—	100	80	DM 1600.—

Naheliegend wäre ein Verfahren, welches die durchschnittliche Preisänderung ermittelt, in unserem Beispiel also

$$P = \left(\frac{\frac{4}{5} + \frac{15}{10}}{2}\right) \cdot 100 = 115$$

Die Preissteigerungs- oder Inflationsrate beträgt somit 15 % und das reale Wachstum daher 11 %.[6] Der Nachteil dieses Verfahrens liegt darin, daß es die Preisänderungen alle gleich gewichtet. Aber nicht alle Güter sind gleich wichtig. Auf welche Weise soll man die Mengenveränderungen der Güter im Preisindex mitberücksichtigen?

In der Literatur werden grundsätzlich zwei Wege beschritten bzw. Ansätze diskutiert, um die erwähnten Fragen zu beantworten: der theoretische Ansatz einerseits sowie der „Testansatz" andererseits.

5.2.2. Der theoretische Ansatz

5.2.2.1. Der theoretische Preisindex (Befriedigungsindex)[7]

Ausgangspunkt für die folgenden Überlegungen bildet ein Haushalt, der in der Basisperiode 0 über ein bestimmtes Einkommen, den Betrag y_o, verfügt. Bei gegebenen Güterpreisen kann der Haushalt Güter im Gesamtwert von y_o erwerben.[8] Man kann annehmen, daß der Haushalt eine Güter-Mengenkombination (oder wie man auch sagt, ein Güterbündel) wählen wird, die ihm ein Höchstmaß an Bedürfnisbefriedigung gewährleistet. Bezeichnet man mit p_{io} den Preis des Gutes i in der Periode 0 und mit q_{io} die nachgefragte Menge des Gutes i in der Periode 0, so gilt

$$y_0 = \sum_{i=1}^{n} p_{i0} q_{i0} = p_{10} q_{10} + p_{20} q_{20} + \ldots + p_{n0} q_{n0}$$

In der Vergleichsperiode 1 gelten im allgemeinen andere Preise als in der Basisperiode 0. Es kann daher erwartet werden, daß der Haushalt in Reaktion auf die geänderten Güterpreise die Zusammensetzung des von ihm nachgefragten Güterbündels ändern wird.[9] Normalerweise wird er Güter, deren relative Preise gestiegen sind, in geringeren, solche, deren relative Preise gesunken sind, in größeren Mengen nachfragen. Die Preisänderungen werden im allgemeinen bei geändertem Einkommen insgesamt auch eine Änderung des Niveaus der Bedürfnisbefriedigung zur Folge haben. Ein **Maß für die stattgefundenen Preisänderungen** läßt sich nun aus dem folgenden Gedankenexperiment ableiten:

Welches Einkommen y_1^+ bzw. welches Güterbündel $(q_{11}^+, q_{21}^+, \ldots, q_{n1}^+)$ müßte der Haushalt mindestens erhalten, um bei den Preisen der Periode 1 **dasselbe Bedürfnisbefriedigungsniveau** aufrechterhalten zu können, das er in der Basisperiode 0 erreicht hatte? Der auf dieser Grundlage theoretisch begründete Preisindex TP ist nun wie folgt definiert:

$$TP = \frac{y_1^+}{y_0} \cdot 100 = \frac{\sum_{i=1}^{n} p_{i1} q_{i1}^+}{\sum_{i=1}^{n} p_{i0} q_{i0}} \cdot 100$$

Er stellt die kleinste prozentuale Einkommensänderung dar, die notwendig ist, um dem Haushalt auch nach den eingetretenen Preisänderungen ein unverändertes Bedürfnisbefriedigungsniveau zu erhalten.

5.2.2.2. Voraussetzungen

Der obigen theoretischen Analyse liegen folgende Voraussetzungen zugrunde:

a) Der Haushalt ist immer imstande, zu jedem „Güterbündel" $(q_{10}, q_{20}, \ldots, q_{no})$, in Abhängigkeit von den Preisen $(p_{10}, p_{20}, \ldots, p_{no})$ und dem Einkommen y_o, ein Güterbündel $(q_{11}^+, q_{21}^+, \ldots, q_{n1}^+)$ bzw. ein kleinstes Einkommen y_1^+ anzugeben, welches das ursprüngliche Bedürfnisbefriedigungsniveau auch bei Preisen $(p_{11}, p_{21}, \ldots, p_{n1})$ aufrechtzuerhalten erlaubt.

b) Das Einkommen y_1^+ bzw. das Güterbündel $(q_{11}^+, \ldots, q_{n1}^+)$ ergibt sich aus der Durchführung eines Gedankenexperiments und ist unabhängig vom Einkommen y_1, welches der Haushalt in der Periode 1 tatsächlich bezieht.

c) Bedürfnisbefriedigung ist (direkt) nur aus Konsumgütern ableitbar. Dementsprechend gehen nur die Preise dieser Güter in die Indexbildung ein, nicht jedoch z. B. die Preise von Investitionsgütern.

d) Nicht erforderlich ist, daß die Bedürfnisse des Haushaltes unverändert bleiben. Der Haushalt soll lediglich imstande sein, Konstanz im Niveau der Bedürfnisbefriedigung, trotz geänderter Bedürfnisse, feststellen zu können. In einem solchen Fall stellt sich allerdings die Frage, ob diesem Vergleich die „alte" (d. i. jene der Basisperiode) oder die „neue" (die der Vergleichsperiode) Bedürfnisstruktur zugrundegelegt werden soll. Da, wenn überhaupt, die „aktuellen", also die neuen Bedürfnisse am ehesten ermittelt werden können, wird man wohl auf deren Grundlage den Vergleich anstellen.

5.2.2.3. Mängel des theoretischen Ansatzes

Der vorgeschlagene theoretische Preisindex TP besitzt den Vorzug, daß er auf anerkannten theoretischen Prinzipien basiert. Gleichzeitig besitzt er jedoch auch eine Anzahl von Mängeln, die insgesamt so schwer wiegen, daß sich für alle praktischen Zwecke der theoretische Preisindex als unanwendbar erweist.

a) Der theoretische Preisindex ist nicht eindeutig bestimmt.

Zieht man nämlich das aktuelle Einkommen y_1 bzw. das zugehörige Güterbündel $(q_{11}, q_{21}, \ldots, q_{n1})$ – das ein Höchstmaß an Bedürfnisbefriedigung bei diesem Einkommen und den Preisen $(p_{11}, \ldots, p_{n1})$ ermöglicht – als Grundlage für den Vergleich heran, dann kann ein theoretischer Preisindex TPI auch wie folgt definiert werden:

$$\mathrm{TPI} = \frac{y_1}{y_0^+} \cdot 100 = \frac{\sum_{i=1}^{n} p_{i1} q_{i1}}{\sum_{i=1}^{n} p_{i0} q_{i0}^+} \cdot 100$$

Er stellt die prozentuale Einkommensänderung dar, die nötig gewesen wäre, dem Haushalt bei den Preisen $(p_{10}, \ldots, p_{no})$ für die Periode 0 dasselbe Bedürfnisbefriedigungsniveau zu ermöglichen, welches er in der Periode 1 erreichte.

Im allgemeinen werden die beiden theoretischen Preisindices TP und TPI unterschiedliche Ergebnisse liefern, da das Bedürfnisbefriedigungsniveau, auf dem der jeweilige Index basiert, normalerweise verschieden sein wird. Die beiden Indices ergeben gleiche Resultate genau dann, wenn die Bedürfnisstruktur die folgende Eigenschaft aufweist: Ändert sich bei unveränderter Preisstruktur das Einkommen, nimmt also beispielsweise das Einkommen zu (ab), so wird das beim gestiegenen (gesunkenen) Einkommen gewählte Güterbündel nur größere (geringere) Mengen der einzelnen Güter als das ursprünglich gewählte Güterbündel aufweisen, die Proportionen der einzelnen Gütermengen zueinander werden jedoch in beiden Bündel gleichbleiben. Nur in diesem Falle, der als Fall der **homothetischen Bedürfnisstruktur** bezeichnet werden soll, ist es gleichgültig, ob man das Bedürfnisbefriedigungsniveau der Periode 0 oder der Periode 1 als Ausgangspunkt für den Vergleich wählt. Da dieser Fall von Experten als in der Realität kaum jemals vorkommend eingeschätzt wird, läßt sich somit für die überwiegende Zahl der Fälle ein Preisindex auf Grund rein theoretischer Überlegungen nicht eindeutig bestimmen.[10]

b) Bedürfnisänderungen

Haben sich die Bedürfnisstrukturen im Zeitablauf geändert, so stellt sich die Frage, ob in diesem Falle die Bildung eines Preisindex als zulässig erscheint. Es läßt sich nämlich die Meinung vertreten, der Wandel in der Wertschätzung von Gütern im Zeitablauf beinhalte einen so tiefgreifenden qualitativen Bruch mit vergangenen Wertschätzungen, einen Wandel des Weltbildes, der eine Vergleichbarkeit, wie sie für die Erstellung des Preisindex gefordert wird, vollkommen ausschließt. Die Preise der Basisperiode spiegeln Knappheiten auf der Grundlage der nunmehr veralteten Bedürfnisstrukturen wider und lassen sich daher nicht mit späteren Preisen vergleichen, die die Knappheiten auf der Grundlage der aktuellen Bedürfnisstrukturen wiedergeben.

Obgleich in diesem Argument ein einleuchtender Kern steckt, läßt sich die in ihm enthaltene Kritik weitgehend entkräften. Erstens spricht vieles dafür, daß der Wandel in der Bedürfnisstruktur nicht vollkommen sprunghaft, sondern eher allmählich, kontinuierlich vor sich gehen dürfte. Nur wenn Basis- und Vergleichsperiode zeitlich weit auseinanderliegen, gewinnt das Argument an Überzeugungskraft. Zweitens wird man einen wesentlichen Grund für Preisänderungen vor allem in Änderungen der Bedürfnisstrukturen suchen müssen. Preisänderungen stellen dann geradezu ein sichtbares Indiz für die durch die Bedürfnisänderungen hervorgerufenen Verschiebungen in den Knappheitsrelationen der Güter dar. Schließlich wird man in Ermangelung eines gemeinsamen Maßstabs zum Vergleich von Bedürfnisstrukturen die Frage „Welches Einkommen würde bei den gegenwärtigen Preisen ein Individuum für diese Periode benötigen, um das Bedürfnisbefriedigungsniveau der vergangenen Periode aufrechterhalten zu können?“ als unpräzise verwerfen müssen, weil sie die Existenz eines derartigen Vergleichsmaßstabs vorauszusetzen scheint. Kaum beantwortbar erscheint auch die folgende Frage: „Welches Einkommen hätte man in der Basisperiode benötigt, um bei den gegenwärtigen Preisen dasselbe Niveau der Bedürfnisbefriedigung aufrecht erhalten zu können, das bei dem Einkommen und den Preisen der vergangenen Periode erreicht wurde?“ Denn diese bezieht sich auf die in der Vergleichsperiode **praktisch** kaum mehr feststellbare veraltete Bedürfnisstruktur aus der Basisperiode.

Nur indem man einheitlich die **aktuelle** Bedürfnisstruktur den beide Perioden, der Basis- und der Vergleichsperiode, zugrundelegt, läßt sich – wie bereits in 5.2.2.2. unter Punkt d) angedeutet – die Frage nach den gesuchten Einkommen, $y_1^{\dagger}$ für TP bzw. $y_0^{\dagger}$ für TPI, in befriedigender Weise beantworten.

Schwerer als die beiden eben genannten Einwände wiegen die folgenden:

c) Ermittlungsprobleme

Die Bedürfnisstruktur eines Haushalts läßt sich nicht direkt, sondern nur über die jeweils gewählten Güterbündel indirekt erschließen. Da die Güterbündel $(x^+_{11}, \ldots, x^+_{n1})$ bzw. $(x^+_{10}, \ldots, x^+_{no})$ nicht realisiert werden und daher nicht beobachtet werden können, besteht die Notwendigkeit, diese experimentell, durch Befragung, festzustellen, um so zu dem gesuchten Einkommen y^+_1 bzw. y^+_o zu gelangen. Die Zuverlässigkeit solcher aufgrund hypothetischer Befragung ermittelter Ergebnisse ist so gut wie unbekannt, da derartige Befragungen in dem hierzu erforderlichen Umfang bisher nicht durchgeführt werden.[11]

d) Aggregationsprobleme

Bislang sind wir bei der Konstruktion des theoretischen Preisindex stets von einem Individuum bzw. einem bestimmten Haushalt ausgegangen. Der individuelle Preisindex eines sportlichen Vegetariers wird vor allem von den Preisentwicklungen von Obst, Gemüse, Sportgeräten und ähnlichen Gütern, jener eines genießerischen Lebemannes hauptsächlich durch die Preisentwicklung von Alkohol, Tabak, Fleisch usw. bestimmt.

Um einen **allgemeinen** Preisindex ermitteln zu können, wäre es streng genommen notwendig, aus den individuellen Bedürfnisstrukturen (vorausgesetzt, diese ließen sich feststellen), eine gesellschaftliche Bedürfnisstruktur abzuleiten, um sodann wieder ein fiktives Volkseinkommen Y^+_1 oder Y^+_o zu ermitteln, um TP oder TPI für die gesamte Volkswirtschaft bestimmen zu können. Unangenehmerweise erweist sich im allgemeinen die Konstruktion einer gesellschaftlichen Bedürfnisstruktur aus beliebigen individuellen Bedürfnisstrukturen – unter relativ schwachen und plausiblen Voraussetzungen an die Konstruktionsvorschrift – als unmöglich.[12]

Eine Übertragung der Prinzipien zur Konstruktion eines **individuellen Preisindex** auch auf die Konstruktion eines **allgemeinen, gesellschaftlichen Preisindex** erfordert daher „eher einen Glaubensakt als die Anwendung ökonomischer Theorie“.[13]

Die Mängel einer befriedigenden theoretischen Begründung eines Index für die Veränderung des allgemeinen Preisniveaus haben dazu geführt, daß man nach anderen Wegen und Verfahren suchte, geeignete Preisindices zu konstruieren.

5.2.3. Der Testansatz

5.2.3.1. Allgemeines

In seiner bereits klassisch gewordenen Studie „The Making of Index Numbers“ hat **Irving Fisher** 1922 die praktische Brauchbarkeit von 134 verschiedenen mathematischen Formeln zur Konstruktion eines Preisindex überprüft, mit dem Ziel, möglichst eine einzige, beste Formel zu erhalten. Um die einzelnen Formeln beurteilen und unter ihnen auswählen zu können, gab er eine Reihe wünschenswerter Eigenschaften vor – sogenannte Testkriterien oder **Tests** –, denen brauchbare Indexformeln genügen sollten, und prüfte sodann, welche Formeln diese Tests bestanden. Beim Vergleich zweier Formeln ist dann jene Formel als die bessere anzusehen, die die größere Zahl an Tests gleichzeitig zu erfüllen vermag.

Im Laufe der Zeit wurden den von Irving Fisher aufgestellten Kriterien neue hinzugefügt, bestehende Kriterien wurden neuformuliert, und die logischen Beziehungen zwischen den einzelnen Tests wurden zum Gegenstand umfassender Analysen.

5.2.3.2. Gebräuchliche Testkriterien

1. Proportionalitätstest

Eine Änderung aller Preise um denselben Prozentsatz (z. B. + 10%) soll sich auch in einer Änderung des Preisindex um denselben Prozentsatz (= + 10%) widerspiegeln.

1a. Schwacher Proportionalitätstest

Eine Änderung aller Preise um denselben Prozentsatz soll auch zu einer Änderung des Preisindex um denselben Prozentsatz führen, **vorausgesetzt** die Gütermengen sind unverändert geblieben.

2. Zirkularitätstest

Ausgangspunkt für die Formulierung dieses Kriteriums bilden drei Preisindexwerte:

a) Der Wert P_{01}, der die Preisentwicklung der Vergleichsperiode 1 in bezug auf die Basisperiode 0 wiedergeben soll.
b) P_{12}, der die Entwicklung der Preise von Periode 1 zur Periode 2 erfaßt und
c) P_{02}, der die Preisentwicklung der Periode 2 in bezug auf die Periode 0 als Basisperiode erfaßt.

Der Zirkularitätstest fordert nun, daß eine brauchbare Preisindexformel die Bedingung:

$P_{01} \cdot P_{12} = P_{02}$ erfüllen soll.

3. Kommensurabilitätstest

Ändert sich die Maßeinheit für die Menge oder den Preis eines Gutes, z. B. von Kilogramm auf Tonnen oder von Pfennig auf D-Mark, so soll der Preisindex davon unberührt bleiben.

4. Bestimmtheitstest

Geht der Preis oder die Menge eines Gutes gegen Null, so soll der Preisindex weder den Wert Null oder Unendlich annehmen, noch soll er unbestimmt bleiben; mit anderen Worten, der Preisindex soll in jedem Fall einen eindeutigen, endlichen und positiven Wert annehmen.

5. Faktorumkehrtest

Dieser Test verlangt, daß eine Vertauschung der Mengen und Preise in der Preisindexformel einen Mengenindex mit der Eigenschaft ergibt, daß das Produkt aus Mengen- und Preisindex gleich dem Volumenindex ist.

5a. Produkttest

Gemäß diesem Test soll das Produkt aus Mengen- und Preisindex ebenso wie beim Faktorumkehrtest gleich dem Wertindex sein; es wird jedoch lediglich gefordert, daß der Mengenindex denselben Tests genügt, die auch der Preisindex erfüllt und nicht mehr wie beim Faktorumkehrtest, daß für beide dieselbe mathematische Formel gelten soll.

6. Identitätstest

Haben sich weder Preise noch Mengen geändert, dann soll der Preisindex den Wert 1 annehmen.

7. Zeitumkehrtest

Dieser Test ist erfüllt, wenn die Indexformel den folgenden Bedingungen genügt: Haben sich von der Basisperiode 0 zur Periode 1 die Preise und Mengen von $(p_{10}, \ldots, p_{no})$ zu $(p_{11}, \ldots, p_{n1})$ bzw. von $(q_{10}, \ldots, q_{no})$ zu $(q_{11}, \ldots, q_{n1})$ entwickelt und anschließend in Periode 2 zu $(p_{12}, \ldots, p_{n2}) = (p_{10}, \ldots, p_{no})$ bzw. $(q_{12}, \ldots, q_{n2}) = (q_{10}, \ldots, q_{no})$, d.h. die Preise und Mengen der Periode 2 sind gleich denjenigen der Periode 0, dann soll gelten $P_{01} \cdot P_{12} = P_{01} \cdot P_{10} = P_{00} = 1$.

8. Mittelwerttest

Der Preisindex liegt zwischen der kleinsten und der größten Änderung der relativen Preise aller Güter. Diesem Test genügen alle hier erwähnten Indexformeln.

5.2.3.3. Logische Beziehungen zwischen den Tests

Es ist unmittelbar einsichtig, daß der Proportionalitätstest (1) den schwachen Proportionalitätstest (1a) oder daß der Faktorumkehrtest (5) den Produkttest (5a) als Spezialfall enthält. Der Identitätstest (6) ist im schwachen Proportionalitätstest (1a) und damit auch im Proportionalitätstest (1), aber auch im Zirkularitätstest (2) als Spezialfall enthalten. Ferner enthält der Zirkularitätstest (2) den Zeitumkehrtest (7).

Keineswegs unmittelbar einsichtig und daher überraschend ist die Tatsache, daß es zum Beispiel **unmöglich** ist, eine Preisindexformel anzugeben, die gleichzeitig die Tests 1, 2, 3 und 4 erfüllt. Gleichermaßen gibt es keine Formel, die gleichzeitig den Tests 1, 2 und 5a genügen kann.[14] Obgleich also jedes Testkriterium für sich genommen sehr plausibel ist, stellen bestimmte Kriterien zusammengenommen logisch widerspruchsvolle Bedingungen an eine Preisindexformel und können daher nicht erfüllt werden.

Damit stellt sich aber folgendes Dilemma: Auf welche Testkriterien soll verzichtet werden, um zu einem geeigneten Preisindex zu gelangen? Es läßt sich zum Beispiel zeigen, daß zwar kein Preisindex existiert, der gleichzeitig die Tests 1, 2, 3 und 4 erfüllen kann, daß jedoch unterschiedliche Formeln für Preisindices existieren, die jeweils drei dieser vier Tests erfüllen können. Beispielsweise erfüllt die Formel

$$P_{01} = \frac{\sum_{i=1}^{n} p_{i1} q_{i1}}{\sum_{i=1}^{n} p_{i0} q_{i0}}$$

die Tests 2, 3 und 4 nicht jedoch Test 1, während die Formel

$$P_{01} = \frac{\sum_{i=1}^{n} q_{i0} p_{i1}}{\sum_{i=1}^{n} q_{i0} p_{i0}} \cdot \frac{\sum_{i=1}^{n} q_{i1} p_{i1}}{\sum_{i=1}^{n} q_{i1} p_{i0}}$$

den Tests 1, 3 und 4, jedoch nicht Test 2 genügt.

5.2.3.4. Problematik des Testansatzes

a) Der Testansatz führt nicht zu einer eindeutig bestimmten Preisindexformel.

Die Testkriterien ermöglichen somit nicht, eine bestimmte Formel zur Konstruktion eines Preisindex in eindeutiger Weise als die beste auszeichnen und auswählen zu können. Je nachdem, welche miteinander logisch verträglichen Tests man wählt, erhält man dann verschiedene Formeln, die die jeweils gewählten Tests gleichzeitig erfüllen. Die Wahl der Testkriterien bestimmt daher die formale Gestalt der Preisindexformel und besitzt damit auch Einfluß auf den Wert dessen, was in der Praxis als Preisänderung angesehen werden soll. Somit wäre es nötig, Kriterien aufzustellen, auf deren Grundlage sich eine Wahl unter den einzelnen Tests begründen ließe. Da solche Kriterien nicht existieren, bleibt jede Wahl von Testkriterien mehr oder minder eine Sache des persönlichen Geschmacks.

b) Weitere wichtige Kriterien

Keines der oben angeführten Testkriterien berücksichtigt so bedeutende Aspekte wie die leichte Verständlichkeit und anschauliche Interpretierbarkeit des Preisindex oder die Einfachheit und Kostengünstigkeit der Ermittlung der Werte des Preisindex. Wie sich noch zeigen wird, ist der erforderliche Rechen- und Datenaufwand nicht für alle Indexformeln derselbe und nicht alle Formeln und Resultate lassen sich auf einfache und anschauliche Weise interpretieren. Aus diesem Grund wird man den Kriterien der **Interpretierbarkeit** und **Kostengünstigkeit** neben den erwähnten Testkriterien großes Gewicht bei der Wahl der Indexformel beilegen – beides Kriterien, die in der Praxis die Wahl der Indexformel entscheidend bestimmen, die jedoch in theoretischen Diskussionen zumeist vernachlässigt werden.

5.2.4. Beurteilung der Grundlagen der Preisindexbildung

a) Dies macht den Kern des sogenannten **Indexzahlenproblems** aus: Weder der theoretische Ansatz noch der Testansatz führen zur Wahl einer einzigen, besten Formel zur Konstruktion eines Preisindex. Auf welche Weise die Änderungen nomineller Aggregatgrößen – denen jeweils Änderungen in den Preisen und Mengen einer ungeheuren Vielzahl von Gütern zugrundeliegen – in aggregierte Preis- und Mengenentwicklungen zerlegt werden, läßt sich theoretisch nicht ausreichend fundieren und wird daher weitgehend von Zweckmäßigkeitserwägungen bestimmt. Es gibt daher auch keinen „wahren" Preisindex in dem Sinne, daß jeder wirtschaftlichen Entwicklung in der Realität stets ein genau bestimmter Wert, die „wahre" und „tatsächliche" Preisentwicklung entspricht. Eine derartige Auffassung würde übersehen, daß die Festlegung und Verwendung bestimmter Indexformeln wesentlich eine Frage der Zweckmäßigkeit ist, deren Beurteilung wiederum in erheblichem Maße von der zu beantwortenden Fragestellung abhängig ist.

b) Aus der Tatsache, daß weder der theoretische Ansatz noch der Testansatz zu eindeutigen Lösungen führen, sollte andererseits nicht der Schluß gezogen werden, daß damit die Unanwendbarkeit beider Ansätze erwiesen wäre. Man wird vielmehr fordern müssen, daß die in der Praxis angewandten Formeln auf ihre Vereinbarkeit mit theoretischen Überlegungen und bestimmten Testkriterien hin überprüft werden sollten. Kann eine bestimmte Indexformel beispielsweise keinen der angeführten Tests erfüllen, so wird das als ein starkes Indiz dafür anzusehen sein, daß die Formel „unsinnige" Resultate produzieren dürfte und daher verworfen werden sollte.

c) Die Erörterungen im Zusammenhang mit dem theoretischen Ansatz haben gezeigt, daß streng genommen jedes Wirtschaftssubjekt **seinen** eigenen Preisindex bestimmen müßte. Der hierzu erforderliche Aufwand für jedes Wirtschaftssubjekt wäre gewiß erheblich. Andererseits würde ein einziger Preisindex als Ausdruck der allgemeinen Preisentwicklung für viele Wirtschaftssubjekte kaum Information bieten, wenn die Güter ihres Interesses so gut wie keine Berücksichtigung im allgemeinen Preisindex finden und wenn die Preisentwicklung dieser Güter erheblich von der allgemeinen Entwicklung abweicht. Der Ausweg aus diesem Dilemma wird dadurch versucht, daß in der Praxis für mehrere Bereiche und Personengruppen gesonderte Preisindices berechnet werden.

d) Schließlich muß noch ein Punkt von zentraler Bedeutung betont werden, dessen Nichtbeachtung Anlaß zu fruchtlosen Debatten im Rahmen der ökonomischen Theorie gab. Wenn von der **realen Entwicklung** einer Aggregatgröße die Rede ist, so darf „real" nicht Begriffen wie „gütergleich", „gütermäßig" oder „mengenmäßig" gleichgesetzt werden. Denn Aggregatgrößen heterogener Güter werden dadurch gebildet, indem man die Geldwerte dieser Güter addiert. Die Dimension des „Konsums" des Jahres 1970 ist DM bzw. Millionen DM pro Jahr. Die Frage nach dem **realen** Konsum des Jahres 1970 im Sinne eines „mengenmäßigen" Konsums läßt sich **isoliert** für das Jahr 1970 nicht stellen, ohne gleichzeitig auf Aggregation selbst verzichten zu müssen. **In Beziehung zu anderen Perioden jedoch,** z.B. zum Konsum des Jahres 1965 erscheint die Frage nach der globalen realen **Änderung** als zulässig. Dabei muß man sich jedoch stets vor Augen halten, daß erstens die Preis- oder Realänderung immer nur **relativ** zu einer gegebenen Vergleichspreis- und -mengenstruktur zu verstehen ist, mit anderen Worten, daß von den Ausgangspreisen und -mengen nicht abstrahiert werden kann und daß zweitens die festgestellte relative Preisänderung stets auf dem Resultat einer **Konvention** beruht, eine bestimmte Preisindexformel als Grundlage zur Berechnung der globalen Preisänderung zu akzeptieren. Keine Preisindexformel kann von den Preisen der Bezugsperiode abstrahieren und die Mengen dieser Periode bloßlegen. Dementsprechend soll man nicht von der **Preisbereinigung** von Zeitreihen sprechen, da diese Ausdrucksweise fälschlicherweise nahelegt, als ob aus Aggregaten gewissermaßen die Preise „herausgerechnet" werden könnten und diese die Dimension Stück pro Periode erhielten.[15] Davon kann natürlich nicht die Rede sein. Deflationierung der Zeitreihen von Aggregaten kann nur die Bereinigung um die Preis**änderungen relativ** zu einer festgelegten Vergleichskonstellation von Mengen und Preisen bedeuten.

5.3. Einige bedeutsame Indexformeln

In der statistischen Praxis wird nur eine geringe Anzahl mathematischer Formeln aus der Vielzahl möglicher Formeln zur Preisindexberechnung verwendet. Auf diese gilt es nur einzugehen.

5.3.1. Der Laspeyres-Index

5.3.1.1. Die Indexformel

Die Laspeyres-Preisindexformel L_P ist wegen ihrer Einfachheit wohl die bekannteste und am meisten verwendete Formel zur Preisindexberechnung.

$$L_P = \frac{\sum_{i=1}^{n} p_{i1} q_{i0}}{\sum_{i=1}^{n} p_{i0} q_{i0}}.$$

Ein in der Basisperiode 0 gewähltes Güterbündel $(q_{10}, \ldots, q_{n0})$ wird zu Preisen der Basisperiode und zu Preisen der Vergleichsperiode bewertet. Der Laspeyres-Preisindex gibt dann die relative Änderung der Kosten in bezug auf die Basisperiode an, die zum Kauf dieses Güterbündels aufgewendet werden müssen. Wichtig ist festzuhalten, daß die Preise jeweils mit den Mengen der **Basisperiode** gewichtet werden.

Für Beispiel 5.2.1. errechnet sich der **Laspeyres-Preisindex** wie folgt:

$$L_P = \frac{4\;50 + 15 \cdot 100}{5 \cdot 50 + 10 \cdot 100} \cdot 100 = 136.$$

Somit beträgt die Preisänderung 36%, woraus sich als Restgröße eine **Schrumpfung** bzw. ein negatives Wachstum des „realen“ Sozialprodukts um 6% ergibt.[16]

5.3.1.2. Eigenschaften der Laspeyres-Indexformel

a) Theoretische Beurteilung

Der Laspeyres-Index bewertet ein konstant gehaltenes Güterbündel der Basisperiode. Ein Wirtschaftssubjekt wird jedoch im allgemeinen auf Preisänderungen in der Weise reagieren, daß es relativ teurer gewordene Güter in geringeren Mengen, relativ billiger gewordene in größeren Mengen nachfragen wird. Indem ein konstantes Güterbündel zugrundegelegt wird, läßt der Laspeyres-Index diese Reaktionen des Wirtschaftssubjektes außer acht und mißt daher jenen Gütern, deren relative Preise gestiegen sind, ein zu großes, jenen deren relative Preise gesunken sind, ein zu geringes Gewicht bei. **Im Verhältnis zu einem eindeutig bestimmten theoretischen Preisindex (= bei Vorliegen einer homothetischen Bedürfnisstruktur) überschätzt daher der Laspeyres-Preisindex die Preissteigerung.**

b) Beurteilung durch Testkriterien

Die Laspeyres-Preisindexformel erfüllt vor allem den schwachen Proportionalitätstest (1a), den Bestimmtheitstest (4) und den Mittelwerttest (8). Sie erfüllt vor allem **nicht** den Zeitumkehrtest (7), den Faktorumkehrtest (5) und den Zirkularitätstest (2).

Analog der Preisindexformel läßt sich eine Laspeyres-Mengenindexformel L_M angeben

$$L_M = \frac{\sum_{i=1}^{n} p_{i0} q_{i1}}{\sum_{i=1}^{n} p_{i0} q_{i0}}.$$

Hier werden die Preise der Basisperiode zur Bewertung der Güterbündel der Perioden 0 und 1 herangezogen.

c) Zusammenfassende Beurteilung

Die einfache Handhabung sowie eine leichte Interpretierbarkeit sind die zentralen Vorzüge der Laspeyres-Formel. Vergleicht man mehr als zwei Perioden miteinander, so läßt sich eine Folge von Laspeyres-Indices, jeweils bezogen auf ein fixes Basisjahr, ebenfalls auf anschauliche Weise interpretieren.

$$L_P(0,1) = \frac{\sum_{i=1}^{n} p_{i1} q_{i0}}{\sum_{i=1}^{n} p_{i0} q_{i0}}; \qquad L_P(0,2) = \frac{\sum_{i=1}^{n} p_{i2} q_{i0}}{\sum_{i=1}^{n} p_{i0} q_{i0}} \qquad \text{usw.}$$

Ist man beispielsweise an der relativen Preisänderung (für ein Güterbündel der Periode O) nur von Periode 1 auf Periode 2 interessiert, dann wählt man

$$L_P^0(1,2) = \frac{\sum_{i=1}^{n} p_{i2} q_{i0}}{\sum_{i=1}^{n} p_{i1} q_{i0}}.$$ [17]

Für **diese** Definition gilt dann

$$L_P(0,1) \cdot L_P^0(1,2) = \frac{\sum_{i=1}^{n} p_{i1} q_{i0}}{\sum_{i=1}^{n} p_{i0} q_{i0}} \cdot \frac{\sum_{i=1}^{n} p_{i2} q_{10}}{\sum_{i=1}^{n} p_{i1} q_{i0}} = L_P(0,2)$$

Allgemein gilt dann für eine Kette solcher Indices:

$$L_P\ (0,1) \cdot L_P^0\ (1,2) \ldots L_P^0\ (t\text{-}1,t) = L_P\ (0,t)$$

5.3.2. Der Paasche-Index

5.3.2.1. Die Indexformel

Die Paasche-Indexformel, basiert auf ähnlich einfachen Überlegungen wie die Laspeyres-Formel. Der wesentliche Unterschied besteht darin, daß bei der Paasche-Preisindexformel P_P als Gewichte die Mengen des Güterbündels der **Vergleichsperiode** (und nicht jene der Basisperiode) herangezogen werden.

$$P_P = \frac{\sum_{i=1}^{n} p_{i1} q_{i1}}{\sum_{i=1}^{n} p_{i0} q_{i1}}$$

Analog dem Preisindex läßt sich auch ein Paasche-Mengenindex P_M definieren:

$$P_M = \frac{\sum_{i=1}^{n} p_{i1} q_{i1}}{\sum_{i=1}^{n} p_{i1} q_{i0}}$$

5.3.2.2. Eigenschaften der Paasche-Indexformel

a) Theoretische Beurteilung

Der Paasche-Preisindex geht vom ‚aktuellen' Güterbündel ($q_{11}, \ldots, q_{n1}$) aus. Das hat gegenüber dem Laspeyres-Preisindex den wesentlichen Vorzug, daß bei Änderungen der Bedürfnisstruktur die **aktuellen Bedürfnisse** bei der Wahl des Güterbündels berücksichtigt werden, während beim Laspeyres-Index ein Güterbündel basierend auf einer Wahl nach veralteten Bedürfnissen dem Vergleich zugrundegelegt wird.

Sieht man von Bedürfnisänderungen einmal ab, so kann man sagen, daß ein individueller Paasche-Preisindex im Vergleich zu einem eindeutig bestimmten theoretischen Preisindex die Preisveränderung im allgemeinen **unterschätzt.** Denn Güter, deren relative Preise im Verhältnis zur Basisperiode gestiegen sind, gehen in die Indexformel für die Basisperiode bloß mit den verringerten Mengen der Vergleichsperiode, multipliziert mit den Preisen der Basisperiode, ein. Umgekehrtes gilt für Güter, deren relative Preise gesunken sind. Damit wird insgesamt der Nenner zu hoch angesetzt, wodurch sich der Gesamtausdruck verringert.

b) Beurteilung durch Testkriterien

Die Paasche-Indexformel genügt denselben Tests, denen auch die Laspeyres-Formel genügt.

Angewandt auf die Daten von Beispiel 5.2.1. ergibt sich der Paasche-Preisindexwert wie folgt:

$$P_P = \frac{4 \times 100 + 15 \times 80}{5 \times 100 + 10 \times 80} \cdot 100 = 123\%$$

Es zeigt sich, wie auf Grund der allgemeinen Überlegungen zu erwarten ist, daß der Paasche-Preisindex eine geringere Preissteigerung (23%) ausweist als der Laspeyres-Preisindex (36%). Ein eindeutig bestimmbarer theoretischer Preisindex würde einen Wert zwischen 23% und 36% Preissteigerung angeben.

c) Zusammenfassende Beurteilung

Der Paasche-Preisindex hat wohl den Vorzug, die den aktuellen Bedürfnisstrukturen entsprechenden Güterbündel eher zu erfassen als der Laspeyres-Index, er hat jedoch den wesentlichen Nachteil, daß bei einem Vergleich mehrerer Perioden ein direkter Vergleich zweier nicht benachbarter Perioden nicht möglich ist:

$$P_P(0,1) = \frac{\sum_{i=1}^{n} p_{i1} q_{i1}}{\sum_{i=1}^{n} p_{i0} q_{i1}}, \quad P_P(1,2) = \frac{\sum_{i=1}^{n} p_{i2} q_{i2}}{\sum_{i=1}^{n} p_{i1} q_{i2}}, \quad P_P(0,2) = \frac{\sum_{i=1}^{n} p_{i2} q_{i2}}{\sum_{i=1}^{n} p_{i0} q_{i2}}$$

$$P_P(0,1) \cdot P_P(1,2) \neq P_P(0,2)$$

Dadurch ist eine rasche und leicht interpretierbare Vergleichbarkeit über mehrere Perioden hinweg nur noch bedingt möglich. Die periodisch erforderliche Neugewichtung der Preise mit den Mengengewichten der jeweils letzten Periode und der damit verbundene Rechenaufwand, vor allem jedoch die Interpretationsprobleme, beschränken die praktische Verwendbarkeit der Paasche-Indexformel.

5.3.3. Zusammenhänge zwischen Paasche- und Laspeyres-Indices

Zwischen Paasche- und Laspeyres-Indices bestehen folgende wichtige Zusammenhänge:

1. Das Produkt aus Laspeyres-Preis- und Paasche-Mengenindex ergibt den Wertindex; deflationiert man jedoch den Wertindex, indem man diesen mit dem Laspeyres-

Preisindex dividiert, so erhält man als Restgröße oder, wie man auch sagt, als **impliziten Mengenindex** einen Paasche-Mengenindex.

$$V = L_P \cdot P_M$$

$$\frac{\sum_{i=1}^{n} p_{i1} q_{i1}}{\sum_{i=1}^{n} p_{io} q_{io}} = \frac{\sum_{i=1}^{n} p_{i1} q_{io}}{\sum_{i=1}^{n} p_{io} q_{io}} \cdot \frac{\sum_{i=1}^{n} p_{i1} q_{i1}}{\sum_{i=1}^{n} p_{i1} q_{io}}$$

2. Das Produkt aus dem Paasche-Preis- und dem Laspeyres-Mengenindex ergibt den Wertindex; deflationiert man den Wertindex, indem man diesen durch den Paasche-Preisindex dividiert, so erhält man als impliziten Mengenindex eine Größe, die sich als Laspeyres-Mengenindex interpretieren läßt.

$$V = P_P \cdot L_M$$

$$\frac{\sum_{i=1}^{n} p_{i1} q_{i1}}{\sum_{i=1}^{n} p_{io} q_{io}} = \frac{\sum_{i=1}^{n} p_{i1} q_{i1}}{\sum_{i=1}^{n} p_{io} q_{i1}} \cdot \frac{\sum_{i=1}^{n} p_{io} q_{i1}}{\sum_{i=1}^{n} p_{io} q_{io}}$$

Diese Zusammenhänge sind von praktischer Bedeutung vor allem bei der Deflation von Wertgrößen mit dem Laspeyres-Preisindex. Der verbleibende implizite Mengenindex ist dann ein Paasche-Mengenindex. Dieser gibt die Wertänderung an, die auf die Veränderungen des Güterbündels der Vergleichsperiode in bezug zur Basisperiode, bewertet zu Preisen der Vergleichsperiode, zurückzuführen ist.

Die beiden folgenden Indices, der Ideale Index und der Divisia-Index, finden zwar in der Praxis der statistischen Ämter kaum Verwendung, sollen aber dennoch kurz erwähnt werden, da ihnen in einigen theoretischen und empirischen Arbeiten eine bedeutende Rolle zugeschrieben wird.

5.3.4. Fisher's „Ideale Indexformel"

Während Irving Fisher in der oben erwähnten Studie die Laspeyres- und die Paasche-Indexformel als „sehr gut" beurteilt, schätzt er den von ihm so genannten **Idealen Index** als „hervorragend" ein. Der ideale Preisindex I_p ist das **geometrische Mittel** aus dem Laspeyres- und dem Paasche-Preisindex.

$$I_P = \left(\frac{\sum_{i=1}^{n} p_{i1} q_{io}}{\sum_{i=1}^{n} p_{io} q_{io}} \cdot \frac{\sum_{i=1}^{n} p_{i1} q_{i1}}{\sum_{i=1}^{n} p_{io} q_{i1}} \right)^{\frac{1}{2}} = \sqrt{L_P \cdot P_P}$$

Der Ideale Mengenindex I_M lautet analog dazu:

$$I_M = \left(\frac{\sum_{i=1}^{n} p_{io} q_{i1}}{\sum_{i=1}^{n} p_{io} q_{io}} \cdot \frac{\sum_{i=1}^{n} p_{i1} q_{i1}}{\sum_{i=1}^{n} p_{i1} q_{io}} \right)^{\frac{1}{2}} = \sqrt{L_M \cdot P_M}$$

Es gilt ferner $V = I_P \cdot I_M$

Die Ideale Indexformel erfüllt unter anderen vor allem sowohl den Zeit- als auch den Faktorumkehrtest; Tests, denen weder die Laspeyres- noch die Paasche-Indexformel genügten.

Als geometrisches Mittel liegt der Ideale Indexwert im allgemeinen zwischen dem Laspeyres-Index- und dem Paasche-Indexwert und damit näher zum theoretischen Indexwert als jeder der beiden genannten Indexwerte.

Trotz dieser günstigen Eigenschaften wird die Ideale Indexformel in der Praxis kaum angewandt. Der Hauptgrund liegt in dem Mangel an einfacher Interpretierbarkeit, aber wohl auch im beträchtlichen Rechenaufwand, der zu ihrer Erstellung, vor allem über mehrere Perioden hinweg, erforderlich ist.

5.3.5. Der Divisia-Index[18]

Die bisher genannten Indexformeln sind in erster Linie für Vergleiche zwischen zwei Perioden erstellt worden. Ein Index, der besonders für Mehrperiodenvergleiche entwickelt wurde, ist der **Divisia-Intergral-Index.** Im Gegensatz zu den Indices nach Laspeyres und Paasche, die beide entweder Mengen oder Preise konstant halten und nur die jeweils komplementäre Größe sich verändern lassen, berücksichtigt der Divisia-Index gleichzeitig die Änderungen in den Mengen und Preisen im Zeitablauf.

Ausgangspunkt für die Entwicklung des Index ist die Gültigkeit der Identität oder Konsistenzbedingung (1) für jeden Zeitpunkt

$$V(t) = P(t) \times M(t) \tag{1}$$

Dabei steht P (t) für einen Preis- und M(t) für einen Mengenindex, und V(t) ist definiert als

$$V(t) = \sum_{i=1}^{n} p_{it} q_{it}$$

Läßt man die Länge einer Periode sehr klein werden, d.h. gegen Null konvergieren, so setzt sich die (infinitesimale) Änderung von V(t) beim Übergang von einer Periode zur anderen aus der Änderung der Preise dp_{it} und der Änderung der Mengen dq_{it} zusammen.

Die Wertänderung von V(t), d V(t), wird durch das totale Differential (2) angegeben

$$dV(t) = \sum_{i=1}^{n} q_{it} \cdot dp_{it} + \sum_{i=1}^{n} p_{it} \cdot dq_{it} \tag{2}$$

Analog lautet das totale Differential für Bedingung (1)

$$dV(t) = M(t)\, dP(t) + P(t) \cdot dM(t) \tag{3}$$

Durch Division von (3) durch V(t) = P(t) · M(t) erhält man (4)

$$\frac{dV(t)}{V(t)} = \frac{dP(t)}{P(t)} + \frac{dM(t)}{M(t)} \tag{4}$$

d. h. die Wachstumsrate des Wertindex (die natürlich auch negativ sein kann) setzt sich zusammen aus den Wachstumsraten der Preise und der Mengen.

Ähnlich ergibt sich durch Division von (2) mit $V(t) = \sum_{i=1}^{n} p_{it} \cdot q_{it}$:

(5) $$\frac{dV(t)}{V(t)} = \frac{\sum_{i=1}^{n} q_{it} \cdot dp_{it}}{\sum_{i=1}^{n} p_{it} \cdot q_{it}} + \frac{\sum_{i=1}^{n} p_{it} \cdot dq_{it}}{\sum_{i=1}^{n} p_{it} q_{it}}$$

Der Divisia-Integral-Preisindex ergibt sich dann als Lösung der Differentialgleichung (6)

(6) $$\frac{dP(t)}{P(t)} = \frac{\sum_{i=1}^{n} q_{it} \cdot dp_{it}}{\sum_{i=1}^{n} p_{it} q_{it}}$$

Die Lösung der Gleichung (6) lautet folgendermaßen: $P(T) = P_o e^{f(T)}$, wobei

$$f(T) = \int_0^T \frac{\sum_{i=1}^{n} q_{it} \cdot dp_{it}}{\sum_{i=1}^{n} p_{it} \cdot q_{it}} \cdot dt$$

und $P_o = 100$ für die Basisperiode 0.

Da in der Praxis Preise natürlich immer nur in bestimmten auseinanderliegenden Zeitabständen erhoben werden, muß die Formel für praktische Zwecke durch Bildung (erster) Differenzen angenähert werden. Die Gleichung (6) für den kontinuierlichen Fall wird für den diskreten Fall durch (7) angenähert.

(7) $$\frac{\Delta P_t}{P_t} = \frac{\sum_{i=1}^{n} q_{it} \cdot \Delta p_{it}}{\sum_{i=1}^{n} p_{it} \cdot q_{it}}$$

wobei $\Delta P_t = P_{t+1} - P_t$ und $\Delta p_{it} = p_{it+1} - p_{it}$

oder

(8) $$\frac{P_{t+1}}{P_t} = \frac{\sum_{i=1}^{n} p_{it+1} \cdot q_{it}}{\sum_{i=1}^{n} p_{it} q_{it}} \quad \text{bzw.} \quad P_{t+1} = \frac{\sum_{i=1}^{n} p_{it+1} q_{it}}{\sum_{i=1}^{n} p_{it} q_{it}} \cdot P_t$$

Bezeichnet man nun mit a_t folgenden Ausdruck:

$$a_t = \frac{\sum_{i=1}^{n} p_{it+1} q_{it}}{\sum_{i=1}^{n} p_{it} q_{it}} \quad \text{für beliebige t,}$$

dann erhält man aus der Tatsache, daß

$$P_{t+1} = a_t P_t \quad \text{und} \quad P_t = a_{t-1} P_{t-1}$$

$$P_{t+1} = a_t \cdot a_{t-1} P_{t-1},$$

und schließlich durch wiederholte Anwendung und unter Berücksichtigung von $P_o = 100$ die Gleichung (9) für den Zeitraum von Periode O bis Periode T

$$P_T = a_{T-1} \cdot a_{T-2} \dots a_0 \cdot P_0 = \prod_{i=0}^{T-1} a_i \cdot 100 \tag{9}$$

a_t entspricht der Laspeyres-Formel, allerdings mit der Maßgabe, daß für jede Periode jeweils die Mengen der Vorperiode zur Gewichtung der Preise herangezogen werden, d.h. die Mengengewichte ändern sich mit jeder Periode.[19]

Neben dem schwachen Proportionalitätstest, dem Bestimmtheitstest und dem Produkttest genügt der Divisia-Index auch dem Zirkularitätstest.

Eine wichtige Eigenschaft des Divisia-Index ist seine **Abhängigkeit von der konkreten Entwicklung,** die zu einer bestimmten Preis-Mengenkombination führt.

Das folgende **Beispiel** soll diesen Umstand verdeutlichen: Wir verfolgen dabei die Entwicklung der Preise und Mengen zweier Güter 1 und 2. Im Fall A lauten die Daten wie folgt (Tab. 5.2)

Tabelle 5.2. Fiktive Daten für Fall A

	Preise/Stück in DM		Mengen in Stück	
Periode	Gut 1	Gut 2	Gut1	Gut 2
0	5	10	50	100
1	4	15	100	80
2	3	20	130	60
3	2	25	150	40

Die Werte für a_t ergeben sich wie folgt:

$$a_0^A = \frac{4 \cdot 50 + 15 \cdot 100}{5 \cdot 50 + 10 \cdot 100} = 1{,}36; \quad a_1^A = \frac{3 \cdot 100 + 20 \cdot 80}{4 \cdot 100 + 15 \cdot 80} = 1{,}19;$$

$$a_2^A = \frac{2 \cdot 130 + 25 \cdot 60}{3 \cdot 130 + 20 \cdot 60} = 1{,}11$$

$$P_T^A = P_3^A = a_0^A \cdot a_1^A \cdot a_2^A \cdot 100 \sim 180\%$$

Der Fall B unterscheidet sich von Fall A nur dadurch, daß die Preise und Mengen der Perioden 1 und 2 vertauscht sind, während die Preise und Mengen der Basis- und der Endperiode gleich sind (vgl. Tab. 5.3).

Tabelle 5.3. Fiktive Daten für Fall B

Periode	Preise/Stück in DM Gut 1	Preise/Stück in DM Gut 2	Mengen in Stück Gut 1	Mengen in Stück Gut 2
0	5	10	50	100
1	3	20	130	60
2	4	15	100	80
3	2	25	150	40

$a_0^B = 1{,}72; \qquad a_1^B = 0{,}89; \qquad a_2^B = 1{,}38$

$P_3^B \sim 211\%$

Obgleich also in beiden Fällen Anfangs- und Endpreise bzw. -Mengen die gleichen sind, ergeben sich verschiedene Divisia-Preisindexwerte, da der Entwicklungspfad, der zum gleichen Endzustand führte, in den beiden Fällen anders verlief.

Es ist umstritten, ob diese Abhängigkeit vom Entwicklungspfad als Vorzug oder Nachteil des Divisia-Index anzusehen ist.

Da die ständige Änderung der Mengengewichte sehr aufwendig wäre, werden in der Praxis diese Änderungen seltener vorgenommen. Man behält also über mehrere Perioden ein konstantes Güterbündel bei: In unserem Beispiel würde der Laspeyres-Preisindex einen Wert von

$$L_p(0,3) = \frac{2 \cdot 50 + 25 \cdot 100}{5 \cdot 50 + 10 \cdot 100} \cdot 100 = 208\% \text{ ergeben.}$$

Solange die Preis- und Mengenänderungen mäßig sind, werden die Werte des Divisia-Preisindex und des Laspeyres-Index mit konstanter Mengengewichtung nur relativ geringe Unterschiede aufweisen, so daß der Aufwand häufiger Änderungen der Mengengewichte kaum lohnend erscheint.

5.4. Qualitätsänderungen und neue bzw. veraltete Güter

Bisher sind wir davon ausgegangen, die in einer Zeitreihe enthaltenen Güter und Dienstleistungen wären in allen Perioden von gleicher Qualität. Diese Voraussetzung ist in der Realität jedoch nicht gegeben: im allgemeinen werden neue Güter auf den Markt kommen, die Produktion veralteter Güter wird eingestellt und die Qualität der meisten Güter ändert sich im Laufe der Zeit. Die sich daraus ergebenden Probleme sind ungemein schwierig und kaum in zufriedenstellender Weise zu lösen.

5.4.1. Neue und veraltete Güter

Unter **neuen Gütern** werden solche Güter verstanden, die es in der Basisperiode noch nicht gab. Paradebeispiele für neue Güter, die erst nach dem 2. Weltkrieg entwickelt wurden, sind Satelliten und Fernsehgeräte. Analog dazu sind **veraltete Güter** solche, die es in der Vergleichsperiode nicht mehr gibt. Für neue Güter gibt es daher keine Mengen- und Preisdaten in der Basisperiode, während für veraltete Güter keine solchen

Daten für die Vergleichsperiode existieren. Dies hat bedeutsame Konsequenzen. Neue Güter werden im Laspeyres-Index nicht berücksichtigt, da diese im Basiszeitraum noch nicht vorhanden waren. Das hat zur Folge, daß die Preis- und/oder Mengenentwicklung unter Umständen einer Anzahl bedeutsamer Güter nicht erfaßt werden. Dieses Problem tritt bei Paasche-Indices nicht auf, da jeweils Preis- oder Mengengewichte des Vergleichsjahres zur Berechnung herangezogen werden. Damit ist der Beitrag eines neuen Gutes in der Basisperiode gleich Null und in der Vergleichsperiode positiv.

Diese Aussagen kehren sich für veraltete Güter um. Veraltete Güter werden durch Laspeyres-Indices positiv in der Basisperiode und mit dem Wert Null in der Vergleichsperiode erfaßt, während Paasche-Indices diese Güter nicht berücksichtigen.

5.4.2. Qualitätsänderungen

5.4.2.1. Abgrenzungsprobleme

Eine begriffliche Abgrenzung zwischen „neuen Gütern", „Qualitätsänderungen bestehender Güter" und „veralteten Gütern" festzulegen, ist praktisch so gut wie unmöglich. Vergleicht man beispielsweise einen kürzlich produzierten Personenkraftwagen mit einem vor dem 2. Weltkrieg hergestellten Modell, so wird man zu dem Schluß kommen, daß beide nicht viel mehr gemeinsam haben als den Umstand, „Personenkraftwagen" zu sein. Motorkraft, Fahrgeschwindigkeit, Fahrkomfort und -sicherheit haben sich beträchtlich verändert. Es erhebt sich die Frage, ob es sich dabei nun um ein neues Gut handelt oder lediglich um ein in seiner Qualität erheblich verändertes Gut. Die Entscheidung für „neues Gut" oder „bloße Qualitätsänderung" hat wichtige Auswirkungen auf die Indexberechnung. Ein neues Gut wird in Laspeyres-Indices nicht berücksichtigt, in Paasche-Indices nur in der Vergleichsperiode. Geht man von Qualitätsänderungen aus, so wird das Gut in beiden Perioden, Vergleichs- und Basisperiode, als existent betrachtet und dadurch jeweils mit einem positiven Beitrag erfaßt. In der Praxis bereitet die Abgrenzung erhebliche Probleme, die sich vielfach nicht ohne eine gewisse Willkür treffen läßt.

5.4.2.2. Probleme der Erfassung und Bestimmung von Qualitätsänderungen

Hat man entschieden, daß eine bestimmte Veränderung eines Gutes als Qualitätsänderung anzusehen ist, dann ergibt sich die Schwierigkeit, ob die Änderung im Preis dieses Gutes auch dann stattgefunden hätte, wenn dessen Qualität unverändert geblieben wäre. Mit anderen Worten, welcher Anteil einer Preisänderung kann auf die **Änderung der Qualität eines Gutes** zurückgeführt werden und **ist** deshalb als **Mengenänderung** zu deuten, und welcher Anteil stellt eine autonome Preisänderung dar? Hat sich also z. B. die Qualität eines Gutes derart verbessert, daß es doppelt so gut geworden ist im Vergleich zur früheren Qualität, dann kann diese Änderung so interpretiert werden, als ob eine Einheit des Gutes neuer Qualität zwei Einheiten des Gutes alter Qualität entspricht. Bezeichnet man mit p_n den Preis des Gutes neuer Qualität und mit p_a den Preis des Gutes alter Qualität, so läßt sich Qualitätsänderung durch einen Vervielfachungsfaktor g erfassen, der angibt, wieviel Einheiten des alten Gutes einer Einheit des neuen Gutes entsprechen. Ein um die Qualitätsänderungen bereinigter Preisindex I, für **dieses** Gut hat folgende Form:

$$I = \frac{1}{g} \cdot \frac{p_n}{p_a}$$

Hat sich zum Beispiel die Qualität eines Gutes verbessert, so gilt $g > 1$, hat sie sich verschlechtert, so ist $g < 1$. Bei Verdoppelung der Qualität gilt $g = 2$. Blieb z.B. der Preis dieses Gutes trotzdem unverändert, gilt also $p_n = p_a$, dann wird man sagen müssen, der Preis einer Einheit des alten Gutes ist auf die Hälfte gesunken oder anders ausgedrückt: die autonome Preissenkung dieses Gutes betrug 50% (d.h. $I = \frac{1}{2}$).

Das Problem besteht nun darin, den Wert für Faktor g zu finden. In der Praxis werden dazu verschiedene Lösungen angeboten.

a) Die einfachste, aber am wenigsten befriedigende „Lösung" des Problems liegt darin, **Qualitätsänderungen gänzlich unberücksichtigt** zu lassen, d.h. $g = 1$ zu setzen. Dies hat im allgemeinen eine Überschätzung der Preisindexwerte bzw. eine Unterschätzung der realen Größen zur Folge, wenn man davon ausgeht, daß sich die Qualität der meisten Güter im Zeitverlauf verbessert. Überall dort, wo es schwer feststellbar oder zweifelhaft ist, ob eine Qualitätsänderung vorliegt, oder die feststellbare Qualitätsänderung gering ist, wird dieser Weg beschritten. Beispielsweise bleibt unklar, ob Züchtungserfolge, die die Güte bestimmter Obst-, Gemüse- und Kartoffelsorten deutlich verbessern, als Qualitätsverbesserungen anzusehen sind, wenn man das Urteil von Fachleuten mit in Rechnung stellt, wonach durch den damit verbundenen Einsatz von Insektiziden und Pestiziden der Giftgehalt in Nahrungsmitteln zunimmt. Ähnliche Schwierigkeiten ergeben sich bei einzeln angefertigten und nichtstandardisierten Gütern sowie den meisten Dienstleistungen.

b) Läßt sich der Wert der Qualitätsänderung so gut wie nicht feststellen, dann steht man vor einem ähnlichen Problem wie dem von neuen Gütern: für das in seiner Qualität geänderte Gut gibt es keine Preisdaten in der Basisperiode. Unter der Voraussetzung, daß mindestens zu einem Zeitpunkt gleichzeitig Preise sowohl für das Gut in seiner ursprünglichen als auch des Gutes in geänderter Qualität vorhanden sind, läßt sich jedoch ein **fiktiver Preis** oder **Schattenpreis** des Gutes mit geänderter Qualität für die Basisperiode konstruieren. Dieses Verfahren der **Verkettung von Preismeßzahlen,** basiert auf der Annahme, daß die Preisentwicklung des in seiner Qualität veränderten Gutes die gleiche gewesen wäre, wie die des ursprünglichen Gutes.

Folgendes **Beispiel** möge die Vorgehensweise verdeutlichen: Der Preis für den Letztverbraucher einer Waschmaschine mit Rührwerksystem P_R betrug 1958 584,17 DM und im Dezember 1961 DM 583,–. Im Dezember 1961 kam eine Trommelwaschmaschine zum Preis von DM 706,– auf den Markt. Unter der oben getroffenen Annahme ergibt sich der „Schattenpreis" der Trommelwaschmaschine P_T für 1958 aus der Beziehung

$$I = \frac{P_R(1961)}{P_R(1958)} = \frac{P_T(1961)}{P_T(1958)} \quad \text{bzw.} \quad 583.–: 584{,}17 = 706.–: P_T(1958)$$

Woraus sich ein Preis für P_T (1958) = 707.42 errechnen läßt. Dieser Preis wird dann den Vergleichen zugrundegelegt.

Ohne zusätzliche Information mag es zweifelhaft bleiben, ob die Annahme gleichen Preisverhaltens beider Waschmaschinentypen als gerechtfertigt erscheint. Eine erhöhte Lebensdauer des neuen Modells, größere Schonung des Waschgutes usw. könnten die Nachfrage nach dem neuen Modell derart erheblich steigern, daß dadurch Massenproduktion verbunden mit erheblichen Preissenkungen lohnend wird. Wäre also die Maschine bereits 1958 auf dem Markt gewesen, so hätte sie 1961 schon einen deutlich geringeren Preis. All diese Überlegungen bleiben indes Spekulation. Das Verfahren der Verkettung von Preismeßzahlen kann immer nur als ein Versuch angesehen werden, die schwierigen Probleme der Qualitätsänderung von Gütern in den Griff zu bekommen.

c) Kaum Schwierigkeiten bereitet die Zuordnung in Fällen, wo bestimmte zusätzliche **Bestandteile** neu als **wesentlich** aufgenommen werden und die Preissteigerungen der Güter genau den Kosten der Bestandteile entsprechen. Wenn der Kaufpreis eines Kraftfahrzeugs bisher 10000,– DM ohne Sicherheitsgurte – die ihrerseits z. B. 100,– DM kosten – beträgt und nun 10100,– DM mit Sicherheitsgurten lautet, dann ist klar, daß die Verbesserung der Qualität die Preiserhöhung hervorrief; in diesem Fall nimmt g den Wert 1,01 an. Generell sind die Probleme der Beurteilung von Qualitätsänderungen als gering anzusehen, wo einzelne lose Bestandteile, die auch einen eigenen Verkaufspreis besitzen, zu Gütern hinzugefügt oder von ihnen getrennt werden.

d) Kommt der Preisstatistiker beispielsweise zu dem Schluß, daß die Annahme gleichen Preisverhaltens verschiedener Modelle als unangebracht erscheint, dann wird er bedeutende Qualitätsänderungen auf Grund eigener Sachkenntnis und Erfahrung oder aber unter Berücksichtigung der Urteile von Fachleuten zu bewerten suchen. Die Beurteilungen von Qualitätsänderungen werden selten einhellig ausfallen, so daß dadurch ein subjektives Element in die Preisermittlung eingeht. Da jedoch im Normalfall die Unterschiede in den Beurteilungen nicht allzu groß sein werden, wird man die Nachteile dieser Vorgehensweise als weitgehend unbedeutend ansehen, zumal die Alternative wahrscheinlich in einem vollständigen Verzicht auf die Berücksichtigung von Qualitätsänderungen läge, was ähnlich willkürlich und womöglich noch unbefriedigender wäre.

e) Um die Beurteilung des Umfangs von Qualitätsänderungen auf eine objektivere Grundlage zu stellen, wurde die Konstruktion sogenannter **hedonistischer Preisindices** entwickelt. Die Grundidee dabei ist, daß Güter nicht um ihrer selbst, sondern um bestimmter **Eigenschaften** willen, die in ihnen vorhanden sind, erworben werden. Was eigentlich von den Wirtschaftssubjekten nachgefragt wird, sind letztlich die **Charakteristika**, d. s. bestimmte objektivierbare Eigenschaften, die in unterschiedlichen Mengenkombinationen in den einzelnen Gütern enthalten sind.[20] Zum Beispiel sind die Eigenschaften rasche Fortbewegungsmöglichkeit, Beförderungskomfort usw. in verschiedenen Kraftfahrzeugen wie z. B. Autos, Eisenbahn etc. in unterschiedlichen Mengenkombinationen vorhanden. Die „**Qualität**" eines bestimmten Gutes ist durch die Mengen der in ihm enthaltenen Eigenschaften bestimmt. Eine Qualitätsänderung liegt immer dann vor, wenn sich die Mengen der in dem Gut enthaltenen Eigenschaften ändern. Um nun Preis- und Qualitätsänderungen voneinander trennen zu können, muß man die Preisentwicklung der einzelnen Eigenschaften kennen. Da Marktpreise nur für die Güter, nicht für die einzelnen Eigenschaften selbst vorliegen, versucht man mit Hilfe statistischer (im allgemeinen linearer) Regressionsverfahren sogenannte „Schattenpreise" für die einzelnen Charakteristiken aus den Preisbewegungen der die Eigenschaften enthaltenden Güter zu ermitteln.[21, 22]

Obgleich der Ansatz theoretisch befriedigende Möglichkeiten zur begrifflichen Bestimmung von Qualitätsänderungen und neuer Güter, d. s. dann Güter, die bisher nicht bekannte Eigenschaften enthalten, liefert, wird er z. B. vom Statistischen Bundesamt nicht angewandt.[23]

Erstens ist das Verfahren zur Ermittlung der „Schattenpreise" der einzelnen Charakteristiken ziemlich aufwendig und beruht auf einer Reihe teilweise unrealistischer Annahmen.[24] Zweitens erscheinen einzelne Ergebnisse von Proberechnungen als unbefriedigend, da sie zum Teil „unsinnige" Resultate lieferten. Schließlich ist es vor allem schwierig, Mengenänderungen bestimmter Charakteristiken, etwa von optisch-ästhetischen Charakteristiken, anzugeben wie z. B. für die Änderung der modischen Form eines Autos.

5.5. Weitere Probleme der Ermittlung von Preisen und Preisindices in der Praxis

In der Praxis ergeben sich zusätzlich zu den Problemen der Indexwahl und der Behandlung von Qualitätsänderungen noch weitere Schwierigkeiten im Zusammenhang mit der Bildung von Preisindices.

a) Es wäre praktisch undurchführbar und zu kostspielig, die Preise **sämtlicher** Güter, die in einer Volkswirtschaft produziert und konsumiert werden, zu erheben und deren zeitliche Entwicklung zu verfolgen. Deshalb wird in der Praxis jeweils ein **repräsentativer Warenkorb** ausgewählt, und die Preise der in diesem Warenkorb enthaltenen Güter werden sodann stellvertretend für alle Güter in ihrer Entwicklung beobachtet und erfaßt. So wird man zum Beispiel nicht die Preise sämtlicher Marken von Zahnpasta verfolgen, sondern eine oder zwei Marken auswählen, da man normalerweise davon ausgehen kann, daß sich die Preise der übrigen Marken ähnlich entwickeln wie die Preise der erfaßten Marken.

b) Würde der Statistiker eine sehr strenge Festlegung für den Begriff des Gutes „Zahnpasta" wählen, indem er diesen auf die von ihm in den Warenkorb aufgenommenen Marken beschränkt, so hätte dies den schwerwiegenden Nachteil, daß immer dann, wenn eine dieser Marken nicht mehr weiter produziert wird, ein neuer Index aufgestellt werden müßte. Folge davon wäre, daß die Indices relativ oft geändert werden müßten, was die Vergleichbarkeit der realen Werte von Zeitreihen über längere Zeiträume hinweg unmöglich machen würde. Deshalb wird man den Begriff eines Gutes möglichst weit fassen und flexibel gestalten, um eine möglichst lange Vergleichbarkeit zu sichern. Andererseits wird man eine sehr weite und unscharfe Bestimmung eines Gutes ablehnen müssen, da ansonsten Änderungen in den preisbestimmenden Merkmalen wie z. B. Menge, Qualität und Handelsbedingungen, die ja konstant bleiben sollen, um autonome Preisänderungen erfassen zu können, sich nicht mehr hinreichend genau feststellen lassen werden. Denn die Erhebung von Preisdaten bei mehreren Unternehmen setzt voraus, daß z. B. unter dem Gut „Waschmaschine" möglichst alle befragten Unternehmen dasselbe verstehen, und daß sie im Zeitablauf nicht beliebig ihre Einschätzungen darüber verändern. Wäre dies nämlich nicht der Fall, so würden die erhobenen Preisentwicklungen mit Mengen- und Qualitätsänderungen derart vermischt, daß ihre Verläßlichkeit stark herabgesetzt sein würde. In der Praxis wird man also einen Mittelweg beschreiten zwischen einer sehr detaillierten und genauen Festlegung der Eigenschaften eines Gutes einerseits und einer gewissen notwendigen Flexibilität derselben andererseits. Wenn also beispielsweise die Großhändler keine Preise für deutschen Spinat melden können, weil dieser aus saisonalen Gründen nicht vorhanden ist, verwendet das Statistische Bundesamt zur Fortschreibung der Preisreihe die Preise ausländischen Spinats oder, wenn auch dieser nicht am Markt gehandelt wird, den durchschnittlichen Preisverlauf aller gemeldeten Gemüsepreise.[25]

c) Sind die Güter, die in einen Warenkorb aufgenommen werden, sowie deren Mengen in der Basisperiode festgelegt, so wird dieser Warenkorb zu den jeweiligen Preisen bewertet und nach der Formel von Laspeyres werden sodann in regelmäßigen Zeitabständen (zumeist monatlich) Preisindexwerte, bezogen auf die Basisperiode, ermittelt. Wird der Warenkorb über längere Zeit konstant gehalten, dann werden mit zunehmender Dauer die festgelegten Verhältnisse der Güter zueinander immer weniger den tatsächlich in der Gegenwart gewählten Mengenverhältnissen entsprechen. Güter, die ursprünglich stark bevorzugt waren, scheiden vollkommen aus, andere treten neu hinzu. Der Statistiker sieht sich somit von Zeit zu Zeit gezwungen, den Warenkorb neu zusammenzustellen, der dann meist mehrere Jahre lang als Grundlage für die Preisindexberechnung herangezogen wird, bis eine neuerliche Änderung des Warenkorbs oder wie man auch sagt **Neubasierung** vorgenommen wird. Jede Änderung der Zusammensetzung des Warenkorbs hat zur Folge, daß – strenggenommen – die Indexwerte als nicht mehr vergleichbar anzusehen sind. Aus diesem Grunde werden bei jeder Neubasierung eines Preisindex auch die geänderten Werte vergangener Perioden ermittelt. Über längere Zeiträume hinweg wird man jedoch vielfach keine Preisdaten besitzen, da neue Güter in den Warenkorb aufgenommen, veraltete Güter ausgeschieden werden. Zeitreihen der realen Entwicklung bestimmter wirtschaftlicher Aggregatgrößen über lange Zeiträume hinweg sind daher so gut wie nicht vorhanden. Der Wirtschaftswissenschaftler steht daher vor dem Problem, nur für relativ kurze Zeiträume **homogene Datenreihen** zu besitzen.[26] In der Praxis steht man deshalb vor der Schwierigkeit, einerseits um der Aktualität willen den Preisindex verhältnismäßig häufig auf der Grundlage eines geänderten Warenkorbs zu berechnen, andererseits die Vergleichbarkeit von Zeitreihen über längere Zeiträume hinweg zu bewahren. Das Statistische Bundesamt löst dieses Dilemma, indem es einerseits Preisindices in der Regel in einem Zeitraum von vier bis acht Jahren auf eine neue Basis stellt und andererseits versucht, die Indexwerte auf der neuen Basis möglichst weit in die Vergangenheit zurückzurechnen.

d) Da – wie man sich leicht überlegen kann – die ausgewiesenen Indexwerte in nicht unerheblichem Maße von den Preisen und Mengen der jeweils gewählten Basisperiode abhängen, wird man bemüht sein, als Basisperiode eine solche zu wählen, die möglichst eine „typische" Güter- und Preiskonstellation wiedergibt. Man wird, mit anderen Worten, Perioden mit „besonderen" bzw. „abnormen" Preis- und Mengenkonstellationen nicht als Basisperioden für Preisindices wählen, da dadurch sämtliche Werte für die Preisentwicklung als verzerrt und untypisch angesehen werden müßten.

e) Schließlich stellt sich noch das Problem, für welche Güterkomplexe bzw. Aggregate man Preisindices berechnen soll. Wie bereits erwähnt, müßte strenggenommen jedes Wirtschaftssubjekt seinen eigenen Preisindex errechnen. Gewöhnlich sind es aber dieselben Güter und deren Preise, die für ganze Gruppen von Wirtschaftssubjekten von Bedeutung sind. Diese Tatsache führt dazu, daß entsprechend den Bedürfnissen der Benützer entschieden wird, für welche Gütergruppen Indices berechnet werden sollen. Auf eine Erörterung wichtiger Preisindices soll nun näher eingegangen werden.

5.6. Wichtige Preisindices für die Bundesrepublik Deutschland

5.6.1. Preisindices in der Sozialproduktsberechnung

a) Die in der Volkswirtschaftlichen Gesamtrechnung erfaßten Größen lassen sich in unterschiedlichem Maße in eine Preis- und in eine Mengenkomponente zerlegen:

- Aggregate, gebildet aus Waren- und Dienstleistungstransaktionen, die über Märkte erfolgen, lassen sich relativ leicht in Preis- und Mengenkomponenten zerlegen.
- Größere Probleme wirft die Behandlung von Güterströmen auf, deren Transaktionen nicht über den Markt abgewickelt werden, wie dies insbes. bei staatlichen Leistungen der Fall ist. Hier erfolgt die Berechnung und Deflationierung von der Inputseite her.
- Aggregate, die als Summe oder Differenz zweier Güterströme ermittelt werden (z. B. Bruttoinlandsprodukt), besitzen kein eigenes Mengengerüst, welches direkt beobachtbar wäre, sondern stellen eine logische Konstruktion dar und lassen sich daher nicht direkt in eine Mengen- und eine Preiskomponente zerlegen. In diesen Fällen wird so vorgegangen, daß jedes der Teilaggregate, aus welchen entsprechende Summen oder die Differenz gebildet werden, in eine Mengen- und Preiskomponente zerlegt wird.
- Verteilungs- und Finanzierungsströme besitzen kein Mengengerüst und lassen sich daher nicht in Preise und Mengen zerlegen.

Analog zur Berechnung des Sozialprodukts gibt es prinzipiell drei Möglichkeiten, das jeweilige reale Sozialprodukt zu berechnen: über die Entstehungs- oder Produktionsseite, über die Verwendungsseite und über die Verteilungsseite.

b) Von der **Entstehungsseite** her gesehen, wird der Bruttoinlandsprodukt als Summe der Differenzen der Produktionswerte der einzelnen Industrien und der Vorleistungen ermittelt. Bezeichnet man mit Kleinbuchstaben die Preise und mit Großbuchstaben die Mengen der Wertschöpfung, des Produktionswertes und der Vorleistungen der Industrie, also v_i, b_i und m_i bzw. V_i, B_i und M_i, dann gilt für die Wertschöpfung des Wirtschaftsbereiches i für Periode t zu laufenden Preisen

$$v_{it} \cdot V_{it} = b_{it} B_{it} - m_{it} M_{it} \tag{1}$$

Die Wertschöpfung der Periode t zu Preisen der Basisperiode 0 erhält man dadurch, daß die Mengen B_{it} und M_{it} zu Preisen der Basisperiode bewertet werden:

$$v_{i0} V_{it} = b_{i0} B_{it} - m_{i0} M_{it} \tag{2}$$

Da weder v_i noch V_i direkt beobachtbar, sondern eine theoretische Konstruktion sind, stellt auch der Versuch der Deflationierung dieser Größen eine theoretische Konstruktion dar.

Dividiert man (2) durch $v_{io} \cdot V_{io}$ so erhält man den **Laspeyres-** oder den **doppelt deflationierten Index des Beitrags des Wirtschaftsbereiches i zum realen Bruttoinlandsprodukt**

$$\frac{V_{it}}{V_{i0}} = \frac{b_{i0} B_{it} - m_{i0} M_{it}}{b_{i0} B_{i0} - m_{i0} M_{i0}} \tag{3}$$

Den impliziten (Paasche-)Preisindex des realen Bruttoinlandsproduktes P_I erhält man aus der Beziehung:

$$\left(\frac{\sum_{i=1}^{n} v_{it} V_{it}}{\sum_{i=1}^{n} v_{i0} V_{i0}} : \frac{\sum_{i=1}^{n} v_{i0} V_{it}}{\sum_{i=1}^{n} v_{i0} V_{i0}} \right) \cdot 100 = P_I \tag{4}$$

Das Verfahren der doppelten Deflationierung, das auch vom Statistischen Bundesamt angewandt wird, ist seit Jahren Gegenstand vor allem theoretischer Diskussionen. Bei entsprechenden, allerdings sehr heftigen Preis- und Mengenbewegungen kann

Tabelle 5.6.1: Bruttoinlandsprodukt, Bruttowertschöpfung nach Wirtschaftsbereichen
Früheres Bundesgebiet

Jahr[1])	Bruttoinlandsprodukt[2])	Bruttowertschöpfung					
		insgesamt[3])	Land- und Forstwirtschaft, Fischerei	Produzierendes Gewerbe	Handel und Verkehr	Dienstleistungsunternehmen	Staat, private Haushalte[4])
			in jeweiligen Preisen Mill. DM				
1986	1 925 290	1 790 390	34 000	786 480	269 580	520 480	263 540
1987	1 990 480	1 846 220	30 240	795 040	279 540	548 570	275 100
1988	2 095 980	1 946 350	33 720	826 760	294 660	592 830	283 530
1989	2 220 880	2 059 960	37 970	873 670	311 070	633 270	292 390
1990	2 403 090	2 224 140	38 350	941 480	333 140	694 350	311 120
1991	2 596 330	2 390 290	32 180	999 590	356 250	769 180	336 390
			Veränderung gegenüber dem Vorjahr in %				
1986	+ 5,6	+ 5,9	+ 6,5	+ 6,3	+ 3,1	+ 6,0	+ 5,4
1987	+ 3,4	+ 3,1	– 11,1	+ 1,1	+ 3,7	+ 5,4	+ 4,4
1988	+ 5,3	+ 5,4	+ 11,5	+ 4,0	+ 5,4	+ 8,1	+ 3,1
1989	+ 6,0	+ 5,8	+ 12,6	+ 5,7	+ 5,6	+ 6,8	+ 3,1
1990	+ 8,2	+ 8,0	+ 1,0	+ 7,8	+ 7,1	+ 9,6	+ 6,4
1991	+ 8,0	+ 7,5	– 16,1	+ 6,2	+ 6,9	+ 10,8	+ 8,1
			in Preisen von 1985 Mill. DM				
1986	1 863 770	1 728 670	35 250	749 070	264 840	514 330	254 580
1987	1 890 280	1 746 090	32 120	738 940	271 830	538 610	258 640
1988	1 960 510	1 812 610	34 480	758 540	285 320	569 950	262 460
1989	2 024 160	1 871 840	35 250	787 130	297 250	589 720	264 180
1990	2 118 420	1 955 010	37 580	821 020	314 000	619 620	269 750
1991	2 190 410	2 017 330	34 220	841 420	327 260	654 040	276 370
			Veränderung gegenüber dem Vorjahr in %				
1986	+ 2,2	+ 2,3	+ 10,4	+ 1,2	+ 1,3	+ 4,8	+ 1,9
1987	+ 1,4	+ 1,0	– 8,9	– 1,4	+ 2,6	+ 4,7	+ 1,6
1988	+ 3,7	+ 3,8	+ 7,3	+ 2,7	+ 5,0	+ 5,8	+ 1,5
1989	+ 3,2	+ 3,3	+ 2,2	+ 3,8	+ 4,2	+ 3,5	+ 0,7
1990	+ 4,7	+ 4,4	+ 6,6	+ 4,3	+ 5,6	+ 5,1	+ 2,1
1991	+ 3,4	+ 3,2	– 8,9	+ 2,5	+ 4,2	+ 5,6	+ 2,5

[1]) Ab 1989 vorläufiges Ergebnis. — [2]) Das Bruttoinlandsprodukt ergibt sich aus der Bruttowertschöpfung insgesamt zuzüglich der nichtabziehbaren Umsatzsteuer und der Einfuhrabgaben. — [3]) Bereinigte Bruttowertschöpfung = Summe der Bruttowertschöpfung der Wirtschaftsbereiche nach Abzug der unterstellten Entgelte für Bankdienstleistungen. — [4]) Einschl. privater Organisationen ohne Erwerbszweck.

Quelle: W. Strohm, Sozialprodukt in Deutschland im Jahr 1991, Wirtschaft und Statistik, Heft Nr. 1, 1992, S. 15.

Verwendung des Sozialprodukts
Früheres Bundesgebiet

Jahr[1])	Brutto-sozial-produkt	Letzte inländische Verwendung von Gütern: ins-gesamt	Letzter Verbrauch: zu-sammen	Letzter Verbrauch: Privater Verbrauch	Letzter Verbrauch: Staats-ver-brauch	Bruttoinvestitionen: zu-sammen	Anlageinvestitionen: zu-sammen	Anlageinvestitionen: Ausrü-stungen	Anlageinvestitionen: Bauten	Vorrats-ver-änderung	Außen-beitrag (Ausfuhr minus Einfuhr)	Nachrichtlich: Aus-fuhr von Waren und Dienstleistungen[2])	Nachrichtlich: Ein-fuhr von Waren und Dienstleistungen[2])
	in jeweiligen Preisen Mill. DM												
1986	1 936 100	1 825 380	1 448 980	1 066 430	382 550	376 400	373 480	160 870	212 610	2 920	110 720	637 020	526 300
1987	2 003 000	1 890 520	1 505 300	1 108 020	397 280	385 220	385 780	169 430	216 350	— 560	112 480	637 520	525 040
1988	2 108 000	1 986 270	1 566 070	1 153 690	412 380	420 200	409 900	182 460	227 440	10 300	121 730	687 870	566 140
1989	2 245 200	2 100 460	1 628 350	1 209 570	418 780	472 110	451 400	204 870	246 530	20 710	144 740	787 940	643 200
1990	2 425 500	2 259 950	1 742 310	1 299 230	443 080	517 640	509 510	234 520	274 990	8 130	165 550	881 760	716 210
1991	2 613 800	2 422 240	1 849 370	1 378 720	470 650	572 870	570 770	264 790	305 980	2 100	191 560	1 005 770	814 210
	Veränderung gegenüber dem Vorjahr in %									in Mill. DM		in %	
1986	+ *5,5*	+ *3,8*	+ *3,3*	+ *2,9*	+ *4,6*	+ *5,4*	+ *5,0*	+ *5,1*	+ *4,8*	+ 1 670	+ 35 530	— *1,2*	— *7,6*
1987	+ *3,5*	+ *3,6*	+ *3,9*	+ *3,9*	+ *3,9*	+ *2,3*	+ *3,3*	+ *5,3*	+ *1,8*	— 3 480	+ 1 760	+ *0,1*	— *0,2*
1988	+ *5,2*	+ *5,1*	+ *4,0*	+ *4,1*	+ *3,8*	+ *9,1*	+ *6,3*	+ *7,7*	+ *5,1*	+ 10 860	+ 9 250	+ *7,9*	+ *7,8*
1989	+ *6,5*	+ *5,7*	+ *4,0*	+ *4,8*	+ *1,6*	+ *12,4*	+ *10,1*	+ *12,3*	+ *8,4*	+ 10 410	+ 23 010	+ *14,5*	+ *13,6*
1990	+ *8,0*	+ *7,6*	+ *7,0*	+ *7,4*	+ *5,8*	+ *9,6*	+ *12,9*	+ *14,5*	+ *11,5*	— 12 580	+ 20 810	+ *11,9*	+ *11,4*
1991	+ *7,8*	+ *7,2*	+ *6,1*	+ *6,1*	+ *6,2*	+ *10,7*	+ *12,0*	+ *12,9*	+ *11,3*	— 6 030	+ 26 010	+ *14,1*	+ *13,7*
	in Preisen von 1985 Mill. DM												
1986	1 874 400	1 818 230	1 447 050	1 072 010	375 040	371 180	368 490	159 460	209 030	2 690	56 170	645 240	589 070
1987	1 902 300	1 864 950	1 487 730	1 106 880	380 850	377 220	376 220	167 250	208 970	1 000	37 350	651 310	613 960
1988	1 971 800	1 931 810	1 526 100	1 137 000	389 100	405 710	393 680	178 270	215 410	12 030	39 990	689 620	649 630
1989	2 046 800	1 982 640	1 539 370	1 156 730	382 640	443 270	421 380	195 690	225 690	21 890	64 160	768 270	704 110
1990	2 138 700	2 072 010	1 601 630	1 211 120	390 510	470 380	458 640	220 930	237 710	11 740	66 690	852 590	785 900
1991	2 206 600	2 130 330	1 635 720	1 240 520	395 200	494 610	490 410	243 240	247 170	4 200	76 270	952 810	876 540
	Veränderung gegenüber dem Vorjahr in %									in Mill. DM		in %	
1986	+ *2,2*	+ *3,3*	+ *3,2*	+ *3,4*	+ *2,5*	+ *4,0*	+ *3,6*	+ *4,2*	+ *3,1*	+ 1 440	— 19 020	+ *0,1*	+ *3,4*
1987	+ *1,5*	+ *2,6*	+ *2,8*	+ *3,3*	+ *1,5*	+ *1,6*	+ *2,1*	+ *4,9*	— *0,0*	— 1 690	— 18 820	+ *0,9*	+ *4,2*
1988	+ *3,7*	+ *3,6*	+ *2,6*	+ *2,7*	+ *2,2*	+ *7,6*	+ *4,6*	+ *6,6*	+ *3,1*	+ 11 030	+ 2 640	+ *5,9*	+ *5,8*
1989	+ *3,8*	+ *2,6*	+ *0,9*	+ *1,7*	— *1,7*	+ *9,3*	+ *7,0*	+ *9,8*	+ *4,8*	+ 9 860	+ 24 170	+ *11,4*	+ *8,4*
1990	+ *4,5*	+ *4,5*	+ *4,0*	+ *4,7*	+ *2,1*	+ *6,1*	+ *8,8*	+ *12,9*	+ *5,3*	— 10 150	+ 2 530	+ *11,0*	+ *11,6*
1991	+ *3,2*	+ *2,8*	+ *2,1*	+ *2,4*	+ *1,2*	+ *5,2*	+ *6,9*	+ *10,1*	+ *4,0*	— 7 540	+ 9 580	+ *11,8*	+ *11,5*

[1]) Ab 1989 vorläufiges Ergebnis. — [2]) Einschl. Erwerbs- und Vermögenseinkommen.

Quelle: W. Strohm, Sozialprodukt in Deutschland im Jahr 1991, Wirtschaft und Statistik, Heft Nr. 1, 1992, S. 17.

nämlich der Fall eintreten, daß das Verfahren als reales Bruttoinlandsprodukt eine negative Größe ergibt. Dieses offenbar unbefriedigende Resultat hat eine größere Anzahl von Beiträgen hervorgerufen, die eine andere Lösung dieses Problems vorschlagen.[27] Obgleich die theoretischen Grundlagen des Verfahrens nicht überzeugend sind, liefern die Rechnungen in der Praxis „vernünftige", d. h. mit anderen Preisindices verglichen, durchaus ähnliche Resultate. Hinzu kommt, daß in der Praxis, diesem Index nicht die Funktion eines Index der allgemeinen Preisentwicklung, wie er etwa für Beurteilungen nach dem Stabilitätsgesetz erforderlich ist, zukommt.

c) Von der **Verwendungsseite** her gesehen, läßt sich das Bruttosozialprodukt ganz analog als Differenz darstellen, indem von den Gütern der letzten Verwendung die Importe abgezogen werden und die Deflationierung dadurch erfolgt, daß jedes die Differenz bildende Güterbündel (genauer: repräsentative Warenkörbe) zu konstanten Preisen berechnet wird.

Die **Güter der letzten Verwendung** werden wie folgt errechnet:

  Privater Verbrauch
\+ Staatsverbrauch
= Letzter Verbrauch
\+ Bruttoanlageinvestition
\+ Vorratsänderung
= Letzte inländische Verwendung
\+ Ausfuhr von Waren und Dienstleistungen
= Letzte Verwendung von Gütern.

Jedes dieser Teilaggregate wird gesondert deflationiert und besitzt auf diese Weise einen eigenen Preisindex. Dementsprechend wird ein Preisindex des privaten Verbrauchs ausgewiesen, der auch Güter erfaßt, die private Organisationen ohne Erwerbscharakter verbrauchen. Schwierigkeiten ergeben sich stets bei der Deflationierung des Staatsverbrauchs. Strenggenommen werden die vom Staat bereitgestellten Güter nicht von ihm selbst und selten in der von ihm erworbenen Form verbraucht. Da diese Leistungen auch keine Marktbewertung erfahren, treten die bereits erwähnten Bewertungsprobleme auf. Da auch im Staatssektor eine Produktivitätssteigerung vorhanden sein wird, diese aber so gut wie nicht schätzbar ist, behilft man sich mit einer Annahme (gegenwärtig ca. $^1/_2$% Produktivitätssteigerung pro Jahr).

Die Preisentwicklung von Investitionsgütern wird nur für Anlagegüter ermittelt, da für Vorratsveränderungen keine verläßlichen Daten über deren Preisentwicklung vorhanden sind.

Gleichermaßen werden Indices der Preisentwicklung für Exporte und Importe errechnet.

d) Von der **Verteilungsseite** läßt sich eine Zerlegung in eine Mengen- und Preiskomponente nicht vornehmen, da nur für Einkommensströme, die verwendet bzw. ausgegeben werden, eine Kaufkraftmessung sinnvoll erscheint. Schwierigkeiten ergeben sich daher vor allem auch bei der Ermittlung der Kaufkraft von Ersparnissen, da hier keine Verwendung beabsichtigt ist. Das Statistische Bundesamt verzichtet auf Grund dieser Schwierigkeiten auf eine Deflationierung des Sozialprodukts von der Verteilungsseite.

5.6.2 Preisindices für die Lebenshaltung

Die für die Praxis wohl bedeutsamsten und auch bekanntesten Indices sind die Preisindices für die Lebenshaltung. Das Statistische Bundesamt berechnet **fünf Lebenshaltungsindices**, und zwar für

- alle privaten Haushalte
- Vier-Personen-Arbeitnehmerhaushalte mittleren Einkommens
- Vier-Personenhaushalte von Angestellten und Beamten mit höherem Einkommen
- Zwei-Personen-Renten- und Sozialhilfeempfänger-Haushalte
- die einfache Lebenshaltung eines Kindes.

Alle diese Indices werden nach der Laspeyres-Formel berechnet. Die hierfür erforderlichen Warenkörbe werden (mit Ausnahme des Kinderindex) aus Einkommens- und Verbrauchsstichproben repräsentativer Haushalte zusammengestellt. Dabei wird grundsätzlich so vorgegangen, daß nach statistischen Gesichtspunkten ausgewählte Haushalte über einen festgelegten Zeitraum – für die Lebenhaltungsindices mit der Basis 1985 war es hauptsächlich der Monat Oktober 1984 – Haushaltsbücher führen, in welchen sie ihre Einnahmen sowie ihre Aufwendungen für Waren und Dienstleistungen verzeichnen. Im Wege der Durchschnittsbildung werden sodann die Einnahmen und Ausgaben sowie das gewählte Güterbündel des „Indexhaushalts“ ermittelt. Der diesem Güterbündel entsprechende **Warenkorb** wird dann zu den jeweils **monatlich** erhobenen Preisdaten bewertet. In Tabelle 5.6.3 sind die Zusammensetzung der Indexhaushalte sowie deren monatliche Verbrauchsausgaben für das Basisjahr dargestellt. Tabelle 5.6.4 stellt die Veränderungen der Mengengewichte in den Hauptgruppen der einzelnen Warenkörbe von 1980 auf 1985 dar. Es wird deutlich, daß die Ausgabenanteile für „Nahrungsmittel, Getränke, Tabakwaren“ und für „Bekleidung, Schuhe“ deutlich abgenommen haben und der Anteil der Ausgaben für Dienstleistungen hat demgegenüber relativ zugenommen (d. h. ist weniger stark gefallen); eine Entwicklung die bereits seit langem bekannt ist und unter dem Namen **Engelsches Gesetz** Eingang in die Literatur gefunden hat.

Tab. 5.6.3: Preisindizes für die Lebenshaltung auf Basis 1985 – Größe und Zusammensetzung der Indexhaushalte und ihre monatlichen Verbrauchsausgaben

Preisindex für die Lebenshaltung	Haushaltsmitglieder	Zusammensetzung der Haushalte	Verbrauchsausgaben in DM je Monat und Haushalt im Basisjahr 1985	1980
Alle privaten Haushalte	2,3[1])		3 105	2 665
Haushalte von Beamten und Angestellten mit höherem Einkommen[2])	4	2 Erwachsene 2 Kinder[3])	4 964	4 148
Haushalte von Arbeitern und Angestellten mit mittlerem Einkommen[2])	4	2 Erwachsene 2 Kinder[3])	3 044	2 575
Haushalte von Renten- und Sozialhilfeempfängern mit geringem Einkommen	2	2 ältere Erwachsene	1 526	1 192

[1]) Basisjahr 1980: 2,4 Haushaltsmitglieder. — [2]) Städtische Haushalte. — [3]) Darunter mindestens ein Kind unter 15 Jahren.

Quelle: H.G. Rasch, Zur Neuberechnung des Preisindex für die Lebenshaltung auf Basis 1985, Wirtschaft und Statistik, Heft Nr. 1, 1992, S. 47.

Tabelle 5.6.4: Anteile der Hauptgruppen an den Warenkörben 1980 und 1985

Hauptgruppe	Alle privaten Haushalte			4-Personen-Haushalte von Beamten und Angestellten mit höherem Einkommen			4-Personen-Haushalte von Arbeitern und Angestellten mit mittlerem Einkommen			2-Personen-Haushalte von Renten- und Sozialhilfeempfängern mit geringem Einkommen		
	1980	1985	1985 gegen 1980	1980	1985	1985 gegen 1980	1980	1985	1985 gegen 1980	1980	1985	1985 gegen 1980
	‰		%	‰		%	‰		%	‰		%
Lebenshaltung insgesamt	1 000	1 000	—	1 000	1 000	—	1 000	1 000	—	1 000	1 000	—
Nahrungsmittel, Getränke, Tabakwaren	249,33	229,89	– 7,8	211,59	201,81	– 4,6	281,55	259,54	– 7,8	332,94	304,19	– 8,6
Bekleidung, Schuhe	81,93	69,47	– 15,2	84,72	79,93	– 5,7	88,00	76,97	– 12,5	66,18	52,42	– 20,8
Wohnungsmieten, Energie (ohne Kraftstoffe)	213,28	250,29	+ 17,4	190,84	226,45	+ 18,7	217,21	253,22	+ 16,6	306,32	337,48	+ 10,2
Wohnungsmieten	148,15	177,77	+ 20,0	141,56	171,83	+ 21,4	155,53	184,82	+ 18,8	219,98	239,68	+ 9,0
Energie (ohne Kraftstoffe)	65,13	72,52	+ 11,3	49,28	54,62	+ 10,8	61,68	68,40	+ 10,9	86,34	97,80	+ 13,3
Möbel, Haushaltsgeräte und andere Güter für die Haushaltsführung	93,64	72,21	– 22,9	86,72	62,05	– 28,4	77,49	66,01	– 14,8	75,19	62,44	– 17,0
Güter für die Gesundheits- und Körperpflege	40,50	40,99	+ 1,2	55,64	55,91	+ 0,5	27,65	29,41	+ 6,4	47,15	48,42	+ 2,7
Güter für Verkehr und Nachrichtenübermittlung	142,63	144,03	+ 1,0	139,69	144,87	+ 3,7	132,47	139,30	+ 5,2	70,75	85,45	+ 20,8
Güter für Bildung, Unterhaltung, Freizeit (ohne Dienstleistungen des Gastgewerbes)	84,68	83,71	– 1,1	102,41	97,27	– 5,0	93,38	94,07	+ 0,7	56,58	57,42	+ 1,5
Güter für die persönliche Ausstattung, Dienstleistungen des Beherbergungsgewerbes sowie Güter sonstiger Art	94,01	109,41	+ 16,4	128,39	131,71	+ 2,6	82,25	81,48	– 0,9	44,89	52,18	+ 16,2

Quelle: H. G. Rasch, Zur Neuberechnung des Preisindex auf Basis 1985, Wirtschaft und Statistik, Heft Nr. 1, 1992, S. 49.

Tabelle 5.6.5 Preisindex für die Lebenshaltung
Früheres Bundesgebiet
1985 = 100

Jahr Monat[6]	Lebenshaltung		Hauptgruppe/Untergruppe[7]									
					Wohnungsmieten[9]), Energie (ohne Kraftstoffe)				Güter für			
	insgesamt	ohne Saisonwaren[8]	Nahrungsmittel, Getränke, Tabakwaren	Bekleidung, Schuhe	zusammen	Wohnungsmieten[9]	Energie (ohne Kraftstoffe)	Möbel, Haushaltsgeräte und andere Güter für die Haushaltsführung	die Gesundheits- und Körperpflege	Verkehr und Nachrichtenübermittlung	Bildung, Unterhaltung, Freizeit (ohne Dienstleistungen des Gastgewerbes)	die pers. Ausstattung, Dienstleistungen des Beherbergungsgewerbes sowie Güter sonstiger Art
Alle privaten Haushalte[1]												
1989 D	104,2	104,2	102,6	106,0	101,1	108,8	82,0	104,9	108,6	103,3	103,8	113,1
1990 D	107,0	106,9	105,6	107,5	104,7	112,5	85,5	107,3	110,3	106,1	106,1	115,3
1991 D	110,7	110,6	108,6	110,1	109,2	117,3	89,4	110,5	113,8	112,1	108,1	118,0
4-Personen-Haushalte von Beamten und Angestellten mit höheren Einkommen[2]												
1989 D	104,9	105,0	102,4	106,1	102,0	108,8	80,5	104,9	107,7	103,6	104,6	113,7
1990 D	107,6	107,6	105,4	107,6	105,7	112,5	84,1	107,1	109,1	106,5	106,5	116,2
1991 D	111,3	111,3	108,4	110,3	110,4	117,3	88,4	110,2	111,7	112,6	108,7	118,9
4-Personen-Haushalte von Arbeitern und Angestellten mit mittlerem Einkommen[3]												
1989 D	103,9	104,0	102,3	106,1	102,0	109,3	82,2	104,7	108,9	101,9	104,0	114,1
1990 D	106,7	106,7	105,4	107,7	105,6	112,9	85,7	106,9	110,7	104,7	106,1	116,3
1991 D	110,5	110,4	108,2	110,5	110,2	117,7	90,0	110,0	113,6	111,0	108,3	119,8

2-Personen-Haushalte von Renten- und Sozialhilfeempfängern mit geringem Einkommen[4])												
1989 D	104,0	104,1	101,5	106,2	102,6	110,3	83,7	105,8	113,4	103,1	105,7	114,9
1990 D	107,0	106,9	104,6	107,8	106,1	113,9	87,2	108,3	115,3	105,2	109,2	117,6
1991 D	110,8	110,5	107,7	110,5	110,6	118,4	91,4	111,7	118,9	110,3	111,5	122,1
Einfache Lebenshaltung eines Kindes[5])												
1989 D	104,6	.	103,2	106,3	103,8	110,8	83,8	104,4	106,1	111,5	108,0	106,0
1990 D	107,7	.	107,2	108,1	107,3	114,6	86,8	106,1	108,5	114,9	110,1	108,1
1991 D	111,3	.	111,1	110,9	111,4	119,2	89,4	108,6	112,2	117,2	113,3	109,9

Siehe auch Fachserie 17, Reihe 7.

1) Lebenshaltungsausgaben von rd. 3 105 DM monatlich nach den Verbrauchsverhältnissen von 1985. – 2) Lebenshaltungsausgaben von rd. 4 964 DM monatlich nach den Verbrauchsverhältnissen von 1985. – 3) Lebenshaltungsausgaben von rd. 3 044 DM monatlich nach den Verbrauchsverhältnissen von 1985. – 4) Lebenshaltungsausgaben von rd. 1 526 DM monatlich nach den Verbrauchsverhältnissen von 1985. – 5) Bedarfsstruktur 1976, nach der Preisentwicklung auf 1985 hochgerechnet, für den Mindestunterhalt von Kindern im 1. bis 18. Lebensjahr; Hauptgruppe „Nahrungsmittel, Getränke, Tabakwaren" enthält nur Nahrungsmittel sowie alkoholfreie Getränke. – 6) Die Monatsindizes beziehen sich jeweils auf den Preisstand zur Monatsmitte. – Die Jahresindizes sind einfache Durchschnitte aus den Monatsindizes. – 7) Nach der Systematik der Einnahmen und Ausgaben der privaten Haushalte, Ausgabe 1983 (Gliederung nach dem Verwendungszweck). – 8) Kartoffeln, Frischgemüse, Frischobst einschl. Südfrüchte, Frischfisch und Blumen. – 9) Bei dem Preisindex für die einfache Lebenshaltung eines Kindes sind Wohnungen des freifinanzierten Wohnungsbaues, die 1949 und später erstellt wurden, nicht berücksichtigt.

Quelle: Wirtschaft und Statistik, Heft Nr. 2, 1992, S. 110* f.

Ungewöhnlich stark gestiegen sind die Ausgabenanteile für Wohnungsmieten und Energie.

Die Preisindices für die Lebenshaltung (siehe Tab. 5.6.5) spielen in der Praxis eine bedeutende Rolle. Ihre Entwicklung stellte in den letzten Jahren ein wesentliches Argument für Lohn- und Gehaltsforderungen zur Erhaltung des realen verfügbaren Einkommens von Arbeitnehmerhaushalten dar. Wenn in der Praxis von **Inflation** die Rede ist, dann wird darunter stillschweigend der **Anstieg der Preisindices für die Lebenshaltung** verstanden. Sie werden gleichermaßen den Entscheidungen über wirtschaftspolitische Maßnahmen zur Herbeiführung und/oder Erhaltung eines stabilen Preisniveaus als Indikatoren der Entwicklung des Preisniveaus in der Bundesrepublik Deutschland herangezogen. In Anbetracht der mangelhaften Qualität der Daten erscheint es mitunter seltsam, wenn die Entwicklung der Preisindexwerte auf Zehntelprozent genau den politischen Diskussionen zugrunde gelegt werden. Andererseits muß den politischen Gruppierungen zugutegehalten werden, daß diese Zahlen oft die einzigen Anhaltspunkte für eine sachliche Diskussion liefern. Hinzu kommt, daß es so gut wie keine Möglichkeit der Abschätzung des Fehlerbereichs für die Preisindexwerte gibt. Man kann lediglich hoffen, daß die verschiedenen Fehler in der Preisindexberechnung, hervorgerufen durch Datenmängel, unzureichende Qualitätserfassung usw., sich im Zeitablauf eher ausgleichen als nach einer bestimmten Richtung hin verstärken.

Um eine gewisse Kontrolle, vor allem in Bezug auf die Wirkung der Einflüsse des konstanten (Laspeyres-)Warenkorbs zu gewinnen, führt das Statistische Bundesamt Kontrollrechnungen für die Preisindices der Lebenshaltung auf Grundlage der Paasche-Indexformel durch. Diese Rechnungen dienen nur der internen Überprüfung und werden nicht veröffentlicht. Sie stellen jedoch eine wesentliche Informationsgrundlage für die Beurteilung dar, ob die Zusammensetzung der Güter des Warenkorbs geändert werden sollte.

5.6.3. Andere Preisindices

Neben den erwähnten Preisindices berechnet das Statistische Bundesamt noch eine Anzahl anderer Indices für bestimmte Gütergruppen. Hier sind vor allem zu nennen:

a) Der **Index der Grundstoffpreise.**
Dieser zeigt die Entwicklung der Preise von Rohstoffen und Zwischenprodukten, die einen niedrigen Bearbeitungsgrad aufweisen und die vom verarbeitenden Gewerbe einschließlich des Baugewerbes gekauft werden.

b) **Preisindices der Landwirtschaft.**
Hierzu gehören der **Index** der **Erzeugerpreise landwirtschaftlicher Produkte,** der die Entwicklung der von der Landwirtschaft abgesetzten Waren widerspiegelt, sowie der **Index der Einkaufspreise landwirtschaftlicher Betriebsmittel**, der den Einfluß der Preisentwicklung auf die produktionsbezogenen Ausgaben der landwirtschaftlichen Betriebe zeigt.

c) Der **Index der Erzeugerpreise industrieller Produkte**.
Dieser zeigt die Entwicklung der effektiven Verkaufspreise der im Inland abgesetzten Erzeugnisse der verarbeitenden Industrie, des Bergbaus und der Energie- und Wasserwirtschaft.

d) Der **Index der Großhandelspreise.**
Dieser erfaßt die Entwicklung der Verkaufspreise der Waren, die der Großhandel im Inland absetzt.

e) Die **Indices der Bauleistungspreise.**
Sie geben die Preisentwicklung wichtiger und typischer Produkte des Baugewerbes, z. B. für Wohngebäude, für Bürogebäude, für Anstricharbeiten und anderes, wieder. Wichtig ist festzuhalten, daß es keinen Gesamtbaupreisindex gibt.

f) Die **Indices der Außenhandelspreise.**
Der **Index der Einfuhrpreise** gibt die Preisentwicklung der in die Bundesrepublik Deutschland importierten Produkte, der **Index der Ausfuhrpreise** gibt die Veränderungen der Preise der von der deutschen Wirtschaft ins Ausland verkauften Produkte wieder.

Aus diesen beiden Indices lassen sich die sogenannten **Terms of Trade** = $\frac{\text{Ausfuhrpreisindex}}{\text{Einfuhrpreisindex}} \cdot 100$, berechnen. Diese zeigen, grob gesprochen die Veränderungen an, wieviel Waren für den Erlös der ins Ausland gelieferten Waren aus dem Ausland bezogen werden können bzw., wie sich das „reale Austauschverhältnis" zwischen ausgeführten und eingeführten Gütern gegenüber dem Basisjahr verändert hat.

5.7. Intertemporale Vergleiche der Einkommens- und Vermögensverteilung

5.7.1. Überblick

Um die Entwicklung des gesamtwirtschaftlichen Wohlstandes der Bevölkerung eines Landes beurteilen zu können, reicht die Information über die Entwicklung des Niveaus des realen Volkseinkommens nicht aus. Es besteht auch ein Informationsinteresse daran, wie sich dieses **Einkommen auf die einzelnen Wirtschaftssubjekte verteilt** und wie sich diese Verteilung im Laufe der Zeit verändert. Darüberhinaus ist auch die **Verteilung des Vermögens** und dessen zeitliche Veränderung von Interesse.

Damit in Zusammenhang steht das erklärte Ziel aller politischen Gruppierungen, für eine „gerechte Einkommensverteilung" einzutreten, weshalb der Erfassung von Verteilungsgesichtspunkten große Bedeutung zukommt. An der Frage, welche Verteilung als gerecht anzusehen ist, scheiden sich jedoch zumeist die Geister. Ungeachtet des Standpunktes, den man bei der Beantwortung dieser Frage einzunehmen gedenkt, erscheint eine möglichst genaue Erfassung und Beschreibung des gegebenen Verteilungszustandes als Voraussetzung für jede weitere Überlegung. Erst wenn man über diesen Zustand hinreichend informiert ist, sollte man ihn als gerecht oder ungerecht im Hinblick auf vorgegebene Wertvorstellungen beurteilen und politische Maßnahmen zur Überwindung von Ungerechtigkeiten in der Einkommensverteilung beschließen. Um die Wirksamkeit derartiger verteilungspolitischer Maßnahmen im besonderen und die Wirkungen auf den wirtschaftlichen Wohlstand im allgemeinen beurteilen zu können, ist eine Erfassung der Veränderungen der Einkommensverteilung im Zeitverlauf vonnöten. Derartige Vergleiche werfen eine Anzahl schwieriger Probleme auf. Zunächst sollen die Möglichkeiten der Erfassung und Darstellung einer gegebenen Einkommensverteilung erörtert werden. Sodann wird auf die methodischen und statistischen Schwierigkeiten eingegangen, die sich bei intertemporalen Vergleichen ergeben. Es wird begründet, weshalb bei der Interpretation vorliegenden Datenmaterials größtmögliche Sorgfalt angebracht erscheint. Im folgenden werden in erster Linie Probleme der Einkommensverteilung, nicht jedoch der Vermögensverteilung erörtert. Da die Probleme ähnlicher Natur sind, ist diese Beschränkung von geringer Bedeutung.

5.7.2. Definition des Einkommens und der Bezugseinheiten

Ehe man an die Darstellung der Einkommensverteilung herangeht, ist zu klären, an welchen Aspekten der Einkommensverteilung man interessiert ist. Dementsprechend wird man Daten erheben und aufbereiten, die den jeweils zur Debatte stehenden Gesichtspunkt beleuchten. Man kann, unter anderen, an Fragen der regionalen, sozialen, funktionalen oder personellen Einkommensverteilung interessiert sein. In der folgenden Darstellung wird die Verteilung der Einkommen auf private Haushalte als Analysebeispiel herangezogen.

a) Bezugseinheit

Gewöhnlich wird der Haushalt als kleinste Einkommensbezugs- und Konsumeinheit gewählt. Haushalte sind entweder: **Einpersonenhaushalte,** d. s. Personen, die allein in einer getrennten Wohneinheit (auch gemietetem Zimmer) leben und ihr Einkommen für sich allein verplanen; oder **Mehrpersonenhaushalte,** d. s. Gruppen von zwei oder mehr Personen, die gemeinsam in einer Wohneinheit leben und gemeinsam die Bereitstellung von Essen und/oder anderen lebensnotwendigen Gütern besorgen. Die Gruppenmitglieder legen zu diesem Zweck einen (größeren oder geringeren) Teil ihres Einkommens zusammen.

Ein Mehrpersonenhaushalt wird also durch **zwei Merkmale begründet: Durch gemeinsames Wohnen** einerseits und durch **gemeinsames Verplanen von Einkommensteilen** andererseits. Verwandtschaftsbeziehungen spielen nach dieser Definition für die Begründung eines Haushaltes keine Rolle.

Da die Haushaltszugehörigkeit gewöhnlich zu einem bestimmten Zeit**punkt** ermittelt und als Zeitraum für den Einkommensbezug gewöhnlich ein Jahr gewählt wird, ergeben sich Probleme insbes. bei der Behandlung von Haushalten (bzw. Mitgliedern derselben), die vor dem Ermittlungszeitpunkt gegründet oder aufgelöst wurden bzw. Mitgliedern, die zuvor hinzugekommen oder ausgeschieden sind. Gewöhnlich wird das gesamte jährliche Einkommen einer Person dem Haushalt zugerechnet, dem diese Person im Ermittlungszeitpunkt angehört hat.

Da grundsätzlich nur Haushalte erfaßt werden, die einkommensteuerpflichtig sind, ergeben sich Schwierigkeiten auch bei der Erfassung der Einkommen von Angehörigen nichtprivater Haushalte, wie z. B. Insassen von Altersheimen oder Strafgefangenen usw., oder der Einkommen aus landwirtschaftlicher selbständiger Tätigkeit sowie der Einkommen der Haushalte, die von Steuern befreit sind. In diesen Fällen behilft man sich mit Schätzungen.

b) Einkommen

Einkommen wird üblicherweise definiert als der Betrag, den ein Haushalt ausgeben könnte, ohne den Realwert seines Vermögens zu verringern. Diese Definition bedarf jedoch noch einer genaueren **Bestimmung hinsichtlich der Periode** für die das Einkommen gemessen werden soll, sowie hinsichtlich dessen, was als **Einkommen** erfaßt werden soll. Die **Wahl der Periodenlänge** hat eine Reihe wichtiger Implikationen. Je kürzer die Periode gewählt wird, desto größer können auch zufällige oder gewollte Einkommensschwankungen einzelner Haushalte sein, wodurch unter Umständen ein verzerrtes Bild der Einkommensverteilung bzw. der Entwicklung der Einkommensverteilung entstehen kann. Beispielsweise hängt das wöchentliche Einkommen eines selbständigen Fensterputzers vom Wetter ab oder das eines Modegeschäftes von der jeweiligen Saison usw. Je länger die gewählte Periode, desto weniger streuen im allgemeinen die Einkommen zwischen den einzelnen Perioden. Gewöhnlich wird als Einkommensperiode ein Jahr gewählt, da für diesen Zeitraum Daten am leichtesten erlangt werden können.

Wichtig ist auch eine Klärung der Frage, ob neben den Geldeinkommen auch Kapitalgewinne und -verluste, Sozialleistungen wie z. B. das Gratismenu in der Werksküche oder die Überlassung des Firmenautos für private Zwecke, ob der Konsum von im Haushalt produzierten Gütern (vor allem in der Landwirtschaft) oder anderer Eigenleistungen, ob unterstellte Erträge aus der Nutzung dauerhafter Konsumgüter wie z.B. dem eigenen Haus oder dem Auto und ob schließlich Erträge aus der Nutzung staatlicher Leistungen z. B. des Gesundheits- oder Unterrichtswesens als Einkommen erfaßt werden sollen. Dies wird insbesondere dann von Bedeutung, wenn sich die Anteile dieser „zusätzlichen Einkommen" im Zeitverlauf wesentlich verändern oder sich unterschiedlich stark auf einzelne Bevölkerungsgruppen auswirken. Letzten Endes ist die Festlegung des zweckmäßigsten Einkommensbegriffs ein Problem, das durch die Fragestellung und die Kosten der Ermittlung des notwendigen Datenmaterials wesentlich bestimmt wird. In der Praxis des Statistischen Bundesamtes und des Deutschen Instituts für Wirtschaftsforschung (DIW) werden folgende Abgrenzungen gewählt, um eine möglichst hohe Übereinstimmung mit den Konzepten der Volkswirtschaftlichen Gesamtrechnung zu gewährleisten: Einkommen wird unterteilt in Einkommen aus unselbständiger Tätigkeit und Einkommen aus Unternehmertätigkeit und Vermögen. Nicht alle Aufwendungen für Arbeitnehmer seitens der Unternehmen werden als Einkommen der Arbeitnehmer angesehen:

Von den Beträgen, die an Arbeitnehmer ausbezahlt werden, werden alle Aufwendungen, die sich mittelbar oder unmittelbar auf die Arbeitsleistung beziehen, als Einkommen angesehen. Hierunter fallen die Bruttolöhne und -gehälter einschließlich der Zulagen für besondere Arbeit (z. B. Schmutz- und Gefahrenzulagen), für Überstunden und Sonntagsarbeit, sowie 13. Monatsgehalt, Gratifikationen, bezahlter Urlaub und verschiedene Zuschüsse.

Nicht als Einkommen zählen Sonderleistungen wie z. B. Trennungsgelder, Aufwandsentschädigungen, Umzugsvergütungen etc.

Von den Beträgen, die nicht an Arbeitnehmer ausbezahlt werden, jedoch den Unternehmen als Kosten anfallen, werden die Pflichtbeiträge der Arbeitgeber zur Sozialversicherung als Einkommen erfaßt; nicht als Einkommen angesehen werden dagegen freiwillige Sozialleistungen der Unternehmen an Mitarbeiter, wie Gratiskindergärten, Sporteinrichtungen etc., da sich diese nur in seltensten Fällen einem Individuum zurechnen lassen.

Wegen der schwierigen Abgrenzungs- und Bewertungsprobleme werden Einkommen aus Unternehmertätigkeit und Vermögen nicht getrennt ausgewiesen.

Schließlich werden für Naturalentlohnungen und Eigenverbrauch Geldeinkommensbezüge errechnet, wobei die Bewertung zu Erzeugerpreisen erfolgt.

5.7.3. Erfassung und Darstellung der Einkommensverteilung

Die Haushalte lassen sich nach verschiedenen Merkmalen gliedern und zusammenfassen, um die jeweilige Einkommensverteilung darstellen zu können. Das DIW gliedert die Haushalte insbesondere nach den Merkmalen

der sozialen Stellung des Haushaltsvorstandes,
der Zahl der Einkommensbezieher je Haushalt,
der Größe der Haushalte und
der Einkommenshöhe.

Für die Gliederung der Haushalte nach jedem dieser Merkmale läßt sich die jeweilige Einkommensverteilung darstellen.

Einige Arten der Aufbereitung bzw. Darstellungen der vorhandenen Information haben den Nachteil, daß sie nur unzureichend **Ungleichheiten** in der Einkommensverteilung sichtbar machen, obwohl diesem Gesichtspunkt die größte Bedeutung in der politischen Diskussion zukommt. Die wahrscheinlich zweckmäßigste und gebräuchlichste Form einer Darstellung zur Betonung dieses Aspektes stellt die **Lorenzkurve** dar. Diese Kurve kommt folgendermaßen zustande:

Man ordnet zunächst die Haushalte nach dem Einkommen, das sie im Berichtszeitraum bezogen haben; und zwar beginnend mit dem Haushalt mit dem niedrigsten Einkommen bis hin zu dem Haushalt mit dem höchsten Einkommen. Anschließend werden die aufsummierten prozentualen Anteile der Haushalte mit den niedrigsten bis hin zu jenen mit den höchsten Einkommen auf der horizontalen Achse (= Abszisse) dargestellt und die entsprechenden aufsummierten Einkommensanteile auf der vertikalen Achse (= Ordinate) eingezeichnet. Da 0 % der Haushalte 0% des Einkommens und 100% der Haushalte 100% des Einkommens beziehen, verläuft jede Lorenzkurve in einem Einheitsquadrat von einem Eckpunkt zu dem gegenüberliegenden Eckpunkt. Die Lorenzkurven für die in Tabelle 5.7.1 enthaltenen Daten der Haushaltseinkommen nach Steuerabzug für 1950 und 1973 ist in Abbildung 5.7.1 dargestellt.

Die Kurve läßt sich folgendermaßen interpretieren: Punkt C auf der Kurve gibt an, wie groß der Anteil der unteren 40% der Haushalte am Gesamthaushaltseinkommen ist (nämlich ca. 17%). Wären die Einkommen aller Haushalte vollkommen gleich, so hätte dies zur Folge, daß die „ersten“ 20% der Haushalte 20% des Gesamteinkommens beziehen würden, die ersten 30% der Haushalte 30% des Gesamteinkommens usw. Die Lorenzkurve der Gleichverteilung entspricht somit der Diagonalen OB. Als

Tabelle 5.7.1 Verteilung der Einkommen nach Steuerabzug 1950 bis 1973

Jahr \ Dezilen	1	2	3	4	5	6	7	8	9	10
1950	2.1	3.4	4.7	6.0	7.3	8.7	10.3	12.5	15.8	29.3
1960	2.5	3.5	4.7	6.0	7.3	8.8	10.5	12.6	15.8	28.1
1970	2.5	3.4	4.6	5.8	7.1	8.5	10.2	12.3	16.3	29.3
1973	2.8	3.7	4.6	5.7	6.8	8.2	9.8	12.1	15.8	30.3

Quelle: Sawyer, a.a.O., S. 27

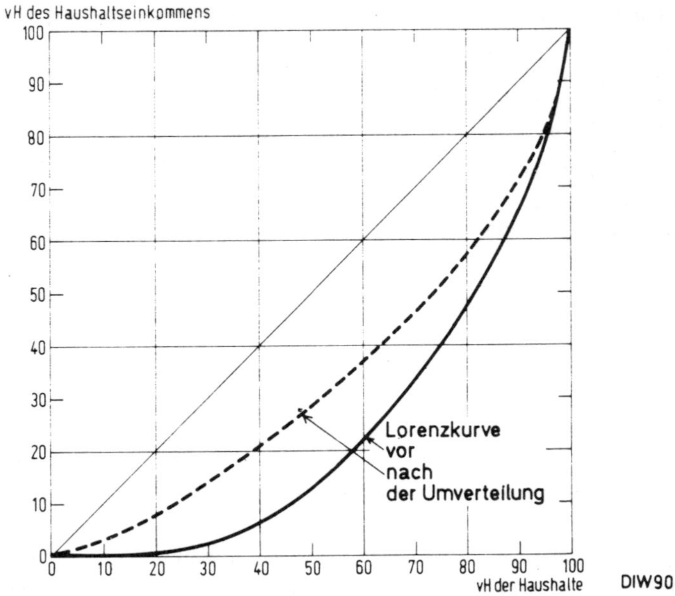

Abb. 5.7.1: Lorenzkurven der Verteilung der Einkommen der privaten Haushalte der Bundesrepublik Deutschland nach Steuerabzug 1950 und 1973 (Nach den Daten von Tab. 5.7.1)

Quelle: Deutsches Institut für Wirtschaftsforschung, Wochenbericht, 57. Jahrgang, Nr. 22, Mai 1990, S. 313

anderes Extrem wird vollkommene Ungleichheit in der Einkommensverteilung durch eine rechtwinkelige Lorenzkurve (= OAB) dargestellt. Diese würde sich ergeben, wenn ein einziger Haushalt das gesamte Einkommen und alle anderen Haushalte ein Einkommen von Null beziehen würden. Die tatsächliche Einkommensverteilung wird stets zwischen diesen beiden Extremen und damit näher oder weiter entfernt von der Linie der Gleichverteilung liegen.

Neben der grafischen Darstellung läßt sich die Einkommensverteilung durch bestimmte Kennzahlen wie Mittelwert, Varianz usw. beschreiben. Neben diesen gebräuchlichen statistischen Kennzahlen zur Charakterisierung von Verteilungen wurden Maßzahlen, sogen. **Ungleichheits**- oder **Konzentrationsmaße**, entwickelt, die sich besonders zur Beschreibung und Charakterisierung von Einkommensverteilungen, insbesondere zur Erfassung des Ungleichheitsgesichtspunktes dieser Verteilungen, eignen.[28] Unter den Ungleichheitsmaßen ist der **Gini-Koeffizient G** das bekannteste und hauptsächlich verwendete. Dieser ist wie folgt definiert:

$$G = \frac{\text{Fläche unter der Diagonale-Fläche unter der Lorenzkurve}}{\text{Fläche unter der Diagonale}}$$

Man überlegt sich leicht, daß G nur Werte zwischen 0 und 1 annehmen kann. Ein größerer Zahlenwert deutet auf einen höheren Grad der Ungleichheit hin, wobei G den Extremwert 1 im Falle vollkommener Ungleichheit annimmt. Im Falle vollkommener Gleichheit nimmt G den Wert Null an. Es ist wichtig festzuhalten, daß der Gini-Koeffizient ein Maß für die **relative** Ungleichheit darstellt, d. h. es kommt lediglich auf die

Einkommensunterschiede in der Verteilung des Gesamteinkommens, nicht jedoch auf das jeweilige Einkommensniveau, an.

5.7.4. Probleme intertemporaler Vergleiche

5.7.4.1. Globale Beurteilungen der Verteilungsentwicklung

Beim Vergleich der Einkommensverteilungen zweier verschiedener Perioden wird man im allgemeinen feststellen können, daß sich die Lorenzkurven dieser Verteilungen nicht decken. Die praktisch bedeutsame Frage, ob sich die Verteilung zu größerer Einkommensgleichheit hin entwickelt hat, läßt sich **eindeutig** beantworten, wenn sich die Lorenzkurve in mindestens einem Punkt näher zur Linie der Gleichverteilung verschoben und in keinem Punkt weiter davon entfernt hat. Schwierigkeiten in der Beurteilung, ob die Verteilungsentwicklung insgesamt eine Verringerung oder Zunahme der Ungleichheit aufweist, treten immer dann auf, wenn sich die entsprechenden Lorenzkurven schneiden. In Abb. 5.7.1 sind die Lorenzkurven der Verteilung der Haushaltseinkommen für die beiden Jahre 1950 und 1973 dargestellt. Im Vergleich zu 1950 weist die Verteilung der unteren Haushaltseinkommen von 1973 einen höheren Grad an Gleichheit auf, während in der oberen Hälfte der Einkommensschichtung 1973 die Verteilung ungleicher ist als 1950.

Ist damit die Verteilung insgesamt „gleicher oder ungleicher" geworden?

Vielfach versucht man in Fällen sich schneidender Lorenzkurven diese Frage dadurch in eindeutiger Weise zu beantworten, in dem man die Veränderung des Wertes eines Konzentrationsmaßes, z. B. des Gini-Koeffizienten, der Beurteilung zugrundelegt. Der Wert des Gini-Koeffizienten für das Jahr 1973 beträgt $G_{1973} = 0{,}383$ und für 1950 $G_{1950} = 0{,}385$.

Der Gini-Koeffizient deutet somit für die Bundesrepublik Deutschland auf eine minimale Verringerung der Ungleichheit im Jahre 1973 im Vergleich zu 1950 hin. Unangenehmerweise sieht man sich im Bereich der globalen Konzentrationsmessung ähnlichen Problemen gegenübergestellt wie bei der Feststellung der Änderung des allgemeinen Preisniveaus. Auch hier kann der Fall auftreten, daß verschiedene Ungleichheitsmaße nicht bloß unterschiedliche Werte für Ungleichheit angeben, sondern daß verschiedene Maßzahlen dieselbe Entwicklung in ihrer Richtung durchaus gegenläufig interpretieren. In anderen Worten, eine Maßzahl kann dieselbe Entwicklung als eine Bewegung zu größerer Ungleichheit ausweisen, während man nach einer anderen Maßzahl eine Entwicklung zu größerer Gleichheit feststellt.[29] Dieses Dilemma hat seine Ursache in der Tatsache, daß jede Maßzahl eine Gewichtung der einzelnen Einkommensschichten enthalten muß und daß die Maßzahlen mit unterschiedlicher Empfindlichkeit auf Einkommensverschiebungen zwischen den Einkommensschichten reagieren. Jedes Konzentrationsmaß enthält somit **Werturteile** darüber, wie bedeutend Ungleichheiten zwischen den einzelnen Einkommensstufen eingeschätzt werden und welchen Beitrag diese Ungleichheiten in der umfassenden Beurteilung der **gesamten Einkommensverteilung** liefern. Beispielsweise wertet der Gini-Koeffizient den Einkommensanteil jeder Einkommensschicht mit größerer Entfernung von der mittleren Einkommensschicht stärker, nach beiden Richtungen jedoch in gleichem Maße.

Die Erkenntnis, daß jedes Konzentrationsmaß bestimmte Wertungen enthält, läßt es wünschenswert erscheinen, daß einerseits die in den einzelnen Maßzahlen enthaltenen Wertungen möglichst klargelegt und daß andererseits für bestimmte Werturteile jeweils entsprechende Konzentrationsmaße entwickelt werden. Die Forschung in dieser Richtung steht zwar noch am Beginn, weist aber bereits einige interessante Ergebnisse auf.[30]

Man kann aus diesen Überlegungen schließen, daß es bei intertemporalen Vergleichen von Einkommensverteilungen stets zweckmäßig ist, sich ein Bild über die Entwicklung aus den Darstellungen der Lorenzkurven zu verschaffen.

5.7.4.2. Vergleichbarkeit der Daten

Die Vergleichbarkeit der vorhandenen Meßergebnisse ist aus verschiedenen Gründen niemals vollkommen gegeben. Deshalb ist bei ihrer Interpretation große Sorgfalt geboten. Die Gründe für eine beschränkte Vergleichbarkeit liegen im statistischen, im ökonomischen und im demografischen Bereich.

a) Einkommen aus Vermögen und selbständiger Tätigkeit sind statistisch schwieriger erfaßbar als Löhne, Gehälter und Transfereinkommen. Schätzungen des Bundesamtes haben ergeben, daß mehr als 80% der Löhne und Gehälter, jedoch nur knapp $^2/_3$ der Unternehmereinkommen bei der Einkommens- und Verbrauchsstichprobe für die Bundesrepublik Deutschland bekanntgegeben werden. Da diese Einkommen wahrscheinlich in die oberen Bereiche der Einkommenspyramide fallen, wird die Ungleichheit der Einkommensverteilung voraussichtlich unterschätzt. Ändert sich die Auskunftsbereitschaft einzelner Personengruppen, dann hat dies Einfluß auf die Meßergebnisse.

b) Im ökonomischen Bereich sind es vor allem die Einflüsse unterschiedlicher Konjunkturphasen, die Einflüsse von Veränderungen der relativen Preisen sowie die Wirkungen unterschiedlicher Steuersätze und Transferleistungen auf die Einkommensverteilung, die die Vergleichbarkeit der Ergebnisse einschränken.

Da sich die Einkommensverteilung in den verschiedenen Phasen des Konjunkturzyklus verändert und zwar im allgemeinen derart, daß die Ungleichheit im Abschwung zunimmt und sich im Konjunkturaufschwung verringert, stellt sich folgendes Problem: Wird die Einkommensverteilung einmal in der Abschwungsphase, das andere Mal in der Aufschwungsphase erhoben, dann ergibt sich ein verzerrtes Bild **langfristiger** Veränderung in der Einkommensverteilung. Man wird demnach trachten müssen, kurzfristige Schwankungen der Verteilung möglichst auszuschalten, indem man die Daten von konjunkturellen Einflüssen bereinigt.

Geht man bei Verteilungsvergleichen nicht vom nominellen, sondern vom realen Haushaltseinkommen aus, dann stellt sich das Problem, ob die Einkommen aller Haushaltsgruppen mit demselben Preisindex deflationiert oder ob dazu verschiedene Indices angewandt werden sollen. Da die Konsumgewohnheiten der Haushalte unter anderem vom Einkommensniveau abhängig sind, können sich Änderungen in den relativen Preisen verschieden stark auf die Kaufkraft der Personengruppen in den einzelnen Einkommensschichten auswirken. Derartige Überlegungen sind auch quantitativ von Bedeutung, wie Muellbauer (1974) für Großbritannien gezeigt hat.[31] Zwar hat sich die Ungleichheit der Einkommen 1970 in Großbritannien im Vergleich zu 1964 sowohl nominell als auch real gemessen verringert, doch wird diese Bewegung hin zu einer gleichmäßigeren Verteilung der Einkommen überschätzt, wenn man die nominellen Einkommen zugrundelegt. Deflationiert man die Geldeinkommen mit Preisindices, die vom Einkommensniveau abhängig sind, dann erhält man eine um ca. 15% schwächere

Verringerung der Einkommensungleichheit, verglichen mit der Änderung basierend auf den Nominaleinkommen. Unter Zugrundelegung der Nominaleinkommen erhält man eine größere Verringerung der Ungleichheit, als dies bei Verwendung von Realeinkommen der Fall wäre.

Unterschiedliche Transfer- und Steuerleistungen verändern nicht nur die Beziehung zwischen Real- und Nominaleinkommen, sondern vor allem die Beziehung zwischen Realeinkommen und verfügbarem Einkommen. Es ist deshalb von Bedeutung, ob die Verteilung der Haushaltseinkommen **vor** Steuerabzug und Transferleistungen erfaßt werden (sogenannte **Primärverteilung**) oder aber **nach** Steuerabzug und Transferleistungen (**Sekundärverteilung**). Klarerweise vermittelt die ausschließliche Berücksichtigung der Veränderungen in der Primärverteilung insbesondere dann ein unzureichendes Bild, wenn sich Steuersätze oder die Vergabe von Transferleistungen ändern, da dadurch die verfügbaren Einkommen sehr wohl berührt werden. Man wird daher in erster Linie die Sekundärverteilung und deren Änderung im Zeitverlauf erfassen, da diese bereits das Resultat erfolgter umverteilungspolitischer Maßnahmen und so die „tatsächlichen Einkommen" widerspiegelt. Andererseits wird man aber zur Beurteilung des Erfolges solcher Maßnahmen auch Interesse an der Erfassung der Primärverteilung haben.

c) Im soziokulturellen Bereich ist neben der Altersstruktur der Haushalte vor allem die Veränderung der Haushaltsgröße für die Entwicklung der Einkommensverteilung von Bedeutung.

Da im allgemeinen das Einkommen größerer Haushalte höher ist als das kleinerer Haushalte, wirkt sich eine Veränderung der Struktur der Haushaltsgrößen im Zeitverlauf auf die gemessene Veränderung in der Einkommensverteilung aus. Eine Verkleinerung der durchschnittlichen Haushaltsgröße kann eine Zunahme der Ungleichheit zur Folge haben, auch wenn sich die individuellen Einkommen überhaupt nicht verändert haben. Um diesen Einfluß der Veränderung der Haushaltsgrößen auf die Änderung in der Einkommensverteilung auszuschalten, wird man die Einkommen auf eine unveränderte Haushaltsgrößenverteilung zurechnen. Während im intertemporalen Vergleich diese Veränderungen bestenfalls bei langfristigen Vergleichen sich zahlenmäßig auswirken, kommt diesem Punkt bei internationalen Vergleichen große Bedeutung zu.

5.7.5. Die Entwicklung der Lohnquote

Als ein sehr globales Maß für die Entwicklung der **(funktionellen) Einkommensverteilung** wird vielfach die (Brutto-)**Lohnquote** herangezogen. Sie stellt den Anteil der Bruttoeinkommen aus unselbständiger Arbeit am Volkseinkommen dar. Würde man z.B. den ständigen Zuwachs, den diese Maßzahl im Zeitraum 1960–1975 aufzuweisen hat, so interpretieren, als hätten sich die Einkommen der Unselbständigen zu Lasten der Einkommen der Selbständigen erhöht, so ist dies offenbar inkorrekt. Im gleichen Zeitraum hat sich nämlich der Anteil der Selbständigen ebenfalls verringert.

Diese Verschiebung muß natürlich den Anteil der Einkommen der Unselbständigen erhöhen. Um den Einfluß der Verschiebungen der Anteile der Arbeitnehmer und der Selbständigen an den Erwerbstätigen auszuschalten, wird eine um diese Effekte **bereinigte Lohnquote** berechnet. Bei der Berechnung der bereinigten Lohnquote wird von einer seit 1960 unveränderten Beschäftigtenstruktur ausgegangen. Es gilt die Beziehung (z.B. für 1978):

$$\text{Bereinigte Bruttolohnquote 1978} = \text{tatsächliche Bruttolohnquote 1978} \times \frac{\text{Anteil d. Arbeitnehmer an d. Erwerbstätigen 1960}}{\text{Anteil d. Arbeitnehmer an d. Erwerbstätigen 1978}}$$

Tab. 5.7.2: Verteilung der Erwerbs- und Vermögenseinkommen
Anteil am Volkseinkommen in vH

Jahr[1]	Arbeitseinkommen[2]		Vermögenseinkommen der privaten Haushalte[3]		Vermögenseinkommen des Staates[4]		„Gewinneinkommen"[5]	
	vor	nach	vor	nach	vor	nach	vor	nach
	Revision[5]							
1970	81,5	81,5	5,1	5,1	0,4	0,4	13,0	13,0
1971	82,4	82,6	4,8	5,0	0,3	0,3	12,5	12,1
1972	82,1	82,7	5,0	5,2	0,0	0,0	12,8	12,1
1973	82,8	83,5	5,5	5,6	0,1	0,1	11,7	10,8
1974	84,8	86,0	5,4	5,6	− 0,2	− 0,2	9,9	8,6
1975	84,9	86,2	6,1	6,2	− 0,5	− 0,5	9,5	8,2
1976	82,6	84,2	5,9	6,0	− 0,8	− 0,8	12,3	10,6
1977	82,6	84,5	6,0	6,1	− 1,0	− 1,0	12,4	10,5
1978	81,6	83,3	5,7	5,8	− 0,9	− 0,9	13,6	11,8
1979	81,2	83,2	5,7	5,8	− 0,8	− 0,8	14,0	11,8
1980	83,2	85,8	6,0	6,4	− 1,0	− 1,0	11,8	8,8
1981	84,1	86,8	6,5	7,0	− 1,2	− 1,2	10,7	7,5
1982	83,4	87,0	7,0	7,6	− 1,1	− 1,1	10,8	6,5
1983	81,0	84,4	6,8	7,2	− 1,5	− 1,5	13,8	9,9
1984	79,4	82,9	7,2	7,6	− 1,5	− 1,5	15,0	11,0
1985	78,8	82,4	7,3	8,0	− 1,4	− 1,5	15,3	11,1
1986	77,8	81,3	7,1	7,8	− 1,5	− 1,6	16,7	12,4
1987	77,9	81,6	6,9	7,7	− 2,0	− 2,0	17,2	12,6
1988	76,5	80,3	6,8	7,9	− 2,4	− 2,4	19,1	14,2
1989	75,3	78,9	6,0	8,6	− 1,7	− 1,7	20,4	14,2
1990	.	78,4	.	9,0	.	− 1,6	.	14,2
1991	.	79,4	.	...	.	− 1,9	.	...

1) 1991 eigene Schätzung.
2) Von Inländern empfangene Bruttoeinkommen aus unselbständiger Arbeit (= Lohnquote) und der kalkulatorische Unternehmerlohn, dabei wird für seine Berechnung unterstellt, daß jeder Selbständige und mithelfende Familienangehörige das durchschnittliche Bruttoeinkommen eines beschäftigten Arbeitnehmers erhält.
3) Empfangene Vermögenseinkommen von den Unternehmen, vom Staat, von der übrigen Welt sowie die Einkommen der privaten Haushalte aus der Wohnungsvermietung nach Abzug der Zinsen auf Konsumentenschulden.
4) Nach Abzug der Zinsen auf öffentliche Schulden.
5) Einkommen aus Unternehmertätigkeit (entnommene und nichtentnommene Gewinne der Unternehmen) abzüglich des kalkulatorischen Unternehmerlohns (im Arbeitseinkommen enthalten) und der Einkommen der privaten Haushalte aus Wohnungsvermietung.
6) Im Frühjahr 1991; siehe Statistisches Bundesamt „Revision der Volkswirtschaftlichen Gesamtrechnungen 1970 bis 1990", Wirtschaft und Statistik Heft 4/1991, Seiten 227 ff.

Quelle: Jahresgutachten 1991/92 des Sachverständigenrates zur Begutachtung der gesamtwirtschaftlichen Entwicklung, S. 92, Tab. 21.

Die Aussagekraft der Lohnquote ist relativ gering, da die Unselbständigen eine sehr heterogene Größe darstellen. Sie umfaßt hochdotierte Führungskräfte gleichermaßen wie angelernte Arbeitskräfte. Verschiebungen in den Gehalts- und Lohnstrukturen werden nicht erfaßt. Dieses Maß kann daher bestenfalls zur raschen und groben Orientierung über die Einkommensentwicklung herangezogen werden.

5.7.6. Verbesserungsvorschläge für Verteilungsstatistiken

Abgesehen von der Kritik an der mangelnden Verläßlichkeit und Genauigkeit der erhobenen Daten, werden von Benützern der Einkommensverteilungsstatistiken Wünsche zur Verbesserung dieser Statistiken an das Statistische Bundesamt herangetragen.

So hat vor allem der Sachverständigenrat in einem Brief an den Bundesminister für Wirtschaft vom 6. Oktober 1976 unter anderem eine Aufgliederung des Einkommens aus Unternehmertätigkeit und Vermögen gefordert.[32]

Diese Aufgliederung sollte nach Einkommensbestandteilen wie Unternehmerlohn, Fremd- und Eigenkapitalverzinsung und Restgewinn, nach der Herkunft der Einkommen und nach Einkommensempfängern vorgenommen werden. Darüberhinaus wünscht der Sachverständigenrat eine raschere und häufigere Bereitstellung der Daten sowie eine stärkere Ausschöpfung der Möglichkeiten, die Ergebnisse der volkswirtschaftlichen Gesamtrechnungen, der Bilanz- und der Steuerstatistiken miteinander vereinbar zu machen.

Gänzlich vernachlässigt durch die Verteilungsstatistik und die Kritik wird ein Gesichtspunkt, dem in der politischen Beurteilung einige Bedeutung zukommt, nämlich der Gesichtspunkt der **Mobilität**. Eine Reihe von Autoren hält die Ungleichheiten in der Einkommensverteilung für gerechtfertigt, da diese Ungleichheiten nur Ausdruck der Möglichkeiten darstellen, durch Können und auch durch Glück in der Einkommenshierarchie aufsteigen zu können. Die auf diese Weise sich ergebenden Leistungsanreize wirken sich günstig auf die gesamtgesellschaftliche Entwicklung zum Wohle der überwiegenden Mehrheit der Bevölkerung aus.

Akzeptiert man diese Argumente, so wird man doch fordern können, daß mindestens in der Generationenfolge jedem die gleiche Chance offensteht, in der Einkommenshierarchie grundsätzlich jede Position einnehmen zu können. Dem Sohn eines Hilfsarbeiters sollte die Möglichkeit offenstehen, die hochdotierte Position eines Generaldirektors einzunehmen, und umgekehrt sollte der Sohn eines Generaldirektors auch Hilfsarbeiter werden können. In welchem Maße diese **Mobilität** in der Einkommenshierarchie der Bundesrepublik Deutschland gegeben ist, darüber gibt die amtliche Statistik keine Auskunft. Angesichts der Bedeutung dieses Gesichtspunktes wird man verlangen müssen, daß ihm künftig größere Beachtung in der Statistik geschenkt wird.

Anmerkungen zu Kapitel 5

[1] Der Ausdruck „gütermäßig“ ist sachlich falsch, wird jedoch hier zum leichteren Verständnis verwendet. Siehe vor allem Abschnitt 5.2.4.d).

[2] Je nach Fragestellung könnte als eine weitere Komponente die Qualitätsentwicklung der Güter getrennt ausgewiesen werden. Wird eine Zerlegung nur in die zwei genannten Komponenten vorgenommen, so umfaßt die reale Entwicklung sowohl die Mengen- als auch die Qualitätsentwicklung.

[3] Für die folgenden Überlegungen ist festzuhalten:

1. Indices werden normalerweise in Prozent angegeben: z.B. $I_p = \frac{p_1}{p_0} \cdot 100$
2. Das **Produkt** aus Mengen- und Preisindex ergibt den Wertindex (= nominelle Entwicklung), wobei Preis- und Mengenindices nicht vom selben „Typ“ zu sein brauchen.
3. Änderungen von Indexwerten werden in Prozent**punkten** angegeben: Steigt der Indexwert von 200% auf 210% so liegt eine Steigerung um **10 Prozentpunkte** (aber eine Zunahme des Indexwertes um **5 Prozent**) vor.

[4] Im Bereich der makroökonomischen (gesamtwirtschaftlichen) Theorie wird aus Gründen der Einfachheit den Analysen vielfach eine „Eingutwelt" zugrundegelegt. In diesem Fall ist „real" stets identisch mit „gütergleich", weil durch bloßes Abzählen der Stückzahl des einzigen Gutes die reale Entwicklung festgestellt werden kann. Die im Text diskutierten Probleme treten alle erst deshalb auf, weil zur Berechnung von Aggregatgrößen (z. B. des Sozialprodukts) eine **Vielzahl verschiedenartiger Güter** auf einen gemeinsamen Maßstab, den Geldwert dieser Güter, gebracht werden muß.

Die Bezeichnungen sind in der Literatur nicht ganz einheitlich. In diesem Text werden Aggregatgrößen, die sich aus der Summierung der Geldwerte der einzelnen Güter bewertet zu **laufenden Preisen** ergeben, **Wertgrößen** genannt. Als **Mengen-**, **reale** oder genauer als **Volumengrößen** werden **deflationierte Aggregate** bezeichnet.

[6] Man beachte, daß mit „realem Wachstum" hier eine Änderung des Mengenindex gemeint ist; vgl. auch Fußnote 3.

[7] Auf eine Darstellung von Produktionsindices wird hier verzichtet. Vgl. dazu z. B. F. Fisher und K. Shell, The Economic Theory of Price Indices, New York und London 1972 (S. 49 ff.).

[8] Von Krediten und Ersparnis wird (lediglich) der Einfachheit halber abgesehen.

[9] Es sei zunächst angenommen, man wolle nur die Preisänderungen **einer** Vergleichsperiode ermitteln, die nicht notwendigerweise unmittelbar auf die Basisperiode folgen muß. Gleichzeitig wird unterstellt, es würden in beiden Perioden **dieselben** Güter i= 1, . . ., n existieren (von Qualitätsänderungen u. a. wird also abstrahiert).

[10] So stellen P. A. Samuelson und S. Swamy in ihrem bedeutsamen Artikel: „Invariant Economic Index Numbers and Canonical Duality: A Survey and Synthesis", American Economic Review, Vol. 64, 1974, S. 566–593 fest: „Eine Fülle von Erfahrungsdaten zeigt, daß die Sankt Nikolaus-Hypothese homothetischer Bedürfnisstrukturen . . . vollkommen unrealistisch ist" (S. 592).

[11] Vgl. z. B. W. Winklers kritische Einschätzung, wonach der Befriedigungsindex wegführte „vom sicheren Boden der Tatsachen, die einer objektiven Feststellung zugänglich sind, auf den schwankenden Boden der subjektiven Gefühle, die kaum gemessen und verglichen werden können" (S. 21 f.) (W. Winkler, Indexzahlenprobleme, Statistische Vierteljahresschrift, Bd. 6, 1953, S. 10–24).

[12] Dies folgt aus dem berühmten **Unmöglichkeitstheorem** von Arrow. Vgl. K. J. Arrow, Social Choice and Individual Values, New York 1951, 2. Auf. 1963.

Unter der **speziellen** Bedingung, daß alle Individuen gleiche Bedürfnisstrukturen besitzen, läßt sich eine gesellschaftliche Bedürfnisstruktur daraus herleiten.

[13] R. G. D. Allen, Index Numbers in Theory and Practice, London 1975, S. 47.

[14] Eine umfassende Analyse dieser logischen Beziehungen (hier: Theorem 3.4.16 (S. 49 f.) und Theorem 3.4.0. (S. 44 f.)) enthält die Monografie von W. Eichhorn und J. Voeller, Theory of the Price Index, Berlin etc., 1976.

[15] So spricht z. B. H. Bartels (Preisindices in der Sozialproduktsberechnung, Wirtschaft und Statistik, 1963, S. 15–18) auf S. 17 mehrmals von *„Preisbereinigung"*.

[16] Vgl. erneut die Fußnoten 3 und 6

[17] $L_P^0(1,2)$ stellt strenggenommen keinen Laspeyeres-Preisindex dar, da (wiederum bei strenger Auffassung) **zwei** Basisperioden vorliegen: Eine Basisperiode O der der Warenkorb entstammt, sowie die Basisperiode 1, der die Preise entstammen. In Bezug auf diese enge Definition gilt: Der Laspeyres-Preisindex genügt nicht dem Zirkularitätstest, d. h. $Lp\ (0,1) \cdot Lp\ (1,2) \neq Lp\ (0,2)$

[18] Siehe dazu unter anderen:
M. Richter, Invariance Axioms and Economic Indexes, Econometrica, Vol. 34, 1966, S. 739–755;

D. Usher, The Suitability of the Divisia Index for the Measurement of Economic Aggregates, The Review of Income and Wealth, Vol. 20, 1974, S. 273–288.

Als bedeutende Anwendung sei genannt: D. W. Jorgenson und Z. Griliches, The Explanation of Productivity Change, Review of Economic Studies, Vol. 34, 1967, S. 249–283.

19 Definiert man $\Delta P_t = P_t - P_{t-1}$ und $\Delta p_{it} = p_{it} - p_{it-1}$ so erhält man Werte für a_t, die der Paasche-Preisindexformel entsprechen.

20 Das Konzept, nach dem nicht die Güter selbst, sondern die in ihnen enthaltenen Charakteristiken nachgefragt werden, wurde von K. Lancaster theoretisch ausgearbeitet (siehe K. Lancaster, A New Approach to Consumer Theory, Journal of Political Economy, Vol. 74, 1966, S. 132–157; und derselbe, Change and Innovation in the Technology of Consumption, American Economic Review, Vol. 56, 1966, S. 14–23).

21 Siehe hierzu vor allem Z. Griliches, Price Indexes and Quality Change, Cambridge, Mass. 1971.

22 Um das Konzept zu erläutern, wollen wir 2 Güter annehmen, die dieselben zwei Charakteristiken in unterschiedlichen Mengen besitzen. Der Koeffizient a_{ij} bezeichnet die Menge des Charakteristikums i das in einer Einheit des Gutes j enthalten ist. Der zu errechnende Schattenpreis einer Einheit des Charakteristikums i sei mit p_i^* und der Marktpreis einer Einheit des Gutes j sei mit p_j bezeichnet. Für die beiden Güter 1 und 2 bestimmt sich der jeweilige Preis aus dem Gesamtwert der in ihnen enthaltenen Charakteristiken. Es gilt im deterministischen Fall, also jeweils für eine Einheit eines Gutes:

$$p_1 = a_{11}p_1^* + a_{21}p_2^*$$
$$p_2 = a_{12}p_1^* + a_{22}p_2^*$$

Die Veränderung der Güterpreise Δp_i ergibt sich ganz allgemein aus der Änderung der Schattenpreise und der Änderung der Qualität der Güter, d. i. der Mengenänderungen der Charakteristiken:

$$\Delta p_1 = \Delta a_{11}p_1^* + \Delta p_1^* a_{11} + \Delta a_{21}p_2^* + \Delta p_2^* a_{21}$$
$$\Delta p_2 = \Delta a_{12}p_1^* + \Delta p_1^* a_{12} + \Delta a_{22}p_2^* + \Delta p_2^* a_{22}$$

Beobachtbar sind die Preisveränderungen Δp_1 und Δp_2 und die Qualitätsänderungen a_{ij}; i,j = 1,2.
Nicht beobachtbar sind die Schattenpreise p_i^* und deren Veränderungen. Unterstellt man die **Annahme**, die Preise der Charakteristiken würden sich nicht ändern, d. h. $\Delta p_i^* = 0$ (i = 1,2), dann reduziert sich das Gleichungssystem auf:

$$\Delta p_1 = \Delta a_{11}p_1^* + \Delta a_{21}p_2^*$$
$$\Delta p_2 = \Delta a_{12}p_1^* + \Delta a_{22}p_2^*$$

Die Schattenpreise lassen sich dann eindeutig bestimmen unter der Voraussetzung, daß die Koeffizientendeterminante nicht verschwindet:

d. h. $\text{Det}\begin{pmatrix}\Delta a_{11} & \Delta a_{21}\\ \Delta a_{12} & \Delta a_{22}\end{pmatrix} \neq 0$, bzw. daß die entsprechende inverse Matrix existiert.

Die Lösung lautet sodann:

$$\begin{pmatrix}p^*\\ p_2^*\end{pmatrix} = \begin{pmatrix}\Delta a_{11} & \Delta a_{21}\\ \Delta a_{12} & \Delta a_{22}\end{pmatrix}^{-1} \begin{pmatrix}\Delta p_1\\ \Delta p_2\end{pmatrix}$$

Allen späteren Perioden werden diese Schattenpreise zugrundegelegt. Die autonome Preisänderung eines Gutes ergibt sich dann aus der Gleichung: Autonome Preisänderung = Tatsächliche Preisänderung – Änderung des Wertes der Charakteristiken (= Wert der Qualitätsänderung).

[23] Vgl. dazu auch die zusätzlichen Gründe des beträchtlichen unerklärten Rests und die Unsicherheit der Ergebnisse, „wenn sich die marktmäßige Bewertung eines Merkmales aus zu wenigen Kauffällen ergibt" (S. 35). (S. Guckes, Die Messung der Kaufkraft der privaten Verbraucher und die Berechnung von Kaufkraftparitäten im Statistischen Bundesamt, S. 23–45, in: G. Fürst (Hrsg.), Messung der Kaufkraft des Geldes, Göttingen, 1976).

[24] Neben den üblichen Annahmen für die Anwendung linearer Regressionstechniken vor allem die oben in Fußnote 22 erwähnte Annahme unveränderter Schattenpreise.

[25] Siehe W. Rostin, Die Kaufkraftmessung in der Unternehmenssphäre (einschl. Außenhandel), S. 69–100, in: G. Fürst (Hrsg.), Messung der Kaufkraft ..., a.a.O., insbes. S. 80.

[26] Kein geringerer als John Maynard Keynes hat auf die **Inhomogenität ökonomischer Zeitreihen** wiederholt hingewiesen, unter anderem in seinem ‚Treatise on Money' Vol. I, in seiner Kontroverse mit Jan Tinbergen und in seinem magnum opus, der ‚General Theory'. Dort schreibt er: „Die Feststellung, das Nettosozialprodukt heute sei größer, aber das Preisniveau niedriger als vor zehn Jahren oder vor einem Jahr, ist eine Aussage von ähnlichem Charakter wie der Satz, daß Königin Viktoria eine bessere Königin, aber keine glücklichere Frau als Königin Elizabeth I. war – eine Aussage, nicht ohne Bedeutung und nicht uninteressant, aber ungeeignet als Material für die Differentialrechnung. Unsere Genauigkeit ist eine Scheingenauigkeit, wenn wir die teilweise unscharfen und nicht-quantitativen Konzepte als Grundlage für quantitative Analysen heranziehen." Vgl. auch die lesenswerten Ausführungen Oskar Morgensterns, Über die Genauigkeit wirtschaftlicher Beobachtungen, Wien 1965.

Die Suche nach einem **invariablen Standard** zur Messung ökonomischer Größen hat seit Ricardos tiefschürfenden Überlegungen – vgl. vor allem seine Notiz „Absolute Value and Exchangeable Value" in der Ricardo-Ausgabe von P. Sraffa Vol. IV, S. 361–421 – immer wieder die Ökonomen bewegt. So hat P. Sraffa (in: Production of Commodities by Means of Commodities, Cambridge, 1960) einen invariablen Wertstandard konstruiert, der es erlaubt, bei gegebener Produktionstechnik die funktionale Verteilung unabhängig von Preisbewegungen zu messen, doch ändert sich der Standard mit der Änderung der Produktionstechnik und stellt daher keine zufriedenstellende Lösung der praktischen Probleme intertemporaler Vergleiche dar.

[27] Als Erster hat auf diese Schwierigkeit P. A. David (in: The Deflation of Value Added, Review of Economics and Statistics, Vol. 44, 1962, S. 148–155) hingewiesen. Einen der vielen Lösungsvorschläge – einen Divisia Index – unterbreitet K. Sato, The Meaning and Measurement of the Real Value Added Index, Review of Economics and Statistics, Vol. 58, 1976, S. 434–442.

Einsichten in konzeptionelle Probleme vermittelt vor allem D. Usher, The Measurement of Real Income, Review of Income and Wealth, Vol. 22, 1976, S. 305–329.

Siehe auch: W. Neubauer, Irreales Inlandsprodukt in konstanten Preisen. Kritisches zur Deflationierung in der Volkswirtschaftlichen Gesamtrechnung, Allgemeines Statistisches Archiv, Bd. 58, 1974, S. 237–271,

und die Kritik an diesem Beitrag von H.-H. Härtel, Bruttosozialprodukt zu konstanten Preisen – eine sinnvolle Konstruktion ? Zur Legitimation der Methode der doppelten Deflationierung, Allgemeines Statistisches Archiv, Bd. 60, 1976, S. 390–414.

Ein Überblick über die Diskussion findet sich bei F. Haslinger, Zur Deflationierung des Bruttoinlandsproduktes; in: WISU, Jahrgang 1982, Heft 11

[28] Eine ausgezeichnete Darstellung und Diskussion einiger wichtiger Konzentrationsmaße gibt A. K. Sen, Ökonomische Ungleichheit, Frankfurt 1975. Siehe für Details auch die (formal) anspruchsvolle Monografie von W. Piesch, Statistische Konzentrationsmaße, Tübingen 1975.

[29] Vgl. dazu die Feststellung, die Serge-Christoph Kolm in der Einführung seines grundlegenden Aufsatzes (S.-C. Kolm, Unequal Inequalities I und II, Journal of Economic Theory, Vol. 12, 1976, S. 416–442 und ebenda, Vol. 13, 1976, S. 82–111) macht: „... Ich kann ein beliebiges Land nehmen und zeigen, daß innerhalb einer Periode (welche auch immer) die Ungleichheit zu- oder

abgenommen hat, oder irgendzwei Länder nehmen und zeigen, daß die Ungleichheit entweder in dem einen oder im anderen größer ist, durch die Wahl unterschiedlicher Ungleichheitsmaße, von denen alle wahrscheinlich auf den ersten Blick gut und vernünftig aussehen."

[30] So hat z. B. Sen die dem Gini-Koeffizienten zugrundeliegenden Werturteile dargelegt (A. Sen, Informational Bases of Alternative Welfare Approaches: Aggregation and Income Distribution, Journal of Public Economics, Vol. 3, 1974, S. 387–403). G. Fields und J. Fei, On Inequality Comparisons, Econometrica, Vol. 46, 1978, S. 303–316, geben Werturteile vor und prüfen, welche Konzentrationsmaße diesen genügen.

[31] J. Muellbauer, Prices and Inequality: the United Kingdom Experience, Economic Journal, Vol. 84, 1974, S. 32–55.

[32] Abgedruckt im: Jahresgutachten 1976/77 des Sachverständigenrates zur Begutachtung der gesamtwirtschaftlichen Entwicklung, S. 189–198. Siehe auch: Antwortschreiben des Bundesamtes, ebenda, S. 199–200.

Literatur zu Kapitel 5

Zu den Abschnitten 5.1.–5.5.

Über die Theorie und Anwendung der Indexzahlen informiert umfassend neben der in den Fußnoten genannten Literatur: **R. G. D. Allen**, Index Numbers in Theory and Practice, London 1975.
W. E. Diewert, The economic theory of index numbers: a survey, in: A. Deaton (Ed.), Essays in the theory and measurement of consumer behaviour, Cambridge 1981, S. 163–208.
Etwas enger in der Thematik:
K. Banerjee, Cost of Living Index Numbers, New York 1975.
Eine Fülle, allerdings mathematisch zum Teil anspruchsvoller Aufsätze zu dem Thema enthält:
W. Eichhorn et al. (Eds.), Theory and Applications of Economic Indices, Würzburg 1978.

Zu Abschnitt 5.6.

Grundlegend informiert:
F. Müller, Volkswirtschaftliche Gesamtrechnung und Preisveränderungen, Königstein/Ts., 1984.
Über praktische Probleme der Preisindexbildung und nähere Details über die einzelnen Preisindices der Bundesrepublik Deutschland informieren die Artikel in:
G. Fürst (Hrsg.), Messung der Kaufkraft des Geldes, Göttingen, 1976.
Siehe auch:
O. Angermann, Zur Neuberechnung der Preisindizes auf BAsis 1980, Wirtschaft und Statistik, Heft 3, 1983, S. 204–206.

Zu Abschnitt 5.7.

Ausgezeichnete Lehrbücher zur Theorie und Messung der Einkommensverteilung – allerdings mit unterschiedlichen Akzenten – sind:

A. Sen, Ökonomische Ungleichheit, Frankfurt 1975, sowie **A. B. Atkinson**, The Economics of Inequality, Oxford 1975.
Über den Stand der Einkommensstatistik in der Bundesrepublik Deutschland informieren: **G. Fürst (Hrsg.)**, Stand der Einkommensstatistik. Individual- und Haushaltseinkommen, Einkommensschichtung, Göttingen 1974, und **H.-J. Krupp**, Möglichkeiten der Verbesserung der Einkommens- und Vermögensstatistik, Göttingen 1975.

Übungen und Aufgaben zu Kapitel 5

1. Eine Volkswirtschaft hat in den Jahren von 1973 bis 1976 die drei Güter 1,2 und 3 produziert, deren Preise und Mengen sich in diesen Jahren wie folgt entwickelt haben:

	Preise d. Güter			Mengen der Güter		
	1	2	3	1	2	3
1973	5	3	10	100	200	20
1974	4	3	9	120	200	30
1975	5	4	8	110	180	40
1976	6	5	7	100	170	50

Berechnen Sie:
a) Das nominelle Sozialprodukt für die einzelnen Perioden.
b) Die Wachstumsraten des nominellen Sozialprodukts.
c) Die **realen** Wachstumsraten nach der Laspeyres-Formel.
d) Die **realen** Wachstumsraten nach der Paasche-Formel.
e) Geben Sie die jeweiligen Inflationsraten nach der Paasche- und nach der Laspeyres-Formel an.
f) Vergleichen Sie die erhaltenen Preisindexwerte mit denjenigen, die die Berechnungen mit der Idealen Indexformel und die der Divisia-Index ergeben würden.
g) Erläutern und interpretieren Sie sorgfältig die jeweiligen Ergebnisse.

2. Errechnen Sie „Ihren" Lebenshaltungskostenindex mit Hilfe eines Haushaltsbuches für das kommende halbe Jahr.
   a) Beachten Sie die Schwierigkeiten, die sich aus Qualitätsänderungen, den Käufen in verschiedenen Läden usw. ergeben.
   b) Falls „Ihre" Indexwerte von jenen des Statistischen Bundesamtes abweichen (vgl. dazu die Veröffentlichungen des Statistischen Bundesamtes, vor allem die monatlich erscheinende Zeitschrift „Wirtschaft und Statistik" und die entsprechenden Fachserien (Preise und Löhne)), worauf würden Sie diese Abweichungen zurückführen?
3. Erläutern Sie die Methode der doppelten Deflationierung.
4. Weshalb ist es nicht ganz richtig, die reale Entwicklung des Sozialprodukts als „gütermäßige" Entwicklung zu deuten?
5. Was versteht man unter dem Indexzahlenproblem bzw. unter den Indexzahlenproblemen?
6. Diskutieren Sie Grundlagen sowie die Vorzüge und Nachteile des Testansatzes und des theoretischen Ansatzes zur Begründung und Annahme von Indexformeln.
7. Was versteht man unter einer **Lorenzkurve**?
8. Weshalb sollte man sich bei der Beurteilung von Verteilungsentwicklungen nicht bloß auf die Änderungen in den Werten von Konzentrationsmaßen verlassen, sondern sich stets auch eine intuitive Vorstellung über die Darstellung der Lorenzkurve verschaffen?
9. Welche Interpretationsprobleme und Beschränkungen der Aussagekraft ergeben sich bei einem intertemporalen Vergleich von Daten über die personelle Einkommensverteilung?
10. Erläutern Sie die Begriffe tatsächliche und bereinigte Lohnquote!

6. Kapitel

Internationale Vergleiche

6.0. Überblick

Neben intertemporalen nationalen Vergleichen spielen in der Praxis internationale Wirtschaftsvergleiche eine bedeutende Rolle. Man vergleicht die Wachstumsraten der Sozialprodukte in verschiedenen Ländern, deren unterschiedliche Inflationsraten, die Sozialproduktniveaus. Wir sprechen von der Armut in Entwicklungsländern, vom Reichtum der USA. Welche Aussagekraft kommt solchen Ergebnissen zu? Ist es zulässig, um derartige Vergleiche anzustellen, die nationalen Daten einander einfach gegenüberzustellen?

Es wird sich zeigen, daß die Aussagekraft umso größer ist, je ähnlicher der Aufbau der Rechnungssysteme in den zu vergleichenden Ländern ist und je ähnlicher deren kulturelle, klimatische und wirtschaftliche Bedingungen sind.

In diesem Kapitel werden nach einer Einführung in die Problemstellung, die Schwierigkeiten von Sozialproduktsvergleichen zwischen Ländern mit gleichen Wirtschafts- und Rechnungssystemen behandelt. Der daran anschließende Teil 6.4. stellt das Rechnungssystem der Länder des Ostblocks dar und weist auf die zusätzlichen Probleme hin, die Vergleichen mit diesen Ländern gegenüberstehen. Nach einer Übersicht über die Rechnungsprobleme in Entwicklungsländern wird noch kurz auf Vergleiche der Verteilung der Einkommen eingegangen.

6.1. Problemstellung

In den Jahren seit dem zweiten Weltkrieg haben die Anstrengungen, die wirtschaftlichen Daten der einzelnen Länder auch international zu vergleichen, ständig zugenommen. Als Gründe dafür lassen sich vor allem die folgenden angeben:

- Internationale Sozialproduktsvergleiche erlauben eine Einschätzung der wirtschaftlichen Möglichkeiten konkurrierender Länder, die z. B. im Kriegsfall von Bedeutung sein kann.
- Die jeweilige Leistungsfähigkeit unterschiedlicher Gesellschafts- und Wirtschaftssysteme – vor allem Markt- und Planwirtschaft – läßt sich im Wege von internationalen Vergleichen beurteilen, wobei den **wirtschaftlichen** Leistungen besondere Bedeutung beigemessen wird.
- Die Erschließung neuer Märkte und Handelsmöglichkeiten setzt Informationen über den wirtschaftlichen Zustand anderer Volkswirtschaften voraus.
- Entwicklungshilfe in Form von Geschenken oder Krediten setzt genauere Informationen über Bedürftigkeit und Dringlichkeit sowie die Wirtschaftskraft im jeweiligen Empfängerland verglichen mit anderen Ländern voraus.
- Supranationale Organisationen, wie z.B. die EG, die eigene Aufgaben wahrnehmen, benötigen finanzielle Mittel, um diese Aufgaben durchführen zu können. Die Mittel hierzu werden durch internationale Steuern beschafft, die die einzelnen Mit-

gliedsstaaten an die Gemeinschaft abzuführen haben. Die Beurteilung der Leistungsfähigkeit der einzelnen Staaten, welche eine Grundlage der Besteuerung darstellt, macht internationale Vergleiche der wirtschaftlichen Leistungskraft nötig.

– Schließlich können internationale Vergleiche dazu beitragen, Mängel im eigenen Wirtschaftssystem aufzudecken, und auf diese Weise die Grundlage für Verbesserungen liefern.

Die Durchführung internationaler Sozialproduktsvergleiche wirft indes eine Reihe schwieriger Fragen auf. Es ist nicht einfach möglich, die Werte z. B. der Nettosozialprodukte der jeweiligen Länder gegenüberzustellen. Einer derartigen Vorgehensweise stehen drei grundlegende Probleme entgegen:

a) Die der Messung des Sozialprodukts und anderer volkswirtschaftlicher Größen zugrundeliegenden Konzepte und Definitionen stimmen in den seltensten Fällen vollständig überein. Größen, die dieselben Namen tragen, müssen deshalb **inhaltlich** noch nicht übereinstimmen. Selbst international vereinheitlichte Rechnungssysteme lassen den Mitgliedsstaaten genügend Raum zur Berücksichtigung nationaler Besonderheiten. In allen Fällen, wo die Unterschiede in den Definitionen und Konzepten von quantitativer Bedeutung sind, wird man diese zunächst vergleichbar machen müssen und erst dann die jeweiligen Meßwerte vergleichen.

b) Die Sozialproduktswerte der einzelnen Länder werden in den jeweiligen Landeswährungen errechnet und ausgewiesen. Will man die (absoluten) Werte der Sozialprodukte zweier oder mehrerer Staaten vergleichen, so ist es notwendig, einen gemeinsamen Maßstab zu finden, in dem diese Werte ausgedrückt werden sollen. Dabei entsteht wiederum ein Indexzahlenproblem, wie wir es bereits in ähnlicher Form von intertemporalen Vergleichen her kennen.

c) Ein grundlegendes Problem stellt die Frage nach der Aussagekraft internationaler Sozialproduktsvergleiche dar. Was bedeutet ein Ergebnis, das für die Bundesrepublik Deutschland, verglichen mit dem afrikanischen Staat Kenia, ein um mehr als zehnmal höheres Sozialprodukt pro Kopf ermittelt? Sind nicht die klimatischen, gesellschaftlichen, kulturellen und wirtschaftlichen Bedingungen in diesen Ländern so grundlegend verschieden, daß ein derartiges Ergebnis so gut wie nichts besagt?

Eine Antwort auf diese Frage hängt wesentlich vom Zweck des internationalen Vergleichs ab. **Sozialproduktsvergleiche können in jedem Falle** aber **immer nur einen, wenn auch bedeutenden, Gesichtspunkt für umfassendere Länder- und Systemvergleiche darstellen.** Ein geringeres Sozialprodukt pro Kopf der Bevölkerung in einem Land läßt so wichtige Gesichtspunkte wie unterschiedliche Einkommensverteilungen, verschiedenartige politische Institutionen und Entscheidungsbeteiligungen, unterschiedliche Werthaltungen gegenüber materiellen Gütern und viele andere nahezu vollkommen außer Acht.

Aus diesen Gründen lassen sich internationale Sozialproduktsvergleiche nur als unzureichende Indikatoren zur Beurteilung der Unterschiede des **materiellen** Wohlstandes in verschiedenen Ländern heranziehen. Sie erlauben nur grobe Aussagen über Unterschiede in der Wirtschaftskraft usw.

Ganz allgemein werden internationale Wirtschaftsvergleiche zwischen Ländern, deren wirtschaftlicher Entwicklungsstand, deren kulturelle und gesellschaftliche Bedingungen und deren Rechnungssysteme weitgehende Ähnlichkeiten aufweisen, am aussagekräftigsten sein.

6.2. Internationale Sozialprodukts- und Strukturvergleiche: Allgemeine Überlegungen

Internationale Vergleiche von Wirtschaftsdaten können entweder lediglich zwischen zwei Staaten (= **bilateraler** oder **binärer Vergleich**) oder zwischen mehreren Staaten gleichzeitig (= **multilateraler Vergleich**) vorgenommen werden.

Bei diesen Vergleichen kann es sich einerseits um **Entwicklungs- und Strukturvergleiche** oder Vergleiche **relativer Größen** wie z.B. der Wachstumsraten des Sozialprodukts, der Entwicklung der Arbeitsproduktivitäten oder der Beitragsanteile der einzelnen Industrien zum Sozialprodukt in den jeweiligen Ländern handeln und andererseits um Vergleiche von **absoluten Größen** wie z.B. der Sozialproduktswerte eines bestimmten Jahres oder der Konsumausgaben. Diese Unterscheidung ist deshalb von Bedeutung, da im Falle von Entwicklungs- und Strukturvergleichen lediglich die Definitionen und Konzepte gleich zu sein brauchen, während eine Umrechnung in einen gemeinsamen Währungsmaßstab nicht erforderlich ist. Dadurch, daß bei dieser Art von Vergleichen die Größenentwicklung oder -struktur gemessen in den jeweiligen Landeswährungen ausreicht, sind ein Teil von Problemen, die mit der Wahl geeigneter Indices zusammenhängen, vollkommen ausgeschaltet, was eine nicht geringe Vereinfachung darstellt.

Beim Vergleich absoluter Größen müssen sämtliche zu vergleichende Werte im gleichen Maßstab ausgedrückt werden. Dadurch sind oft erhebliche Umrechnungen erforderlich. Im Falle eines bilateralen Vergleichs wird in aller Regel die Währung eines Landes gewählt und z.B. die Sozialproduktswerte des anderen Landes in die Währung des Vergleichslandes umgerechnet. Da bei multilateralen Vergleichen die Zahl der wechselseitigen bilateralen Vergleiche mit zunehmender Zahl der Staaten rasch astronomische Ausmaße erreicht, wird in diesen Fällen zumeist die Währung eines Landes oder eine theoretisch konstruierte, fiktive Recheneinheit den Vergleichen zugrundegelegt.

Um die Schwierigkeiten internationaler Vergleiche absoluter Größen deutlich zu machen, wird folgendermaßen vorgegangen: Zunächst werden Vergleiche zwischen Ländern mit annähernd gleichem Rechnungssystem und gleichem Entwicklungsstand erörtert, anschließend werden die zusätzlichen Probleme aufgezeigt, die Vergleiche zwischen Staaten mit unterschiedlichen Rechnungssystemen einerseits und mit unterschiedlichem Entwicklungsstand andererseits mit sich bringen.

6.3. Internationale Sozialproduktsvergleiche zwischen entwickelten Ländern mit gleichem Rechnungssystem

Die westlichen Industrienationen mit marktwirtschaftlichen Systemen haben das von den Vereinten Nationen vorgeschlagene „**Standard National Accounting System**“ (**SNA-System**) weitgehend übernommen. Aus diesem Grunde sind Vergleiche der Bundesrepublik Deutschland mit anderen westlichen Staaten kaum dadurch belastet, daß die den Messungen zugrundeliegenden Konzepte und Definitionen erhebliche Unterschiede aufweisen.

Die Hauptschwierigkeiten bei Niveauvergleichen der Sozialprodukte ergeben sich aus der Notwendigkeit, eine gemeinsame Vergleichsbasis zu finden.

6.3.1. Umrechnung mit Hilfe von Wechselkursen

Naheliegend ist es, für die notwendigen Umrechnungen beim bilateralen Vergleich den **Wechselkurs** heranzuziehen. Der Wechselkurs ist der Preis, den man am Devisenmarkt für eine Einheit inländischer Währung (z.B. DM) in ausländischer Währung (z.B. US Dollar) zu bezahlen hat. Während bei **fixen Wechselkursen** der Kurs eindeutig bestimmt ist, ändern sich bei **flexiblen** (d.h. innerhalb gewisser Bandbreiten frei schwankender) und bei **freien Wechselkursen** die jeweiligen Wechselkurse nahezu täglich. In diesen Fällen wird den Berechnungen gewöhnlich der durchschnittliche Wechselkurs des Vergleichsjahres zugrundegelegt. Dividiert man das Sozialprodukt der USA eines bestimmten Jahres, gemessen in US-Dollars, durch den Wechselkurs – oder was auf dasselbe hinausläuft, multipliziert man dessen Sozialprodukt mit dem Devisenkurs –, so erhält man den Wert des US-Sozialprodukts in DM.

Der Vorzug dieses Verfahrens liegt in seiner Einfachheit, die eine billige und rasche Vergleichbarkeit ermöglicht. Die Verwendung von Wechsel- oder Devisenkursen zur Umrechnung ist jedoch aus ökonomischen Gründen als äußerst problematisch anzusehen. Der Wechselkurs wird durch das Angebot von und die Nachfrage für die jeweilige ausländische Währung bestimmt. Da das Angebot und die Nachfrage aber ihrerseits wesentlich von den Handelsbeziehungen zwischen den betreffenden Ländern abhängen, diese jedoch zumeist auf eine relativ geringe Anzahl von Gütern beschränkt bleiben, ergibt sich die Folgerung, daß bei der Bestimmung des Wechselkurses ein Großteil der Güter und Preise, die in das Sozialprodukt eingehen, nicht berücksichtigt werden. Der Wechselkurs kann daher kaum als ein die relative Kaufkraft sämtlicher Güter des Auslandes umfassender Indikator angesehen werden.

Selbst wenn sämtliche Güter zwischen den betreffenden Ländern gehandelt würden, würde der Wechselkurs nur dann die relative Kaufkraftgleichheit oder **Parität** der Währungen wiedergeben, wenn es sich um den Kurs handelte, der das **langfristige** Angebot und die **langfristige** Nachfrage in Übereinstimmung brächte. Abrupte Wechselkursänderungen, herbeigeführt durch Eingriffe der zuständigen währungspolitischen Instanzen, sowie die oft erheblichen Schwankungen in den Wechselkursen zeigen, daß dieser Zustand nur selten verwirklicht ist. Hinzu kommt, daß Zölle und andere Handelshemmnisse die Tendenz der Wechselkurse, die relativen Kaufkraftparitäten wiederzugeben, erheblich beeinträchtigen. Schließlich führen Transportkosten, unterschiedliche Sätze bei den indirekten Steuern etc. für die inländischen Letztverbraucher oft zu erheblich von den Wechselkursen abweichenden Preisniveaus.

Die Wechselkurse stellen somit ein äußerst grobes Maß für die unterschiedliche Kaufkraft zweier Länder dar. Dementsprechend wenig aussagekräftig sind Vergleiche, die durch einfache Umrechnung über Wechselkurse ermöglicht werden.

6.3.2. Berechnung von Kaufkraftparitäten und Volumenindizes

6.3.2.1. Bilaterale Vergleiche

Mittels verfeinerter Methoden wird versucht, die Aussagekraft internationaler Sozialproduktsvergleiche zu verbessern. Dies wird durch die Berechnung von **Kaufkraftparitäten** und **Volumenindizes** geleistet. Die Vorgehensweise dabei ist – analog zu intertemporalen Vergleichen – folgende: Man bewertet die einzelnen Güter- und Dienstleistungskomponenten der **Verwendungsseite** oder der **Entstehungsseite** zu Preisen des vergleichenden Landes.[1] Bezeichnet man mit p_{i1} den Preis einer Einheit des Gutes i im Land 1 (z.B. den USA) und mit q_{io} die Menge des Gutes i im Land 0 (z.B. in der Bundesrepublik Deutschland), so errechnet sich das prozentuale Verhältnis der Sozialprodukte (= Volumenindex) für ein bestimmtes Jahr, ausgedrückt in Einheiten der Währung des Landes 0 (z.B. in DM) nach Formel 1:

$$(1) \qquad I_M(1,0) = \frac{\sum_{i=1}^{n} p_{i0} q_{i1}}{\sum_{i=1}^{n} p_{i0} q_{i0}} \cdot 100$$

Der Volumenindex I_M (1,0) gibt den prozentualen Wert des Sozialprodukts des Vergleichslandes 1 als prozentualen Anteil am Wert des Sozialprodukts des Landes 0 zu Preisen des Landes 0 an.

Anstatt zu Preisen des Landes 0 kann die Umrechnung auch zu Preisen des Landes 1 (z.B in US $) vorgenommen werden (Formel 2):

$$(2) \qquad I_M(0,1) = \frac{\sum_{i=1}^{n} p_{i1} q_{i1}}{\sum_{i=1}^{n} p_{i1} q_{i0}} \cdot 100$$

Dem aufmerksamen Leser wird nicht entgangen sein, daß die Laspeyres- und die Paasche-Mengenindexformel, wie er sie im Zusammenhang mit intertemporalen Vergleichen kennengelernt hat, hier erneut – allerdings mit einer anderen Interpretation – Anwendung finden.

Die Analogie zu Problemen intertemporaler Vergleiche ist in der Tat nahezu vollkommen, so daß die folgenden Überlegungen im wesentlichen nur noch eine Wiederholung darstellen und deshalb nur kurz zusammengefaßt zu werden brauchen:

a) Auch im internationalen Bereich gibt es Indexzahlenprobleme, die vor allem durch die Wahl geeigneter Indexformeln sowie durch das folgende Problem gekennzeichnet sind.

b) Die Formeln (1) und (2) liefern im allgemeinen nicht dieselben Resultate: **Die nach Formel (1) errechneten Werte sind gewöhnlich systematisch höher als die nach (2) errechneten Werte.** Diese Erfahrungstatsache hat ihren Grund wiederum in dem negativen Zusammenhang zwischen Mengen und Preisen: Güter, die in relativ geringen Mengen vorhanden sind, weisen hohe, solche, die in großen Mengen vorhanden sind, relativ geringe Preise auf. Eine gemeinsame Bewertung sämtlicher Güter zu Preisen des Landes 0 (Formel 1) mißt daher Gütern, die im Lande 1 in geringeren (größeren) Mengen vorkommen als im Lande 0, ein relativ geringeres (größeres) Gewicht bei und führt auf diese Weise zu einem relativ hohen Nenner.

c) Analog den Mengenindices lassen sich entsprechende Preisindices berechnen. Der Preisindex oder die **Kaufkraftparität** I_P (1,0)

$$I_P(1,0) = \frac{\sum_{i=1}^{n} p_{i1} q_{i0}}{\sum_{i=1}^{n} p_{i0} q_{i0}} \cdot 100$$

gibt an, wieviel ein für das Land 0 repräsentativer Warenkorb (oder ein umfassendes Güterbündel) im Land 1 (ausgedrückt in Einheiten der Währung des Landes 1) kosten würde relativ zu den Aufwendungen, die dafür im Lande 0 notwendig wären. In anderen Worten, wieviel ausländische Geldeinheiten müßte man im Ausland (Land 1) aufwenden, um ein für das Inland repräsentatives Güterbündel zu erhalten, das im Inland 100 Geldeinheiten (z. B. 100,– DM in der Bundesrepublik Deutschland) kostet.

Auf ähnliche Weise läßt sich I_p (0,1) berechnen und interpretieren.

d) Berechnet man den Wertindex $V = \frac{\sum_{i=1}^{n} p_{i1} q_{i1}}{\sum_{i=1}^{n} p_{i0} q_{i0}}$

Dann gelten wiederum folgende Zusammenhänge

$$V = I_P\ (0{,}1) \cdot I_M\ (1{,}0) \text{ bzw. } V = I_P\ (1{,}0) \cdot I_M\ (0{,}1)$$

Dividiert man z. B. den Wertindex durch die Kaufkraftparität für ein Güterbündel des Auslands, so erhält man den impliziten Mengenindex zu Preisen des Inlandes.

e) Schwierigkeiten ergeben sich bei der Erfassung von Gütern, die nur in einem der beiden Ländern gehandelt werden oder bei Gütern, die in den Ländern zwar vorhanden sind, jedoch erhebliche Qualitätsunterschiede aufweisen. Die Probleme sind von der gleichen Natur, wie sie bei veralteten bzw. neuen Gütern sowie bei Qualitätsänderungen bei intertemporalen Vergleichen auftauchen. Im allgemeinen werden nur Güter erfaßt, die in jedem der beiden Länder gehandelt werden. Je größer die klimatischen, kulturellen und geschmacklichen Unterschiede in den zu vergleichenden Länder sind, desto stärker wird sich diese Einschränkung auswirken, da dann die Zahl der in beiden Ländern gleichzeitig gehandelten Güter relativ klein – und damit wenig repräsentativ für Kaufkraftvergleiche – sein wird. Ähnliches gilt auch für die Beurteilung und Erfassung von Qualitätsunterschieden von Gütern in beiden Ländern, die enorme Probleme aufwerfen. Hier hat man eine Reihe von zum Teil recht folgenreichen Entscheidungen zu treffen. Vor allem die Frage, was als „Gut" angesehen werden soll, ist schwierig zu lösen. Je detaillierter man die Güter beschreibt, desto weniger gemeinsame Güter wird es geben, wenn die oben erwähnten kulturellen und geschmacklichen Unterschiede zwischen den beiden Ländern relativ groß sind. Beschreibt man die zu erfassenden Güter hingegen in sehr allgemeiner Form als Gruppen, wie z. B. Getränke, Lebensmittel, Bekleidung, Maschinen, dann können beispielsweise so verschiedenartige Getränke wie z. B. französischer Wein, japanischer Saki, Coca Cola in Amerika und deutsches Bier „gleiche Güter" darstellen. Bei der Entscheidung solch schwieriger Fragen wird man im Einzelfall die Vorteile verbesserter Information und die Nachteile hoher Berechnungskosten gegeneinander abzuwägen haben.

6.3.2.2. Multilaterale Vergleiche

Im Falle multilateraler Vergleiche treten besondere Probleme dadurch auf, daß die Wahl des Basislandes, zu dessen Sozialprodukt und in dessen Währung die Sozialprodukte aller Vergleichsländer in Beziehung gesetzt werden, nicht selten einen wesentlichen Einfluß auf die Ergebnisse besitzt. Dieser Einfluß äußert sich insbesondere darin, daß sich je nach Wahl des Basislandes unterschiedliche Sozialproduktsniveaus und, was schwerer wiegt, daß sich mitunter unterschiedliche Rangordnungen der Sozialprodukte der einzelnen Länder ergeben.

Mengen- oder Preisindices in internationalen Vergleichen sollten daher bestimmten Testkriterien ähnlich jenen im intertemporalen Vergleich genügen. Als wünschenswerte Testkriterien lassen sich unter anderen die Unabhängigkeit der Ergebnisse von der jeweiligen Wahl des Basislandes oder das Erfordernis der Transitivität nennen.

In der Praxis erweist es sich als ungeheuer schwierig, Indices zu finden, die diesen Kriterien genügen. Um keinem Land im Vergleich einen besonderen Vorzug einzuräumen, werden Durchschnittsgüterbündel bzw. Durchschnittspreise aus den einzelnen Güterbündeln bzw. Preisen der zu vergleichenden Länder errechnet und auf deren Grundlage die Preis- und/oder Mengenindices der einzelnen Länder berechnet.

Die Nachteile dieses theoretisch recht anspruchsvollen Verfahrens liegen einerseits in dem nicht unbeträchtlichen Rechenaufwand und andererseits darin, daß jede Ausdehnung des Vergleichs auf ein zusätzliches Land Neuberechnungen des Durchschnittsgüterbündels bzw. der Durchschnittspreise und damit der Werte aller Länderindices erforderlich macht.

6.4. Vergleiche zwischen Ländern mit unterschiedlichen Wirtschafts- und Rechnungssystemen

6.4.1. Überblick

Unterschiedliche Wirtschaftssysteme beruhen auf verschiedenen Vorstellungen und theoretischen Grundhaltungen über die Grundwerte einer Gesellschaft und deren Verwirklichungsmöglichkeit innerhalb bestimmter wirtschaftlicher und gesellschaftlicher Organisationsformen. Dementsprechend sind es auch andersgeartete Probleme, denen sich die Wirtschafts- und Gesellschaftspolitik in den jeweiligen Ländern gegenübergestellt sieht. Folglich unterscheiden sich auch die Anforderungen und Ansprüche, welche an die jeweiligen volkswirtschaftlichen Rechnungssysteme gestellt werden, die ihrerseits zu verschiedenen Ausgestaltungen der Rechnungssysteme führen.

Um zwischenstaatliche Vergleiche innerhalb des Ostblocks vornehmen zu können, hat der Rat für gegenseitige Wirtschaftshilfe (= CMEA oder COMECON) Richtlinien für die Definitionen und die Erstellung ökonomischer Aggregatgrößen im „System of Material Product Balances (MPS)“ erarbeitet, welches nunmehr die Grundlage für die Erstellung der Volkswirtschaftsrechnungen in diesen Ländern darstellt.

Will man die wirtschaftlichen Leistungen von Ländern mit unterschiedlichen Wirtschafts- und Rechnungssystemen miteinander vergleichen, so ist zu berücksichtigen, daß den Rechnungssystemen unterschiedliche Konzeptionen zugrundeliegen. Es besteht ein gemeinsames Interesse trotz der konzeptionellen Unterschiede, den Übergang bzw. die Umrechnungen von dem einen in das andere Rechnungssystem zu erleichtern, indem man die Rechnungssysteme soweit wie möglich aneinander angleicht oder die Konzepte so wählt, daß die notwendigen Umrechnungen relativ leicht vorgenommen werden können. Dennoch sind die Schwierigkeiten, die einem solchen Unterfangen nach wie vor entgegenstehen, erheblich. In der Folge sollen zunächst die Grundzüge des östlichen Rechnungssystems am Beispiel der DDR dargestellt und anschließend auf die wesentlichsten Probleme im Vergleich eingegangen werden.

6.4.2. Das Rechnungssystem der COMECON-Staaten

6.4.2.1. Materielle Produktion – Entstehungsrechnung

Während dem westlichen SNA-System zur Ermittlung des Sozialprodukts ein umfassendes Produktionskonzept zugrundeliegt, welches neben der Produktion materieller Güter auch Dienstleistungen aller Art erfaßt, fußt das MPS auf einer wesentlich eingeschränkten Vorstellung darüber, was als Produktion anzusehen ist.

In das **gesellschaftliche Gesamtprodukt (Bruttoprodukt)** gehen die Werte aller innerhalb eines Jahres „erzeugten materiellen Güter und produktiven Leistungen" ein. Das gesellschaftliche Gesamtprodukt ergibt sich aus der Summe der Produktionswerte der zum „**produzierenden Bereich**" gehörenden Betriebe.

Dem produzierenden Bereich gehören folgende Wirtschaftsbereiche an:
- Industrie und produzierendes Gewerbe (ohne Bauhandwerk). Darunter fallen die Produktion und Instandhaltung materieller Güter sowie „nichtindustrielle Produktive Leistungen" wie z.B. Transportleistungen oder Handelserlöse der Industrieläden.
- Bauwirtschaft
- Land- und Forstwirtschaft (incl. Veterinärwesen und Industrielle Neben- und Bauproduktion sowie sonstige Leistungen für die Land- und Forstwirtschaft)
- Verkehr, Post- und Fernmeldewesen
- Binnenhandel einschließlich Gaststätten, jedoch ohne Handwerksbetriebe
- Sonstige produzierende Zweige. Hierunter fallen z.B. die Umsätze der Verlage, Leistungen der Textilreinigungsbetriebe und die Leistungen der Reparaturbetriebe.

Alle Leistungen, die nicht im produzierenden Bereich erfaßt wurden, stellen mithin keinen Beitrag zum gesellschaftlichen Gesamtprodukt dar und müssen daher als **unproduktive Leistungen** angesehen werden. Die Leistungen des Staates im Gesundheits- und Sozialwesen, im Rechtswesen usw. sind demnach ebenso unproduktiv wie jene der Kreditinstitute und Versicherungen.

Bei der Abgrenzung von produktiven und unproduktiven Leistungen sind keine allgemeinen Prinzipien erkennbar.

Man sollte meinen, Leistungen für den produzierenden Bereich würden als produktiv angesehen, alle übrigen als unproduktiv. Dem steht jedoch entgegen, daß z.B. die Leistungen der Banken oder Versicherungen nicht erfaßt werden, selbst wenn sie für den produzierenden Bereich aufgewendet wurden. In den betroffenen Staaten selbst werden die Fragen der Einbeziehung der Dienstleistungen bzw. die Kriterien zur Abgrenzung von produktiven und unproduktiven Leistungen seit einiger Zeit diskutiert, denn man hat natürlich auch erkannt, daß die derzeitige Abgrenzungspraxis recht willkürlich und theoretisch unzureichend fundiert ist. In einzelnen Ländern wie z.B. Ungarn werden Dienstleistungen weitgehend erfaßt. Der „Wertteil des gesellschaftlichen Gesamtprodukts, der durch die produktive (lebendige) Arbeit neu geschaffen wird", wird **produziertes Nationaleinkommen** genannt. Dieses wird „als Differenz zwischen dem gesellschaftlichen Gesamtprodukt und dem **Produktionsverbrauch** ermittelt" und ist gleich der Summe der Bruttowertschöpfungen der Wirtschaftsbereiche vermindert um die **Verrechnungen** für den **Produktionsverbrauch.**

Unter dem Produktionsverbrauch wird die Gesamtheit der materiellen Produktionsaufwendungen und bestimmten produktiven Leistungen einer Volkswirtschaft verstanden. Dieser setzt sich aus den Abschreibungen, den Mieten und Pachten einerseits, sowie dem Verbrauch von Material und produktiven Leistungen andererseits zusammen.

In manchen Fällen gewährt der Staat Preisstützungen für bestimmte Erzeugnisse, die in den Produktionsverbrauch eingehen. Diese sogenannten **„Verrechnungen“** bewirken, daß die empfangenden Betriebe einen um den Wert dieser Preisstützungen niedrigeren Produktionsverbrauch ausweisen bzw. eine um diesen Wert zu hohe Bruttowertschöpfung angeben. Um derartige Überschätzungen zu vermeiden, werden deshalb von der Summe der Bruttowertschöpfungen der Wirtschaftsbereiche die Verrechnungen subtrahiert.

Es gelten somit folgende Zusammenhänge:
Summe der Produktionswerte der zum produzierenden Bereich gehörenden Betriebe
= Gesellschaftliches Gesamtprodukt
Gesellschaftliches Gesamtprodukt – Produktionsverbrauch
= produziertes Nationaleinkommen
= Summe der Bruttowertschöpfungen der zum produzierenden Bereich gehörenden Betriebe – Verrechnungen für den Produktionsverbrauch
Produktionswert – Produktionsverbrauch
= Bruttowertschöpfung (jeweils bezogen auf einen Betrieb).

6.4.2.2. Verwendung des Nationaleinkommens

Bringt man vom Nationaleinkommen den Saldo aus Exporten und Importen in Abzug, so verbleibt das im **Inland verwendete Nationaleinkommen**. Die Verwendung erfolgt zu Zwecken der Konsumtion und der Akkumulation. Die Konsumtion wird weiter untergliedert in individuelle und gesellschaftliche Konsumtion.

Der **individuellen Konsumtion** werden alle materiellen Güter und produktiven Leistungen zugerechnet, die von Einzelpersonen erworben und verbraucht werden. Sie umfaßt den Einzelhandelsumsatz mit der Bevölkerung, die Warenverkäufe auf dem landwirtschaftlichen Markt, Strom-, Gas- und Wasserlieferungen an die Bevölkerung, den unbezahlten Verbrauch materieller Güter wie z.B. den individuellen Eigenverbrauch in der Landwirtschaft, Leistungen der Sozialversicherung oder Naturalvergütungen in der Industrie sowie den Verbrauch produktiver Leistungen insbes. Verkehrs- und Nachrichtenleistungen, Textilreinigung, Reparaturen am Wohnungsbestand und Reparaturleistungen des Handwerks und der sozialistischen Betriebe.

Unter die **gesellschaftliche Konsumtion** fallen der Materialverbrauch und der Verbrauch produktiver Leistungen in den Betrieben und Einrichtungen
- zur kulturellen und sozialen Betreuung der Bevölkerung (dienstleistende Wirtschaft für die Bevölkerung, Bildungswesen, Kultur und Kunst, Sport und Erholungswesen, Gesundheits- und Sozialwesen);
- zur Befriedigung gesamtgesellschaftlicher Bedürfnisse (dienstleistende Wirtschaft für gesamtgesellschaftliche Zwecke, Wissenschaft und Forschung, staatliche Verwaltungen).

Die **Akkumulation** wird als Summe der Nettoinvestitionen im produzierenden, der Investitionen im nichtproduzierenden Bereich sowie der Veränderungen der materiellen Bestände (Veränderung der Bestände an materiellen Umlaufmitteln, der Vieh- und

Waldbestände) ermittelt. Die Nettoinvestitionen im produzierenden Bereich werden ausgehend vom materiellen Fertigungsstand der Investitionsvorhaben durch den Abzug der Abschreibungen, Mieten, Pachten und Nutzungsentgelte von den Bruttoinvestitionen berechnet.

Eine schematisierte Gegenüberstellung beider Rechnungssysteme soll die Unterschiede der verwendeten Begriffsnamen und -inhalte verdeutlichen helfen.

Inhalt und gegenseitige Beziehungen der westlichen und östlichen gesamtwirtschaftlichen Begriffe (Produktionsseite)

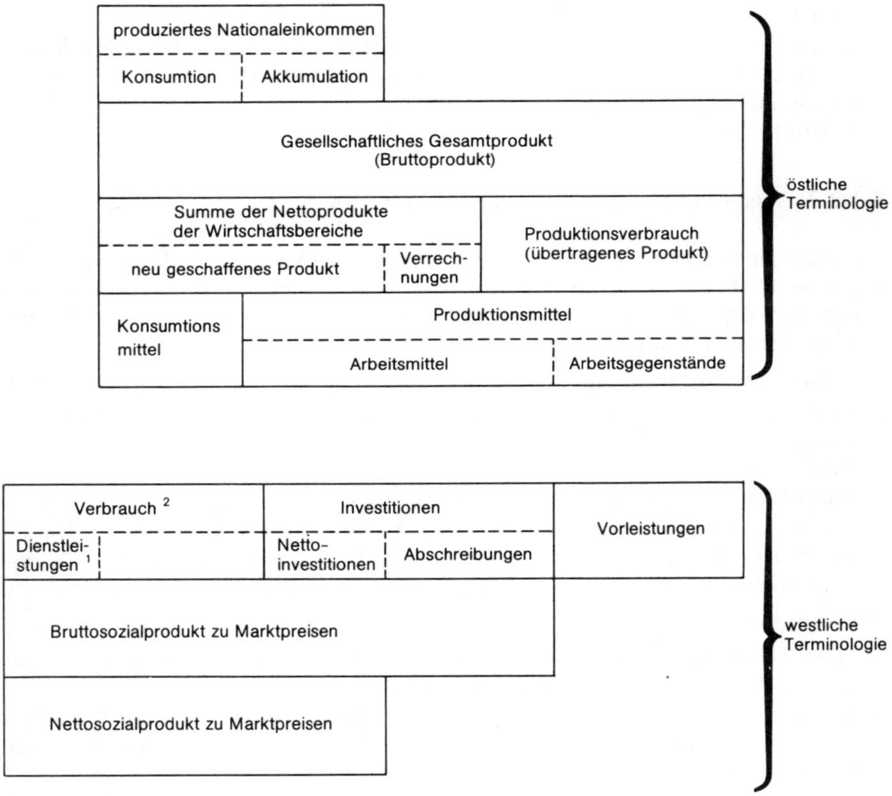

[1]) Dienstleistungen, soweit nicht für materielle Produktion bestimmt. – [2]) Verbrauch und Konsumtionsmittel sind z.T. unterschiedlich abgegrenzt; z.B. dürften militärische Anlagen teilweise zur Akkumulation gerechnet werden.
Quelle: In Anlehnung an *E. Eisendraht*, Brutto- und Nettoprinzip in der westlichen und östlichen Wirtschaftsforschung, Vierteljahreshefte zur Wirtschaftsforschung, Jg. 1964. S. 198.

6.4.3. Schwierigkeiten beim internationalen Vergleich zwischen Staaten mit unterschiedlichen Rechnungssystemen

Die obige Darstellung des Material Production Systems ließ erkennen, daß wesentliche Unterschiede der Konzeption in der Nichterfassung einer Anzahl von Dienstleistungen bestehen, welche durch das SNA-System erfaßt werden. Die „unproduktiven Leistungen" sind somit nicht oder nur unzureichend statistisch erfaßt. Damit erhebt sich die Frage, **welches Konzept** man einem Vergleich zugrundelegen soll.

Legt man das SNA-System zugrunde, so macht das eine Reihe von Schätzungen für die unproduktiven Leistungen nötig. Da ausreichendes Datenmaterial hierfür nicht vorliegt, beruhen die Schätzungen zumeist auf recht vagen Informationen und sind dementsprechend unzuverlässig. Diesem Mangel begegnet man durch Wahl des MP-Systems. Man reduziert den Wert des Volkseinkommens des betreffenden SNA-Staates, indem man jenen Wert der Dienstleistungen abzieht, die im MP-System nicht erfaßt werden. Erkauft wird die bessere Vergleichbarkeit allerdings durch bewußte Ausklammerung wichtiger Dienstleistungen. Ändern sich deren Anteile im Zeitverlauf in den zu vergleichenden Staaten nur wenig, so wird der Fehler bei Betrachtung von Veränderungsgrößen relativ gering sein. Ist dies jedoch nicht der Fall, d. h. ergeben sich Strukturverschiebungen, die auf eine unterschiedliche Entwicklung der Anteile der Dienstleistungen am Nettoprodukt hindeuten, so läßt man bewußt wesentliche Komponenten, die für Unterschiede in beiden Ländern verantwortlich erscheinen, außer Acht. Ob man einem derartigen Vergleich die Konzeption des SNA, des MPS oder eine „neutrale" als „Zwischenlösung" zur Berechnung volkswirtschaftlicher Aggregatgrößen zugrundelegt, wird letztlich von den Fragestellungen abhängen, die Anlaß zu Ländervergleichen geben.

Ungeachtet des grundlegenden Unterschiedes bezüglich der Erfassung von Dienstleistungen in den beiden Rechnungssystemen, gibt es noch eine Reihe anderer Unterschiede, die Anpassungen bei Niveau- und Strukturvergleichen erfordern:

So werden beispielsweise Mieten und Pachtzahlungen im SNA als einkommenswirksam angesehen, während sie im MPS zusammen mit den Abschreibungen vom gesellschaftlichen Gesamtprodukt in Abzug gebracht werden.

Die **Abschreibungspraxis** in den MPS-Ländern dürfte den tatsächlichen Wertverzehr – nach SNA-Konzepten – unterschätzen. Nach westlichen Konzepten werden als Anlageinvestition nur der Erwerb bzw. die Eigenproduktion von dauerhaften, reproduzierbaren Produktionsmitteln angesehen, ausgenommen die dauerhaften militärischen Güter und dauerhaften Güter, die in den privaten Verbrauch eingehen. Größere Reparaturen werden ebenfalls als Anlageinvestitionen erfaßt. Dauerhafte militärische Güter sind Vorleistungen des Staatssektors und zählen damit zum staatlichen Konsum. Im MPS werden die Aufwendungen für dauerhafte militärische Güter als zur Investition der nichtproduzierenden Bereiche gehörig erfaßt und zählen somit zum Nationaleinkommen. Sämtliche Reparaturen werden im MPS als Vorleistungen angesehen und gehen daher nicht ins Nationaleinkommen ein.

In ganz fundamentaler Weise unterscheidet sich die Rolle und das Zustandekommen der **Güterpreise** in den beiden Systemen. Während in den SNA-Staaten vielen Preisen – trotz des Vorhandenseins von Monopolen oder staatlichen und verbandsbestimmten Preisregelungen wie z. B. den Bahntarifen oder der Festlegung von Lohnuntergrenzen – die Funktion von Knappheitsindikatoren zukommt, werden die Preise in den MPS-

Staaten durch die Planungsbehörden festgesetzt. Diese **administrierten Preise** spiegeln nur selten wirtschaftliche Knappheiten wider. Das Vorhandensein von Schwarzmärkten, Warteschlangen usw. sind zum Teil Ausdruck fehlerhafter Einschätzungen der vorhandenen Nachfragewünsche, andererseits aber auch Ausdruck der Versuche bewußter Konsum- und Produktionslenkung. Da auch die offiziellen Wechselkurse amtlich festgelegt werden und keinen Bezug zu Weltmarktpreisen besitzen müssen, fehlt vielfach auch jeder Bezug zwischen Inlands- und Auslandspreisen. Diese Tatsache wirft zusätzliche Probleme bei Niveauvergleichen für die Bewertung der Güter- und Dienstleistungen in einer einheitlichen Währung auf. Mehr noch als beim Vergleich von SNA-Staaten untereinander erweisen sich die Wechselkurse als unbrauchbar zur Umrechnung des Sozialprodukts. Aber auch die erforderlichen Berechnungen von Kaufkraftparitäten erscheinen nicht unproblematisch angesichts der unterschiedlichen Wertvorstellungen in Bezug auf bestimmte Güter, die zu grundlegenden Unterschieden in den Preisstrukturen führen.

Strukturvergleiche sind wohl nicht mit den Problemen der Ermittlung von Kaufkraftparitäten belastet, haben aber immerhin z. B. die Schwierigkeiten unterschiedlicher Sektorenabgrenzungen in den Entstehungs- und Verwendungsbereichen zu überwinden.

Abschließend muß noch auf die Mängel des veröffentlichten statistischen Materials in vielen Ostblockstaaten hingewiesen werden. Die Erläuterung und Konzeption der Statistiken läßt zu wünschen übrig. Hinzu kommt die Geheimhaltung mancher statistischer Unterlagen. Diese Mängel erscheinen umso überraschender, da man erwarten würde, das statistische Material wäre reichhaltiger, genauer und zuverlässiger als in westlichen Staaten, weil es eine wesentliche Grundlage für die umfassende wirtschaftliche Planung und Erfolgskontrolle in den MPS-Ländern darstellen sollte.

6.5. Vergleiche zwischen Ländern unterschiedlichen Entwicklungsstandes

6.5.1. Mängel der Statistiken in Entwicklungsländern

Sozialproduktsvergleiche zwischen Entwicklungsländern[2] und entwickelten Staaten werfen eine Vielzahl zusätzlicher besonderer Fragen auf. Diese Besonderheiten ergeben sich vor allem aus der andersgearteten Wirtschafts- und Sozialstruktur in den Entwicklungsländern. In diesem Abschnitt soll wenigstens auf die grundlegendsten Probleme hingewiesen werden.

Es sei noch ausdrücklich angemerkt, daß nur Fragen im Zusammenhang mit der Erstellung der Volkseinkommensrechnung behandelt werden. **Probleme der Entwicklungsländer** schlechthin werden hier also nicht diskutiert.

Dan Usher schreibt in einem wichtigen Beitrag über seine Erfahrungen mit Sozialproduktsvergleichen zwischen Entwicklungs- und entwickelten Ländern:

„In Thailand sah ich Menschen, die nicht wohlhabend nach europäischen Standards waren, aber sich doch eines Lebensstandards erfreuten, der deutlich über den Erfordernissen der nackten Existenzerhaltung lag. Viele Dorfgemeinden schienen einen Standard des materiellen Komforts erreicht zu haben, der wenigstens genauso hoch war wie jener der Slumbewohner in England oder Amerika. Die statistischen Berechnungen des realen Volkseinkommens auf meinem Tisch wiesen jedoch für die Menschen in unterentwickelten Ländern einschließlich Thailands eine ungeheuere und sogar unmögliche Armut nach. Der Gegensatz zwischen dem, was ich sah, und dem, was ich maß, war so groß, daß ich zu der Überzeugung gelangte, daß irgendein grundlegender Schätzfehler in der Einkommensberechnung vorliegen muß."[3]

Die vorhandenen Schwächen und das geringe Vertrauen in die Zuverlässigkeit des statistischen Datenmaterials in unterentwickelten Ländern kann auf zwei Gründe zurückgeführt werden:

a) Auf einen unzureichend ausgebildeten und personell wie finanziell unzulänglich ausgestatteten Beamtenapparat zur Erstellung der notwendigsten Statistiken.
b) Auf eine Wirtschafts- und Sozialstruktur, die die Ermittlung der notwendigen Daten teilweise unmöglich macht.

Da der erste Grund eher soziologischer und vorübergehender Natur ist, soll er hier nicht weiter analysiert werden.[4]

Der zweite Grund bleibt bestehen, solange es tiefgreifende Entwicklungsunterschiede zwischen Staaten gibt, selbst wenn eine ausreichende Zahl erfahrener Volkseinkommensstatistiker mit der Erhebung des Datenmaterials und der Erstellung der Gesamtrechnung betraut werden: Worin liegen nun die Besonderheiten der Wirtschafts- und Sozialstruktur unterentwickelter Länder im Vergleich zu entwickelten Ländern? Entwicklungsländer sind gewiß untereinander nicht homogen, weisen aber doch strukturelle Gleichheiten auf, die es rechtfertigen, von **typischen Problemen der Entwicklungsländer** zu sprechen. Klarerweise sind die einzelnen Komponenten unterschiedlich stark in den einzelnen Ländern ausgeprägt. Entscheidend für die folgenden Ausführungen sind oft weniger prinzipielle als vielmehr bedeutende quantitative Unterschiede zu den entwickelten Ländern, die den Kontrast ausmachen.

6.5.2. Strukturelle Unterschiede von Entwicklungsländern im Vergleich zu entwickelten Ländern

a) Gemeinsames Merkmal aller Entwicklungsländer ist das Vorhandensein des sogenannten **Dualismus**. Darunter versteht man das gleichzeitige Nebeneinander moderner und traditioneller Produktions- und Lebensweisen.

Neben einem sich rasch entwickelnden Sektor industrieller Produktion existiert ein sehr bedeutender – meist überwiegender – landwirtschaftlicher Sektor.

Im landwirtschaftlichen Sektor ist ein großer Teil der Bevölkerung in Subsistenzproduktion tätig. Daraus folgt ein nahezu gänzliches Fehlen von Handel. Der geringe Handel erfolgt nicht über organisierte und zusammenhängende Märkte, sondern auf Grund persönlicher Beziehungen innerhalb eines engen Personenkreises. Eine derartige Wirtschaftsstruktur erschwert die statistische Arbeit erheblich, da eine Fülle unterstellter Transaktionen nötig ist. Weder verläßliche Daten über die produzierten Mengen, noch über deren Preise können ermittelt werden. Hinzu kommt, daß Qualität, Größe usw. der landwirtschaftlichen Produkte sehr unterschiedlich sind. Man könnte meinen, in Städten gebildete Marktpreise für Agrarprodukte könnten zur Bewertung des Eigenverbrauches auf dem Lande herangezogen werden. Eine derartige Vorgehensweise erscheint jedoch äußerst problematisch. Die Lebens- und Konsumgewohnheiten der städtischen Bevölkerung sind grundlegend von denen der ländlichen Bevölkerung verschieden. Die Preise geben bestenfalls die Knappheiten, wie sie städtischen Angebots-

und Nachfragestrukturen entsprechen, wieder. Diese fundamentale Verschiedenheit in den Lebensgewohnheiten hat einige Autoren veranlaßt, von verschiedenen „Gesellschaften“ innerhalb desselben Entwicklungslandes zu sprechen. Jeder dieser voneinander nahezu gänzlich unverbundenen Teilgesellschaften würde eine eigene Preisstruktur entsprechen.

Aus diesem Grund erscheint die Verwendung der städtischen Marktpreise zur Bewertung der auf dem Lande konsumierten Agrar- und Subsistenzprodukte als kaum tolerierbar und inadäquat.

b) Der öffentliche Sektor ist in diesen Staaten zumeist als Energieproduzent, Transportunternehmer und Eigentümer der Schwerindustrie nicht bloß Produzent öffentlicher, sondern auch alleiniger Produzent dieser „privaten“ Güter. Damit ist aber unklar, ob die für die produzierten Güter und Dienstleistungen erhobenen „Preise“ nach Marktprinzipien erstellt wurden oder nicht. Vielfach dienen nämlich die staatlichen Aktivitäten der Förderung und Subventionierung bestimmter unterentwickelter Regionen im betreffenden Entwicklungsland und werden daher teilweise aus Budgetmitteln finanziert. Das kann aber im Vergleich mit entwickelten Ländern eine Unterschätzung des Wertes der industriellen Produktion zur Folge haben.

c) Eine zentrale Rolle spielt in diesen Ländern auch der Verkehr mit dem Ausland. Die Preise der gehandelten Güter werden vielfach eher im Wege politischer Verhandlungen als auf internationalen Märkten auf Grund ökonomischer Kriterien festgesetzt. Das hat ebenfalls zur Folge, daß der Wert des Außenbeitrages der Entwicklungsländer eine recht willkürliche – wenn auch nicht beliebige – Größe darstellt.

6.5.3. Verbesserungs- und Gliederungsvorschläge

Bei internationalen Vergleichen zwischen Entwicklungsländern und entwickelten Ländern sind aus diesen Gründen die Qualitätsunterschiede der Daten besonders zu berücksichtigen. Während für die entwickelten Länder angenommen werden kann, daß der wahre Wert des Sozialprodukts innerhalb eines Intervalles von ± 3 – 5% des errechneten Wertes liegt, muß dieses Intervall für Entwicklungsländer wahrscheinlich mit ± 25% angesetzt werden. Bei der Interpretation der Volkseinkommensdaten der Entwicklungsländer ist daher die geringe Verläßlichkeit dieser Daten besonders zu berücksichtigen.

Um die unterschiedliche Qualität der Daten leichter erkennbar zu machen, um die Erstellung der Gesamtrechnungen zu erleichtern und um die Information in einer gemessen an den Problemen der Entwicklungsländer zweckmäßigeren Weise gliedern zu können, empfiehlt das SNA den unterentwickelten Ländern die wirtschaftlichen Aktivitäten in besonderer Weise zu klassifizieren:[5]

- Nach Art der verwendeten Rohstoffe, der Produktions- und Organisationstechniken, der Art des Managements und des Produktionsumfangs sollen **moderne und traditionelle Produktionsweisen** unterschieden und dementsprechend die Daten aufgeschlüsselt werden.
- Nach den Eigentums- und Entscheidungsverhältnissen sollen die Produktionswerte **privaten** und **öffentlichen Unternehmen** zugerechnet werden.

Als zusätzliche Gliederungsgesichtspunkte werden noch vorgeschlagen:

- Nach der räumlichen Lage eine Klassifikation in **städtische** und **ländliche Gebiete**.
- Nach der ökonomischen Bedeutung eine Gliederung in **Schlüsselindustrien** und den **öffentlichen Sektor**.

6.6. Interpretationsprobleme bei Niveauvergleichen

Die für Niveauvergleiche in der eben dargestellten Weise aufbereiteten Daten sollten in ihrer Aussagekraft nicht übermäßig strapaziert werden. Die wesentlichsten Gründe sind im einzelnen die folgenden:

a) Sieht man einmal von Erhebungsmängeln bei der Erstellung der jeweiligen nationalen Daten ab, so stellt die notwendige Umrechnung auf eine gemeinsame Währungsbasis eine Quelle für in ihrer Größenordnung so gut wie nicht abschätzbare Ungenauigkeit dar.

b) Werden internationale Vergleiche nur unregelmäßig vorgenommen, so können unterschiedliche Phasen des Konjunkturzyklus die gemessenen Ergebnisse beeinflussen, wenn diese Phasen in den zu vergleichenden Ländern verschoben sind. Wenn sich also z. B. Land A in einem Konjunkturtief, Land B sich in derselben Periode auf einem Konjunkturhöhepunkt befindet, so scheinen die gemessenen Unterschiede nicht die **langfristigen** Unterschiede wiederzugeben. Es sollte also die besondere Wirtschaftslage der jeweiligen Länder bei der Interpretation der Ergebnisse berücksichtigt werden.

c) Die unzureichende Erfassung staatlicher Leistungen ist besonders dann von Einfluß auf die Vergleichsergebnisse, wenn die Anteile der Leistungen des Staates am Sozialprodukt in den Vergleichsländern wesentlich voneinander abweichen. Ein Beispiel dafür bieten etwa die Leistungen aus dem Gesundheitswesen, wenn diese in dem einen Lande privatwirtschaftlich gegen Entgelt, im anderen durch den Staat weitgehend unentgeltlich bereitgestellt werden. Im ersten Fall erfolgt die Bewertung der Leistungen des Gesundheitssystems durch Preise, während die staatlichen Leistungen bestenfalls zu den Kosten ihrer Erstellung bewertet werden können. Da sich Qualitätsunterschiede und die „Mengen der erbrachten Leistungen" ebenfalls nur teilweise „exakt" feststellen lassen, sind wechselseitige Vergleiche derselben nur sehr grob möglich und daher wenig zuverlässig.

d) Der Wert des Sozialprodukts wird nicht bloß als ein Maß der ökonomischen Aktivität eines Landes für eine bestimmte Periode, sondern vielfach auch als Maß für den gesellschaftlichen Wohlstand angesehen.[6]

Da jedoch wesentliche, den Wohlstand beeinflussende Größen durch das Sozialprodukt nicht oder nur unzureichend erfaßt werden, eignen sich Sozialproduktsvergleiche nur sehr bedingt für Wohlstandsvergleiche. Man denke nur an unterschiedliche Niveaus der Umweltverschmutzung oder Lärmbelästigung in den zu vergleichenden Ländern bei sonst gleichen Sozialproduktswerten.

Diese Ausführungen sollten klargestellt haben, daß den Resultaten derartiger Vergleiche eine gesunde Skepsis entgegengebracht werden muß. Dennoch wäre es falsch, derartigen Vergleichen ihrer Unvollkommenheiten wegen ablehnend gegenüberzustehen.[7] Es muß nur eindringlich davor gewarnt werden, aus kleinen „Unterschieden" in den Sozialproduktswerten eine gültige Rangordnung herauszulesen.

6.7. Internationale Einkommensverteilungsvergleiche als Beispiel eines Strukturvergleichs

Internationale Vergleiche der personellen Einkommensverteilung stoßen, ähnlich wie nationale Vergleiche auch, auf eine Reihe schwieriger Probleme. Da diese grundsätzlich jenen der nationalen Vergleiche entsprechen, soll hier nur eine kurze stichwortartige Zusammenfassung gegeben werden.

- Da in den einzelnen Ländern üblicherweise Unterschiede vor allem in den Abgrenzungen des Einkommens bestehen, sind normalerweise Umrechnungen und Neuzuordnungen nötig, um vergleichbare Definitionen zu erhalten.
- Gleichermaßen sind die Bezugseinheiten vergleichbar zu machen.
- Eine besondere Bedeutung kommt in internationalen Vergleichen auch den unterschiedlichen Haushaltsgrößen in den einzelnen Ländern zu. Wenn z. B. in Schweden nahezu 40% aller Haushalte aus nur einer Person und lediglich 6% aus fünf oder mehr Personen bestehen, während z. B. die Lage in Spanien fast genau umgekehrt ist (nämlich 6,5% bzw. 31%), so wird die Ungleichheit in der Einkommensverteilung Spaniens unterschätzt bzw. diejenige Schwedens überschätzt.
  Zur Überwindung dieser Probleme bedient man sich der Konstruktion von „standardisierten Haushaltsgrößenverteilungen", die z. B. den jeweiligen durchschnittlichen Belegungen der einzelnen Haushaltsgrößen entspricht. So betrugen nach Berechnungen von **Malcolm Sawyer**, die Werte der Gini-Koeffizienten für die tatsächlich gegebene Haushaltsgrößenverteilung für Spanien 0,355 und 0,302 für Schweden, während eine Aufteilung der Nettoeinkommen auf eine standardisierte Haushaltsgrößenverteilung Werte von 0,397 und 0,271 ergaben.[8]
- Es ist festzuhalten, daß die Lorenzkurvendarstellung nur Information über die **relative** Ungleichheit in den Einkommensverteilungen verschiedener Länder vermittelt. Eine geringere Ungleichheit in der Einkommensverteilung in einem Land besagt noch nicht, daß der Durchschnitt der Bevölkerung deshalb ein höheres Einkommen bezieht, da das Durchschnittseinkommen in beiden Ländern durchaus weit auseinanderliegen kann.

Anmerkungen zu Kapitel 6

[1] Für Berechnungen über die Verwendungsseite stellt die OEEC Studie von Gilbert und Kravis, für jene über die Entstehungsseite die OEEC Studie von Paige und Bombach die grundlegende Pionierarbeit dar. Die zweite Vorgehensweise erfordert mehr Berechnungsaufwand vor allem wegen der Berücksichtigung der Vorleistungen und wird daher kaum angewendet.
Vgl. **M. Gilbert und I. Kravis**, An International Comparison of National Products and the Purchasing Power of Currencies, OEEC Paris, 1954 und **D. Paige und G. Bombach**, A Comparison of National Output and Productivity of the United Kingdom and the United States, OEEC Paris, 1959.

[2] In diesem Text sollen die Begriffe Entwicklungsländer und unterentwickelte Länder synonym verwendet und darunter vor allem die Staaten Asiens (mit Ausnahme Japans und der UdSSR), Afrikas und Latein-Amerikas verstanden werden. Eine strenge Definition ist in diesem Zusammenhang nicht erforderlich.

[3] **D. Usher**, The Price Mechanism and the Meaning of Income Statistics, Oxford 1968 (S. IX)

[4] Damit soll seine Bedeutung für die Verläßlichkeit des statistischen Materials keineswegs als gering hingestellt werden.

[5] Siehe **United Nations**, Department of Economic and Social Affairs, A System of National Accounts, New York 1968, Ch. IX: Adaptation of the Full System to the Developing Countries, S. 207–229.

[6] Eine ausführliche Diskussion dieser Interpretation folgt in Kapitel 7.

[7] Eine Rechtfertigung sowie eine Herausarbeitung der notwendigen Prämissen für die Gültigkeit solcher Vergleiche gaben **I. B. Kravis und Z. Kenessey**, Output and Prices in the International Comparison Project, Review of Income and Wealth, Vol. 19, 1973 auf S. 50 ff.

[8] Die standardisierte Haushaltsgrößenverteilung hat folgendes Aussehen:

Einpersonenhaushalte	23%
Zweipersonenhaushalte	28%
Dreipersonenhaushalte	17%
Vierpersonenhaushalte	16%
5 und Mehrpersonenhaushalte	16%

Siehe dazu **M. Sawyer**, Income Distribution in OECD Countries, OECD Occasional Studies, Paris 1976, S. 18 ff.

Literatur zu Kapitel 6

Zu den Abschnitten 6.1.–6.3. und 6.6.

Umfassend informieren die umfangreichen Studien von **I. B. Kravis et. al.**, A System of International Comparisons of Gross Product and Purchasing Power, Baltimore und London, 1976, sowie International Comparisons of Real Product and Purchasing Power, Baltimore und London, 1978.

siehe auch: **R. Zwer**, Internationale Wirtschafts- und Sozialstatistik, München 1981

sowie die Beiträge in: **G. Menges und R. Zwer** (Hrsg.), Probleme internationaler und sozialstatistischer Vergleiche. Rolf Wagenführ zum Gedachtnis, Köln 1981.

Zu Abschnitt 6.4.

H. Wilkens, Das Sozialprodukt der Deutschen Demokratischen Republik im Vergleich mit dem der Bundesrepublik Deutschland, Berlin 1976.

Erläutertes Datenmaterial findet sich im **Statistischen Jahrbuch der DDR**

Zu Abschnitt 6.5.

B. Van Arkadie und C. Frank, Economic Accounting and Development Planning, Nairobi 1966.

Zu Abschnitt 6.7.

M. Schnitzer, Income Distribution, New York 1975.

M. Sawyer, Income Distribution in OECD Countries, OECD Occasional Studies, Paris 1976.

Übungen und Aufgaben zu Kapitel 6

1. Vier Volkswirtschaften produzieren jeweils die zwei Güter Brot und Wein. Die Güter werden in den unten angegebenen Mengen und deren Preise in den nationalen Währungen angegeben (fiktive Zahlen).

Land	Mengen		Preise		Währungseinheit der Preise
	Brot in Laib	Wein in hl	Brot	Wein	
Frankreich	200	100	20	30	Französische Franc FF
BRD	300	70	8	20	Deutsche Mark DM
Großbritannien	180	50	2,5	6	Englische Pfund L
Schweiz	250	80	9	15	Schweizer Franken SF

a) Berechnen Sie die Sozialprodukte der einzelnen Länder in ihren Landeswährungen.

b) Stellen Sie bilaterale Niveauvergleiche zwischen den einzelnen Ländern an.

c) Hängen die Rangordnungen der Sozialprodukte bei multilateralen Vergleichen in diesem Beispiel von der Wahl des Basislandes ab?
d) Welche Werte ergeben sich für die Kaufkraftparitäten der einzelnen Länder?

2. Stellen Sie den Aufbau des Rechnungssystems der DDR dar und diskutieren Sie die Probleme, die sich bei einem Niveauvergleich des Sozialprodukts mit der Bundesrepublik Deutschland ergeben.

7. Kapitel

Kritik an der Volkswirtschaftlichen Gesamtrechnung, Revisionsvorschläge und Soziale Indikatoren

7.0. Überblick

Die Volkswirtschaftliche Gesamtrechnung, wie sie in ihren Grundzügen in den vorangegangenen Kapiteln dieses Buches dargestellt wurde, ist in zunehmendem Maße der Kritik ausgesetzt. Im Hintergrund dieser Kritik steht eine Verschiebung der Problemlage und die mangelnde Eignung des gegenwärtigen Rechnungswesens, in jedem Falle adäquate Informationen zur Behandlung neu aufgetretener Fragestellungen bereitzustellen. Die Einsicht in die vorhandenen Mängel löste zwei Gruppen von Änderungsvorschlägen aus.

Den Vorschlägen der einen Gruppe ist gemeinsam, daß sie den konzeptionellen Rahmen der Volkswirtschaftlichen Gesamtrechnung beibehalten und für eine einheitliche Bewertung aller zu erfassenden Vorgänge in Geldeinheiten eintreten. Inhaltlich versucht man, wesentliche „Mängel" und „Fehler" der Volkswirtschaftlichen Gesamtrechnung zu beseitigen.

Tiefgreifender sind die Vorschläge der zweiten Gruppe. Sie sind von dem Willen getragen, den Rahmen der Volkswirtschaftlichen Gesamtrechnung zu durchbrechen und eine neue Konzeption zur Sozialberichterstattung zu entwickeln. Ein System von „Sozialen Indikatoren" soll über alle gesellschaftsrelevanten Vorgänge informieren.

Ziel dieses Kapitels ist es, erstens Angriffspunkte und Reichweite der Kritik zu behandeln. Zweitens sollen einige ausgewählte Revisionsvorschläge zur Volkswirtschaftlichen Gesamtrechnung dargestellt werden. Schließlich wird der Versuch unternommen, den Leser in die Diskussion um die Erstellung „Sozialer Indikatorensysteme" einzuführen und die bisherigen Erfolge einer kritischen Würdigung zu unterziehen.

7.1. Kritik an der Volkswirtschaftlichen Gesamtrechnung

7.1.1. Mängel der Volkswirtschaftlichen Gesamtrechnung

Im vorigen Kapitel wurde bereits darauf hingewiesen, daß das Sozialprodukt vor allem in politischen Diskussionen als ein globaler Indikator des wirtschaftlichen Wohlstands einer Nation angesehen wird.[1] Etwa seit Mitte der sechziger Jahre hat sich die Kritik an der Volkswirtschaftlichen Gesamtrechnung in zunehmendem Maße verdichtet. Es wird auf eine Reihe wesentlicher Mängel hingewiesen, die die Aussagekraft des Sozialprodukts als Indikator des wirtschaftlichen Wohlstands einer Nation beträchtlich einengen. Einerseits werden gewisse wohlstandsrelevante Vorgänge in der Volkswirtschaftlichen Gesamtrechnung überhaupt nicht berücksichtigt, andererseits werden bestimmte Transaktionen zwar erfaßt, diese Erfassung erfolgt jedoch in einer, gemessen an der

Logik und Systematik der Volkswirtschaftlichen Gesamtrechnung, unzureichenden oder dieser sogar widersprechenden Weise.

Unter die erste Gruppe von Kritikpunkten fallen insbesondere:

a) **Die Vernachlässigung von Eigenleistungen der privaten Haushalte.**
Hierunter fallen vor allem die Herstellung und Reparaturen von Gütern in Eigenregie, die Zubereitung von Mahlzeiten, die Reinigung der Wohnung, die Kindererziehung und so weiter.

b) **Die Nichterfassung sozialer Kosten und sozialer Erträge.**
Unter sozialen Kosten versteht man alle Schäden und Belastungen, die durch Konsum oder Produktion direkt oder indirekt dritten Personen entstehen, ohne daß diese dem verursachenden Wirtschaftssubjekt zusätzlich in Rechnung gestellt würden. Beispiele für soziale Kosten sind die Verschmutzung von Luft und Gewässern und die dadurch verursachten gesundheitlichen Schäden oder etwa die Zerstörung von Erholungsgebieten.
Analog versteht man unter sozialen Erträgen alle die Vorteile, die direkt oder indirekt dritten Personen kostenlos durch den Konsum oder die Produktion eines anderen Wirtschaftssubjektes zugute kommen. Beispiele für soziale Erträge sind die Qualitätsverbesserung des Honigs, die dem Imker durch die Anlage eines Blumengartens auf dem Nachbargrundstück erwächst, die Schaffung kultureller Werte oder die Errichtung von Nationalparks.

c) **Die Nichtberücksichtigung der Zeitallokation der Bevölkerung.**
Unter Zeitallokation versteht man die Aufteilung der den Wirtschaftssubjekten zur Verfügung stehenden Zeit auf Arbeitszeit, Freizeit, Ausbildungszeit usw. Ein Mehr vom „Gut" Freizeit bei gleichbleibendem Sozialprodukt stellt gewiß eine Wohlstandssteigerung dar, die jedoch im Sozialprodukt keine Berücksichtigung findet.

d) **Die fehlende (ausdrückliche) Berücksichtigung der Einkommensverteilung.**
Die Einkommensverteilung geht bisher indirekt in die Berechnung des Sozialprodukts insofern ein, als sie die Zusammensetzung der Gütermengen und die Preise der einzelnen Güter beeinflußt. Es ist unmittelbar einleuchtend, daß in einer Wirtschaft mit einigen wenigen Beziehern hoher und ansonsten überwiegend niedriger Einkommen die Zusammensetzung der Gütermengen und Preise eine andere ist als in einer Wirtschaft, in der das Gesamteinkommen relativ gleichmäßig verteilt ist. In diesem Sinne wird die Einkommensverteilung sehr wohl in der Sozialproduktsberechnung berücksichtigt. Die Kritik muß daher auf einer anderen Ebene anknüpfen: Wenn sich im Zeitverlauf das Sozialprodukt erhöht, so wird man geneigt sein, die Wohlstandsentwicklung unterschiedlich zu beurteilen je nachdem, ob sich die Einkommensverteilung verändert hat oder nicht. Veränderungen der Einkommensverteilung werden bisher nur **indirekt** – über geänderte Preis- und Mengenstrukturen –, nicht aber **direkt** durch das Sozialprodukt erfaßt.

e) **Die Nichterfassung schattenwirtschaftlicher Aktivitäten.**
In den letzten Jahren soll nach Meinung vieler Autoren, z.B. aufgrund der hohen Steuerbelastungen, der Anteil der Aktivitäten zugenommen haben, die nicht über den Markt laufen (vgl. oben Punkt a) oder in den Rechnungen der beteiligten Transaktoren nicht aufscheinen (Lieferungen ohne Rechung, Beschäftigung ohne formelles Arbeitsverhältnis etc.). Wenn das tatsächlich der Fall ist, so unterschätzt das Sozialprodukt die wohlstandsrelevanten Transaktionen.[1a]

Der zweiten Gruppe von Kritikpunkten – die die unzureichende oder falsche Erfassung bestimmter Transaktionen durch die Volkswirtschaftliche Gesamtrechnung bemängeln – sind insbesondere die folgenden zuzurechnen:

a) **Die Aufwendungen zur Beseitigung von Umweltschäden.**
Aufwendungen etwa zur Reinigung verschmutzter Gewässer liefern nach der bisherigen Praxis als Nettoinvestitionen einen positiven Beitrag zum Nettosozialprodukt. Strenggenommen handelt es sich bei diesen Ausgaben um Aufwendungen zur Erhaltung der Substanz des Kapitalgutes „Umwelt". Dementsprechend stellen die Ausgaben, die der Erhaltung dieser Kapitalsubstanz dienen, Reinvestitionen dar und müßten deshalb bei der Nettosozialproduktsberechnung vom Bruttosozialprodukt in Abzug gebracht werden. Lediglich jener Teil der Aufwendungen zur Beseitigung von Umweltschäden, der über die „Entsorgung", d.h. die Erhaltung der Kapitalsubstanz „Umwelt", hinausgeht, sollte in der Nettosozialproduktsberechnung einen positiven Niederschlag finden. Reichen die Aufwendungen nicht aus, um die Schäden zu beseitigen, so hat in der betreffenden Periode eine Desinvestition stattgefunden, um deren Wert das Nettosozialprodukt sich verringert.[2]

b) **Die Bewertung staatlicher Leistungen zu Herstellungskosten.**
Staatliche Leistungen werden nicht über den Markt abgegeben, sondern nahezu ausschließlich ohne unmittelbare Gegenleistung den Konsumenten zur Verfügung gestellt. In Ermangelung einer Bewertung durch den Markt lassen sich die staatlichen Leistungen nicht direkt bewerten, sondern nur indirekt über die Kosten, die zu ihrer Erstellung aufgewendet werden mußten. Diese **Inputbewertung** anstatt der „richtigen" **Outputbewertung** wird jedoch als unbefriedigend empfunden. Hohe Ausgaben, beispielsweise für das Bildungswesen, stellen nicht notwendig einen verläßlichen Indikator für „gute" Bildungsmöglichkeiten dar, etwa in dem Sinne, daß jedem lernfähigen und lernwilligen Bürger eine seinen Fähigkeiten und seinen Zielen entsprechende qualitativ erstklassige Ausbildung zuteil wird. Gleichermaßen läßt der Wert der Inputs in das Rechtswesen, nur bedingt Aussagen über den Wert des Outputs, etwa daß jeder Staatsbürger sein Recht finden kann, zu.

c) **Die Behandlung sämtlicher staatlicher Leistungen als Endprodukte.**
In der Volkswirtschaftlichen Gesamtrechnung werden sämtliche Leistungen des Staates als Endprodukte behandelt. Dies führt jedoch dann zu Überschätzungen des Sozialprodukts, wenn bestimmte staatliche Leistungen Vorleistungscharakter haben. Die Frage nach einem geeigneten Abgrenzungskriterium zur Trennung von Vorleistungen und Endprodukten ist Gegenstand jahrzehntelanger Kontroversen. Nach Auffassung vieler mit Problemen der Volkseinkommensrechnung befaßter Wirtschaftstheoretiker und Statistiker sollten die sogenannten **regrettable necessities** nicht in das Sozialprodukt aufgenommen werden.[3,4] Dabei handelt es sich um Ausgaben, die zur Herstellung und Aufrechterhaltung der Bedingungen für die Funktionsfähigkeit des gesellschaftlichen Zusammenlebens aufgewendet werden müssen. Diese Aufwendungen besitzen keinen direkten Einfluß auf den materiellen Wohlstand, sondern müssen eher als „notwendiges Übel" – eben als „regrettable necessities" – von jeder entwickelten Gesellschaft getragen werden. Dazu werden gewöhnlich die Ausgaben für Landesverteidigung, für Polizeidienste, Straßenerhaltung usw. gerechnet. Das Sicherheitsgefühl des einzelnen Bürgers verändert sich beispielsweise kaum, wenn die Verteidigungsausgaben angesichts einer weltweiten Aufrüstung zunehmen. „... wenn es keinen Krieg oder kein Kriegsrisiko gibt, besteht auch kein Bedarf nach Verteidigungsausgaben und niemand wird ohne solche schlechter gestellt".[5] Dagegen ließe sich jedoch anführen, daß einerseits durch die Existenz bewaffneter Armeen möglicherweise das Kriegsrisiko wesentlich herabgemindert wird und andererseits eine gutausgebildete trainierte Armee im Konfliktfall ein Land wirksamer wird verteidigen können, als dies bei „ad hoc rekrutierten Armeen" der Fall wäre. Verteidigungsausgaben haben unter diesen

Voraussetzungen dann sehr wohl einen direkten Einfluß auf den materiellen Wohlstand der Bürger und sollten daher in das Sozialprodukt aufgenommen werden. Gegen jeden Vorschlag zur Aufteilung staatlicher Leistungen in Endprodukte und „regrettable necessities" lassen sich Bedenken anmelden.[6]
Der Grund liegt darin, daß der Begriff des wirtschaftlichen Wohlstands, der den Anlaß für die Abgrenzungsprobleme gibt, selbst nicht klar definiert ist.

d) **Die Behandlung sämtlicher Ausgaben privater Haushalte als Käufe von Endprodukten.**
Ebenso wie für den Bereich staatlicher Leistungen kann man auch für den Sektor der privaten Haushalte die Auffassung vertreten, nicht alle Ausgaben der privaten Haushalte wären gleichermaßen wohlstandswirksam. Demnach kann man versuchen, diese Ausgaben einerseits in Aufwendungen für wohlstandswirksame Endprodukte sowie andererseits in Aufwendungen für wohlstandsunwirksame „regrettable necessities" aufzuspalten und nur die Ausgaben für Endprodukte in das Sozialprodukt aufzunehmen. Die „regrettable necessities" sind wiederum Vorbedingung bzw. Vorleistung für den Erwerb und den Konsum von Endprodukten. Als Beispiele für „regrettable necessities" werden gewöhnlich die Kosten des Pendelns zwischen dem Wohnort und dem Arbeitsplatz oder bestimmte Ausgaben zur Gesundheitssicherung genannt. Bei der Aufteilung der Ausgaben der privaten Haushalte steht man vor demselben Dilemma wie bei der Aufteilung der Ausgaben des Staates: es gibt kein eindeutiges und akzeptiertes Abgrenzungskriterium für eine Klassifikation in Endprodukte und „regrettable necessities".

7.1.2. Ursachen der Kritik

Die Mehrzahl der eben angeführten Kritikpunkte ist keineswegs neu. Sie gaben bereits in den Frühstadien der Erarbeitung einer einheitlichen Konzeption zur Volkswirtschaftlichen Gesamtrechnung wesentliche Diskussionsthemen ab.[7] Es bleibt jedoch zu fragen, weshalb die Kritik in den letzten Jahren erneut, und zwar mit zunehmendem Nachdruck, wieder auflebte. Eine akzeptable Antwort auf diese Frage wird den Ursachen dieser Entwicklung genauer nachzuspüren haben.

a) Der Schock der Weltwirtschaftskrise der dreißiger Jahre hat in allen westlichen Industriestaaten das Ziel der Vollbeschäftigung zum obersten Ziel jeder staatlichen Wirtschaftspolitik werden lassen. **J.M. Keynes** hat in seiner „General Theory of Employment, Interest, and Money" eine theoretische Analyse der Ursachen für Unterbeschäftigung und deren Überwindung durch wirtschaftspolitische Maßnahmen geliefert. Als man in den Jahren während des zweiten Weltkriegs daranging, die Grundlagen und Konzepte der Volkswirtschaftlichen Gesamtrechnung neu zu überdenken, um statistische Information für wirtschaftspolitische Maßnahmen bereitzustellen, stand der Wunsch, eine drohende Wirtschaftskrise nach dem Krieg mit allen Mitteln zu verhindern, den Arbeiten Pate. So war es nur naheliegend, die Auswahl und inhaltliche Bestimmung der zu messenden Größen vor dem Hintergrund der Keynesschen Kreislauf- und Beschäftigungstheorie zu entwickeln.[8]
Die Einsichten, die die Keynessche Theorie in die wirtschaftlichen Zusammenhänge lieferte, gepaart mit dem Wunsch und dem Willen, eine neuerliche Krise mit allen zu Gebote stehenden Mitteln zu verhindern, brachte bis Mitte der sechziger Jahre den marktwirtschaftlich organisierten Industriestaaten eine Periode hohen und relativ schwankungsfreien Wachstums des Sozialprodukts bei Vollbeschäftigung. Es hatte den Anschein, als habe man die Gefahren der Arbeitslosigkeit end-

gültig gebannt.[9] Das wirtschaftspolitische Ziel der Vollbeschäftigung war zwar nach wie vor in allen politischen Programmen zu finden, galt jedoch als erreicht und nahm nicht mehr die oberste Stelle in der Rangskala politischer Zielsetzungen ein.
In dem Maße, in dem die Erhaltung der Vollbeschäftigung in den Hintergrund trat, stellte sich die Frage, ob die gesellschaftliche Information, die zur Verwirklichung anderer Zielsetzungen erforderlich ist, als ausreichend angesehen werden konnte.

b) Die äußerst günstige materielle Entwicklung nach dem zweiten Weltkrieg forderte jedoch anderweitig ihren Tribut. In den sechziger Jahren begann die Zunahme der Abfälle – bedingt durch die ständige Ausweitung von Konsum und Produktion – erstmals Probleme aufzuwerfen (nämlich diese Schadstoffe zu beseitigen). Die selbstreinigenden Kräfte der Gewässer und der Luft vermochten die rapid steigende Belastung durch Schadstoffe nicht mehr zu bewältigen. Folge davon war eine rasch zunehmende Verschmutzung von Luft und Gewässern vor allen durch chemische Abfallstoffe, die schwere Bedrohungen der menschlichen Gesundheit und enorme, teilweise sogar nicht wiedergutzumachende Schäden an der Umwelt heraufbeschwor.
Besonders alarmierend wirkten die durch die Studien des „Club of Rome" in Aussicht gestellten Zukunftsperspektiven, wonach die Menschheit in nicht allzu ferner Zukunft einer Katastrophe zusteuern würde, wenn das Bevölkerungs- und Sozialproduktswachstum weiterhin unvermindert voranschreiten würde.[10] Die Begründung dafür lautet etwa folgendermaßen: Einerseits führt die durch eine immer rascher zunehmende Produktion bedingte Umweltverschmutzung zu einer direkten Bedrohung der menschlichen Gesundheit sowie zur vielfältigen Zerstörung pflanzlichen und tierischen Lebens; diese zunehmende Vernichtung der Ernährungsgrundlagen und die gleichzeitige „Bevölkerungsexplosion" treibt die Menschheit letztlich in eine Hungerkatastrophe; andererseits verursacht die ungehemmte Produktion auch eine rasche Ausschöpfung der in der Welt vorhandenen Bestände an Bodenschätzen, wodurch die Güterproduktion allmählich zum Erliegen kommt. Obgleich der theoretische und prognostische Aussagewert dieser Studien heftig umstritten ist, haben sie in einer breiten Öffentlichkeit ein nachhaltiges Echo gefunden.[11]

c) Es stellte sich schließlich auch die Frage, wem der steigende wirtschaftliche Wohlstand letztendlich zu Gute und auf wessen Kosten er zustande käme. In zahlreichen Studien wurden tiefgreifende soziale und wirtschaftliche Unterschiede aufgezeigt, die einerseits **zwischen** den Staaten – insbesondere zwischen entwickelten und unterentwickelten Ländern – und andererseits **innerhalb** der einzelnen Staaten vorhanden sind.[12]
Viele Sozialkritiker weisen darauf hin, daß in den entwickelten Wohlstandsgesellschaften der materielle Wohlstand mit schweren Schäden an der physischen und vor allem an der psychischen Gesundheit, mit dem Abbau politischer Rechte und der Zunahme sozialer Zwänge für breite Bevölkerungsschichten erkauft werde, daß es verhältnismäßig bedeutende „Inseln der Armut" inmitten von Wohlstand und Prosperität gibt und daß schließlich die Ausbeutung der unterentwickelten Länder durch die entwickelten Staaten sowie die drückende Armut in den meisten Staaten Asiens, Afrikas und Lateinamerikas eine ständige Herausforderung unseres sozialen Gewissens darstellen müßten.

Hält man sich die eben skizzierten drei Ursachenkomplexe vor Augen, so werden die Kritik an der Volkswirtschaftlichen Gesamtrechnung und der Wunsch nach grundlegenden Verbesserungen oder Änderungen verständlicher.

Die Erhebungen der amtlichen Statistik und damit auch die gesellschaftliche Information beruhen wesentlich auf dem durch den Rahmen der Volkswirtschaftlichen Gesamtrechnung abgesteckten Datenbedarf.

Die Volkswirtschaftliche Gesamtrechnung liefert das Datenmaterial zur Analyse kurzfristiger Schwankungen der wirtschaftlichen Aktivität und der globalen Entwicklung des materiellen Wohlstandes eines Staates. Diese Einschränkung der Information bleibt so lange unproblematisch, als die durch das Rechnungssystem nicht erfaßten Komponenten sich innerhalb eines Bereiches vernachlässigbarer Größenordnungen bewegen, bzw. solange deren Proportionen zu den erfaßten Größen im Zeitverlauf annähernd gleich bleiben. Sobald das nicht mehr der Fall ist, erscheint es sinnvoll, auch über deren Entwicklung möglichst genaue Information zu besitzen.

Die unzureichende Erfassung oder Ausklammerung wesentlicher, für die „Qualität des Lebens" bedeutsamer Vorgänge trat, bedingt durch die Umweltprobleme, immer klarer zu Tage. Wohl ist der materielle Wohlstand beträchtlich gestiegen; doch welcher Preis ist dafür langfristig zu zahlen? Haben sich nicht die „Lebensbedingungen" in letzter Zeit wesentlich verschlechtert? Angesichts des Fehlens verläßlicher Information ist eine Beantwortung derartiger Fragen äußerst schwierig, wenn nicht unmöglich.

Die Beschränkung der gesellschaftlichen Information auf vornehmlich ökonomische Sachverhalte birgt eine besondere Gefahr in sich. Diese Gefahr besteht darin, daß nur noch jene Bereiche des menschlichen Lebens als bedeutsam erachtet werden, die sich möglichst exakt in Geldwerten ausdrücken und erfassen lassen.[13] Eine solche Entwicklung wird getragen vom allgemeinen Wunsch nach einer rationalen und auf „harten Fakten" beruhenden Politik. Sachverhalte, die sich einer exakten Messung entziehen, werden aus poltischen Diskussionen ausgeklammert, da sich positive bzw. negative Entwicklungstendenzen, Erfolge bzw. Mißerfolge vielfach nicht klar feststellen lassen. Folge dieser Entwicklung ist es, daß wesentliche gesellschaftspolitische Probleme in den Hintergrund gedrängt werden und lediglich die gut meßbaren ökonomischen Sachverhalte ins Blickfeld rücken. „Durch die zu starke Konzentration auf das Meßbare erkennt man nur einen Ausschnitt der gesellschaftlichen Szene ... Eine Parallele läßt sich zu dem Betrunkenen ziehen, der seinen Schlüssel in einer dunklen Straße verliert und darauf besteht, diesen nur auf dem Boden unter der Straßenlampe zu suchen, da dies der einzige beleuchtete Platz ist."[14]

Die Analyse der Mängel und Gefahren, die in der gegenwärtigen Volkswirtschaftlichen Gesamtrechnung und deren unkritischer Anwendung angelegt sind, hat zu einer Vielzahl von Revisions- und Änderungsvorschlägen geführt.

7.1.3. Reichweite der Kritik

Ehe diese Vorschläge diskutiert werden, ist noch eine mögliche Unklarheit auszuräumen. Es könnte nämlich der Eindruck entstehen, als wolle die Kritik die Unbrauchbarkeit der Volkswirtschaftlichen Gesamtrechnung in ihrer gegenwärtigen Ausgestaltung nachweisen. Eine solche Sicht würde jedoch der Problematik nicht gerecht.

Die Volkswirtschaftliche Gesamtrechnung basiert im wesentlichen auf der Keynesschen Kreislauf- und Beschäftigungstheorie. Die zunehmende Verfeinerung des Datenmaterials sowie die damit Hand in Hand gehende Verbesserung der Theorie und ihrer prognostischen Leistungen verhalfen zumindest vorübergehend zur Lösung der früher so brennenden Beschäftigungsprobleme. Indem sie Datenmaterial zur Früherkennung und Analyse bereitstellt, leistet die Volkswirtschaftliche Gesamtrechnung nach wie vor unschätzbare Dienste, wenn es darum geht, Maßnahmen zur Beschäftigungspolitik und zur Steuerung der wirtschaftlichen Aktivität zu ergreifen. Die jüngste schwere Wirtschaftskrise hat sehr nachdrücklich gezeigt, wie dringend Information zu diesen Zwecken benötigt wird und wie notwendig es ist, an deren Verbesserung weiter zu arbeiten.

Aus diesem Grunde wird die Kritik kaum die Brauchbarkeit der Volkswirtschaftlichen Gesamtrechnung im Bezug auf die genannten „wirtschaftlichen" Fragestellungen in Zweifel ziehen wollen. Es wird vielmehr die Verengung der gesellschaftlichen Information beziehungsweise deren fast ausschließliche Konzentration auf **wirtschaftliche** Sachverhalte und die damit verbundene Ausblendung anderer gesellschaftlicher Bereiche kritisiert.

Denn man hat bereits früh erkannt, daß eine Steigerung des wirtschaftlichen Wohlstandes – gemessen durch eine Steigerung des Sozialprodukts – nicht notwendig auch einen Anstieg des totalen Wohlstandes nach sich zu ziehen braucht. Der englische Wirtschaftstheoretiker **Pigou** hat dies lange vor dem zweiten Weltkrieg klar erkannt.[15] Er vertrat aber den Standpunkt, solange keine gegenteiligen Anhaltspunkte vorlägen, spräche die Wahrscheinlichkeit dafür, daß wirtschaftlicher und totaler Wohlstand sich in gleicher Richtung entwickelten. „Dieses Urteil ist besonders wahrscheinlich, wenn die nichtwirtschaftlichen Effekte gering sind."[16]

Es besteht Anlaß zu vermuten, daß die Größenordnung der vernachlässigten Effekte bedeutend sind und daß wesentliche strukturelle Veränderungen innerhalb der Gesellschaft überhaupt nicht erfaßt werden. Deshalb sollte die Gesellschaft sowohl über die wirtschaftlichen als auch über die nichtwirtschaftlichen Bereiche gleichermaßen informiert werden. Sie sollte nicht bloß über die Entwicklung des materiellen, sondern auch über die Entwicklung des umfassenden, totalen Wohlstandes bzw. der Qualität des Lebens Bescheid wissen. **Solange nämlich die gesellschaftliche Information und die auf dieser Information aufbauende Politik im wesentlichen am wirtschaftlichen Wohlstand dieser Gesellschaft orientiert bleibt, solange besteht die Gefahr von nicht erkannten, bedeutenden Reibungsverlusten und nur schwer zu beseitigenden langfristigen Fehlentwicklungen.**

Im Hinblick auf diese erweiterte Fragestellung erweist sich das Datenmaterial der Volkswirtschaftlichen Gesamtrechnung als ungenau und lückenhaft. Ihr Zweck besteht in erster Linie darin, die Informationsgrundlagen zur Behandlung von Beschäftigungs- und anderer wirtschaftspolitischer Probleme bereitzustellen. Demnach kann die Kritik lediglich als eine Kritik an der **mangelnden Adäquanz** der in der Volkswirtschaftlichen Gesamtrechnung enthaltenen Information in Bezug auf aktuelle Fragestellungen, wie die der Verbesserung der Lebensqualität, verstanden werden. Die Volkswirtschaftliche Gesamtrechnung ist nicht für diese Zwecke entwickelt worden und vermag daher wenig zu deren Lösung beizutragen.

Die Notwendigkeit, gesellschaftliche Information in Hinblick auf Fragen der Qualität des Lebens wesentlich verbessern zu müssen, löste zwei Neuerungsströmungen aus. Während die eine innerhalb der Grundkonzeption der Volkswirtschaftlichen Gesamtrechnung verbleibt, treten die Anhänger der „Soziale-Indikatoren-Bewegung" für eine Aufgabe dieses Rahmens ein.

7.2. Vorschläge zur Revision der Volkswirtschaftlichen Gesamtrechnung

Den in diesem Teil zu diskutierenden Änderungsvorschlägen ist eine durchgehende Bewertung sämtlicher Vorgänge in Geldeinheiten gemeinsam. Des weiteren ist man um die Erhaltung der Konsistenz des zu erhebenden Datenmaterials im Rahmen der Kreislaufanalyse bemüht. Ziel der Revisionsvorschläge ist es, das Nettosozialprodukt als Indikator für die Qualität des Lebens in einer Gesellschaft auszugestalten.

7.2.1. Erweiterung der Einkommens- und Vermögensrechnung – der Vorschlag von Thomas Juster

Der von der Idee her bisher am weitesten gehende Revisionsvorschlag im Rahmen der Volkswirtschaftlichen Gesamtrechnung ist zweifelsohne der von **Thomas Juster**.[17] Will man die Entwicklungen etwa der Umweltqualität oder der menschlichen Gesundheit quantitativ erfassen, so reicht es nicht aus, bloß die Ausgaben für Umwelt und Gesundheitswesen zu ermitteln. Es bleibt nämlich dabei die Frage offen, ob die Ausgaben den bisherigen Zustand verbessern oder ihn bloß aufrechterhalten haben.

Es ist deshalb nötig, die Einkommensrechnung zu erweitern und diese durch eine wesentlich erweiterte Vermögensrechnung zu ergänzen.

7.2.1.1. Justers Revisionsvorschläge

Die Vermögensbestände in einer Gesellschaft sollten nach zwei Gesichtspunkten untergliedert werden. Einmal nach den Eigentumsverhältnissen, zum anderen nach der Art der Vermögensbestandteile.

Die Gliederung nach den **Eigentumsverhältnissen** in:
a) Unternehmensvermögen,
b) Haushaltsvermögen,
c) Gemeinschafts- oder Staatsvermögen entspricht weitgehend der bisherigen Praxis.

Weitergehend ist die Klassifikation nach **Vermögenstypen** in:
a) Reproduzierbares materielles Vermögen;
b) Reproduzierbares immaterielles Vermögen;
c) Humankapital;
d) Natürliches Vermögen;
e) Sozialpolitisches Vermögen.

Die **Gliederung nach der Art der Vermögenstypen** beinhaltet eine Anzahl wesentlicher Neuerungen und Erweiterungen nicht nur der Vermögensrechnung, sondern auch der Einkommensrechnung:

Zu a) Dem **reproduzierbaren materiellen Vermögen** werden insbesondere alle Bauten und Ausrüstungen zugerechnet. Neben den bereits bisher schon ausgewiesenen Unternehmensvermögen müßten die entsprechenden Vermögen der Haushalte (d. h. die Bestände an dauerhaften Konsumgütern) und des Staates (d. h. vor allem die Bestände an öffentlichen Gütern und Infrastruktureinrichtungen) erfaßt werden, was bislang nicht der Fall ist. Gleichermaßen müßten die der Nutzung dieser Güter (pro Periode) entsprechenden Leistungs- und Einkommensströme erfaßt und ausgewiesen werden.
Zu b) Unter **reproduzierbarem immateriellem Vermögen** versteht **Juster** den Bestand des nicht an bestimmte Personen gebundenen Wissens, insbesondere das durch die For-

schungs- und Entwicklungsausgaben des Staates und privater Unternehmen „produzierte“ Wissen einer Gesellschaft. Ausgaben für Forschung und Entwicklung werden gegenwärtig nur im Rahmen der Einkommensrechnung berücksichtigt. Dabei wird jedoch übersehen, daß diese Ausgaben gewöhnlich den Bestand an nützlichem Wissen erhöhen, was wiederum höhere Erträge in der Zukunft bringt. Korrekterweise müssen diese Ausgaben daher als Investitionen angesehen und in der Vermögensrechnung ebenfalls berücksichtigt werden.
Zu c) Unter **Humankapital** versteht man den Bestand der an bestimmte Personen gebundenen nutzbaren Fähigkeiten und Erfahrungen. Aufwendungen der Haushalte für Ausbildung und Gesundheit werden gegenwärtig als Konsumausgaben in der Einkommensrechnung erfaßt. Da sie jedoch künftig zu erwartende Einkommen beeinflussen, sollten sie als Investitionen (Brutto!) in Humankapital angesehen werden. Der Bestand an menschlichem Kapital wird bisher nicht ermittelt, doch finden die Erträge einer verbesserten Ausbildung – in Form höherer Einkommen – in der Einkommensrechnung ihren Niederschlag.
Zu d) Die Einbeziehung des **natürlichen Vermögens** in die Vermögensrechnung stellt eine grundlegende Neuerung dar. Nach **Juster** fallen darunter alle natürlichen Ressourcen wie beispielsweise die Bestände an Bodenschätzen, Wäldern, Gewässern, klimatische Bedingungen usw.
Zu e) Auch die Aufnahme des **sozialpolitischen Vermögens** stellt gegenüber der bisherigen Vermögensrechnungskonzeption eine Neuerung dar. Dem sozialpolitischen Vermögen sollten der Bestand an persönlicher und nationaler Sicherheit, der Bestand an Freiheit, Gleichheit, Privatsphäre usw. zugerechnet werden.

Neben den soeben beschriebenen Ergänzungen und Erweiterungen der Vermögens- und Einkommensrechnung schlägt **Juster** eine Reihe zusätzlicher Änderungen in der Einkommensrechnung vor; unter anderem, daß

a) die Leistungen des Staates zu ihrem Outputwert und nicht zu den Kosten der Erstellung dieser Leistungen ausgewiesen werden sollten,
b) die für nichtmarktmäßige Aktivitäten der Haushalte aufgewandte Zeit ebenso wie
c) die Umwelterträge und -verluste sowie
d) die Qualitätsänderungen der Endprodukte erfaßt werden sollten.

7.2.1.2. Vorzüge und Probleme

Drei Fragen ergeben sich:

a) Welche Vorzüge hätte ein derart ausgebautes Rechnungswesen gegenüber der traditionellen Volkswirtschaftlichen Gesamtrechnung?
b) Welche Probleme und Schwierigkeiten stehen der Verwirklichung eines derart umfassenden Rechnungssystems entgegen?
c) Angenommen, man würde einen Zeitreihenvergleich durchführen: Ergäben sich wesentliche Unterschiede in der Entwicklung der Zeitreihen, je nachdem, ob das „Sozialprodukt“ nach den bisherigen Methoden der Volkswirtschaftlichen Gesamtrechnung oder nach dem Justerschen Vorschlag ermittelt werden würde?

Zu a) **Juster** arbeitet die Kritik an der Volkswirtschaftlichen Gesamtrechnung – wie sie in Abschnitt 7.1. dargestellt wurde – nahezu zur Gänze in seinen Revisionsvorschlag ein. Die Mängel, die bisher einer Interpretation des Sozialprodukts als Maß des totalen Wohlstandes entgegenstehen, werden nahezu vollkommen beseitigt.[18] Der Ausbau der Vermögensrechnung ermöglicht eine exaktere und zweckmäßigere Abgrenzung von Abschreibungen und Endprodukten sowie eine ausdrückliche Berücksichtigung „negativer Produktionswirkungen“ auf das Sozialprodukt.

Ein **vereinfachtes Beispiel** möge dies verdeutlichen: In einer geschlossenen Volkswirtschaft wurden für den privaten und staatlichen Konsum Güter im Werte von 100, für Bruttoinvestitionen in reproduzierbares materielles Vermögen Güter im Werte von 50 DM geschaffen. Die Abschreibungen an reproduzierbarem materiellen Vermögen betragen 10. Nimmt man an, daß die Differenz aus indirekten Steuern und Subventionen gleich null ist, ergibt sich für das **Nettosozialprodukt zu Marktpreisen** ein Wert von 140,– DM. Wurde diese Güterproduktion mit der Zerstörung von Wäldern, der Verschmutzung von Luft und Gewässern, der Ausbeutung von Rohstoffen im Werte von insgesamt 40,– DM, mit der Beeinträchtigung der Gesundheit der Menschen im Werte von 15,– DM sowie einem Verlust an politischen Freiheiten im Werte von 5,– DM erkauft (die Bruttoinvestitionen in die entsprechenden Vermögensbestände seien null), dann mindern diese negativen Effekte der Produktion – es handelt sich um **Abschreibungen** (= Wertminderungen) des Humankapitals, des natürlichen und des sozialpolitischen Vermögens – das Nettosozialprodukt zu Marktpreisen um 60,– DM; woraus sich ein modifiziertes **wohlstandsorientiertes Nettosozialprodukt** im Werte von 80 ergibt. (Auf eine Neuklassifizierung und eventuelle Umbewertung des staatlichen Konsums wurde verzichtet.) Der Wert des wohlstandsorientierten Nettosozialprodukts liegt also bedeutend (um mehr als 40%) unter dem Wert des lediglich am materiellen Wohlstand ausgerichteten Nettosozialprodukts.

Die ausdrückliche Berücksichtigung umfassender Vermögensänderungen sowie die daraus ableitbaren Korrekturen des auszuweisenden Nettosozialproduktwertes würden die Informationsbasis für politische Entscheidungen beträchtlich erweitern. Steigerungen der materiellen Güterproduktion führen nicht mehr notwendig zu einer Erhöhung des Sozialprodukts, wenn dadurch z.B. gleichzeitig die Umwelt belastet wird. Eine Zunahme des materiellen Wohlstands wäre somit nur dann zu befürworten, wenn die damit verbundenen langfristigen, nicht-materiellen negativen Wohlstandswirkungen wertmäßig geringer wären als die Steigerung des materiellen Wohlstands, so daß diese per Saldo zu einer Zunahme des totalen Wohlstands führt. Die langfristigen Nebenwirkungen wirtschaftspolitischer Maßnahmen auf die Qualität des Lebens würden somit eine explizite Berücksichtigung in diesem neuen konzeptionellen Rahmen finden.

Zu b) Kann nach dem gegenwärtigen Stand des Wissens ein derartiges Vorhaben realisiert werden?

Der Vorschlag von **Juster** ist als ein Programm zur Revision der Volkswirtschaftlichen Gesamtrechnung anzusehen. Eine Verwirklichung dieses Programms setzt die Lösung einer Vielzahl von Definitions- und Abgrenzungsproblemen voraus. So wäre vor allem zu klären, welche Komponenten Eingang in das sozialpolitische und in das natürliche Vermögen finden sollten.

Als entscheidendes Hindernis stehen der Verwirklichung eines konsistenten Rechnungssystems des vorgeschlagenen Umfangs aber wohl die schier **unlösbaren Bewertungsprobleme** entgegen. Für eine ganze Anzahl von Vorgängen erscheint es unmöglich, eine Bewertung in Geld vorzunehmen. Warf bereits die Berechnung des Wertes des reproduzierbaren Sachkapitals eine Reihe schwerwiegender Probleme auf, so treten diese bei der Berechnung des Geldwertes der übrigen Vermögenstypen gewissermaßen vervielfacht auf.

Beispielsweise existieren für die Bestandteile des (weitgehend nicht reproduzierbaren) natürlichen Vermögens keinerlei Marktpreise, so daß dafür unterstellte Werte ermittelt werden müssen. Sinnvollerweise wird man den Ertragswert – das ist der Gegenwartswert sämtlicher künftigen Nettoerträge – als den Wert des natürlichen Vermögens ansehen und ermitteln wollen. Die Erträge eines milden Klimas oder sauberer Gewässer kommen letztlich Individuen zugute. Diese haben den Wert dieser Erträge für sich festzulegen.

Eine objektivere Bewertung in Geldeinheiten ist nicht möglich, da organisierte Märkte, auf welchen z. B. „Umweltgüter" gehandelt werden, nicht existieren. Überläßt man die Bewertung den Individuen, so wird diese stets mit einem hohen Maß an Willkür behaftet sein: Die Berechnung künftiger Erträge ist wesentlich von Erwartungen in der Zukunft liegender Ereignisse bestimmt. Derartige Einschätzungen besitzen ebenfalls eine starke subjektive Komponente. Womöglich noch schwierigere Bewertungsfragen wirft die Berechnung des sozialpolitischen Vermögens auf. Der Wert von Freiheit, Privatsphäre, persönlicher Sicherheit dürfte einer Festlegung in Geldeinheiten vollkommen entzogen sein. **Arthur Okun** schreibt dazu: „Es ist schwer zu begreifen, wie irgendjemand ernstlich glauben kann, das Bruttosozialprodukt könne in einen aussagekräftigen Indikator des totalen gesellschaftlichen Wohlstands umgewandelt werden. Offensichtlich kann eine Unzahl von Dingen eine Nation besserstellen, ohne daß sich ihr reales Bruttosozialprodukt, wie es gegenwärtig gemessen wird, erhöht: Wir könnten die Liste beginnen mit Frieden, Chancengleichheit, der Beseitigung von Ungerechtigkeit und Gewalt, größerer Nächstenliebe zwischen Amerikanern unterschiedlicher rassischer und ethnischer Herkunft, besserer Verständigung zwischen Eltern und Kindern und zwischen Ehemännern und Ehefrauen, und wir könnten in dieser Weise endlos fortfahren. Der Vorschlag, das Bruttosozialprodukt könne **der** Indikator des gesellschaftlichen Wohlstands werden, setzt voraus, daß ein passendes Preisschild auf Änderungen in all diesen sozialen Faktoren von einem Jahr auf das nächste geheftet werden kann ..., das heißt ... vom Volkseinkommensstatistiker zu verlangen, die Rolle eines Philosophenkönigs zu spielen, der alle Änderungen der menschlichen Szene quantifiziert und bewertet."[19] Es bleibt abzuwarten, ob in absehbarer Zeit eine umfassende **Gesellschaftstheorie** entwickelt wird, auf deren Grundlage die anstehenden Bewertungsprobleme einer Lösung zugeführt werden könnten, oder ein allwissender „Philosophenkönig" geboren wird. Solange weder das eine, noch das andere eintritt, besteht kaum große Hoffnung für eine vollständige Verwirklichung des Justerschen Vorschlags innerhalb der nächsten Jahre.[20]

Zu c) Bei der Beantwortung der letzten Frage ist man auf Spekulationen angewiesen. Um diese Frage mit Bestimmtheit beantworten zu können, müßten alle eben erwähnten Probleme bereits zufriedenstellend gelöst sein. Obgleich dies nicht der Fall ist, existieren bereits Alternativberechnungen zum Sozialprodukt, die jedoch auf weniger umfassenden Konzeptionen beruhen, als sie der Justersche Vorschlag bietet. Aus diesen Studien geht hervor, daß die Entwicklung der Qualität des Lebens (= des totalen Wohlstands) nicht notwendigerweise an die Entwicklung des materiellen Wohlstands einer Gesellschaft gekoppelt ist. Dadurch wird der Bedarf an umfassender Information recht nachdrücklich unterstrichen.

Die bisher bekannteste Alternativberechnung dieser Art stellt die Arbeit von **Nordhaus** und **Tobin** dar.[21]

7.2.2. Die Wohlstandsberechnungen von Nordhaus und Tobin

Nach **Nordhaus** und **Tobin** stellt das Sozialprodukt im wesentlichen ein Maß für die Produktion innerhalb einer Periode dar. Ein Maß für den wirtschaftlichen Wohlstand müsse aber ausschließlich am Endkonsum orientiert sein. Dementsprechend stellen sie den offiziellen Berechnungen des Sozialprodukts ein **Maß für den wirtschaftlichen Wohlstand** (MEW=**M**easure of **E**conomic **W**elfare) gegenüber. Zur Berechnung dieses „primitiven und experimentellen Maßes für den wirtschaftlichen Wohlstand" werden eine Anzahl von „Mängel" in der Sozialproduktsberechnung korrigiert.

a) Zur Vermeidung von Doppelzählungen wird eine Neuklassifizierung von Zwischen- und Endprodukten vorgenommen, indem
   aa) die nicht wohlstandswirksamen „regrettable necessities" – **Nordhaus** und **Tobin** bezeichnen diese als „instrumentelle Ausgaben"– im MEW nicht berücksichtigt werden,
   ab) öffentliche und private Aufwendungen für Ausbildung und Gesundheit als Bruttoinvestitionen in Humankapital erfaßt werden, und schließlich
   ac) dauerhafte Konsumgüter nicht mehr als Endprodukte, sondern als Kapitalgüter begriffen werden. (Dadurch wird das paradoxe Resultat vermieden, daß eine Verkürzung der Lebensdauer dieser Güter zu einer Erhöhung des MEW führt.)

Tabelle 7.1.
Bruttosozialprodukt und MEW (in Mrd. US-Dollar zu Preisen von 1958)

	1929	1935	1945	1947	1954
1. Bruttosozialprodukt	203,6	169,5	355,2	309,9	407,0
2. Abschreibungen, entsprechend der VGR	−20,0	−20,0	−21,9	−18,3	−32,5
3. Nettosozialprodukt	183,6	149,5	333,3	291,6	374,5
4. VGR-Endprodukte neu-klassifiziert als instrumentelle Ausgaben und Vorleistungen					
a) Staat	−6,7	−7,4	−146,3	−20,8	−57,8
b) Privat	−10,3	−9,2	−9,2	−10,9	−16,4
5. Unterstellungen für nicht in der VGR enthaltene Vorgänge					
a) Freizeit	339,5	401,3	450,7	466,9	554,9
b) Nichtmarktaktivitäten	85,7	109,2	152,4	159,6	211,5
c) Nachteile der Urbanisation	−12,5	−14,1	−18,1	−19,1	−24,3
d) Leistungen durch öffentliche und private Kapitalgüter	29,7	24,2	31,0	36,7	48,9
6. Zusätzliche Abschreibung	−19,3	−33,4	−11,7	−50,8	−35,2
7. Wachstumserfordernisse	−46,1	−46,7	65,8	+5,4	−63,1
8. MEW-Nettoinvestitionen	5,3	46,0	52,5	−55,3	−13,0
9. Aktuelles MEW	548,8	619,4	768,8	803,4	948,3
10. Bevölkerung (Zahl in Mio)	121,8	127,3	140,5	144,7	163,0
11. Aktuelles MEW pro Kopf in US-Dollars	4506	4866	5472	5552	5818
12. Index 1929 = 100	100,0	108,0	121,4	123,2	129,1
13. Nettosozialprodukt pro Kopf in US-Dollars	1545	1205	2401	2038	2305
14. Index 1929 = 100	100,0	78,0	155,4	131,9	149,2

Quelle: Zusammengestellt aus Tab. 1 und Tab. 2,
W. D. Nordhaus und J. Tobin, Is Growth Obsolete?, op.cit. S. 518.

b) Unterstellte Werte für
   ba) Freizeit,
   bb) Eigenproduktion der Haushalte und
   bc) Kapitaldienste dauerhafter Konsumgüter
   finden einen positiven Niederschlag im MEW.
c) Schließlich erfolgt eine Korrektur um die Kosten, welche die Nachteile des Lebens in Städten verursachen, hervorgerufen durch Luftverschmutzung, Lärm usw.

Neben einem **aktuellen MEW** wird noch ein **Maß für die langfristig mögliche Wohlstandsentwicklung** errechnet. Dieses Maß entspricht im wesentlichen dem langfristigen, durch den **technischen Fortschritt** möglichen gleichgewichtigen Wachstum. Im allgemeinen werden die beiden Maße nicht gleich sein. Liegt das aktuelle MEW über dem langfristig möglichen MEW, so wird in der Gegenwart auf Kosten künftiger Möglichkeiten konsumiert. Ist das aktuelle MEW geringer als das langfristig mögliche MEW, so wird auf gegenwärtigen Verbrauch zugunsten zukünftigen Konsums verzichtet. Die zur Erhaltung des langfristig möglichen MEW notwendigen Investitionen werden als Wachstumserfordernisse bezeichnet (vgl. Tabelle 7.1.).

Es gelten die beiden Beziehungen
a) Langfristig mögliches MEW – aktuelles MEW = MEW-Nettoinvestition sowie
b) Netto-Kapitalstockzuwachs – Wachstumserfordernis = MEW-Nettoinvestition

Geht man nun bei der Ermittlung des aktuellen oder langfristig möglichen MEW vom Bruttosozialprodukt aus (Tabelle 7.1. Punkt 1), so ergibt sich nach Abzug sämtlicher Abschreibungen (Tab. 7.1. Punkt 2 und 6) und Korrekturen (Tab. 7.1. Punkt 4 und 5) sowie der Wachstumserfordernisse das langfristig mögliche MEW. Aus den obigen Beziehungen a) und b) folgt, daß eine positive MEW-Nettoinvestition (in Tab. 7.1. Punkt 8) als eine Desinvestition zu interpretieren ist. Die „Umkehrung" des Vorzeichens ergibt sich aus dem Umstand, daß Investitionsleistungen vom Sozialprodukt in Abzug gebracht werden müssen, um den allein MEW-wirksamen Konsum zu erlangen.

Die für verschiedene Jahre zwischen 1929 und 1965 durchgeführten Berechnungen des MEW für die USA zeigt Tabelle 7.1.

Eine ganze Reihe unterstellter Bewertungen sind notwendig, um das MEW überhaupt berechnen zu können. So sind Wertansätze für die Nutzungsleistungen öffentlicher und privater Kapitalgüter, für Freizeit, die Nichtmarktaktivitäten der privaten Haushalte sowie für die Kosten der Urbanisierung erforderlich. Diese Bewertungen sind mit einer Fülle von Problemen beladen. Besonders fragwürdig und strittig ist die Bewertung der Freizeit mit dem Lohnsatz.

Neben den Bewertungsproblemen sind – wie bereits oben erwähnt – die Abgrenzungsprobleme vor allem von Endprodukten und Vorleistung bzw. „regrettable necessities" äußerst schwierig und nicht ohne Willkür zu lösen. **Nordhaus** und **Tobin** werten z.B. die Ausgaben für Landesverteidigung oder 50% der Ausgaben zur Entwicklung der Atomenergie als „regrettable necessities".

Vor allem wegen der zugrundeliegenden Bewertungsprobleme sollte man daher die Aussagekraft der Resultate der Berechnungen von **Nordhaus** und **Tobin**, wie sie in Tabelle 7.1. auszugsweise dargestellt sind, nicht überschätzen. Dementsprechend sollte man auch weniger die absoluten Werte des aktuellen MEW als vielmehr dessen Entwicklung (Tab. 7.1. Punkt 12) beachten. Aus dem Zahlenmaterial wird ersichtlich, daß seit 1947 sowohl das Nettosozialprodukt pro Kopf als auch das aktuelle MEW pro Kopf wuchsen, die Wachstumsrate des MEW jedoch hinter jener des Nettosozialprodukts zurückbleibt. Mit aller gebotenen Vorsicht kann dieses Ergebnis dahingehend gedeutet werden, daß die Kosten des wirtschaftlichen Wachstums nicht unbeträchtlich sind.

Auf methodisch analogen Grundlagen durchgeführte Berechnungen für Japan ergaben ähnliche Verläufe für das Nettosozialprodukt und das Wohlfahrtsmaß, das in der japanischen Studie als Nettonationalwohlstand (NNW, **N**et **N**ational **W**elfare) bezeichnet wird.[22]

7.2.3. Beurteilung der Revisionsvorschläge

Die **Nordhaus-Tobin**-Studie macht deutlich, daß die am Sozialprodukt anzubringenden Korrekturen durchaus nicht von vernachlässigbaren Größenordnungen sind, wenn es gilt, ein Maß für den wirtschaftlichen Wohlstand zu errechnen.

Ein Ausbau des Rechnungswesens gemäß den Vorschlägen von **Juster** zur Bestimmung eines Maßes für die Qualität des Lebens bzw. für den totalen Wohlstand würde gewiß noch weiterreichende Änderungen in den Zahlenwerten ergeben.

Die Entwicklung der Qualität des Lebens ist nicht notwendigerweise mit der Entwicklung des wirtschaftlichen Wohlstandes einer Gesellschaft gekoppelt. Es ist durchaus denkbar, daß Entwicklungen beider Zeitreihen unterschiedliche und sogar gegenläufige Tendenzen aufweisen. Solche Aussagen bleiben indes Spekulation, solange die ungelösten Bewertungsfragen und Abgrenzungsprobleme einen vollständigen Zeitreihenvergleich nicht zulassen. Es bleibt fraglich, ob in nächster Zukunft ein Ausbau der Volkswirtschaftlichen Gesamtrechnung vor allem in der durch die Studie von **Juster** vorgezeichneten Weise verwirklicht werden kann. Wird es überhaupt jemals möglich sein, alle für die Qualität des Lebens relevanten „Transaktionen“ zu bestimmen und zu erfassen und deren Wert in Geld auszudrücken?

Ist es eigentlich wünschenswert, durch eine einzige „magische“ Zahl den Wohlstand einer Gesellschaft zu erfassen? Werden dadurch nicht eine Fülle struktureller Gesichtspunkte durch Aggregation einfach außer acht gelassen? Die **Ausklammerung von Verteilungsgesichtspunkten** aus den zu berechnenden Wohlstandsmaßen muß als ein solcher vernachlässigter struktureller Gesichtspunkt angesehen werden – vielleicht als der wichtigste überhaupt.

Angesichts der Schwierigkeiten, die einer umfassenden Revision zu einer wohlstandsadäquateren Konzeption der Volkswirtschaftlichen Gesamtrechnung entgegenstehen, setzte um die Mitte der sechziger Jahre eine Bewegung ein, die zum Ziele hatte, neue Grundlagen für die Erstellung eines gesellschaftlichen Informationssystems zu entwickeln.

7.3. Soziale Indikatoren

Die fast unlösbaren Bewertungsprobleme, die einer Ausgestaltung des Sozialproduktsbegriffes zu einem umfassenden, in Geldeinheiten bewerteten Wohlstandsmaß entgegenstehen, waren wohl Hauptanlaß für die Entstehung der „Soziale-Indikatoren-Bewegung“. Ziel dieser „Bewegung“ – wie diese Forschungsrichtung zu unrecht oft etwas abschätzig bezeichnet wird – ist die Erstellung eines sozialen Informationssystems. Dabei soll bewußt der Rahmen der Volkswirtschaftlichen Gesamtrechnung gesprengt und von einer eindimensionalen Bewertung in Geld zu einer mehrdimensionalen in „natürlichen" Einheiten übergegangen werden. Obgleich die Forschung auf diesem Gebiet erst um die Mitte der sechziger Jahre in größerem Umfange eingesetzt hat, ist die Literatur dazu kaum mehr übersehbar. Trotz dieser Fülle an einschlägiger Literatur gibt es erst wenig gesicherte und allgemein akzeptierte Resultate. „Beim Vergleich der ständig wachsenden Literatur findet man als gemeinsamen Nenner fast nur noch die Intention, in der Gesellschaft mehr und genauer zu messen, als es bisher der Fall war."[23]

Um das Eindringen in den bisherigen Stand der „Soziale-Indikatoren-Forschung" zu erleichtern, sollen folgende Fragestellungen näher beleuchtet werden:

a) Zu welchen Problembereichen benötigt man Indikatoren?
b) Welchen Erfordernissen hat ein für praktische Zwecke **brauchbares** Indikatorensystem zu genügen?
c) Wie soll ein **gültiges** System von Sozialindikatoren ermittelt werden?

7.3.1. Das Problem der inhaltlichen Bestimmung des Begriffes „Qualität des Lebens"

Stellt man die Frage, zu welchen Problembereichen soziale Indikatoren überhaupt benötigt werden, ist diese Frage letztlich auf eine inhaltliche Bestimmung des Begriffes „**Qualität des Lebens**" gerichtet. Eine beträchtliche Anzahl Autoren und nationaler sowie internationaler Expertengremien haben Vorschläge zur inhaltlichen Ausgestaltung des Begriffes „Lebensqualität" erarbeitet. Diese Vorschläge bestehen in der Regel in der Angabe von Katalogen von „Zielbereichen" oder Komponenten der Lebensqualität. In nahezu allen Vorschlägen finden sich die Bereiche Gesundheit, Bedingungen des Arbeitslebens, physische Umwelt, Ernährung. Es besteht auch Einigkeit darüber, daß der Begriff „Qualität des Lebens" inhaltlich wesentlich umfassender ist als ein materiell bestimmter wirtschaftlicher Wohlstandsbegriff. Da jedoch eine Theorie menschlichen Wohlbefindens, die als Grundlage einer derartigen Begriffsbestimmung fungieren müßte, nicht existiert, ist es schwierig, eine in allen Punkten einheitliche Auffassung über den Inhalt des Begriffes „Lebensqualität" zu erreichen. Anders ausgedrückt: Was im einzelnen die Lebensqualität bestimmt, darüber herrscht keine einheitliche Meinung. Umstritten ist vor allem auch, ob es Experten vorbehalten bleiben soll, diesen Begriffsinhalt festzulegen, oder ob man im Wege von Bürgerbefragungen die notwendige Information dazu ermitteln sollte.

Um die internationale Vergleichbarkeit zu gewährleisten, haben internationale Organisationen (z. B. UNO, OECD) die Aufgabe übernommen, ein jeweils einheitliches, für alle Mitgliedsstaaten verbindliches Ziel- und Indikatorensystem zu erarbeiten. Diese Vorschläge besitzen wahrscheinlich die größte Aussicht, allgemein akzeptiert zu werden.

Im Rahmen der OECD sind beispielsweise verschiedene Arbeitsgruppen, in denen Vertreter aller 23 Mitgliedsstaaten mitwirken, mit der Erstellung eines Soziale-Indikatoren-Systems beschäftigt. Obgleich die Arbeiten dazu noch nicht abgeschlossen sind, liegen als wichtigste Zwischenergebnisse der bisherigen Beratungen eine „Liste der den meisten Mitgliedsländern der OECD gemeinsamen gesellschaftlichen Anliegen" bereits vor (Siehe Tabelle 7.2.) sowie eine Studie unter dem Titel „Measuring Social Well-Being".[23a] Die Liste, auf deren Inhalt die Mitgliedsländer sich im Kompromißwege einigen konnten, legt zunächst mit **acht „Hauptzielgebieten"** die Schwerpunkte zur inhaltlichen Bestimmung des Begriffes Lebensqualität (z. B. Gesundheit, persönliche Entwicklung durch Bildung usw.) fest.

Die Hauptzielgebiete werden in ihrem Umfang näher bestimmt durch die Angabe von „wesentlichen gesellschaftlichen Anliegen". Gesellschaftliche Anliegen werden ihrerseits weiter konkretisiert und verfeinert, indem sie in „Teilziele" aufgegliedert werden. So wird beispielsweise das Hauptzielgebiet F „Physische Umwelt" durch die drei gesellschaftlichen Anliegen F-1 bis F-3 näher beschrieben. Das gesellschaftliche Anliegen F-2 wiederum wird weiter aufgespalten in die Teilziele F-2-a bis F-2-e.

Die „Teilziele" selbst werden nun entweder weiter aufgefächert oder direkt durch geeignete Indikatoren repräsentiert. Die Empfehlung eines verbindlichen Indikatorensystems für die Mitgliedsstaaten der OECD befindet sich in Ausarbeitung.

Tabelle 7.2.:

Liste der den meisten Mitgliedsländern der OECD gemeinsamen gesellschaftlichen Anliegen.*

	Gesellschaftliche Anliegen		Teilziele (‚Sub-Concerns')
A	**Gesundheit**		
A–1	Die Wahrscheinlichkeit eines gesunden Lebens durch alle Stadien des Lebenszyklus.		
A–2	Die Auswirkungen von Beeinträchtigungen der Gesundheit auf die Individuen.	A–2–a	Die Qualität der medizinischen Versorgung – gemessen an der Verminderung von Schmerzen und der Wiederherstellung funktioneller Fähigkeiten.
		A–2–b	Allgemeine Verfügbarkeit der medizinischen Versorgung.
		A–2–c	Die Fähigkeit der chronisch Kranken und der dauernd Behinderten, sich effektiver am gesellschaftlichen Leben zu beteiligen.
B	**Entwicklung der Persönlichkeit durch Bildung**		
B–1	Erwerb des Grundwissens, der Fertigkeiten und der Werte, die für die individuelle Entwicklung und ein erfolgreiches Leben aller Kinder in der Gesellschaft notwendig sind.	B–1–a	Der Umfang, in dem Kinder aus ökonomisch und sozial benachteiligten Familien die grundsätzlichen Leistungsvoraussetzungen erreichen.
		B–1–b	Der Umfang, in dem die physisch und psychisch Behinderten eine Erziehung für ihren individuellen Lernprozeß und für eine effektivere Teilnahme am gesellschaftlichen Leben erfahren.
		B–1–c	Der Anteil der anderen Kinder, die die grundsätzlichen Leistungsvoraussetzungen erreichen.

* OECD, List of Social Concerns Common to Most OECD Countries, The OECD Social Indicator Development Programme, Vol. No. 1, Paris 1973, S. 14ff. In der Übersetzung von C. Leipert (1975), a.a.O., S. 274ff.

Gesellschaftliche Anliegen	Teilziele (‚Sub-Concerns‘)
B–2 Chancen zur Fortführung der Selbstentwicklung und die Neigung des Einzelnen, davon Gebrauch zu machen.	
B–3 Die Erhaltung und Entwicklung der Kenntnisse, Fertigkeiten und Flexibilität aller Individuen, die notwendig sind, um ihr ökonomisches Potential auszuschöpfen und sie zu befähigen, sich selbst, falls sie es wünschen, in den Wirtschaftsprozeß einzugliedern.	
B–4 Die Zufriedenheit des Einzelnen mit dem individuellen Bildungsprozeß für solche, die sich in der Ausbildung befinden.	
B–5 Die Erhaltung und Entwicklung des kulturellen Erbes, damit dieses einen positiven Beitrag zum Wohlbefinden der Mitglieder verschiedener gesellschaftlicher Gruppen liefert.	
C **Arbeit und Qualität des Arbeitslebens**	
C–1 Befriedigende Arbeitsmöglichkeiten für solche, die Arbeit wünschen.	
C–2 Die Qualität des Arbeitslebens.	C–2–a Arbeitsbedingungen.
	C–2–b Entlohnung und Sozialleistungen.
	C–2–c Arbeitszeit, Arbeits-Nebenzeit und bezahlte Urlaubszeit.
	C–2–d Arbeitsplatzsicherheit.
	C–2–e Aufstiegsmöglichkeiten.
	C–2–f Arbeitskonflikte.
C–3 Persönlich zufriedenstellende Erfahrungen mit dem Arbeitsleben.	C–3–a Arbeitsbedingungen.
	C–3–b Entlohnung und Sozialleistungen.
	C–3–c Arbeitszeit, Arbeits-Nebenzeit und bezahlte Urlaubszeit.
	C–3–d Arbeitsplatzsicherheit.
	C–3–e Aufstiegsmöglichkeiten.
	C–3–f Beziehungen der Arbeitnehmer untereinander und Beteiligung der Arbeitnehmer.
	C–3–g Aufsicht, Eigenständigkeit und Arbeitsherausforderung.
D **Zeiteinteilung und Freizeit**	
D–1 Effektive Wahlmöglichkeiten für die Zeitallokation.	D–1–a Die Flexibilität der Arbeitszeitregelungen.
	D–1–b Zugang und Qualität von Freizeitgelegenheiten.
	D–1–c Verfügbarkeit von Zeit für persönliche Entwicklung, familiäre und gesellschaftliche Verpflichtungen sowie gesellschaftliche Partizipation.

	Gesellschaftliche Anliegen		Teilziele (‚Sub-Concerns')
E	**Verfügung über Güter und Dienstleistungen**		
E–1	Die persönliche Verfügung über Güter und Dienstleistungen.		
E–2	Die Zahl der Individuen, die unter materiellem Mangel leiden.		
E–3	Der Grad der Gleichheit in der Verteilung der Verfügung über Güter und Dienstleistungen.	E–3–a	Der Umfang der relativen Verarmung.
		E–3–b	Die Streuung in der Struktur von Einkommen und Vermögen.
E–4	Die Qualität von sowie Wahlmöglichkeiten und Zugang zu privaten und öffentlichen Gütern und Dienstleistungen.	E–4–a	Der Umfang, in dem Individuen die erforderlichen Informationen erhalten, um wirksam eine Auswahl treffen zu können.
		E–4–b	Zufriedenheit der Verbraucher mit der Qualität, sowie Auswahlmöglichkeit und Zugang zu den privaten und öffentlichen Gütern und Dienstleistungen, die sie in Anspruch nehmen.
E–5	Der Schutz der Einzelnen und der Haushalte gegen wirtschaftliche Risiken.	E–5–a	Der Umfang, in dem Individuen und Haushalten Versicherungen oder ander Entschädigungen gewährt werden für vorhersehbare und nicht vorhersehbare Einkommensverluste.
		E–5–b	Der Umfang, in dem Individuen und Haushalte eine Unterstützung bei wesentlicher Steigerung von für sie unabweisbaren Ausgaben erhalten.
		E–5–c	Der Umfang, in dem Individuen und Haushalte eine Gefühl der Sicherheit gegen Verschlechterungen in ihrem ökonomischen Status haben.
F	**Physische Umwelt**		
F–1	Wohnbedingungen.	F–1–a	Kosten und Verfügbarkeit von angemessenen Wohnungen.
		F–1–b	Größe und Versorgungseinrichtungen der Wohnungen.
		F–1–c	Nähe zu Geschäften, Dienstleistungsbetrieben und Arbeitsplätzen.
		F–1–d	Angenehme Nachbarschaft und Umgebung.
F–2	Beeinträchtigung der Bevölkerung durch schädliche und/oder lästige Umweltverschmutzung.	F–2–a	Luft.
		F–2–b	Lärm.
		F–2–c	Verschmutzung durch nicht auflösbare Stoffe.
		F–2–d	Wasser.
		F–2–e	Land.
F–3	Der Nutzen, den die Bevölkerung aus dem Konsum und der Verwaltung der Umwelt zieht.	F–3–a	Landverwaltung.
		F–3–b	Wasserverwaltung.
		F–3–c	Verwaltung der städtischen und ländlichen Gegenden.
		F–3–d	Wohnverhältnisse.
		F–3–e	Kontrolle der Umweltverschmutzung.
		F–3–f	Verminderung des Ballungsproblems.
		F–3–g	Zugang zu den Sozialeinrichtungen.

Gesellschaftliche Anliegen	Teilziele (‚Sub-Concerns')
	F–3–h Beitrag der Umwelt zur Erholung und zu Annehmlichkeiten.
	F–3–i Andere Aspekte des städtischen und ländlichen Lebens.
G **Persönliche Sicherheit und Rechtspflege**	
G–1 Gewalttätigkeit, Betrug, Belästigungen, unter denen Personen leiden.	G–1–a Die Person betreffend.
	G–1–b Das Eigentum betreffend.
	G–1–c Die subjektiv empfundene Gefährdung von Schutz und Sicherheit.
G–2 Faire und humane Rechtspflege.	G–2–a Die Strafrechtspflege betreffend.
	G–2–b Die Zivilrechtspflege betreffend.
	G–2–c Die verwaltungsmäßige Handhabung betreffend.
H **Gesellschaftliche Chancen und Beteiligung**	
H–1 Der Grad der sozialen Ungleichheit.	H–1–a Der Grad der Ungleicheit unter den sozialen Schichten.
	H–1–b Der Umfang der Chancen für soziale Mobilität.
	H–1–c Die Lage der benachteiligten Gruppen.
H–2 Der Umfang von Gelegenheiten zur Partizipation am gemeindlichen Leben, an Einrichtungen und Entscheidungsprozessen.	

7.3.2. Konstruktion brauchbarer sozialer Indikatoren

7.3.2.1. Definitorische Probleme

Hat man einmal den Begriff „Lebensqualität" inhaltlich festgelegt, so stellt sich das Problem der Messung der „Lebensqualität". Da es sich bei den Zielbereichen gewöhnlich um äußerst komplexe Phänomene handelt, sollen geeignete Indikatoren über den jeweiligen Zustand des dahinterliegenden („indizierten") Bereichs informieren. Die Erstellung von Soziale-Indikatoren-Systemen ist der Hauptzweig dieses Forschungsgebietes schlechthin.

Zweierlei fällt beim Studium der einschlägigen Literatur auf: Einmal das Fehlen einer **allgemein akzeptierten Festlegung** des Inhalts des Begriffes „Soziale Indikatoren" und zum anderen die Vielfalt und Unterschiedlichkeit der vorgeschlagenen Alternativen zur Ausgestaltung eines Soziale-Indikatoren-Systems.

Obgleich eine Begriffsbestimmung noch aussteht, läßt sich dennoch ein Katalog von Minimalerfordernissen aufstellen, den – für praktische Zwecke – **brauchbare soziale Indikatoren** erfüllen sollen und bezüglich dessen eine weitgehende Übereinstimmung erkennbar ist:

a) Soziale Indikatoren sind **monetäre** und **nichtmonetäre Meßgrößen**, die über soziale Tatbestände informieren sollen, welche für die Qualität des Lebens von Bedeutung sind.
b) Die Indikatoren sollen in **zeitlich regelmäßigen Abständen** im Wege statistischer Stichprobenverfahren ermittelt und veröffentlicht werden.

c) Soziale Indikatoren sollen insbesondere die Ergebnisse sozialer Leistungen (= Outputs) **direkt erfassen** und nicht bloß indirekt über die Inputs, die zu deren Erstellung notwendig waren.
d) Soziale-Indikatoren-Systeme sollen so entwickelt werden, daß **intertemporale und internationale Wohlstandsvergleiche** ohne größeren Aufwand durchgeführt werden können.

Die hier aufgestellten Minimalerfordernisse an die praktische Brauchbarkeit sozialer Indikatoren lassen noch sehr viel Spielraum für die Ausgestaltung im Einzelfall. Strittig bleiben vor allem die Fragen, ob Indikatoren aggregiert oder disaggregiert ausgewiesen werden sollten, ob lediglich „objektive" oder ob auch „subjektive" Indikatoren über den jeweiligen Stand der Lebensqualität in einer Gesellschaft informieren sollen und ob neben rein „deskriptiven" Indikatoren auch normative Indikatoren Verwendung finden sollten.

7.3.2.2. Deskriptive oder normative Indikatoren?

Während **deskriptive Indikatoren** eine oder mehrere Dimensionen eines Sachverhaltes beschreiben, ohne Wertungen zu enthalten, sind **normative Indikatoren** dadurch gekennzeichnet, daß sie den Grad der Verwirklichung bestimmter Ziele, d.h. daß sie die Abweichungen des jeweiligen Istzustandes von einem bestimmten gewünschten Sollzustand anzeigen. In manchen Definitionen für soziale Indikatoren wird das normative Element als notwendiger begrifflicher Bestandteil für einen Sozialindikator angesehen, wie dies z.B. bei der Definition von **Sheldon** und **Moore** der Fall ist: „Soziale Indikatoren sollen beides: über den gegenwärtigen Stand eines bestimmten Ausschnittes des gesellschaftlichen Universums und über Fortschritt oder Rückschritt vergangener oder zukünftiger Trends – auf der Grundlage bestimmter normativer Kriterien – Auskunft geben".[24]

Die Forderung, jedem Sozialindikator müßten bestimmte normative Kriterien zugrundeliegen, ist indes unzweckmäßig. Sie beruht auf einer Verquickung der Informationsfunktion statistischer Daten einerseits und der Funktion der **Beurteilung** der in den Daten enthaltenen Information andererseits.

Es ist gewiß unbestritten, daß Information eine wichtige Rolle bei der Festlegung bestimmter politischer Zielsetzungen spielt: bei normativen Indikatoren werden die Zielsetzungen schon in den Bereich der Datenermittlung selbst verlagert. Die Analyse und Interpretation der Sozialindikatoren wird durch normative Indikatoren dadurch bereits vorweggenommen. Da nun die Zielvorstellungen innerhalb einer Gesellschaft nur in Bezug auf wenige Bereiche einheitlich und sonst im allgemeinen je nach Zugehörigkeit zu bestimmten gesellschaftlichen Gruppen durchaus verschieden sind, normativen Indikatoren jedoch im Falle eines Zielkonfliktes eine bestimmte Zielsetzung zugrundegelegt werden müssen, können diese Indikatoren dann immer nur mehr oder weniger von Interessen bestimmter gesellschaftlicher Gruppierungen abhängen. „Wenn etwa der Indikator „Arbeitsunfähigkeit durch Krankheit" als normativer Indikator in dem Sinne deklariert wird, daß die Arbeitsunfähigkeit gesenkt werden soll, um die Produktion nicht zu gefährden, so kommt darin ein klares Gruppeninteresse zum Ausdruck. Man könnte auch genau gegenteilig argumentieren, daß der Indikator eigentlich steigen sollte, um eine bessere gesundheitliche Fürsorge bei der hohen Arbeitsbelastung zu erreichen. Ein normativ deklarierter Indikator ist also in den meisten Fällen von einem bestimmten Interesse geprägt, das durch das Anlegen der Norm zum alleinigen wird."[25]

Deshalb sollte auf die Verwendung normativer Indikatoren verzichtet werden. Da außerdem die Ziele im Zeitverlauf kaum unverändert bleiben, wird die Brauchbarkeit normativer Indikatoren für intertemporale Vergleiche erheblich verringert, was ebenfalls gegen die Verwendung normativer Indikatoren spricht.

Deshalb muß man jedoch die Verwendung normativer Indikatoren nicht gänzlich verbieten; in manchen Fällen dürfte die Verwendung normativer Indikatoren sogar unumgänglich sein.[26] Man wird dann aber fordern müssen, daß die den Berechnungen zugrundegelegten Normen offengelegt und zusätzlich ausgewiesen werden sollen.

7.3.2.3. Objektive oder subjektive Indikatoren?

Mit großer Heftigkeit werden auch die Diskussionen „objektive" versus „subjektive" Indikatoren geführt. Gemeinsam ist beiden, daß sie die Situation bestimmter für die Lebensqualität relevanter Komponenten beschreiben sollen und daß bei der Ermittlung der Daten prinzipiell beim Individuum angeknüpft werden soll. Der wesentliche Unterschied besteht darin, daß bei der Erhebung subjektiver Daten das Individuum nicht bloß über Tatsachen Auskunft gibt (z. B. „im vergangenen Monat hielt ich mich insgesamt fünf Tage im Krankenhaus auf" oder „mein Arbeitsplatz wird durch zwei Einhundert-Watt-Lampen ausgeleuchtet"), sondern auch Zustände und Ereignisse bewertet und einschätzt (z. B. „die Krankenhausbehandlung war erstklassig", oder „die Bedingungen an meinem Arbeitsplatz sind nicht zufriedenstellend").

Der Vorzug subjektiver Indikatoren wird darin erblickt, unmittelbar von den Betroffenen eine Einschätzung der Zufriedenheit oder Unzufriedenheit mit bestimmten Sachverhalten zu gewinnen. „Qualität des Lebens" findet letzten Endes ihren Ausdruck im individuellen Wohlbefinden und kann daher adäquat nur durch die Individuen erfaßt und beurteilt werden.

Demgegenüber wird jedoch auf eine Reihe von Schwierigkeiten hingewiesen, die sich bei der Erhebung subjektiver Indikatoren ergeben und somit deren Zuverlässigkeit stark herabmindern. Erstens sind die individuellen Einschätzungen selten frei von logischen Widersprüchen und im allgemeinen über die Zeit nicht konstant (d. h. dieselbe Situation kann zu verschiedenen Zeitpunkten durchaus verschieden beurteilt werden), wodurch deren Brauchbarkeit im intertemporalen Vergleich wesentlich herabgesetzt wird. Zweitens setzt die Einschätzung der eigenen Lage ein ausgeprägtes Problembewußtsein und „kritisches Potential" beim Befragten voraus, das im allgemeinen nicht vorhanden ist. Drittens sind die Bewertungen der Individuen wenigsten teilweise auch Reflexe der Einschätzungen ihrer Umwelt, und es besteht die Gefahr von Beeinflussung und Manipulation, indem Wohlbefinden oder Unzufriedenheit suggeriert werden. Schließlich sei noch auf die zusätzlichen Schwierigkeiten hingewiesen, die sich bei der Aggregation subjektiver Indikatoren ergeben würden.

Die Verfeinerung und Verbesserungen der Erhebungsmethoden lassen dagegen eine ständige Erhöhung der Zuverlässigkeit subjektiver Indikatoren erwarten. Allgemein kann man folgendes feststellen: Objektive und subjektive Indikatoren stellen kein Gegensatzpaar dar, sondern sollten einander gegenseitig ergänzen. Ob subjektive oder objektive Indikatoren „bessere" Meßgrößen darstellen, kann wohl nur für ein jeweils bestimmtes Indikatorensystem und im Hinblick auf bestimmte Fragestellungen beurteilt werden.

7.3.2.4. Aggregierte oder disaggregierte Indikatoren?

Viel diskutiert in der Soziale-Indikatoren-Forschung wurde und wird noch immer auch die Frage, ob die Zahl der auszuweisenden Indikatoren nicht durch Aggregation auf ein überschaubares Maß reduziert werden sollte. Obgleich die Frage nach dem „besten“ Aggregationsgrad letztlich nur nach der Zweckmäßigkeit zur Behandlung bestimmter Probleme beurteilt werden kann, entbrannten dennoch heftige Kontroversen um die Aggregationsmöglichkeit und -zweckmäßigkeit von Indikatoren. Von den Befürwörtern eines hohen Aggregationsgrades wird zu Recht auf die Vorteile hingewiesen, die die Konzentration auf eine geringe Anzahl von Messgrößen für den Informationssuchenden bringt. Dem werden jedoch vor allem die technischen Schwierigkeiten der Aggregation entgegengehalten. Besonders Hinweise auf die Heterogenität des Datenmaterials, sowie die Schwierigkeiten der Gewichtung der zu aggregierenden Einzeldaten tauchen als wesentliche Argumente gegen Aggregation immer wieder auf.

Als bedeutendster Vertreter für eine umfassende Aggregation ist **Jan Drewnowski** anzusehen[27]. Er schlägt die Konstruktion eines **Lebensniveauindex** (Level of Living Index) vor, der als ein Maß für die Lebensqualität einer Gesellschaft anzusehen ist.

Die **Konstruktion dieser Maßzahl** erfolgt auf folgende Weise:

1. Schritt: Die Leistungen zu den einzelnen Wohlstandskomponenten (d.s. Ernährung, Bekleidung, Wohnverhältnisse, Gesundheit, Erziehung, Freizeit, Sicherheit, soziale und physikalische Umwelt) werden jeweils durch eigene Indikatoren (für Bekleidung: durch die innerhalb eines Jahres pro Kopf der Bevölkerung verkauften m^2 an verarbeitetem Stoff, durch die Zahl der pro Kopf verkauften Paar Schuhe sowie durch die Qualität der Bekleidung) quantitativ erfaßt.

2. Schritt: Die Indikatoren jeder Wohlstandskomponente werden zu einem Index zusammengefaßt[28]. Dabei werden für die einzelnen Indikatoren Mindest- und Höchststandards vorgegeben, um eine einheitliche Maßskala festzulegen. Beispielsweise wird für die Ausstattung mit Schuhwerk eine Maßskala dadurch festgelegt, indem der Nullpunkt für Null Paar Schuhe pro Kopf der Bevölkerung pro Jahr und einhundert Punkte gleich drei Paar Schuhe pro Kopf (pro Jahr) gesetzt werden. Über sechs paar Schuhe pro Kopf pro Jahr (= 200 Punkte) erhöhen den Indikatorwert nicht mehr, da angenommen wird, daß eine darüber hinaus gehende Versorgung mit Schuhen nichts mehr zum Wohlstand beiträgt.

Je nachdem, welche Bedeutung den einzelnen Indikatoren im Rahmen der betreffenden Wohlstandskomponenten zukommt, werden die Indikatoren gewichtet und so in den Index aufgenommen.

3. Schritt: Die Indices der einzelnen Wohlstandskomponenten werden schließlich zu einem allgemeinen Index, dem **Lebensniveauindex** zusammengefaßt. Dabei mindern Ungleichheiten in der Verteilung die Indices der einzelnen Wohlstandskomponenten.

So sehr der Versuch Drewnowskis, einen einzigen Index für den Wohlstand zu konstruieren, grundsätzlich begrüßt werden muß, sind doch gleichzeitig schwerwiegende Bedenken dagegen anzumelden:

- Sollen die auf jeder Aggregationsstufe vorzunehmenden **Gewichtungen** beispielsweise durch den jeweiligen Sachbearbeiter „gesetzt“ werden oder durch Umfrage ermittelt werden?[29]
- Ähnliche Probleme ergeben sich bei der Festlegung der Maßskalen. Hier gehen

Werturteile ein, von denen der auszuweisende Indexwert für das Lebensniveau entscheidend abhängt.
- Änderungen in der Gewichtung und/oder den Festlegungen der Maßskalen schränken die intertemporale und internationale Vergleichbarkeit und damit auch die Brauchbarkeit der Indices in erheblichem Maße ein.

Im gegenwärtigen Stadium der Indikatorenforschung sollte daher von der Konstruktion hochaggregierter Indices – die zudem eine Fülle an Information und die zu ihrer Berechnung vorausgesetzten Werturteile nicht deutlich machen – Abstand genommen werden.

7.3.2.5. Abschließende Bemerkungen zur praktischen Brauchbarkeit von Sozialindikatoren

Zu den eben diskutierten, kontroversen Fragen kann lediglich bemerkt werden, daß eine abstrakte Diskussion der Probleme ein wenig zielführendes Unterfangen darstellt. Aggregierte oder disaggregierte, objektive oder subjektive, deskriptive oder normative Indikatoren stellen keine Gegensatzpaare dar. Welche Art von Indikatoren die „besten" sind, kann immer nur für ein konkretes Indikatorensystem und im Hinblick auf eine bestimmte Fragestellung entschieden werden. Die weit wichtigere Frage ist, ob die jeweiligen Indikatorensysteme tatsächlich über den Wohlstand informieren. Darauf gilt es nun einzugehen.

7.3.3. Das Problem der Gültigkeit von Indikatorensystemen

Prinzipiell kann zu jedem beliebigen Zielsystem eine unendliche Zahl **brauchbarer Indikatorensysteme** im oben beschriebenen Sinne angegeben werden. Nicht alle denkbaren Indikatorensysteme informieren jedoch gleich gut über den Zustand der zu erfassenden Zielgrößen. Ziel der Forschung müßte es demnach sein, aus der Menge aller brauchbaren Indikatorensysteme ein **gültiges System** auszuwählen.[30] Beispielsweise kann man mit etwas Phantasie eine stattliche Anzahl von brauchbaren Indikatoren angeben, die über den jeweiligen Zustand des Zieles „Gesundheit" zu „informieren" vermögen, z.B. die Anzahl der Krankenhausbetten, die Zahl der Krankheitstage je Kopf der Bevölkerung, die Ärztedichte, die Zahl der verabreichten Penicillininjektionen pro Periode usw. Alle diese Indikatoren scheinen zusammen oder kombiniert mit anderen durchaus geeignete Maßzahlen für den Stand des Gesundheitswesens abzugeben. Ziel ist jedoch nicht, durch eine Unzahl von „Anzeigern" (Indikatoren) das „Anzuzeigende" (Indikandum, in unserem Beispiel das Gesundheitswesen) in allen seinen Facetten zu erfassen. Folge einer solchen Vorgehensweise wäre eine Fülle an Detailinformation, die den „Wald vor lauter Bäumen" nicht mehr erkennen ließe. Politische Entscheidungen sowie Bewertungen derartiger Entscheidungen, welche sich auf ein dermaßen vielfältiges Datenmaterial stützten, müßten davor in vielen Fällen in Ermangelung klarer und eindeutiger Information kapitulieren. Wünschenswert wäre es somit, durch einige wenige gültige Indikatoren über die Zustandsentwicklung der Zielgrößen zuverlässige Informationen zu erhalten.

Wie aber gelangt man zu gültigen Indikatoren?

Indikatoren sind Symptome von Ereignissen oder Zuständen. Beispielsweise kann ein roter Kopf ein Indikator für Krankheit sein, hohe Unterbeschäftigung auf ein schlecht funktionierendes Wirtschaftssystem hindeuten, die Verfärbung von Lackmuspapier über die Säuren- oder Laugeneigenschaft von Flüssigkeiten informieren.

Die Gültigkeit dieser Indikatoren, nämlich ihre Eigenschaft, zutreffende Information über das „Anzuzeigende" (Indikandum) zu gewährleisten, kann letzten Endes nur vor dem Hintergrund von gut bestätigten Theorien beurteilt werden. Die Gültigkeit des Lackmuspapiers als Säureindikator ist theoretisch begründet und überprüfbar. Andererseits weiß man auch auf Grund von Theorien, daß ein roter Kopf auf so unterschiedliche Phänomene wie z. B. Überhitzung oder Unterkühlung, Krankheit oder Verlegenheit, Begeisterung oder Zorn hinzudeuten vermag. Erröten ist gewiß ein Indikator für Verlegenheit, jedoch ist dieser Indikator keineswegs gültig, da auch andere Ursachen zu Erröten führen können und Verlegenheit sich nicht notwendig in einem roten Kopf äußern muß. Es sollte im Idealfall eine umkehrbare eindeutige Beziehung zwischen Indikator und Indikandum bestehen. Vielfach ist dieses Ideal, eine derartige Beziehung mittels eines einzigen Indikators zu finden, bei einem gegebenen Stand theoretischen Wissens nicht erreichbar. Man wird durch Kombination mehrerer Indikatoren den dahinterliegenden Zustand zu erfassen suchen. Zum Beispiel wird man zur Feststellung von Verlegenheit neben der Verfärbung des Gesichtes auch die Veränderung der Lautstärke beim Sprechen und das Zittern der Extremitäten als Indikatoren aufnehmen; diese könnten zusammengenommen das Vorliegen von Verlegenheit erkennen lassen.

Halten wir fest: Indikatoren werden nicht schon allein dadurch gültig, daß sie von Experten beschlossen werden. Ob Indikatoren über den Zustand des Indikandums etwas auszusagen vermögen, kann nur aufgrund wohlfundierter theoretischer Überlegungen beurteilt werden. Angesichts der Fülle und Beliebigkeit der bisher vorgeschlagenen Indikatorensysteme erhebt sich der Verdacht, daß diese nicht oder höchstens zum Teil auf der Grundlage wohlfundierter theoretischer Überlegungen erstellt worden sind.

7.3.4. Kritik an der „Soziale-Indikatoren-Bewegung"

Die Soziale-Indikatoren-Forschung ist in all den Jahren ihrer Entwicklung nicht unkritisiert geblieben. Gemessen an den anfangs geäußerten Ansprüchen und Zielen wurde bislang nur ein verhältnismäßig geringer Teil der Erwartungen, die man in diesen Forschungszweig gesetzt hat, erfüllt.

Kritisiert werden vor allem:
1. Der Glaube, Information als solche könnte anstehende soziale Probleme lösen.
2. Der Mangel an theoretischer Fundierung.
3. Die Zunahme der Komplexität.
4. Die Fülle ungeklärter Detailprobleme.

Zu 1) Es mag wohl richtig sein, daß eine Verbreiterung der Informationsbasis Probleme ins Bewußtsein bringt, die zuvor, einfach aus Mangel an Information, als solche nicht erkannt wurden. Doch reicht eine vermehrte und verbesserte Information der Gesellschaft allein nicht schon aus, um die Lösung brennender sozialer Probleme herbeizuführen. Folgendes ist nämlich zu bedenken:

- Ein allgemeines Bewußtsein für ein bestimmtes Problem entsteht nicht durch Information allein. Information kann lediglich komplizierte gesellschaftliche Prozesse in Gang setzen, die schließlich ein vorhandenes Problem als ein soziales Problem bewußt werden lassen und gegebenenfalls dessen Lösung herbeiführen.
- Vorhandenes Problembewußtsein erzeugt in den wenigsten Fällen auch das dazu erforderliche wirtschaftliche und politische Lösungspotential. Beispielsweise wird die

Beseitigung einer größeren Zahl als dringlich erkannter sozialer Mißstände Prioritätensetzung notwendig machen. Die knappen Mittel, die zur Behebung der Mängel zur Verfügung stehen, können dann so aufgeteilt werden, daß die Lösung vorrangiger Probleme nur durch weitere Inkaufnahme anderer möglich wird.
- Schließlich kann nicht von vornherein angenommen werden, es gäbe zu jedem sozialen Problem eine Lösung, die durch entsprechende politische Maßnahmen herbeigeführt werden könnte. Es ist nämlich denkbar, daß die Bewältigung bestimmter Problemfelder kontrollierenden oder lenkenden Eingriffen ganz oder doch weitgehend entzogen sind.

Dagegen muß aber auch darauf hingewiesen werden, daß **Informationserstellung und -verbreitung selbst ein politisches Problem** darstellt. Je nachdem, ob die Verbreitung bestimmter Informationen einer politischen Gruppierung schadet oder nützt, wird diese Gruppierung die Verbreitung solcher Informationen zu verhindern oder zu unterstützen suchen. **Hat man einmal erkannt, daß Information eine wichtige Grundlage für die Entstehung eines Bewußtseins für bestimmte gesellschaftliche Probleme darstellt, so muß man das Ziel „erweiterte und verbesserte gesellschaftliche Information" und damit die Soziale-Indikatoren-Bewegung als eine bedeutsame und wichtige Entwicklung innerhalb unserer Gesellschaft ansehen.** Gerade weil durch Information die Interessen letztlich aller Gruppierungen einer Gesellschaft berührt werden, enthält die Indikatorenbewegung viel politischen Zündstoff und ist deshalb vielleicht mit mehr Problemen beladen, als dies bei anderen Zweigen der Wissenschaft der Fall ist. Umso bedeutsamer ist es immer wieder, danach zu fragen, was schließlich gemessen wird, und fast wichtiger noch, was nicht gemessen wird, so paradox dies auch immer klingen mag. Der Mangel einer umfassenden Gesellschaftstheorie erschwert eine derartige Beurteilung ganz erheblich.

Zu 2) Der Mangel an theoretischer Fundierung ist auf nahezu allen Ebenen der Indikatorenforschung deutlich bemerkbar. Die Beliebigkeit und Willkür, mit der die einzelnen Indikatorensysteme aufgestellt werden, einerseits sowie das nahezu vollkommene Unwissen über die wechselseitigen Abhängigkeiten der einzelnen Indikatoren voneinander andererseits geben ein beredtes Zeugnis von diesem **„Theoriedefizit"**.

Um mögliche Auswirkungen gezielter politischer Maßnahmen in den Griff zu bekommen, ist auch eine Kenntnis der Nebenwirkung derartiger Maßnahmen vonnöten. Nur wenn sämtliche Wirkungen und Nebenwirkungen solcher Maßnahmen ins Auge gefaßt werden, kann deren Wirkung auf den totalen Wohlstand geschätzt und beurteilt werden. Über die Möglichkeit der Beeinflussung sozialer Prozesse und die Auswirkungen politischer Eingriffe kann aber letzten Endes nur auf der Grundlage einer **umfassenden Gesellschaftstheorie** befunden werden.

Die Anhäufung von Datenmaterial über alle möglichen verschiedenartigen Tatbestände bleibt nutzlos, wenn keine als relevant erachteten Fragen damit beantwortet und keinerlei Beziehungen zwischen den einzelnen Daten hergestellt werden sollen. Eine gute Theorie leistet beides. Einmal bildet sie die Grundlage zur Beantwortung relevanter Fragen, zum anderen strukturiert sie Datenmaterial, indem sie Beziehungszusammenhänge zwischen den einzelnen Daten klarlegt. So gesehen muß auch die isolierte Erstellung von Indikatoren für Teilsysteme wie z. B. für den Gesundheitssektor als unbefriedigend angesehen werden, wenn die Zusammenhänge der einzelnen Teilsysteme miteinander ungeklärt bleiben. Es ließe sich außerdem vermuten, daß die Indikatoren, die für das Gesamtsystem erforderlich sind, teilweise andere wären, als sie die Summe der Indikatoren der Teilsysteme ergeben könnte. Zur **isolierten** Behandlung von Teilfragen werden zumeist andersgeartete Informationen benötigt als zur Erörterung derselben Fragen unter **umfassenden** Gesichtspunkten. Da es geradezu als das Hauptziel der Soziale-Indikatoren-Bewegung anzusehen ist, **umfassend** über gesellschaftlich relevante Fragen zu informieren, muß daher auch die umfassende Erstellung eines Indikatorsystems verlangt werden. Dies ist ohne eine umfassende Gesellschaftstheorie jedoch kaum möglich. Man kann **Bunge** nur zustimmen, wenn er schreibt: „Was wir brauchen ist relevante Information, und um zu bestimmen, welche Daten für Fragen der Lebensqualität relevant sind, dazu bedarf es mehr Nachdenkens und weniger blinden Datenerhebens. Tatsächlich ist definitionsgemäß ein gültiger und sensitiver Indikator für irgendeinen Sachverhalt einer, der einem bestimmten theoretischen Rahmen angehört und der empirisch überprüft wurde. Kurz gesagt, wir benötigen mehr theoretische (wenn möglich mathematische) Modelle und mehr methodologische Studien, um den Gegenstand zu bewältigen".[31] Daß dazu eine Fülle von Detailstudien erforderlich ist, ist selbstverständlich, nur darf dabei der Blick für „das Ganze" nicht verloren gehen, wenn die Indikatorenbewegung ihrer eigentlichen Zielsetzung nachkommen soll.

Zu 3) Die Erweiterung der Informationsbasis bringt zweierlei Probleme mit sich. Einerseits erschwert sie die rasche Formulierung politischer Maßnahmen, da eine steigende Zahl an Variablen und Zielsetzungen zu berücksichtigen ist. Die Konzentration auf einige wenige Zielsetzungen würde es erleichtern, Zusammenhänge zu überblicken und innerhalb kurzer Zeit wirksame Steuerungsmaßnahmen ins Auge zu fassen.

Andererseits wird auf die Gefahren hingewiesen, welche die Vermehrung des Datenmaterials und die damit verbundene Komplexität der Zusammenhänge für breite Teile der Bevölkerung mit sich bringen. Immer weitere Bereiche drohen einem allgemeinen Verständnis entzogen zu werden. Einsichten in relevante Zusammenhänge und die Beurteilungen sozialer Zustände werden mehr noch als bisher Experten vorbehalten bleiben. Dadurch aber weitet sich die Kluft zwischen einer unwissenden und infolgedessen politisch wenig motivierten Masse und einer verhältnismäßig kleinen Elitegruppe. Die Bedrohungen derartiger Entwicklungen für ein demokratisches System liegen auf der Hand.

So bedeutsam diese Kritik auch ist, dürfte sie doch weitgehend an die falsche Adresse gerichtet sein. Sicherlich ist anwachsende Information mit zunehmendem Zeitaufwand für deren Verarbeitung verbunden. Aber was wäre die Alternative? Sollte man auf die zusätzliche Information verzichten? Offenbar werden die Kosten und Gefahren von Fehlentwicklungen, verursacht durch Informationsmängel, höher eingeschätzt als die Kosten der Informationserstellung und -verarbeitung. Ein Verzicht auf einen Ausbau gesellschaftlicher Informationssysteme würde die besagte Kluft – was immer im einzelnen darunter zu verstehen ist – kaum verringern, aber die Nachteile, verursacht durch „blinde" Entscheidungen erheblich vergrößern. Wenn man nachteilige Wirkungen, verursacht durch zunehmende Komplexität der Information, befürchtet, dann müßte überlegt werden, wie man diesen insbesondere durch geeignete Bildungs- und Aufklärungsmaßnahmen entgegenwirken kann.

Zu 4) Die Fülle ungelöster und umstrittener Detailfragen, die sich beispielsweise bei

- der Auswahl der Dimensionen, bezüglich deren die Gesellschaft informiert werden soll,
- der Möglichkeit, die intertemporale und internationale Vergleichbarkeit zu gewährleisten sowie
- der Behandlung der Aggregation nach verschiedenen Gesichtspunkten und auf verschiedenen Ebenen ergeben,

könnten überhaupt Zweifel an der Konzeption der Indikatorenbewegung aufkommen lassen. So ist zu befürchten, daß durch Indikatoren nur Größen erfaßt werden, die sich leicht und billig ermitteln lassen und so unter Umständen relevante Größen wieder ausgeklammert werden. In manchen Bereichen der Indikatorenforschung unterscheiden sich die dort auftretenden Probleme nämlich nur wenig von denen, die sich auch bei der Revision der Volkswirtschaftlichen Gesamtrechnung ergeben. Damit stellt sich aber die Frage, ob die vollständige Aufgabe des analytischen Rahmens der Volkswirtschaftlichen Gesamtrechnung, wie sie durch die Soziale-Indikatoren-Bewegung vollzogen wurde, nicht doch etwas voreilig erfolgte.

7.4. Zusammenfassung und Ausblicke

Die Volkswirtschaftliche Gesamtrechnung hat sich, verbunden mit ihrer Interpretation auf der Grundlage der Keynesschen Theorie, als ein wichtiger Bestandteil wirtschaftspolitischer Überlegungen erwiesen. Sobald man den Blickwinkel über den wirtschaftlichen Wohlstand hinaus auf den totalen Wohlstand erweitert, vermag die Volkswirtschaftlichen Gesamtrechnung in ihrer gegenwärtigen praktizierten Form nur noch wenig zur Klärung damit verbundener Probleme beizutragen. Beide Gruppen von Änderungsvorschlägen, die Revisionsvorschläge und die Vorschläge zur Entwicklung von Sozialindikatorensystemen, erweisen sich im derzeitigen Stadium als nur bedingt tauglich, eine verläßliche Grundlage für Aussagen über den totalen Wohlstand eines Landes bzw. über dessen Entwicklung abzugeben. Solange dies der Fall ist, kann auf die Volkswirtschaftliche Gesamtrechnung in ihrer gegenwärtigen – oder in veränderter – Form nicht verzichtet werden. Diese sollte jedoch durch Sozialindikatoren ergänzt werden.[32] Erst wenn es gelungen ist, ein wohlfundiertes gesellschaftliches Informationssystem zu erstellen, sollte die Volkswirtschaftliche Gesamtrechnung in diesem umfassenderen System aufgehen.

Anmerkungen zu Kapitel 7

[1] Grundlegend für diese Interpretation war das Buch des bekannten Wirtschaftstheoretikers **A. C. Pigou** (1877–1959) „The Economics of Welfare", 4. (wiederabgedruckte) Auflage, London 1962, welches in 1. Auflage im Jahre 1920 veröffentlicht wurde. Nach Pigou mißt das Sozialprodukt den wirtschaftlichen Wohlstand, d. h. „... jenen Teil des gesellschaftlichen Wohlstandes, der direkt oder indirekt mit dem Maßstab Geld in Beziehung gebracht werden kann" (S. 11). Für Pigou sind die Begriffe Sozialprodukt – das er als „national dividend" bezeichnet – und wirtschaftlicher Wohlstand weitgehend identisch. Nach dieser Umschreibung ist jedoch der Inhalt des wirtschaftlichen Wohlstandes nur sehr unscharf bestimmt, denn es bleibt unklar, welche Vorgänge direkt oder indirekt mit dem Maßstab Geld in Beziehung gebracht werden **können**. Sollen **alle** Vorgänge, die auf jede denkbare Weise, oder nur jene, die „leicht und billig" in Beziehung zu Geld gebracht werden können, im Sozialprodukt ihren Niederschlag finden? Umschreibt das Wort „können" technische oder finanzielle oder irgendwelche andere Möglichkeiten? Pigou war der Auffassung, „daß die Güter und Dienstleistungen erfaßt werden sollten (Doppelzählungen sind klarerweise zu vermeiden), und nur diejenigen, die tatsächlich für Geld verkauft wurden." (S. 32). Er war sich allerdings auch darüber im klaren, daß diese Abgrenzung in einem hohen Grad willkürlich ist und zu einer Reihe paradoxer Ergebnisse führen kann. „Wenn jemand ein Haus und Möbel von einem anderen mietet, so gehen die erworbenen Dienstleistungen in das Sozialprodukt – wie wir es hier vorläufig definieren – ein; wenn er aber das Haus und die Möbel als ein Geschenk erhält und weiterhin nutzt, ist dies nicht mehr der Fall. Gleiches gilt, wenn ein Bauer die Produkte seiner Landwirtschaft verkauft und die Lebensmittel, die er für seine Familie benötigt, auf dem Markt

kauft. Daher geht ein beträchtlicher Betrag an Produktion in das Sozialprodukt ein, der daraus verschwinden würde, wenn der Bauer, anstatt die Dinge auf dem Markt zu kaufen, einen Teil des von ihm produzierten Fleisches und Gemüses zurückbehalten und auf seiner Landwirtschaft verzehren würde. Ebenso würde die philanthropische Arbeit, die von unbezahlten Organisatoren, Kirchendienern und Sonntagschullehrern verrichtet wird, die wissenschaftliche Arbeit selbstloser Experimentatoren und die politische Arbeit vieler aus den gehobenen Schichten, die gegenwärtig nicht, oder, wenn es eine nominelle Bezahlung gibt, weit unter ihrem tatsächlichen Wert in das Sozialprodukt eingehen, darin Eingang finden, wenn diese Leute beginnen würden, einander Gehälter zu zahlen. Deshalb erhöhte beispielsweise das Gesetz über die Bezahlung der Parlamentsmitglieder das Sozialprodukt um Dienstleistungen im Werte von US Dollar 250 000,–. Hingegen gehen die Dienstleistungen, die durch Frauen verrichtet werden, in das Sozialprodukt ein, wenn diese, ob in der Fabrik oder zu Hause, gegen Löhne geleistet werden; sie gehen jedoch nicht darin ein, wenn sie von Müttern und Ehefrauen unentgeltlich für ihre eigenen Familien verrichtet werden. Deshalb verringert sich das Sozialprodukt, wenn ein Mann seine Haushälterin oder seine Köchin heiratet. Diese Dinge sind Paradoxa. Es ist ebenso paradox, wenn weibliche Arbeiter durch Armengesetz oder Fabrikordnungen von Fabrikarbeit oder bezahlter Heimarbeit zu unbezahlter Heimarbeit, zur Obsorge ihrer Kinder, zur Vorbereitung von Mahlzeiten für die Familie, zur Ausbesserung der Kleider Familienangehöriger, zu verantwortlicher Verwendung des Haushaltsgeldes (und so weiter) gedrängt werden, dann das Sozialprodukt nach unserer Definition eine Verringerung erfährt, ohne daß eine kompensierende Steigerung dagegengesetzt wird. Es ist schließlich ein Paradoxon, daß die ständige Zerstörung von Naturschönheit durch die Suche nach Kohle oder Gold oder durch die aufdringlicheren Formen kommerzieller Werbemethoden nach unserer Definition das Sozialprodukt unverändert läßt, obgleich dies nicht so wäre, wenn – wie dies in einigen Ausnahmen der Fall ist – es praktisch möglich wäre, eine Gebühr für die Besichtigung der Landschaft zu erheben.“ (S. 32 f.).

Vgl. z. B. auch **W. Beckermann**, In Defence of Economic Growth, London, 1974:

„Obleich ... wenige Volkswirte glauben, daß Änderungen des Bruttosozialprodukts gleiche Änderungen des allgemeinen Wohlstandes indizieren, beruhen die grundlegenden Konventionen, die sich die Statistiker der meisten Staaten zu Zwecken der Bruttosozialproduktsmessung zu eigen gemacht haben, auf irgendeiner Vorstellung darüber, welches Maß für **wirtschaftliche** Aktivität den Beitrag dieser Aktivität für den Wohlstand am besten zu erfassen vermag“ (S. 80).

Wie **J. S. Chipman** und **J. C. Moore** nachgewiesen haben, sind die (notwendigen und hinreichenden) Bedingungen, unter denen der Schluß von einem Anstieg des Sozialprodukts auf einen Anstieg des wirtschaftlichen Wohlstandes – vorausgesetzt dessen Komponenten werden durch das Sozialprodukt vollständig erfaßt – zulässig ist, äußerst restriktiv und in der Praxis kaum jemals realisiert [i. e. die Präferenzen aller Individuen müssen identisch (!) und homothetisch sein]. (Siehe: Chipman und Moore, Why an Increase in GNP Need Not Imply an Improvement in Potential Welfare, Kyklos, Vol. 29–1976, S. 391 ff.)

[1a] Zur (umstrittenen) Definition der Schattenwirtschaft siehe: **D. Cassel** und **A. Caspers,** Was ist Schattenwirtschaft, Wirtschaftswissenschaftliches Studium, 1/1984, S. 1 ff. sowie D. Schäfer und P. Wittmann, Zur Abgrenzung und Erfassung der Schattenwirtschaft, Wirtschaft und Statistik, 8/1985, S. 618 ff. Schätzungen des Umfanges und Erklärungsansätze finden sich z. B. in **W. Schäfer (Hrsg.),** Schattenökonomie, Göttingen, 1984; **K. Gretschmann u. a. (Hrsg.),** Schattenwirtschaft, Göttingen, 1984; **W. Gaertner** und **A. Wenig (Hrsg.),** The Economics of the Shadow Economy, Berlin, etc. 1985, sowie **P. de Gijsel** und **H. G. Seifert-Vogt (Hrsg.),** Schattenwirtschaft und alternative Ökonomie, Regensburg, 1984 (dieser Band enthält auch eine umfassende Bibliographie der Literatur zu diesem Thema).

[2] Eine genauere Analyse enthält **M. Baltensperger**, Die Volkswirtschaftliche Quantifizierung des Umweltverzehrs, Schweizerische Zeitschrift für Volkswirtschaft und Statistik, Bd. 108, 1972, S. 405–423. Diese Arbeit bleibt jedoch auf die Korrekturen des Sozialprodukts im Hinblick auf Umweltprobleme beschränkt. Näherhin berücksichtigt Baltensperger „zwar den Umweltverzehr, aber nur insoweit die entsprechenden Schäden behebbar sind.“ (**W. A. Jöhr,** S. 431). Eine Kritik an Baltenspergers Ansatz findet sich bei: **W. A. Jöhr**, Zur Frage der Berücksichtigung der Umweltproblematik in der volkswirtschaftlichen Gesamtrechnung, Schweizerische Zeitschrift für Volkswirtschaft und Statistik, Bd. 108, 1972, S. 425–437.

[3] Einen guten Überblick über die Diskussionen vermittelt: **C. Leipert**, Unzulänglichkeiten des Sozialprodukts in seiner Eigenschaft als Wohlstandsmaß, Tübingen 1975, insbes. S. 79 ff.
[4] Nicht nur die Abgrenzungskriterien, sondern auch die verwendeten Terminologien sind in der Literatur recht verschieden. Neben „regrettable necessities“ werden unter anderem die Begriffe „Defensivausgaben“ (defensive expenditures) und „instrumentelle Ausgaben“ verwendet.
[5] S. 515 f., **W. D. Nordhaus und J. Tobin**, Is Growth Obsolete?, in: **M. Moss** (Ed.), The Measurement of Economic and Social Performance, New York, 1973, S. 509–532.
[6] So auch gegen **S. Kuznets'** Abgrenzungsvorschlag, wonach nur jene Leistungen des Staates Endprodukte darstellen, die (a) unentgeltlich oder nur gegen symbolische Gegenleistungen abgegeben werden, (b) den Individuen nur auf deren Initiative hin bereitgestellt werden und (c) prinzipiell auch auf privaten Märkten angeboten werden könnten. (Government Product and National Income, in: **E. Lundberg** (Ed.), Income and Wealth, Series I, Sondon 1951, S. 178 ff. Siehe insbes. S. 192 ff.). Danach wären z. B. Verteidigungsausgaben nicht den Endprodukten zuzurechnen. **Kuznets** selbst aber durchbricht das von ihm vorgeschlagene Abgrenzungskriterium, wenn er für die Zeit des zweiten Weltkriegs die Verteidigungsausgaben als Endprodukte ansieht.
[7] Siehe vor allem **J. R. Hicks**, The Valuation of the Social Income, Economica, Vol. 7, 1940, S. 105 ff.; **S. Kuznets**, On the Valuation of Social Income. Reflections on Prof. Hicks' Article, Economica, Vol. 15, 1948, S. 1 ff. und S. 116 ff.; sowie **J. R. Hicks**, The Valuation of the Social Income. A Comment on Prof. Kuznets' Reflections, Economica; Vol. 15, 1948, S. 163 ff.
[8] **Keynes** war selbst auch persönlich an den Arbeiten mitbeteiligt. Seine engen Kontakte zu **James Meade** und **Richard Stone** – die als Väter der international standardisierten volkswirtschaftlichen Gesamtrechnung angesehen werden müssen – waren gewiß nicht ohne Einfluß auf die inhaltliche Ausgestaltung der Volkswirtschaftlichen Gesamtrechnung. Vgl. **R. F. Harrod**, The Life of John Maynard Keynes, London 1951, S. 497 ff.
[9] Dieser Glaube ist spätestens durch die weltweite Rezession im Jahre 1974/75 schwer erschüttert worden.
[10] Es handelt sich um die Arbeiten von **J. W. Forrester**, World Dynamics, Cambridge, Mass. 1971 und **Meadows et al.**, The Limits to Growth, New York, 1972.
Zuvor haben bereits eine Reihe bedeutender Wirtschaftswissenschafter vor einem schrankenlosen Wachstum gewarnt. Siehe vor allem **K. E. Boulding**, The Economics of the Coming Spaceship Earth, in **H. Jarred** (Ed.), Environmental Quality in a Growing Economy, Baltimore 1966, und **E. J. Mishan**, The Costs of Economic Growth, London 1967. Kritisch – in der Grundhaltung jedoch eher positiv – setzte sich auch **J. R. Hicks**, Growth and Antigrowth, Oxford Economic Papers, Vol. 18, 1966, S. 257 ff. mit den Problemen des Wachstums auseinander.
[11] Die Studien haben eine Unzahl kritischer Beiträge ausgelöst. Die umfassendste Kritik enthält wohl **W. Beckerman**, In Defence of Economic Growth, London 1974. Siehe auch **W. Beckerman**, Naturwissenschaftler, Wirtschaftswissenschaftler und Umweltkatastrophe, Kieler Vorträge. Neue Folge Nr. 73 (Mit einer Einführung von H. Giersch und einem Diskussionsbeitrag von F. Baade). Kiel 1973.
[12] Einen ausgezeichneten Überblick über die Literatur gibt **A. B. Atkinson**, The Economics of Inequality, Oxford 1975, insbes. Kap. 12 (S. 237 ff), sowie Kap. 10 (S. 186 ff).
[13] „[Die] Volkswirtschaftliche Gesamtrechnung hat zur Herausbildung eines „neuen Philistertums“ geführt, – einem Zugang zum menschlichen Leben, der auf dem Prinzip beruht, Geldeinheiten als gemeinsamen Nenner all dessen zu benutzen, das wichtig für ein menschenwürdiges Dasein ist.“ (**B. Gross**, The State of the Nation: Social Systems Accounting, S. 167, in: **R. A. Bauer** (Ed.), Social Indicators, Cambridge Mass. 1966, S. 154 ff.)
[14] **J. P. Cot** und **J. P. Mounier**, Pour une sociologie politique, Bd. 1, Paris 1974, S. 43.
[15] **Pigou** schreibt unter anderem: „. . . es gibt keine Garantie, daß die für jenen Teil des Wohlstandes, der in Beziehung zum Maßstab Geld gebracht werden kann, produzierten Effekte nicht durch Effekte entgegengesetzter Art, hervorgerufen in anderen Teilen oder Aspekten des Wohlstandes, aufgehoben werden; und, wenn dies der Fall ist, ist die praktische Brauchbarkeit unserer Schlüsse vollkommen zerstört . . .
Es ist klar, daß jeder strenge Schluß von Effekten auf den wirtschaftlichen Wohlstand auf Effekte auf den totalen Wohlstand unangebracht ist . . . Nichtsdestoweniger schlage ich vor, daß bei nichtvorhandenem speziellem Wissen Raum für ein Wahrscheinlichkeitsurteil besteht. Wenn wir den

Effekt irgendeiner Ursache auf den wirtschaftlichen Wohlstand festgestellt haben, dürfen wir klarerweise – außer es liegen besondere gegenteilige Befunde vor – diesen Effekt der Richtung, nicht jedoch dem Umfang nach als wahrscheinlich gleichwertig ansehen dem Effekt auf den totalen Wohlstand; und, wenn wir festgestellt haben, daß der Effekt einer Ursache sich auf den wirtschaftlichen Wohlstand günstiger auswirkt als der einer anderen Ursache, dürfen wir unter nämlichen Bedingungen schließen, daß der Effekt dieser Ursache auf den totalen Wohlstand wahrscheinlich günstiger ist ... Unter allen Umständen tragen jene die Beweislast, die behaupten, dieses Urteil wäre nicht mehr gültig ... Wenn dieser Schluß ... als gültig zugelassen wird, läßt sich noch immer eine Frage stellen, die seinen praktischen Nutzen betrifft: Angenommen, so könnte gesagt werden, daß die durch wirtschaftliche Ursachen hervorgerufenen Effekte auf den wirtschaftlichen Wohlstand, nach irgendeinem Maß, wahrscheinlich repräsentativ für jene des totalen Wohlstandes sind, so haben wir tatsächlich nichts dadurch gewonnen. Denn die auf den wirtschaftlichen Wohlstand wirkenden Effekte können nicht, so läuft das Argument, im voraus festgestellt werden durch jene unvollständigen und beschränkten Untersuchungen, die nur in den Bereich der Wirtschaftswissenschaft fallen. Der Grund dafür ist der, daß die Effekte auf den wirtschaftlichen Wohlstand, hervorgerufen durch irgendeine wirtschaftliche Ursache, wahrscheinlich durch nicht-wirtschaftliche Bedingungen – die immer in der einen oder anderen Form gegenwärtig sind, zu deren Untersuchung aber die Wirtschaftswissenschaft nicht gerüstet ist – beeinflußt werden ... Mit anderen Worten, die Effekte wirtschaftlicher Ursachen hängen sicherlich teilweise von nichtwirtschaftlichen Umständen in einer Weise ab, daß dieselbe Ursache ziemlich unterschiedliche wirtschaftliche Effekte hervorruft, je nach dem allgemeinen Charakter beispielsweise der herrschenden politischen oder religiösen Bedingungen." (A.C. Pigou, a.a.O., S. 12 und S. 20f.).

[16] **Pigou**, a.a.o., S. 20.
Genauere Bedingungen für eine positive Beziehung zwischen Wirtschaftswachstum und totalem Wohlstand gibt **Mishan**, a.a.o., S. 171f. Siehe auch die in Anmerkung 1 genannte Arbeit von **Chipman** und **Moore**.

[17] **T. J. Juster**, A Framework for the Measurement of Economic and Social Performance, in: **M. Moos** (Ed.), a.a.o., S. 25ff.

[18] Als wesentlichste Ausnahme ist die fehlende Einbeziehung der personellen Einkommensverteilung zu nennen. Im übrigen muß darauf hingewiesen werden, daß der Begriff des totalen Wohlstandes nicht definiert ist. Siehe auch Abschnitt 5.3.

[19] **A. Okun**, Social Welfare has no Price Tag, Survey of Current Business, Vol. 51, 1971.
Einen ähnlichen Standpunkt nehmen unter anderen **E. Denison**, Welfare Measurement and the GNP, Survey of Current Business Vol. 51, 1971 und **G. Jaszi**, Comment, in: **M. Moss** (Ed.), a.a.o. S. 84–99, ein. Optimistischer in ihrer Einschätzung bezüglich der Lösbarkeit der Bewertungsprobleme sind **R. Eisner** und **R. M. Solow** in ihren Comments in: **M. Moss** (Ed.), a.a.o., S. 99 – 102 bzw. 102–105.

[20] **Juster** tritt deshalb auch für dessen Einführung in mehreren Schritten ein (vgl. S. 77ff.).

[21] **W. D. Nordhaus** und **J. Tobin**, Is Growth Obsolete?, in: **M. Moss**, a.a.o., S. 509ff.

[22] NNW – Measuring **N**et **N**ational **W**elfare of Japan, Report of the NNW Measurement Committee, Economic Council of Japan, Tokyo 1974.

[23] **R. Werner**, Zur Problematik subjektiver Indikatoren, S. 264, in: **W. Zapf** (Hrsg.), Soziale Indikatoren, Konzepte und Forschungsansätze II, Frankfurt 1974, S. 264ff.

[23a] In „Measuring Social Well-Being" wird die Liste etwas geändert und zu einzelnen Teilzielen werden bereits Indikatoren vorgeschlagen.

[24] **E. Sheldon** und **W. E. Moore** (Eds), Indicators of Social Change: Concepts and Measurement, New York 1968, S. 4.

[25] **R. Werner**, Soziale Indikatoren und politische Planung, Hamburg 1975, S. 67.

[26] Im Falle der Ungleichheitsmessung ist dies der Fall. Vgl. **F. Haslinger**, Soziale Indikatoren und Soziale Ungleichheit, Referat zur Sektionssitzung „Soziale Indikatoren" der Deutschen Gesellschaft für Soziologie am 16. und 17. Februar 1977 in Bad Homburg (Veröffentlichung in der Artikelsammlung von Beiträgen zu den Sektionssitzungen der Deutschen Gesellschaft für Soziologie).

[27] **J. Drewnowski**, On Measuring and Planning the Quality of Life, The Hague 1974.

[28] In der Literatur werden die Begriffe „Index" und „Indikator" vielfach synonym verwendet. Im Rahmen der Statistik versteht man unter einem **Indikator eine Meßgröße die einen besonderen**

Aspekt eines bestimmten Merkmals erfaßt, während unter einem Index eine durch Kombination von Indikatoren und/oder von Indices gewonnene Meßgröße verstanden wird. Die Terminologie Drewnowskis entspricht somit den Standards der Statistik.

[29] Drewnowski unterscheidet vier Möglichkeiten für die Auffindung der Gewichte:

1. Ermittlung aus übereinstimmenden Auffassungen der Politiker im nationalen wie im internationalen Bereich.
2. Erschließung der Gewichte aus den Handlungen und Äußerungen der Politiker.
3. Festlegung durch Expertenbefragung
4. Ableitung aus den individuellen Präferenzen (op. cit. S. 30ff)

[30] Indikatoren sind **gültig** (valide), wenn sie – grob gesprochen – tatsächlich jenen Sachverhalt „anzeigen", für dessen Erfassung sie erstellt wurden. Davon zu unterscheiden ist die **Zuverlässigkeit** (Reliabilität) von Indikatoren, nämlich, daß eine wiederholte Messung unter gleichen Bedingungen – auch durch verschiedene Personen – die gleichen Ergebnisse bringt. Vgl. z. B. **R. Mayntz, K. Holm und P. Hübner**, Einführung in die Methoden der empirischen Soziologie, Opladen 1972; S. 18ff. sowie S. 40ff.

[31] **M. Bunge**, What is a Quality of Life Indicator (S. 78), Social Indicators Research, Vol. 2, 1975, S. 65ff. Ähnlich wie Bunge setzt auch **K. Land** als begrifflichen Bestandteil von „Sozialindikatoren" deren Einbettung in ein theoretisches Modell voraus. Lediglich brauchbare Indikatoren bezeichnet Land als Teile von „Sozialstatistiken". Siehe: **K. Land**, On the Definition of Social Indicators, The American Sociologist, Vol. 6, 1971, S. 322–325.

[32] Vgl. dazu vor allem den Revisionsvorschlag von **N. Ruggles** und **R. Ruggles**, A Proposal for a System of Economic and Social Accounts, in: **M. Moss**, (Ed.) a.a.o., S. 111ff.
Siehe auch: **M. Moss**, Social Challenges to Economic Accounting and Economic Challenges to Social Accounting, Review of Income and Wealth, Vol. 26, 1980, S. 1–17

Literatur zu Kapitel 7

Zu Abschnitt 7.1. und 7.2.:

C. Leipert, Unzulänglichkeiten des Sozialprodukts in seiner Eigenschaft als Wohlstandsmaß, Tübingen 1975.

P. Walser, Volkswirtschaftliche Gesamtrechnung – Revision und Erweiterung, Göttingen 1975.

M. Moss (Ed.), The Measurement of Economic and Social Performance, New York 1973.

U. P. Reich u. **C. Stahmer** (Hrsg.): Wohlfahrt und Umwelt – Beiträge zur Weiterentwicklung der Volkswirtschaftlichen Gesamtrechnungen, Frankfurt-New York, 1982.

Eine Sammlung wichtiger Beiträge (unter anderen von **N. Ruggles** und **R. Ruggles, H. J. Adler, R. Eisner** u. a.) zum aktuellen Stand der Weiterentwicklungen der VGR wird der voraussichtlich 1983 erscheinende Tagungsband der „Seventeenth General Conference of the International Association for Research in Income and Wealth", die im August 1981 in Frankreich stattfand, enthalten.

Zu Abschnitt 7.3.:

C. Leipert, Gesellschaftliche Berichterstattung – Eine Einführung in Theorie und Praxis sozialer Indikatoren, Berlin-Heidelberg-New York, 1978.

R. Werner, Soziale Indikatoren und politische Planung, Hamburg 1975.

W. Zapf, Sozialberichterstattung: Möglichkeiten und Probleme, Göttingen 1976.

W. Zapf (Hrsg.), Soziale Indikatoren, Konzepte und Forschungsansätze I-IV, Frankfurt 1974ff. (Diese Artikelsammlung – es handelt sich um Beiträge zu den Sektionssitzungen „Soziale Indikatoren" der Deutschen Gesellschaft für Soziologie – wird fortgesetzt).

Für die Bundesrepublik Deutschland existieren bereits einige **kommentierte Datenhandbücher**: Gesellschaftliche Daten 1978 in der Bundesrepublik Deutschland. Hrsg.: Presse- und Informationsamt der Bundesregierung, Bonn 1978.

E. Ballerstedt und W. Glatzer (Hrsg.), Soziologischer Almanach, 3. Aufl. völlig neu bearbeitet von **H. Cremer-Schäfer** und **E. Wiegand**, Frankfurt, 1979.

und umfassend **W. Zapf** (Hrsg.), Lebensbedingungen in der Bundesrepublik. Sozialer Wandel und Wohlfahrtsentwicklung seit 1950, 2. Aufl., Frankfurt 1978.

Übungen und Aufgaben zu Kapitel 7

1. Was mißt ihrer Meinung nach das Sozialprodukt in seiner gegenwärtigen Ausgestaltung?
2. Lesen Sie Anmerkung 1 zu diesem Kapitel. Welche der von A.C. Pigou genannten Paradoxa treten noch gegenwärtig in der Volkswirtschaftlichen Gesamtrechnung auf?
3. Begründen sie, weshalb das Sozialprodukt nur ein unzureichender Indikator des wirtschaftlichen und kein Indikator des totalen Wohlstandes ist.
4. Welche Ausgaben sollten Ihrer Meinung nach als regrettable necessities angesehen werden? Warum erscheint es so schwierig, ein taugliches Abgrenzungskriterium zwischen Endprodukten und regrettable necessities anzugeben?
5. Stellen Sie die Produktions-, Einkommens-, Vermögensänderungs- und Vermögenskonten für den Justerschen Vorschlag dar und zeigen Sie, wie ein modifiziertes wohlstandsorientiertes Sozialprodukt daraus berechnet werden kann.
6. Welche Größen im Justerschen Vorschlag werfen nach Ihrer Meinung die schwierigsten Bewertungsprobleme auf? Versuchen Sie Schätzmöglichkeiten für diese Größen zu überlegen.
7. Was versteht man unter brauchbaren, was unter gültigen Indikatoren?
8. In einer bedeutenden Studie unter dem Titel: „Lebensstandard und Sozialprodukt. Ein Vergleich Bundesrepublik Deutschland – Japan" (in: Konjunkturpolitik, Bd. 19, 1973, S. 81 ff.) legten **Siegfried Hauser und Siegfried Lörcher** ihrem Ländervergleich folgendes Indikatorensystem zugrunde:

Struktur des Indikatorensystems

Lebensbereich	Gruppe	Einzelindikator
A Individueller Lebensstandard	A1 Ernährung	(1) Kalorien pro Kopf und Tag (cal)
		(2) Eiweiß pro Kopf und Tag (g)
		(3) Fett pro Kopf und Tag (g)
		(5) Anteil tierischen Eiweißes am Gesamteiweiß (%)
	A2 Gesundheit	(5) Säuglingssterblichkeit*
		(6) Lebenserwartung der Männer (Jahre)
	A3 Ausbildung	(7) Ausbildungsrate nach der Schulpflicht (% d. Altersjahrgangs)
		(8) Hochschulausbildungsrate (‰ d. Bevölkerung)
	A4 Freizeit	(9) Tägliche Nichtarbeitszeit (h)
		(10) Autoverbreitung (je 1000 d. Bevölkerung)
		(11) Fernsehverbreitung (je 100 Haushalte)
		(12) Auslandsreisende (je 10000 d. Bevölkerung)

Lebensbereich	Gruppe	Einzelindikator
	A5 Wohnung	(13) Zimmer je Wohnung
		(14) Zimmer je Kopf
	A6 Sicherheit	(15) Unfalltote (je 100000 d. Bevölkerung)*
		(16) Ermordete (je 100000 d. Bevölkerung)*
	A7 Sozialversicherung	(17) Anteil am Volkseinkommen (%)
B Sozialer Lebensstandard	B1 Umwelthygiene	(18) Öffentl. Wasserversorgung (je 100 Haushalte)
		(19) Öffentl. Abwasserentsorgung (je 100 Haushalte)
	B2 Ausbildung	(20) Grundschullehrer (je 1000 Schüler)
		(21) Hochschullehrer (je 1000 Studenten)
	B3 Freizeit	(22) Buchanzahl in öffentl. Büchereien (je 10000 d. Bevölkerung)
		(23) Park- und Grünanlagen (m^2/je Einwohner)
	B4 Kommunikation	(24) Postbeschäftigte (je 100000 d. Bevölkerung)
		(25) Telefon-Verbreitung (je 100 d. Bevölkerung)
	B5 Verkehr	(26) Eisenbahn-Personenwagen (je 100000 d. Bevölkerung)
		(27) Geteerte Straßen je Auto (m)
		(28) Anteil der geteerten Straßen am Straßennetz (%)
	B6 Gesundheit	(29) Ärzte (je 100000 d. Bevölkerung)
		(30) Krankenpflegepersonen (je 100000 d. Bevölkerung)
		(31) Krankenbetten (je 100000 d. Bevölkerung)

* Diese Indikatoren gingen mit ihren inversen Werten in die Indices ein.

Auf dieser Grundlage ermitteln die Autoren für die Bundesrepublik Deutschland und Japan je einen aggregierten Lebensstandardindex und erhalten dabei folgende Indexentwicklungen:

Jahr	Lebensstandardindex BRD	Lebensstandardindex Japan
1955	100,0	100,0
1960	121,2	124,0
1965	134,7	162,9
1970	147,1	196,5

(Zusammengestellt aus Tab. 2 und Tab. 6)

Fragen:
a) Welche Probleme ergeben sich bei der Aggregation zu einem Lebensstandardindex?
b) Welche Einwände lassen sich gegen die Auswahl der Indikatoren erheben?
c) Glauben Sie – nach allem was Sie über Japan wissen – daß der Lebensstandard in diesem Lande seit 1955 tatsächlich fast um 50% stärker stieg als der Lebensstandard in der Bundesrepublik Deutschland, oder ist die Frage in dieser Form falsch gestellt?

9. Diskutieren Sie die Möglichkeiten und Vorteile gegenüber der Volkswirtschaftlichen Gesamtrechnung durch die Anwendung ergänzender Sozialindikatorensysteme beim Vergleich entwickelter Länder mit Entwicklungsländern.
10. Warum erscheint Ihnen eine Erweiterung der gesellschaftlichen Information als wichtig? Welche Bereiche sollten vorrangig durch Sozialindikatoren ausgewiesen werden?

Sachverzeichnis